国家社科基金
GUOJIA SHEKE JIJIN HOUQI ZIZHU XIANGMU
后期资助项目

U0784936

山东武术研究

（1911—1948）

王开文 著

山东人民出版社·济南
国家一级出版社 全国百佳图书出版单位

图书在版编目（CIP）数据

山东武术研究：1911－1948/王开文著．--济南：山东人民出版社，2024．9

ISBN 978-7-209-15109-2

Ⅰ．①山… Ⅱ．①王… Ⅲ．①武术－研究－山东－1911－1948 Ⅳ．①G852

中国国家版本馆CIP数据核字(2024)第093211号

责任编辑：刘一星
封面设计：武　斌

山东武术研究（1911—1948）
SHANDONG WUSHU YANJIU(1911—1948)
王开文　著

主管单位　山东出版传媒股份有限公司
出版发行　山东人民出版社
社　　址　济南市市中区舜耕路517号
邮　　编　250003
电　　话　总编室（0531）82098914
　　　　　市场部（0531）82098027
网　　址　http：//www.sd-book.com.cn
印　　装　山东华立印务有限公司
经　　销　新华书店

规　　格　16开（165mm×238mm）
印　　张　19.5
插　　页　1
字　　数　231千字
版　　次　2024年9月第1版
印　　次　2024年9月第1次
ISBN 978-7-209-15109-2
定　　价　52.00元

国家社科基金后期资助项目
出版说明

后期资助项目是国家社科基金设立的一类重要项目，旨在鼓励广大社科研究者潜心治学，支持基础研究多出优秀成果。它是经过严格评审，从接近完成的科研成果中遴选立项的。为扩大后期资助项目的影响，更好地推动学术发展，促进成果转化，全国哲学社会科学工作办公室按照“统一设计、统一标识、统一版式、形成系列”的总体要求，组织出版国家社科基金后期资助项目成果。

全国哲学社会科学工作办公室

序

当一个人把学问当作事业，他一定能够取得成就；当一个武术家去探讨历史，他一定知晓国粹的由来。我最可喜的是，齐鲁大地有这样一位学者，他一生都在学习和探索，学问的浩瀚并没有难住他的进取；他自幼习武，却没有拘泥于肢体的运动，而是始终在破解武术的奥秘。这位学者就是王开文。

人生难得是奋进，学问难得是积累。王开文就是在奋进与积累中写出了这部《山东武术研究（1911—1948）》。

或许只有王开文知道，为了这部著作，他付出了多少心血和时间。但作为读者，你只要翻开这部书的篇章，跟着作者去回溯历史，就一定能够感受到山东武术的早年历程。没有前代的传承，没有前辈的付出，我们今天的武术就很难有这样不朽的文明传承。王开文用他的扛鼎之作《山东武术研究（1911—1948）》为我们保留了这一段鲜为人知的历史。

所以，我不能不为之祝贺，也不能不为之勉励。我更希望，有更多的武术爱好者和历史爱好者，去翻阅这部《山东武术研究（1911—1948）》。

山东武术是中华武术的强力组成部分，自古以来，以中华民族为根基，以齐鲁文化为背景，通过德育、智育和体育三个主渠道来创造武事技能，留下了辉煌的历史篇章。可以这样说，在中华民族的每一个历史时代，都会有山东的武术儿女蓬勃向上，走在时代的最前端。然而，在民国的这一段特殊过渡时期，由于局势动荡，外部势力干扰较多，加之史实资料的缺失，我们已经很难知道民国山东武术的详细情况，这的确是一个遗憾。可喜的是，王开文先生通过他持之以恒的搜索、呕心沥血的钻研，终于把民国山东武术的来龙去脉以及整体面貌展示给我们。

民国时期的山东武术，承传了古老的脉流，也出现了一些新气象，比如说山东武术传习所和山东武术教育讲习所的出现，改变了以往拳派单传、师徒学艺的狭窄模式，把武术推向了现代教育的园地。而山东国术馆的创立以及相应开展的各种国术竞赛，更是把传统武术一步步推向现代体育领域，对于传习和传播中华国粹起了很好的作用。民国时期的山东武术界依然是“江山代有才人出”，事迹可歌亦可泣。

最后，我还是要感谢王开文先生，他以武术界志士的刚毅气魄，以山东学者的执着风范，为我们奉献出这一部山东武术的断代力作。书山有路勤为径，学海无涯苦作舟。开文先生正值鼎盛，我们还要期待他的未来成果。

山东社会科学院历史研究所研究员、教授

王赛时

谨序于济南

前 言

山东武术有过骄人的发展历程，于中华武术占据重要地位，是值得大书而特书的。然而，当我们试图追溯其发展脉络，回眸其辉煌成就，呈现其精神实质，还原其本来面目时，却显得力不从心、捉襟见肘，不像预计的那样动人心魄、引人入胜。

20 世纪 80 年代的武术挖掘整理工作，取得了阶段性成果。限于人力、物力、财力，以及业务素质，后续工作未能深入细致地进行下去。而今，30 多年过去，站在新的起点回顾过去，便会发现，我们对山东武术历史与文化知之甚少，对其前尘往事仍然缺乏深入了解。虽有学者间有探研，但对其认识尚处于基础阶段。以往工作虽有进步，但不足以揭示山东武术的辉煌历史与至妙精华。因此，脚踏实地就此继续探研下去，既是学科发展的需要，也是时代发展的呼唤。如何让辉煌的山东武术重现光芒，是摆在我们面前的一大课题。

以往有关山东武术的研究，史料不足、证据匮乏，致使我们产生许多模糊认识，局限于泛泛之谈，研究的深度与广度明显不足。民国离我们并不遥远，但时过境迁，有许多问题已经说不清道不明。比如山东军士武术传习所何时建立，其与山东武术传习所是何种关系；山东武术传习所何时建立，其与山东省国术馆是何种关系；山东省国术馆何时建立，其办学经费怎样，采取过哪些办学方略，举办过哪些省内竞赛活动，参与过哪些全国和地区性国术表演与竞赛活动，成绩如何；日伪时期山东国术如何；抗战胜利后山东国术如何，等等。一系列人物、事件及变故，有待做出更加清晰明了的解答。我们相信，只要掌握第一手资料，把握证据，这些问题便可迎刃而解。

选定民国山东武术作为研究课题是一项考验。为了破解一系列疑难，我们穿梭奔波于山东省图书馆、山东省档案馆、济南市图书馆、济南市档案馆、中国国家图书馆、北京大学图书馆、南开大学图书馆、中国第二历史档案馆、南京图书馆、国家体育总局武术研究院。于山东省档案馆、济南市档案馆，查阅民国山东国术档案 300 余宗；于山东省图书馆、中国国家图书馆查阅了民国时期的《山东民国日报》《山东日报》《山东公报》《山东新报》《山东农民报》《山东新民报》《济南日报》《华北新闻》《中报》《正报》《大华报》《光华报》《华光报》《平民日报》《平民晚报》《东海日报》《申报》《天津益世报》《大公报（天津版）》等报纸，以及各种书籍、期刊。上天不负有心人，我们十分幸运地如愿以偿，如获至宝。我们力求掌握翔实可靠证据，以实证方式，搞清这一时期各个阶段山东武术的基本史实和发展脉络，做出较为全面细致的考察与梳理，以期重塑其发展概貌，探索其发展规律。

本课题研究立足于厘清清末至民国年间山东武术的发展脉络，并从历史的记忆里探寻出其成败得失的经验教训，以之为鉴而服务于当今社会。为便于研究，我们将时限划分为清末民初（1911—1928）、民国中期（1929—1937）、全面抗战时期（1937—1945）和抗战胜利后（1945—1948）四个阶段，按序列为第一至第四章，分述不同历史阶段山东武术的发展演变过程。第五章集中展现和评述社会精英对山东国术做出的贡献，他们的言论和行为对山东国术的发展起到相应的推动作用。第六章山东武术英才录，分本省土著武术家、他省客籍武术家和中央国术馆中的山东国术家三节，回顾了武术英才的成长经历及对山东乃至全国国术事业做出的贡献。第七章山东武术对外交流与传播，以发源于山东的两个特色拳种为例，具有一定的代表性；同时阐述了20世纪40年代末，向台湾传播北方拳种的人士以山东武术家居多的史实。附录部分提纲挈领地总结了山东武术发生的大事，及山东省国术馆部分管理文件和山东国术省考条例，有助于读者深入了解民国时期山东国术的发展概貌。

民国中期（1929—1937）是山东武术发展的黄金期，不仅国术运动发展势头迅猛，而且取得成绩卓著，于国内名列前茅。因此也是本研究的重点与难点。但是，山东国术馆前期历史资料在抗战爆发后毁于战火，造成我们在叙述这一阶段历史时颇费周折。主要历史事件只能依靠现存民国书籍、期刊和报纸获取相关信息，窥见其概貌。这也是这一历史阶段，档案资料少之又少的原因所在。另外，个别问题不得不待来日继续探寻，譬如山东省国术馆建立初期的董事会及其所发挥的作用。

尽管我们做过些许工作，但山东武术历史与文化领域仍有深厚的蕴藏有待钻探。有调查才有发言权，只要深挖史料、探研史实，就能立论准确、言之有据，就会向着努力的目标越来越近。此外，有几处需要特别说明：一、研究的起始时间为1911年，盖因此时马良驻军潍坊，山东现代武术得以开启，至1948年济南解放，民国山东武术已然落下帷幕。这一时域错位，显然无法用"民国武术"（1912—1949）概括。二、1925年军阀混战，山东武术沦于沉寂，直至1928年，相关史料一无所获，造成时域上的空白。三、全面抗战时期（1937—1945）的国统区国术发展限于困境，日伪区国术活动陷于凋敝，乏言可陈，以致叙述篇幅过小，实出无奈。本着“实事求是”和“有话则长，无话则短”的原则，只能如此而情有可原。另外，拙作《老烟台武术》（中国文史出版社 2017 版）与《青岛武术研究（1920—1949）》（人民体育出版社 2019 版）或可作补，此不赘言。

文中所述事例，采用当页脚注的形式，释出史料来源。语言表述力求通俗易懂，使本书兼具学术性与可读性。全书分为正文七章及附录一章、参考文献一章，采用图片 80 余张，生动有趣，图文并茂。文中有“武术”“国术”、“率角”“摔角”联用现象。“武术”相对宽泛，普适性较强。“国术”确立于 1928 年。1928 年至 1949 年，使用“国术”较为确切。民国时期，以“武术”涵盖叙述，似更全面。民国初年，因受马良《中华新武术》影响，采用“率角”。中央国术馆成立后，则多用“摔角”。

写出山东武术的品质、写出山东武术的特色、写出山东武术的精气神，是我们努力追求的目标。但愿此书能为武术学科建设有所助益，能对渴求了解山东武术历史与文化的读者有所助益，能为山东武术发展有所助益，能为丰富中华武术文化有所贡献。

目录

第一章 清末民初山东武术（1911—1928）

山东乃文化泽源之地，武化亦不后人。齐人尚武而崇智，鲁人讲武而守义。齐鲁儿女自古崇文尚武，仰慕英雄，向以“我武惟扬”的气度与风骨，不断填充着中华武术阵营。迨至近现代，其又以崭新的态势迅猛发展，独领风骚而备受世人瞩目。

清末，马良于陆军学堂及军中，以所编拳脚科、率角科教授生员、官兵，编修教材。民国初年，马良率部驻扎潍坊，“中华新武术”渐由军中蔓延至学校。1914年马良调任济南卫戍司令后，于军中增设军士武术传习所（技术队），于社会倡办山东武术传习所。其他武术组织亦相继建立。基于本省武术的发展规模和普及程度，山东政界、教育界人士接连向北洋政府提交议案，倡导学校武术教育。山东毅然走在全国武术发展的最前列。

第一节 “中华新武术”之兴衰

清朝末年，西方体育逐渐传入，武举制废止，现代学校教育兴起，乃至辛亥革命胜利等一系列重大事件的发生，使得中国社会发生了深刻变化。伴随着军国民教育思潮，“中华新武术”应运而生。“中华新武术”的问世是传统武术步入现代化的一次尝试。它是由马良将中国传统武术动作与西方兵操相结合而创编的一套教科书，民国初年成为部分军事学堂和学校体育的教学内容之一，产生了较大的社会影响。

一、“中华新武术”之发起

西方资产阶级在“殖民”的同时，带来了他们的体育思想。中华民族经过了农民阶级“义和团运动”、封建阶级开明人士的“洋务运动”、封建阶级改良派的“戊戌变法”等探索的失败，以孙中山为代表的中国资产阶级民主革命者取得了社会发展的话语权，他们提倡“自卫之道”“尚武精神”，认为体育关系到民族的盛衰。在这种思想的指导下，一大批有识之士展开了对西方思想（包括体育思想）的学习、吸收。“求新”成为社会的主旋律，“新史学”“新青年”“新潮”等词汇渐次出现在人们的视野中，

"新武术"就在这样的社会环境下出现了。[①]

"中华新武术"发起者，河北保定人马良，字子贞，回族。蒙受家学，因慕武士道自信优游，从学保阳敬一平（精少林兼通率角）。其技传自直隶南宫孟家桥孟六。数年后，马良对少林武术秘奥稍知义理。庚子之变，民风激烈。马良决心考究我国武术，编定教科专书，以振中华尚武之风。

清末，马良从军。1900 年底，马良于山西陆军学堂充任教习，以所编拳脚科、率角科教授学生。次年终，山西巡抚赵次珊，名之曰："马氏体操"。1902 年，马良担任直隶陆军速成学堂教习，以斯术教授学生，惜得卒业者甚少。1903 年，马良担任常备军第三镇辎重营管带官，及本镇镇参谋官，驻军保定，以斯术教授官兵，习学者未能深造。

1905 年春，马良担任近畿第六镇正参谋官，驻军北京。时国务总理兼陆军总长段祺瑞统制第六镇，知马良素以振兴武术教育为目的，曾命其以"率角术"教育本镇目兵。马良因在保定，邀来敬一平学生马庆云、王维翰专任第六镇率角术教习，皆本马良所编定教科实施教学。

1906 年春，陆军讲武堂总办蒋宾臣，将"率角术"定为讲武堂学兵营体操，嘱马良遴员教授，遂饬王维翰往任，教授全堂北洋各镇官长目兵。1908 年秋，马良督统近畿陆军各镇。凤禹门校阅第六镇，亲阅率角，给予奖励。各镇参观者称赞不已，咸称各镇所未有，实军人必学之术，皆邀请教习。遂派马庆云、王振德、沙金才、孟国春分赴第一、三、五镇充率角教习。数年来，北洋陆军各镇官兵，精通斯术者不下数万人。

1909 年，马良改任本镇步兵第二十一标标统，移驻保定。1910 年冬，马良改任本镇炮兵第六标标统，仍驻军保定。该两标官长目兵习练率角成绩最优，多派赴各镇充任率角教习。此时，吴绶卿统制第六镇，深悉马良素志，嘱速著各门专书，以利推广。当将平时所创率角术教范稿先行付梓，定名为《柔术教范》。

1911 年夏，马良担任陆军第九协协统，驻扎山东潍县（今潍坊），广招武士，选拔熟谙军事之目兵编练武术队。以其所编教材培养师资，积累教学经验。爰将所编教材定为《中华新武术》。1913 年，潍县商学各界由该县商团创立体育社，各学校添授"中华新武术"。

1914 年，马良调任陆军第四十七旅旅长兼济南卫戍司令。再次广邀武术专家修订《中华新武术》。在本旅广教兵士，编练军士武术传习所（技术队），专习各种武术，培养师资，随时考究，督饬进行。一面壮大军威，

① 杨祥全．中国武术思想史纲要 [M]. 台北：逸文武术文化有限公司，2010：215.

一面相机差遣。中外各界人士在济南参观者，咸称为体育最上乘。

1915 年春，经国务总理、前山东将军靳翼卿，山东巡按使蔡志赓提倡，并各界欢迎，遂均添设新武术以为体操，而警学各界教习之选纷纷取材于此。是年秋，全国青年学会教育股主任余日章在济南参观各科武术，甚为赞赏，称为强种强国之术，遂在沪与江苏教育会会长黄任之介绍，邀尹占魁、于振声充任江苏省体育传习所教习。该所学生毕业后，均发江苏各县充任各学校武术教师。江苏全省武术立有基础。复经黄任之介绍南京国立师范，聘尹于二人充当教习。南京各界欢迎，学生热心操练，皆以此术为必学自卫之术。康南海（康有为）、徐东海亦促速编教科，以资审定，借广推行。爰将各科姿势，拍照绘画，按操典法附以口令说明，印刷成书。又承吴绍棠、周绍勋与南北教育界介绍，各省向济南镇守使署邀聘武术教师者甚多。

1916 年，马良担任济南镇守使，所编《中华新武术》各科专书上编上课相继脱稿付梓。[①] 10 月 5 日奉教育部令，北京高等师范学校教授孔繁俊会同专门司主事许宠厚（许禹生，字宠厚）、医学专门学校教师周颂声、孙柳溪，于 10 日清晨附车南下，赴济南调查新武术。当晚 8 时抵鲁，翌早 8 时往谒马良，即就该署参观技术队武术操法。先演拳脚科基本教练、连贯教练及对手教练、对手连贯教练等节。继演率角科基本应用实施等教练，最后演棍术，及各项杂技。其身手灵敏，动作确当，在我国军事体育界中殊属罕见。尤以拳脚科整齐一致，率角勇猛果敢，棍术出神入化，阅者有观止之感。参观时，马良按照所著新武术全书详加解释，故于书中动作简繁益觉了然。是书体裁简明，易于领会，倘能遍传军界，人手一册，则前途进益必为可观。（济南镇守使署武术操练场景，参见图 1–1–1）

图 1–1–1 济南镇守使署武术之一（民国初年明信片）

① 马良 . 保阳马子贞氏振兴武术体育之经过纪略 [J]. 体育与卫生，1924，3（3）：8.

次日参观济南第一中学，及模范学校等处。学生演习是项武术尚见精神，团体教练以口令为准绳，无有隔阂之弊。同时专家也认为，其教授方法对于筋肉发达、动作利弊、生理注意、学校体育本旨，似有可商之处，能再略为改良则更为完善。综观斯种武术，施之军警界诚为良好必需学科，学校参用其术亦为适当。若言锻炼学生身心，期平均发育，如能间以他种局部运动效用更著。①

1916 年冬，梁启超、张君劢、黄朔初赴京过济，到济南镇守使署参观各科武术，遂在政府及教育界各方面大力提倡。山东督军兼省长张怀芝（字子志），将所编率角、拳脚两科上呈政府，蒙大总统、副总统、总理题词颁序。

1917 年春，国务总理兼陆军总长段祺瑞主持，由陆军部咨行训练总监，内务部咨行警察总监，以“中华新武术”定为军警必学之术。各省军警多已施行。

“中华新武术”在传播中逐步发展，由军界进入教育界。马良曾言：凡热心提倡之诸公，即属发起之嚆矢。②

二、“中华新武术”之内容

《中华新武术》共有率角、拳脚、棍术、剑术四科，各科分上下两编。上编为初级教材，分上下两课，下编为各科高级教材。《率角科》《拳脚科》上编于 1917 年，《棍术科》上编于 1919 年，《剑术科》上编于 1920 年，由商务印书馆印刷发行，后又再版。

《中华新武术》各科宗旨，详于各教科之前。各科姿势变化既说明妙用，又绘具图式。③由浅而深，次第井进。单人独习适宜，团体教练尤佳。斯术创自马良，助编者杨鸿修、王维翰，及韩愧生、余傅章、王子平、马庆云、马西民、李逸民等数十人，费时数载始告厥成。④

《率角科》之率者，任意之谓也；角者，竞胜之谓也。率角即任意角力，取胜于人之意。如练习娴熟则身体敏捷，四肢能力乃能操有根底。教授次序必按编中所定章次顺序。否则不能完卒本科之业，反招摔伤之害。（图 1–1–2）

---

① 调查济南新武术报告书 [J]. 京师教育报，1916（35）：167—168.

② 马良 . 中华新武术 · 棍术科 · 发起总说 [M]. 上海：商务印书馆，1919：1—6.

③ 马良 . 中华新武术 · 棍术科 · 发起总说 [M]. 上海：商务印书馆，1919：1—6.

④ 新武术考证 [J]. 国术周刊，1935（146、147）：7.

《率角科》上编，基本动作二十七式。第一章基本单人团体教练，第二章团体基本教练，第三章团体应用教练，第四章团体实施教练，第五章角胜法，第六章角衣及腰带，第七章节录步兵操典并添矮步教练。书末附高等小学率角科教学进度表、中学及初级师范率角科教学进度表。

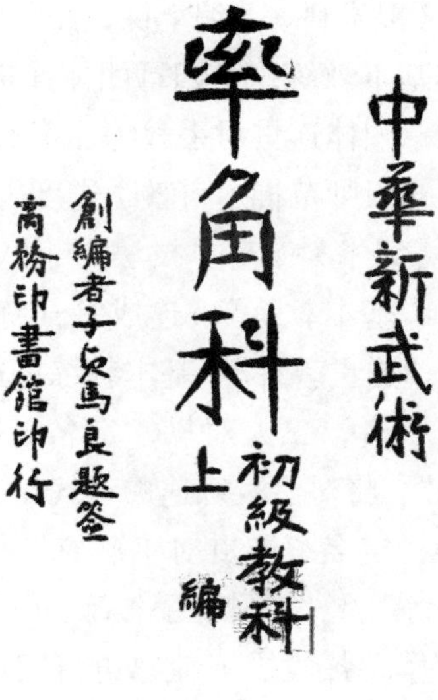

图 1-1-2 《中华新武术率角科》

《拳脚科》综合柔软运动法（徒手体操），十趟踢腿法，及拳脚术基本操作法。选择二十四法，并无复式，定名“基本教练”；按普通拳脚连成一气练习，定名“连贯教练”。基本教练拣选能作对手者，定名“对手教练”。将对手教练连成一气二人对操，曰“连贯对手教练”。“连贯教练”及“连贯对手教练”均分四段操作。若四段操练纯熟，再连成一气操毕，不能紊乱团体教练。“基本教练”与“连贯教练”为上课，“对手教练”与“连贯对手教练”为下课。学习者须先将上课习熟则身体敏捷，四肢能力乃能操有根底，再操习下课。

《拳脚科》上编上课，第一章基本单人团体教练，第二章团体基本教练，第三章团体连贯教练；上编下课，第四章团体对手教练，第五章团体连贯对手教练，第六章节录步兵操典并添矮步教练。书末附初等小学拳脚科教学进度表、高等小学拳脚科教学进度表、中学及初级师范拳脚科教学进度表。

《棍术科》综合棍术枪法，选择十八式，定名“基本教练”；连成一气练习，定名“连贯教练”。基本教练拣选能作对手者，定名“对手教练”。连成一气二人对操，定名“连贯对手教练”。“连贯教练”及“连贯对手教练”均分四段操练。各段操练纯熟，再将四段连成一气或两气操完，使操练者不至疲乏过度，且于团体教练不至紊乱。“基本教练”与“连贯教练”为上课，“对手教练”与“连贯对手教练”为下课。学习者须先由上课入手，若将上课习熟则四肢动作及棍之运用变化自觉敏捷，再操习下课得心应手而操作自如。凡欲练习此科者，须先习拳脚科或率角科。如此两科均未学习，即学棍术亦无不可。但精神之活泼，动作之敏捷，不若先学此两科。

《棍术科》上编上课，第一章棍，第二章基本单人团体教练，第三章团体基本教练，第四章团体连贯教练；上编下课，第五章团体对手教练，第六章团体连贯对手教练，第七章节录步兵操典并添矮步教练。书末附中学及初级师范棍术科教学进度表，棍术科考试记分表。

《剑术科》基本技法为十八式，定名“基本教练”；连成一气练习，定名“连贯教练”。基本教练拣选能作对手者，二人对操，定名“对手教练”。将对手教练连成一气，二人对操，定名“连贯对手教练”。“连贯教练”及“连贯对手教练”均分四段操作。各段操练纯熟再将四段连成一气或两气操完，使操练者不至疲乏，并不能紊乱团体教练。“基本教练”与“连贯教练”为上课，“对手教练”与“连贯对手教练”为下课。学者须先由上课入手，若将上课习熟则进退闪转、升降纵跳动作及剑之运用变化自能敏捷，再操习下课，得心应手而操作自如。凡欲练习此科者，须先习拳脚科或率角科。如此两科均未学习，即学剑术亦无不可。但精神之活泼，动作之敏捷，不若先学此两科。（《剑术科》上编上课初级教材，见图 1–1–3）

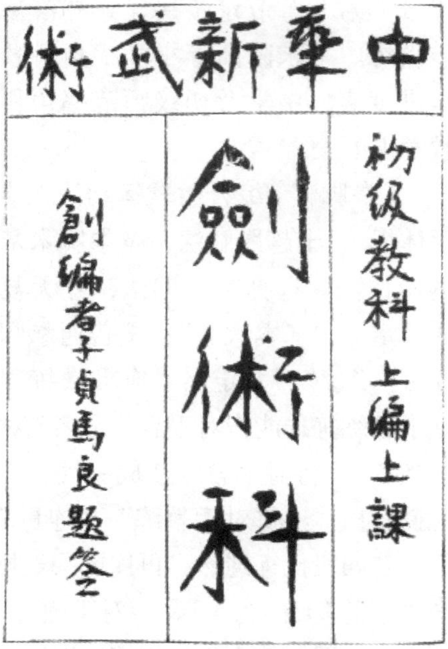

图 1–1–3 《中华新武术剑术科》

《剑术科》上编上课，第一章剑，第二章基本单人团体教练，第三章团体基本教练，第四章团体连贯教练；上编下课，第五章团体对手教练，第六章团体连贯对手教练，第七章节录步兵操典并添矮步教练。书末附初等小学剑术科教学进度表、高等小学剑术科教学进度表、中学及初级师范剑术科教学进度表，剑术科考试记分表。

率角科专为学校、商团、军警、团体而设，简单便捷，易于操作，均可按其体格强弱，年龄大小练习。体强年大者，宜习率角科；身弱年小者，宜习拳脚科。而率角科于军警两界尤为必要。棍术、剑术两科因高等小学学生年龄太幼，力量单薄，故定为中学及初级师范必操之科。

《中华新武术》仅编辑出版上编初级教科，“关于下编高等教科，更希各界同志并武术专家，群策群力，共事研究。庶几我国光可以发扬而振起，我同胞尚武精神，非独鄙人所切盼，当亦我同胞所共盼者也”。[①] 然而，下编终未问世。

三、“中华新武术”之推广

1914 年至 1925 年，隶属于济南卫戍司令部（1916 年改为镇守使署，参见图 1-1-4）第四十七旅的军士武术传习所（技术队），连同山东武术传习所，培养了大批武术人才，向社会输送师资，推动了“中华新武术”的广泛传播。

图 1-1-4 济南镇守使署武术之二（民国初年明信片局部）

1917 年，山东教育会创办山东武术传习所，济南镇守使署选派马庆云为该所监督，李毓琛为武术总教习，陈惠明、马德英为教习。北京陆军部武技教练所，由济南镇守使署遴派王永安（王子平，字永安）、陈正和往任教授。该所学员毕业后，由陆军部咨回本师充当武术教官。1917 年冬，北京清河陆军军官预备学校添授“中华新武术”为体操正课，济南镇守使署派李吉祥、周俊山任教授。

1918 年春，保定军官学校添授“中华新武术”为体操正课，济南镇守使署派王维翰、米清元等五员往任教授。经教育部审定，咨各省学校皆仿效练习，并在北京高等师范学校设体育专修科，学生由各省考送。为造就师资，教育部秘书胡玉荪函嘱，由济南镇守使署遴选教师，遂派马祚春、王振山赴京分任教授。北京体育研究社添授“中华新武术”，邀高等师范学校教师马祚春兼任该社教师。北京参战军军官教导团、军士教导团成立，以“中华新武术”为体操正课，济南镇守使署派许尚元、查希颜等八员赴京分任教授。

1919 年春，马良担任参战军第三师师长，仍驻军济南。除以“中华新武术”训练所统军旅外，继续向全国推广。直隶教育界王书筠、华芷龄、周绍勋、吴绍棠于天津组织武术传习所，由各县考送学生，传习“中

① 马良．保阳马子贞氏振兴武术体育之经过纪略 [J]. 体育与卫生，1924，3（3）：9.

华新武术”，邀请教师。马良派于振东、武振华赴津分任教授。学生次年毕业，分发各县学校充任教师。是年夏，唐范生（唐豪，字范生）在上海组织暑期武术传习所，学生多系各校体育教师，以“中华新武术”为主要科目，邀请教师，马良派马益宽、程风阳赴上海分任教授。王志襄与顾石君及北京教育界，在北京设立武术传习所，专习“中华新武术”，邀请教师，马良派马鸿勋往任教授。江苏教育会附设体育研究会国技部举办暑期国术研究所，聘请山东武术传习所教师程锡三担任武术教师①，教授“中华新武术”拳脚科、率角科。到会研究者，教师占十分之九，学生占十分之一。又聘南京高等师范体育专修科教师于振声任教。马良部下“技术队”副总教练杨鸿修（奉真）亦随同参观。②是年秋，吴志青在上海邀集王一亭、谢强公诸先生组织“中华武术会”，以“中华新武术”为主要课目，邀请教师。马良派杨鸿修往任教授。

山东军士武术传习所经常利用各种形式的表演活动，扩大社会宣传力度，以期引起社会关注。如 1915 年 6 月 21 日上午，济南卫戍第四十七旅士兵于公园公开试演武术，观者多至 10000 余人，盛极一时。③

马良提倡武术颇有成效，外国人也一再要求参观，称赞不止。山东武术特色为全国模范乃中华民族之荣光。1917 年 4 月 2 日，日本驻济副领事山田、伊藤大尉、柔道家佐藤等于下午 1 时，率领军队 80 余人赴济南镇守使署内参观武术。是日所演拳脚、率角、刀枪鞭刺各种技术均甚可观，日军鼓掌。最后 10 余人跳绳，绰号千斤的王永安（王子平）跳跃活泼、精巧异众，全场无不赞赏。时至 3 时演毕。日本副领事等率同军队向技术队行一举手礼，排队而去。④马良此举无异于向外国人炫耀自己的治军之道。

马良推广“中华新武术”，并非一帆风顺，“历年经过情形，遭遇许多阻挠。并有好事者，因嫉忌而从中破坏，因破坏无效而施以攻击。一切苦衷，实难尽述。即亦深知在我国社会上做成一种专门事业之艰难。是以坚持初志，并不稍涉游疑”。⑤其利用自己的政治地位和社会关系四处游说，逐渐得到当局支持。“中华新武术”能得以推广，除其自身因素，军政要

① 武术传习所消息 [N]. 申报，1919-6-29（10）.
② 研究国技者注意 [N]. 申报，1919-7-19（11）.
③ 译电 [N]. 时报，1915-6-22（3）.
④ 山东武术之特色 [N]. 时报，1917-4-3（5）.
⑤ 马良 . 保阳马子贞氏振兴武术体育之经过纪略 [J]. 体育与卫生，1924，3（3）：9.

员及社会名流的赞许附和也是主要原因。为《中华新武术》作序、题词的人物有黎元洪、冯国璋、段祺瑞、张绍曾、傅良佐、张怀芝、徐世昌、张謇、梁启超、张仲仁、胡家祺等。

1920年7月，马良因军事和政治原因通电下野，脱离军界。11月移寓青岛，山东军士武术传习所解体。该所部分武术教官韩愧生、王子平、杨明斋追随其赴青岛传艺。总教习高凤岭于济南大明湖畔创办了山东武术教育讲习所，历经数年停办后亦赴青岛传艺。山东军士武术传习所之解体竟为日后青岛市国术馆的建立和青岛武术的振兴集聚了雄厚的人力资源和技术骨干。

尽管马良仍竭力推行，但"中华新武术"日渐式微。20世纪30年代，"中华新武术"于山东国术馆仍有传承。七七事变后，马良失节媚日，当了汉奸。"中华新武术"沉沦于历史潮流。

四、"中华新武术"之议案

民国北洋政府时期，召开过十一届全国教育会议。1918至1919年间，还召开过全国各种专门教育会议。这些教育会议中的议决案中，有多件涉及学校教育开展武术和"中华新武术"教学的议案。

1917年春，北京教育部召集全国中学校长会议，山东省立第二、三、六、七中学校长郭葆珍、张道蓉、丛连珠、孙令灿建议，以"中华新武术"列为全国各中学正式体操。经全体表决通过，各省中学多已遵行。[①] 1917年秋，上海召开全国教育联合会议（1917年10月10日，全国教育联合会第三次会议于杭州召开），山东教育界代表朱汉章、许名世、郭葆琳建议，以"中华新武术"列为全国高等以上各专门学校正式体操。经与会诸先生一致赞成通过，多已遵行。[②]

1918年春，山西召开全国各专门学校联合会议，山东公立法政专门学校校长孙毓坦、山东公立农业专门学校校长周乘琨、山东公立工业专门学校校长许廷灼、山东公立商业专门学校校长叶春墀提交"请将中国固有武术加入专门学科案"。经会员共同讨论议决，中国固有武术请由教育部通令全国专门以上学校力为提倡，不必列入学科。[③] "中华新武术"列入

---

① 马良.保阳马子贞氏振兴武术体育之经过纪略[J].体育与卫生，1924，3（3）：7.

② 马良.保阳马子贞氏振兴武术体育之经过纪略[J].体育与卫生，1924，3（3）：8.

③ 国家体委体育文史工作委员会，全国体总文史资料编审委员会编.体育史料第16辑[M].北京：人民体育出版社，1991：18—19.

全国专门以上各学校为正式课程，多已遵行。[①] 1918 年 10 月，全国教育联合会在上海举行第四届年会，山东教育会提交“推广中华新武术”一案。全国教育联合会将《中华新武术》教科书及议案函知各省区教育会，请通知各中等以上学校，交体育教员研究，以资参考。[②] 因若干省份尚未设置教育厅，故此决议未能作理想推广。[③]

1918 年秋，天津召开直隶全省教育会议，孙荩臣建议以“中华新武术”列为国民学校以上各学校正式体操，全体赞成。严范荪主张先造就师资，爰于次年组织武术传习所。[④] 国会议员夏朴斋、沙月波、王墨轩于国会提案建议，以“中华新武术”定为全国正式体操，并在议场宣布“中华新武术”裒辑众长与各界实习斯术之效果。经反复讨论表决，多数通过。[⑤] 从此，武术成为学校体育课程中的合法内容。[⑥]

1919 年 4 月 29 日，《北京日报》报道：“山东议员王讷[⑦] 等，推广中华新武术案，经教育委员会审查，将原案略加修改，经大会公决，多数赞成，即日咨达政府实施。”[⑧] 5 月 12 日，《教育公报》报道：众议院议员王讷等，提出推广“中华新武术”建议案一件，函送教育部查照办理。各学校添习武术，前经教育部中学校长会议通过，并由教育部通令各校遵办。我国武术门类非一，当由各校校长选聘教师分别宗派，择善而从。王议员议案中所称，马良氏《中华新武术》教科书裒辑众长，分门别类，系善本，自应由各校详加参考，以资取法。

11 月，教育部在南京召开全国中学校长会议。山东会员郭葆珍建议：“请全国中学校一律添习武术。”[⑨] 本案与盛倡军国民教育有关，学校体育徒以体操为主课，不如提倡中国武术，不仅可以锻炼身体，且能养成自卫

---

① 马良 . 保阳马子贞氏振兴武术体育之经过纪略 [J]. 体育与卫生，1924，3（3）：8.

② 国家体委体育文史工作委员会，全国体总文史资料编审委员会编 . 体育史料第 16 辑 [M]. 北京：人民体育出版社，1991：9.

③ 张震海 . 近代中国武术发展概况∥体育史料第 14 辑 [M]. 北京：人民体育出版社，1989：47.

④ 马良 . 保阳马子贞氏振兴武术体育之经过纪略 [J]. 体育与卫生，1924，3（3）：8.

⑤ 马良 . 保阳马子贞氏振兴武术体育之经过纪略 [J]. 体育与卫生，1924，3（3）：8.

⑥ 罗时铭主编 . 中国体育通史（第三卷）[M]. 北京：人民体育出版社，2008：234—235.

⑦ 王讷（1880–1960 年），山东安丘人，清末举人。民国初年，任山东省教育会会长，被选为第一届国会众议院议员。

⑧ 国内大事记 [J]. 来复，1919（58）：31.

⑨ 国家体委体育文史工作委员会，全国体总文史资料编审委员会编 . 体育史料第 16 辑 [M]. 北京：人民体育出版社，1991：22—23.

能力，意义重大。[①] 为实现这一愿望，他建议各国立高等师范学校体育专修科添设武术，各省区设立武术传习所；请教育部征集各省武术教材，研究教授方法，并编辑适用教科书；各校酌定时间令学生正式练习，试验成绩并入体操及各项运动分数内计算，借以唤起学生的注意。

民国初年，有关学校教育提倡武术，众议院山东籍议员与教育界人士提交的议案占有相当大比重。这与山东武术发展规模和普及程度密切相关。1918 年，山东教育会代表许德一于全国教育会联合会第四届年会报告山东教育状况，“本省教育会成立武术讲（传）习所，提倡‘中华新武术’，现已推行全省各学校”[②]；山东会员所提出之中学一律添授“新武术”议案，经提案人说明主旨，意在提倡国技，训练学生之武士道，此项“新武术”在山东各学校试办，颇有成效。[③] 山东省各级各类学校开展的“中华新武术”教学，对全国学校武术活动的普遍开展，起到引领作用和示范效应。

山东省学校武术教育开展情况及普及程度，从留存至今的纪念章即可见一斑。1925 年，山东一中举行武术竞赛会，颁发给优胜者的铜质奖章（图 1-1-5），上镌“山东一中”“武术竞赛会”“奖章”字样，绘有嘉禾图案。[④]

图 1-1-5 1925 年山东一中武术竞赛会奖章（采自《中外体育徽章图志》）

山东省政界、教育界提倡武术的举措，非仅局限于军旅和学校，而已延伸至乡村农庄。“马良自莅（山）东以来，提倡武术甚具热炽。查（山）东省各县乡村旧时，青年子弟多有练习武术者。近来多已失传，因之武术废弛，人民无尚武之精神。亟宜设法提倡。令各县劝喻乡民，就村庄设立武术传习所，以便青年子弟练习。”[⑤] 1935 年，王健吾于《体育季刊》发表“华北之体育”一文言及：“华北改良国术之运动，当首推马良

---

① 张震海 . 近代中国武术发展概况 // 体育史料第 14 辑 [M]. 北京：人民体育出版社，1989：47.

② 全国教育会联合会第七日开会记 [N]. 申报，1918-10-18（10）.

③ 全国中校长 19 日会议 [N]. 申报，1918-10-23（6）.

④ 周继厚 . 中外体育徽章图志 [M]. 济南：山东画报出版社，2009：180.

⑤ 济南饬各县提倡武术 [N]. 申报，1918-6-7（7）.

在山东提倡之‘中华新武术’。”[①]

1932年8月16日至20日，民国南京政府时期，第一次全国体育会议于南京召开。马良作为教育部遴聘之体育专家出席会议，提交多项议案[②]，实则推销其“中华新武术”。尽管马良所提议案得以呼应，但全国各省市县国术馆相继建立，国术活动内容丰富多彩，“中华新武术”已如夕阳余晖。

五、“中华新武术”之评价

马良以“强身强种强国”为目的，“使碧眼黄发者流，不敢以‘病夫’二字为四万万同胞之私谥”。[③]其主持创编的“中华新武术”是我国武术史上具有一定进步意义的创举。

“中华新武术”在新旧文化之争中推陈出新，“简明切要”地改造了烦琐的传统武术，从内容到形式，以“新”的面貌，引起社会关注和重视。其创编取材于传统武术动作，借鉴西式兵操的操练方法，分段分节配合带数口令，教学和训练可以单人、双人，也可以多人、团体，形式呈现多样化，体现了由易到难、由简到繁、由单练到对手的渐进式训练原则，改变了传统武术师徒相承的单一传授方式，克服了口传心授、秘不示人的保守状况，为传统武术向近代体育转型做了有益的尝试。一些学校、商团及军警以此为操练内容，为武术的推广和普及开辟了新途径。其对精武体育会、中央国术馆，以及学校武术教育都有积极影响。

以步兵操典模式创编的“中华新武术”影响了传统武术的韵味，甚至有人批评这种创新是“以个人之一知半解，窃取拳术中三数无系统的姿式（势），编为国技体操，徒袭皮毛，全失本意”。[④]这种形式不仅技术上生硬呆板，而且在训练中多有立正、稍息、报数、看齐、开步、队形等内容，其攻防实用性降低，以至习者渐少而致衰微。但以口令指挥集体操练，这种洋为中用的教学方法至今仍可资借鉴。

“中华新武术”具有浓厚的封建复古色彩及“华尊夷鄙”的文化心态。马良曾云：“考世界各国武术体育之运用，未有愈于我中华之武术者……”[⑤]

---

① 王健吾．华北之体育[J]．体育季刊，1935，1（2）：222.

② 全国体育会议提案汇志国术提议案[J]．体育，1932，1（9）：71.

③ 山东武术传习所一览·序[A]．济南：山东武术传习所，1925.

④ 许宠厚．提倡拳术应保存其固有之真精神说[M]．体育丛刊，北京：体育研究社，1924：1.

⑤ 马良．中华新武术·棍术科·发起总说[M]．上海：商务印书馆，1919：1.

这些言论，迎合了封建复古思潮，遭到陈独秀、鲁迅等人的反对。陈独秀1918年在《克林德碑》文中批评：济南镇守使马良所提倡的中华新武术，现在居然风行全国。我看他所印教科书（曾经教育部审定）中的图像，简直和义和团一模一样，而且他所作的“发起总说”中，说道：“……前庚子变时，民气激烈，尚有不受人奴隶之主动力，惜无自卫制人之术，反致自相残害，浸以酿成杀身之祸。良蒿月时艰，抚膺太息……”岂不是对于义和团大表同情吗？[①]鲁迅1919年《拳术与“拳匪”》一文指出：教育家都当作时髦的东西，大有中国人非此不可之概；鼓吹的人，多带着“鬼道”精神，极有危险预兆。[②]

马良吹嘘“中华新武术”就是“我国之国粹”，主张“演尚武之历史”，企图推行一种标志各级官阶身份、共三等九级的“佩剑制度”，提出“先由文官及未著军服之武官，并教育之校长佩起”[③]，以发扬封建性的武德武风。然而，在新文化运动的冲击下未得实施。

第二节 山东武术传习所办学理念及社会贡献

民国初期，山东济南曾先后拥有两个武术传习所。一为（山东）军士武术传习所，一为山东武术传习所。这两个武术传习所皆为马良倡办。

马良《保阳马子贞氏振兴武术体育之经过纪略》一文自述：1914年，其任济南卫戍司令（1916年改任济南镇守使）时，于所属第四十七旅编练军士武术传习所（技术队），专习各种武术，培训教官。[④]这一武术传习所通常被称为“（山东）军士武术传习所”。1920年7月，该所因马良下野，11月移寓青岛而自行解体。

1925年4月，山东武术传习所自编《山东武术传习所一览》一书记载：“本所成立于民国六年二月，定名为‘山东武术传习所’。”[⑤]在马良不断吹嘘和鼓动下，1917年2月，山东教育会于济南创办了“山东武术传习所”，培养武术师资，属私立公助性质。1925年5月，该所因军阀混战被迫关停。

---

① 陈独秀 . 克林德碑 [J]. 新青年，1918，5（5）：456.

② 鲁迅全集・集外集拾遗补编 [M]. 北京：中国致公出版社，2001：287.

③ 马良 . 中华新武术・剑术科・序言 [M]. 上海：商务印书馆，1921：3.

④ 马良 . 保阳马子贞氏振兴武术体育之经过纪略 [J]. 体育与卫生，1924，3（3）：8.

⑤ 山东武术传习所一览 [A]. 济南：山东武术传习所，1925.

这两个武术传习所分属不同的管理机构，并行不悖，分别独立。他们开办停办时间各自不同，但两者均以马良组织创编的“中华新武术”作为主干教材。（山东）军士武术传习所较为倾向于军事技能，而山东武术传习所则注重武术师资的养成。两者相互间的联系与区别比较明显。

一、山东武术传习所之由来与办学目的

（山东）军士武术传习所建立后，带动了山东武术事业的发展。山东武术毅然走在了全国的最前列。随着马良的宣传与鼓动，加之山东政界、教育界不断提交推广“中华新武术”议案，1916 年教育部派员考察（山东）军士武术传习所及山东第一中学等处“中华新武术”教学状况，并予以认可。1917 年春，陆军部、内务部将“中华新武术”定为军警必学之术。全国各地学校、军警、机关、团体向该所邀请教师者不胜枚举。马良有求必应，尽力满足社会需要。然而，军士担任武术教师，个人身体素质与文化素养先天不足。马良由此产生了创办武术专门学校的设想。在他不断游说之下，山东教育会才决定创办山东武术传习所。正是缺乏“健全”的武术师资，山东武术传习所才孕育诞生了。

马良倡办这两个“武术传习所”的真正意图，就是推销他组织创编的“中华新武术”。而创办山东武术传习所是为了加大“中华新武术”推广力度。

1917 年，经教育部审定，北京高等师范学校设立体育专修科，学生由各省考送，造就体育师资。遵教育部秘书胡玉荪函嘱，（山东）军士武术传习所选派马祚春、王振山赴京分任教授。同年，北京体育研究社附设体育讲习所（1920 年定名北京体育学校），培养中小学体育师资，1918 年添授“中华新武术”[①]，邀请北京高等师范学校教师马祚春兼任该社教师。[②]试将山东武术传习所与同年开办的这两所体育专科学校的课程设置略作比较便可发现，山东武术传习所将“中华新武术”作为主干课程，而两所体育学校武术教学内容更加全面，“中华新武术”仅为其中教学科目之一。山东武术传习所之办学意图显而易见。

1919 年夏，唐豪（字范生）在上海组织暑期武术传习所，学生多系各校体育教师，以“中华新武术”为主要科目，马良派马益宽［（山东）军

---

① 体育丛刊 [M]. 北京：北京体育研究社，1924：359—360.

② 张志贤 . 北京师范大学体育系变迁∥中国人民政治协商会议北京市委员会文史资料研究委员会编 . 文史资料选编第 15 辑 [M]. 北京：北京出版社，1990：224—225.

士武术传习所教官]、程凤阳(字锡三，山东武术传习所教师)赴上海分任教授；江苏教育会附设体育研究会国技部举办暑期国术研究所，亦聘请山东武术传习所教师程锡三担任武术教师，教授“中华新武术”拳脚科、率角科。此例亦可窥见山东武术传习所之办学意图。

自1914年至1925年，(山东)军士武术传习所和山东武术传习所向全国军政学界选派了大批武术教师，他们的主要任务就是传播“中华新武术”。由中国传统武术结合西方兵式体操形成的“中华新武术”，以“新”的面貌问世，顺应了时代需求，尽管自身存在些许弊端，也遭受过时论抨击，但其进步的一面仍然值得肯定。

二、山东武术传习所之创立与发展

1925年，马良为《山东武术传习所一览》(图1-2-1)作序，所长陈栋《弁言》简述了该所创立与发展经过：

> 民国五年(1916年)秋，保阳马子贞先生任济南镇守使，余充历城县劝学所所长时，相过从久，遂成忘形交。一日谓余曰：君为教育界人，当知三育之中，尤宜注重体育。仆武人，素好武术，对于体育一门，窃思有所贡献。问其策安在，曰：余研究国技久矣，拟荟萃古人成法，勒为专书，名之曰“新武术”。俾国人讲习传授，发扬体育，知强身强种之道，必以新武术为不二法门。刻已着手编次，特公务繁伤，尚未竣稿耳。越明年乙巳(当为丁巳，即1917年)书成，遂邀集教育界同人商榷提倡之法，议决后爰择万寿宫旧址，创办山东武术传习所，并推余担任所长事，迄今九阅寒暑。历届毕业生徒计达七百数十人，或服务社会成效卓著，或捍卫身家保障闾里，俱足发扬国技，增辉母校。一时风声所播，习俗改观，以致每届招生辄有收不胜收之憾，于此可知国人心理倾向。体育竟以讲求武术为先河也。

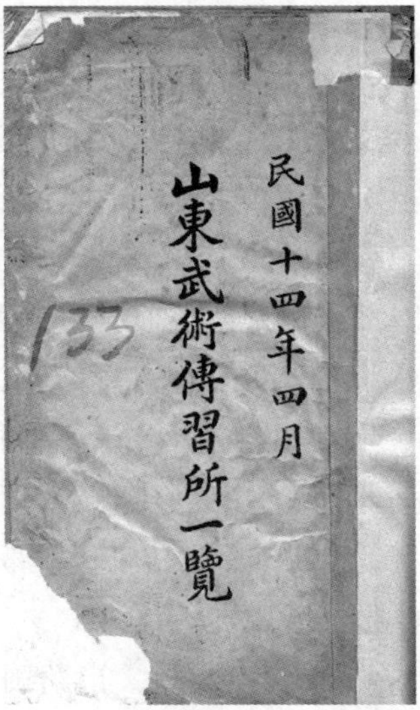

图1-2-1 《山东武术传习所一览》(山东省图书馆馆藏)

1917年2月，山东武术传习所于济南成立，始借山东教育会会址招生开课。3 月，择定省垣万寿宫遗址（黄亭体育场）重行修葺后迁入，定为永久所址。开办费由发起人马良捐纳，常年经费自 1917 年 1 月起呈准，由省款补助月银 100 元。7 月，由省款增加补助为月银 300 元。嗣因校务扩充，经费奇绌。1918 年 9 月，复行呈准递增补助为月银 416.66 元。叶春墀《济南指南》：私立武术传习所位于旧黄亭。现有学生二班，每班 80 人。年受省公署补助费 5000 元，分官费、自费二种。由各县教育会负担学费，每县至多二人，每年有 80 元者，有 100 元者。自费生均归各自负担。考收时，以素有武术知识者为上，学历以高等小学毕业者为合格。先定为一年，现改为二年，毕业后送各界教练武术。[①] 办学性质为私立公助。

1923 年招考第四届学生，因开支浩繁，入不敷出，经教职员会议，酌收学费，以资挹注，借得维持。核计教职员酬金，月需银 400 元。办公、工资、杂费等款，月需银 133 元，而修补临时等费尚须特别筹措，以供需要。

1917 年 2 月，省长张怀芝委任陈栋为山东武术传习所所长，并发给钤记（木刻大印），开始办公。函聘发起人为该所学董，孙砚耕为学监，程文翰为内堂主任，马庆云、李毓琛、王振德、韩愧生为武术教师，杨启胜为普通操教师，门念曾为会计员，魏铭为庶务员。3 月，考取新生，计官费生 160 名，自费生 100 名。19 日开学授课，是日即定为该所成立纪念日。7 月，学监孙砚耕辞职，函聘乔玉田为学监。9 月，乔玉田辞职。遂将学监一职改称稽查员，函聘马庆云兼充。

1918 年 5 月，第一届学生考试毕业。6 月，经省长张怀芝分派第一届学生赴各县服务。9 月，考取第二届新生，计官费生 110 名，自费生 40 名。10 月，马庆云辞职，遂将稽查员一职仍改设学监，函聘崔荫田为学监。

1919 年 2 月，崔荫田辞职，函聘张沐远为学监，王亚猷为军事学教师，雷广闻为兵式体操教师。7 月，王亚猷、雷广闻因赴京升学辞职，函聘崔道平为军事学、兵式体操教师，李炳耀为国文、生理科教师。

1920 年 2 月，崔道平辞职，函聘窦昆连为军事学教师，米凤东为武术教师。3 月，学董马良派九十四团二营下级军官及正负目担任第二届学生兵式体操教练。11 月，函聘施从滨、董鸿逵为学董。12 月，第二届学生考试毕业。

---

① 叶春墀 . 济南指南 [M]. 济南：新华印字馆，1919：33.

1921年2月，经省长田中玉分派第二届学生赴各县服务，函聘胡明海为武术教师。3月，考取第三届新生，计官费生、自费生共100名，函聘马庆云为外场主任教师兼充稽查员。6月，修建学生自习室、寝室，分为志、道、据、德、依、仁、游、艺八斋。7月，派教师程文翰赴南京高等师范暑期学校进修。

1922年2月，函聘程凤阳为武术教师兼田径赛指导员。同月，将大门内东西两寝室拆去，扩充大操场一处，并于教室两侧别拓操场一处。10月，第八届全国教育联合会在山东举行，全体会员到山东武术传习所参观。

1923年2月，门念曾病故，函聘李成奎为会计员。3月，第三届学生考试毕业。4月，考取第四届新生，计官费生、自费生共110名。5月，经教育厅厅长覃孝方分派，第三届学生赴各县服务。8月，函聘汤方滋为武术教师。9月，考取第五届新生，计官费生、自费生共60名，函聘李潜为音乐教师兼田径赛指导员。

1924年4月，该所运动选手参加本省华北运动会预备会。教师杨启胜率运动选手赴河南开封参加第十一届华北运动会。

1925年3月，考取第六届新生，计官费生、自费生共65名。4月，第十二届华北运动会于济南举行，该所运动选手参加比赛。5月，第四届学生考试毕业。第五届、第六届学生肄业。①

1925年，因军阀混战，该所被迫停办。受其影响，山东武术陷于沉寂，直至1928年。

三、山东武术传习所之办学理念

山东武术传习所创办伊始，即有明确的办学宗旨，并以体系化的课程设置保证其理念的实现。该所办学宗旨宣示：一、以提倡体育，发扬国技，养成健全师资，以应社会急需为宗旨；二、虽重视体育，而于德育、智育亦特加注重，故教授科目，以体育各科为主要科，以德育、智育为辅助科；三、本所系私立性质，一切设备、训练等均趋重朴实，以端学生趋向。这一办学宗旨，初步体现了民国初期山东军教两界关于称为“武术传习所”的这类中国近代体育教育机构的办学理念。

“体育”是舶来品，一个“育”字，说明了它的教育属性，是以发展体力、增强体质为主要任务的教育形式。“国技”乃民族传统技艺，是以

---

① 山东武术传习所一览[A]. 济南：山东武术传习所，1925.

健体防身为主并带有一定表演性质的身体技能表现形式。二者差异明显可见。宗旨之一所表达的，就是要以兼容并包的心态与胸怀，将西方先进的体育教育思想纳入该所武术教育中，兼取“土洋体育”或“新旧体育”之长，以东西方体育文化养成“健全”师资，以此回应急剧变化的社会对武术教师的迫切需求。这就首先在观念上突破了传统武术传授的藩篱。养成了掌握现代体育教育思想、人格健全、技能优良的武术教师，变武术传习为体育教育，满足正在融入世界潮流的中国对于大批合格体育人才的需要。这是山东武术传习所武术教育理念变革与确立的出发点和立足点。

教育是一个包括德、智、体全面发展的完整体系。以“武术传习”命名并宣示要将之融入教育的这所武术学校，受西方德、智、体三育并重教育思想的影响，自然将“国技”也视为“体育”，并且强调“重视体育，而于德育、智育亦特加注重”，把德育、智育放到了“特加注重”的位置。这表明山东武术传习所具有初步的德智体全面发展的教育理念，并且在该所“以体育各科为主要科，以德育、智育为辅助科”的课程设置中得以体现。

该所课程设置的主要科目为：拳脚科、率角科、剑术科、棍术科、军事学、步兵教练、器械操、普通操、各种国技、各种球类、田径赛、生理卫生学；辅助学科为公民学、教育学、教授法、管理法、国文、童子军、音乐等。（见表 1-2-1）

表 1-2-1 山东武术传习所历届学生课程周学时分配表 ①

科　目	第一学年		第二学年	
	上学期（周学时）	下学期（周学时）	上学期（周学时）	下学期（周学时）
拳脚科	7	5	3	3
率角科	7	5	3	3
剑术科	0	6	4	3
棍术科	0	0	6	6
兵式操	6	2	4	6
普通操	2	2	2	2
田径赛	2	4	2	2
修　身	2	2	2	2
教育学	2	2	1	1
国　文	2	2	2	2
教授法	2	1	2	2

① 山东武术传习所一览 [A]. 济南：山东武术传习所，1925.

科　目	第一学年		第二学年	
	上学期（周学时）	下学期（周学时）	上学期（周学时）	下学期（周学时）
管理法	2	2	1	1
生理卫生学	2	2	2	2
军事学	0	1	2	2
音　乐	2	2	2	2
总　计	36	38	40	39

拳脚科、率角科、剑术科、棍术科即“中华新武术”四科，被排列在了技术教学科目的首位，约占总课时数的40%，可见其受重视程度及其中寓意。“各种国技”包含内容未有明确表述，亦未见其他记载，故此处不随意揣测。军事学和步兵教练系受“军国民主义教育思想”影响而设置的教学科目。器械操、普通操、各种球类、田径赛均为西方体育教育科目，约占总课时数的23.5%（各种球类未在课表之列）。以上中西合璧的技术教学部分，合计约占总课时数的63.5%，皆为武术教师必备的专业素质，拥有这些技术技能便基本具备了武术教师的从业资质。军事学连同辅助学科，合计约占总课时数的36.5%，亦是武术教师必备的专业素养，拥有这些专业素养便基本具备了武术教师的从业资格。从课时分配分析，该所办学倾向于武术和体育的技术技能教学，尤以“中华新武术”为重，总体比例基本合理，亦能体现办学宗旨。

传统武术教学，师父对徒弟享有至高无上的支配性地位。进入追求平等的现代社会，必然要求师生间人格的平等。只有如此，才能培养出合格的现代公民。山东武术传习所公民学、教育学、教授法、管理法、国文、童子军、音乐等辅助课程的设置，是培养具有健全人格体育教育人才的关键环节，在整个课程体系中占三分之一还多。这不仅体现了对于德育、智育的重视，也体现了科学教育理念融入传统武术，改造传统武术传授内容，培养全面发展的“人”而不是“工具”的价值追求。这是山东武术传习所武术教育理念变革与发展的关键举措与目标实现的有效途径。

作为创办较早的私立武术学校，山东武术传习所没有先例可循。尤其开办之初，必然受到办学经费、教学设施等多方面因素的制约与限制。该所在充分挖掘和利用有限的场地、器材、设备等物质教育资源的同时，注重调动教师的主观能动性，采取灵活多样的手段实施教学与训练，故“一切设备、训练等均趋重朴实”，于环境育人、教学育人上发挥潜能，力图实现“以端学生趋向”的教学目的，其中必然包含着传统武德等方面的诱导与教化。这也是培养武术师资必要的教育因素。例如，该校将学生自习室、寝室分志、道、据、德、依、仁、游、艺八斋。此八字出自《论语·述而》:“志于道，据于德，依于仁，游于艺。”可见其教育理念蕴含着儒家思想与品德修养，以及学习态度的涵养。每斋命名一字，意欲通过日常行为规范对学生施以潜移默化的熏陶和影响。

而公开化、大众式的学校武术教育，既已建立新型“师生”关系的教育格局，“以端学生趋向”立意于在培养自我身体强健、娴熟武术与体育技能、精通教学育人规律的新型人才的基础上，塑造作风正派、道德高尚的品格，由此养成具备完善人格的武术师资，以实现武术教育所追求的最高目标。

更重要的是，这一宗旨的宣示与实践，开辟了私立武术学校办出自己特色、尊重个体自由独立发展的道路。在特定国情下学习外国经验，就要从中国贫穷落后的实际情况出发，不追求奢华办学条件，走符合自己实际的发展道路，从而形成自己的特色；汲取西方公民社会文化，就是视每个个体都是且都应该是能够独立负起民事责任，能够自由选择和把握自己前途命运、具有健全人格的人，而不是依附于他人或作为他人的附庸，体育教育人才更应如此。这是“以端学生趋向”，培育体育教育人才的重要内涵所在，也是山东武术传习所武术教育理念变革发展中可贵的价值和目的追求所在。

探究山东武术传习所的办学宗旨与课程设置，能够寻绎到其办学理念——文武兼修、术道合为、学贯中西、三育并重，以此养成健全的武术师资，实现在新的历史时代中国武术教育事业守正创新，汇入世界教育主流，实现脱胎换骨变革，培育一代新型体育教育人才的办学目标。这一办学理念顺应了社会发展大势，回应了时代变革要求，满足了加强国防、抵御外辱和学校体育教育对体育师资的迫切需要。

四、山东武术传习所之管理制度

山东武术传习所自创办之初，即建立了相应的教学程序与管理制度。部分内容适时做出了调整，以应发展需要。该所办学向管理要质量、求效益，兼具军事化。照章办事，严格管理，教职员工须率先垂范。从管理育人的认知角度审视，其中蕴含着“以端学生趋向”的教育要素。

（一）管理机构与人员配置

该所设学董制，有董事 12 人，均为军政要员、教育界人士等社会名流参与管理。（表 1–2–2）所内设所长 1 人，内堂教务主任 1 人，外场教务主任 1 人，学监 1 人，稽查 1 人，文牍 1 人，会计 1 人，庶务 1 人，内堂教师共 4 人，外场教师共 5 人，均须按章则各司其职，各尽其责。

表 1-2-2 学董一览表[①]

姓　名	字	籍　贯	姓　名	字	籍　贯
马　良	子贞	直隶清苑	林修竹	茂泉	山东掖县
施从滨	汉亭	安徽桐城	许名世	德一	山东日照
董鸿逵	步云	河北宁河	董毓璿	甫衡	山东高密
安茂寅	善圃	山东日照	邢同泰	东屏	山东朝城
陈名豫	雪南	山东滕县	贾迺宽	资厚	山东历城
郝景星	宸甫	山东夏津	赵同源	星海	山东历城

（二）各项规章制度

该所全面制定了严格的规章制度，以保障教学秩序，规范教学行为。与教职员相关的规定有，所长办事规则、教务主任办事规则、教员办事规则、学监办事规则、文牍员办事规则、会计员办事规则、庶务员办事规则、校务会议规则；与学生相关的规定有，教室规则、操场规则、斋舍规则、餐厅规则、接待室规则、斋长服务规则、值日生服务规则、请假规则、出入证规则、学生成绩考查规则、奖励规则、惩戒规则，以及外来人员参观规则。

各项规章制度条分缕析、细致明确，如《所长办事规则》第一条：总理全所事务，监督教职各员恪恭厥职，以端表率。《教员办事规则》第五条：教员随时考查学生用功勤惰、操行优劣，登记册簿，汇报教务主任，以备奖惩。《教室规则》第二条：教员就坐离席，学生均须起立致敬；第十一条：上下班（课）时，学生须鱼贯出入，不得拥挤致形紊乱。《操场规则》第一条：操场内以整齐为贵，各生须均着制服，以昭画（划）一，庶形式具备而精神益振。《学生成绩考查规则》第一条：考查学业成绩分平时、学期、学年、毕业四种，由教员评记分数，交教务主任汇评核定；第六条：学业成绩之评定分甲乙丙丁四等，80 分以上为甲等，70 分以上为乙等，60 分以上为丙等，不满 60 分者为丁等。丙等以上为及格，丁等为不及格。及格者升级或毕业，不及格者留级。如无级可留，得令退学，但已届毕业年限者，得酌给修业证书。

（三）学制确立及常规管理

该所初设一年学制，很快便发现学制年限太短不利于“养成健全师资”。因之，为提高办学质量与效率，适时做出了调整。第一届学生 1917

① 山东武术传习所一览 [A]. 济南：山东武术传习所，1925.

年3月入学，1918年5月毕业后，学制遂改为两年，以成定制。常规管理自上课之日起，满六个月为一学期。两学期为一学年，两学年为毕业期限。

（四）主要科目教师来源

马良作为山东武术传习所的主要发起人和首席学董，对该所教学管理工作起着主导作用。“中华新武术”教师直接选派自（山东）军士武术传习所，军事学、兵式体操教师亦从所辖济南镇守使署第四十七旅选派，如马庆云为监督，李毓琛为武术总教官，韩愧生、常秉章、李吉祥、周俊山、陈惠明、马德英等先后担任教员。山东武术传习所与（山东）军士武术传习所保持着血脉联系。（表1–2–3、表1–2–4）

表1–2–3 1925年教职员一览表①

职名	姓名	字	年龄	籍贯
所长	陈栋	筱轩	42岁	山东历城
外场教务主任教员兼稽查员	马庆云	蔚然	51岁	直隶清苑
内堂教务主任教员	程文翰	墨斋	48岁	山东临朐
学监	张沐远	恩泉	40岁	山东东平
教员	杨启胜	钰泉	45岁	湖北汉阳
教员	李炳耀	星华	52岁	山东齐东
教员	窦昆连	岩舫	45岁	京兆宛平
教员	李潜	幼陶	25岁	山东临沂
教员	米凤东	瀛洲	39岁	山东泗水
教员	胡明海	秀山	34岁	山东东平
教员	程凤阳	锡三	31岁	山东阳信
教员	汤方滋	松侯	31岁	山东泗水
会计员	李成奎	进之	58岁	山东历城
庶务员	魏铭	箴卿	49岁	山东历城

① 山东武术传习所一览[A]. 济南：山东武术传习所，1925.

表 1–2–4 前任教职员一览表①

姓　名	姓　名	姓　名	姓　名	姓　名
李毓琛	门念曾	穆荣泉	韩愧生	李吉祥
施祖荫	王振德	张训然	孙砚耕	乔玉田
陈冠杰	石上林	田丙午	杨万顺	余　照
周俊山	李培义	崔荫田	王兆亭	丁金锡
吴振民	王亚猷	赵汝成	何振江	薛毓苛
张福臣	左明霄	雷广闻	张英文	邢青山
崔道平	陈正和	王世奎	徐凤朝	常秉章
张孝忠	杨遇春	王春芳	张凤翔	彭寿惠
齐震东	郭发祥	赵观梅	沙光庆	王汝英
杨法武	刘清辉	邵长熙	李金玉	郭鸿章
刘振声	傅宽印	傅忠润	商得明	孙继昆
皮成祥	关奎厚	杨万贯	武振东	戴正荣
赵金塔	赵连禄			

（五）生源与入学条件

据《山东武术传习所一览》《山东省教育厅令百七县知事发武术传习所招生简章仰即选送学生》记载，该所生源来自山东各地。学生入学条件为身体强健，年龄 25 岁以下、18 岁以上，经中学师范及高等小学以上毕业者为合格。由各县备文赍送者为官费生，每年由县教育会解交学膳等费，大洋 60 元。自行投考者为自费生，一切费用均归该生自备。考收学生以素有武术知识者为上。入学考试，第一试检验体格，第二试考验国文。第一试不合格者不得参与第二试。考试合格者须填具志愿书、保证书，交足保证金、学费，以备入所。其中，将学生的武术基础和文化水平作为考查入学的重要条件，生源质量较（山东）军士武术传习所发生了根本性的改变。

五、山东武术传习所之师资力量与办学成就

1917 年 2 月，省长张怀芝委任原历城县劝学所所长陈栋为山东武术传习所所长，该所集聚了大批优秀教育人才。先后任职于山东武术传习所的教职员有 70 余人，其中不乏武林精英，如：马庆云（字蔚然）于 1923

① 山东武术传习所一览 [A]. 济南：山东武术传习所，1925.

年上海中华全国武术运动大会入选十八技击（武术）专家之列；杨法武 1928 年参加第一届南京国术国考获得最优等（15 人获此殊荣），后入中央国术馆教授班深造，毕业后赴山东省国术馆任教，继被中央国术馆聘为一级教授。该所部分人员成为日后山东省国术馆的骨干教职员，如程文翰、张沐远、胡明海、李培义等。正是拥有了雄厚的师资力量，使得该所办学理念得以实施，教学质量与效益不断攀升。

遵照办学目的与宗旨，该所自 1917 年 3 月招生开课至 1925 年 5 月因战乱停办，历时九载，共招收六届 745 名学生，前四届 550 余名学生毕业（第五、六两届学生处于肄业状态）。毕业学生按照学习成绩排名，呈请省长及教育厅厅长委派各县，充任各级学校武术教师及保卫团警备队队长或教练员。部分学生按军队需求受聘担任教练。毕业学生大多分赴各地服务，成为推广普及武术运动的骨干。

该所第二届优秀学生窦来庚，1928 年参加第一届国术国考亦名列最优等。1932 年 6 月任山东省国术馆副馆长，工作勤奋努力，与同仁戮力同心，将山东国术带入黄金发展期，成绩辉煌，走在全国前列。1936 年全国考绩，山东国术教育序列第一，中央国术馆特令嘉奖。窦来庚可谓该所优秀学生中的杰出代表。

该所组织学生参与全国和地方性大型武术表演，比如 1923 年上海中华全国武术运动大会，这是中国武术史上首次较大规模的武术观摩交流大会，也是山东有组织地派员参加全国武术运动大会最早的一次；1924 年开封第十一届华北运动会、1925 年济南第十二届华北运动会等项活动，展演了“中华新武术”四科等项目。不仅让学生走出校园，融入社会以开阔视野、学习更多知识，而且起到了扩大宣传和推广武术的作用，同时为该所赢得了社会声誉。

该所所长陈栋《山东武术传习所一览 · 弁言》中说：本所历届毕业生徒，“或服务社会成效卓著，或捍卫身家保障闾里，俱足发扬国技，增辉母校。一时风声所播，习俗改观”。自豪欣慰之情溢于言表。

六、山东武术传习所之历史地位与社会贡献

1917 年，山东教育会创办之山东武术传习所，是山东省近代最早的一所私立公助性质的武术专门学校。这在近代武术史上也是创办较早、规模较大、办学时间较长、毕业人数较多的武术专科学校，具有开创性。该所的办学目的、宗旨和教育理念明确，就是以养成健全的武术师资为己任，推广“中华新武术”；办学质量尚属上乘，对推动民国初期武术教育

产生了积极的社会影响；既是有益的办学尝试，又具有引领和示范效应。

尽管成立于1930年9月的山东省国术馆与山东武术传习所没有承袭关系，但该所的学制设定、教学管理、课程设置等诸多方面，还是有所因袭或沿用。比如山东省国术馆设立董事会制，师范班学制设定为两年，学生入学须具备基础武术技能和相应的文化程度，“中华新武术”作为教学科目之一，军事训练，等等，一系列办学理念和执掌方略与山东武术传习所有许多相同或相似之处。同时代体育类专科学校及1933年中央国术馆创办的中央国术馆体育专科学校仍将“中华新武术”纳入术科教材之中。

20世纪20年代上半叶，该所“中华新武术”一再上演于运动竞技大舞台，这是武术表演呈现于地区性运动会较早的历史记录，对推动武术事业的发展起到相应的促进作用。至30年代，“中华新武术”已成为颇具影响力的国术教学科目，乃至当今武术教学仍然沿用“带数口令”的教学方式，而其于近现代武术史和武术文化研究也是绕不开的话题。

由于1925年遭遇战乱，山东武术传习所被迫停办，造成史料缺失，亦因研究不足，我们仅能依凭留存的部分文献，从学理方面对该所的办学理念进行适度解读。关于其教师的选聘、教材教法的运用、教学实习与社会实践，学生分配去向、毕业后从业状况及工作业绩，社会反响与同行评价等判断其是否贯彻了它办学理念的考察要素，目前尚无法作出具体的数理统计及准确的梳理和研判，留待今后继续探究。

七、参与大型武术表演活动

20世纪20年代，全国各地体育竞赛活动呈现日益增多之势，其中亦不乏武术表演项目。山东武术传习所推行之“中华新武术”不失时机地融汇于时代潮流之中，崭露头角。

（一）中华全国武术运动大会

1922年10月，退隐已两年有余的马良不甘寂寞，以“提倡武术教育，救济直鲁灾民”为名，移眷寄居上海。[①] 12月，马良会同唐豪、许禹生等武术界128人，发起全国武术运动大会。经过数月积极筹备，呈报北洋政府内务部备案。

举办这次全国武术运动大会的宗旨是：专以提倡武术教育，发展体育；征求全国武术名流及武术秘密绝技，显扬祖传尚武精神，推传后世；汇集全国武术专家，联络感情，交换知识，解除门户之见，共同研究各派

① 马良昨日抵沪[N].申报，1922-10-12（15）.

专长及推广普及方法；振起同胞尚武精神，俾立强种强国基础。[①] 1923 年 3 月发布大会规程与细则，定名“中华全国武术运动大会”，拟于 4 月 14 日至 16 日于上海西门公共体育场举行三日。《规程》明确规定：此次大会“专事表演各种武术，毫无比赛性质”。[②] 这是中国武术运动史上第一次单项运动会，虽然没有制订裁判规则，没有裁判评定优劣，没有近代体育竞赛意味，但对促进武术进入运动竞赛行列有着积极意义。

山东武术传习所马庆云、胡明海、魏铭率第三届全体学生[③] 60 余名搭车赴沪参会。[④] 这是山东有组织地派员参加全国武术大会最早的一次。[⑤]

13 日，大会在公共运动场召开各武术团体及武术专家茶话会。到会者有北京、天津、济南、南京、松江、常州等处武术团体 400 余人。许禹生演说，略谓对于武术有三种希望：融合各派，消除门户之见；希望与会诸君将各派武术优点有所著述，作为将来研究之资料；使武术成为有系统、有学理之体育。[⑥]

14 日下午 1 时，中华全国武术运动大会于上海西门公共体育场开幕。大门前横悬“中华全国武术运动大会”大字。大会名誉会长何丰林，会长马良，编配主任唐豪。[⑦] 上海、北京、天津、江苏和山东等几个省市，有 20 多个民间武术社团与会。各省武术专家及运动员、行政官员、中西来宾不下 5000 人。各学校各团体与会者有松江武术团、上海公共体育场技击部、中华武术会、龙华第二武术团、英武体育社、松江国技学习会、常州正德国技学社、精武总会、上海武德会、上海精社、北京体育研究社、天津进德武术研究会、沪江体育学校、广肇女校、淞沪警察厅技击队、山东武术传习所等武术团体。大会设团体、单练、对手三种表演形式，100 多个不同项目。山东武术传习所表演了中华新武术拳脚科、率角科。[⑧] 与会同仁参与表演，许禹生纯阳剑，程海亭八卦掌，吴鑑泉太极拳，刘彩臣形意拳、八式飞龙剑，周秀峰插（查）拳，李剑华雄拳，许绍先二郎拳、

---

① 发起全国武术运动会之宴 [N]. 申报，1922–12–3（15）.

② 中国第二历史档案馆编 . 中华民国史档案资料汇编 · 教育 [M]. 南京：江苏古籍出版社，1994：865—870.

③ 山东武术传习所一览 [A]. 济南：山东武术传习所，1925.

④ 全国武术大会开幕前之琐讯 [N]. 申报，1923–4–11（15）.

⑤ 张华松，王铁军，董建霞 . 济南历史大事记 [M]. 济南：济南出版社，2010：119.

⑥ 体育丛刊 [M]. 北京：北京体育研究社，1924：21.

⑦ 向恺然等 . 国技大观 [M]. 上海：振民编辑社，1923：175.

⑧ 全国武术运动大会开幕 [N]. 申报，1923–4–15（13）.

八卦二十四式刀、双斧等，并散布太极拳、八卦掌说明书。[①]

因会期遇雨，延至22日下午1时继续开会。马良旧部表演了率角术。[②]与会同仁参与表演，许禹生太极拳及太极拳推手，程海亭六合战身枪，吴鑑泉乾坤剑，刘彩臣六合双刀，周秀峰子母双钩，钱伯渊太极拳，许绍先形意拳、八卦单钩。[③]

大会评选出张凤岩（率角），吴鑑泉（太极拳），程海亭（八卦掌），王福田[插（查）拳]，王章武[披（劈）挂拳、翻子拳、螳螂拳、出（戳）脚]，高凤岭（猴形拳），杨德卿，杨杏堂，翟殿臣[插（查）拳、花拳、红拳、炮拳]，秦鹤岐（和合手），许太和（仁和派），于斐堂（大枪、双刀），何玉山[插（查）拳]，李蔚（会）亭[插（查）拳]，阎奎元（少林拳），杨钧韶（孙膑拳），刘彩臣（形意拳），马蔚然（长拳）等"十八技击（武术）专家"。[④]马西民、唐豪《记十八武术专家》对此亦有著述。[⑤]其中籍隶山东或任教于山东的人士有高凤岭（图1-2-2）、马庆云（蔚然）（图1-2-3）、李蔚（会）亭、杨钧韶（图1-2-4）等。

山东武术传习所师生赴沪参会期间，得到精武体育会的帮助与支持。29日，所长陈栋专函致谢。[⑥]

图1-2-2 高凤岭先生拳照（采自《时报图画周刊》1923年第146期）

图1-2-3 马蔚然先生拳照（采自《时报图画周刊》1923年第146期）

图1-2-4 杨钧韶先生拳照（采自《时报图画周刊》1923年第146期）

① 体育丛刊[M].北京：体育研究社，1924：21—22.
② 武术运动会昨日继续开会[N].申报，1923-4-23（11）.
③ 体育丛刊[M].北京：体育研究社，1924：21—22.
④ 全国武术大会技击（武术）专家[J].时报图画周刊，1923（146）：1.
⑤ 向恺然等.国技大观[M].上海：振民编辑社，1923：181—184.
⑥ 山东武术会之谢函[J].中央杂志，1923（24）：45.

（二）华北运动会武术表演

山东武术传习所存续期间组织学生参加了两届华北运动会。

1924 年 5 月 16 日至 17 日，第十一届华北运动会于河南开封举行。山东武术传习所和开封武术研究会两个武术团体参与大会表演。[①]山东武术传习所除选手参加比赛外，还有学生表演中华新武术四科及各种杂技，博得大会好评。这是武术表演呈现于地区性运动会较早的历史记录。

1925 年 4 月 24 日至 25 日，第十二届华北运动会于济南举行。山东武术传习所选手参加比赛，全体在校学生表演了中华新武术四科及各种杂技。武术表演再次登上地区性竞技大舞台，对武术事业的发展起到了宣传和推动作用。

第三节 其他武术组织

20 世纪 20 年代初，山东济南又创办了几处私立武术教育机构。其办学规模、招生人数及社会影响力虽远不及山东武术传习所，但对于推广社会武术亦有助益。

一、山东武术教育讲习所

山东武术教育讲习所，由（前）济南镇守使署技术队总教习高凤岭创办于 1920 年 7 月[②]，设址于济南大明湖畔汇泉寺。其宗旨为“养成武术师范人才”。事前呈明省公署及教育厅备案，随后招生开课。除教习拳术外，于兵式操法亦详加研究。时有评论：各机关在职人员从高君游者亦多。一经教练，无不顽廉懦立，同具尚武精神。是诚吾国之技艺，亦国粹之一也。[③]

民国四大才女之石评梅（1902—1928），于 1923 年 9 月 3 日《匆忙中的济南》文述：大明湖汇泉寺，现在改为武术教育讲习所。[④]而该所持续时间、办学规模、教职员与学生人数等，未能见载。该所维持数年后停办，高凤岭最晚于 1929 年 7 月[⑤]前离济赴青。

---

① 华北运动会 1913–1934 年 // 体育史料第 15 辑 [M]. 北京：人民体育出版社，1990：84.

② 是月，马良通电下野，济南镇守使署军士武术传习所（技术队）解体。

③ 山东创设武术教育讲习所 [N]. 天津益世报，1920–7–18（3）.

④ 石评梅散文选 [M]. 北京：中国三峡出版社，2010：306.

⑤ 青岛近闻 [N]. 申报，1929–7–9（8）.

二、山东体育会

1920 年 9 月，山东省教育厅社会教育经理处统计，私立性质的山东体育会设址于济南大明湖南岸“三公祠”，负责人郭子贤。该会由私立新武术学社改组，附设武术传习科。由社会教育经理处辅导设立，无经费补助。[①] 该会发展情形未见详细记载。

1925 年至 1928 年，奉系军阀张宗昌割据山东，横征暴敛，民不聊生，山东武术陷入沉寂。

第四节 赈灾义演活动

1920 年，直隶、山东两省旱魃为灾，饿殍遍野，啼饥号寒之声令人不忍。虽经各界热心赈济，怎奈灾区太广，灾民过众，欲施救济非群起襄助不可。急公好义、乐善好施的山东武术界人士，依然发起赈灾义演，尽己之力救助灾黎。

一、山东武术教育讲习所赈灾演技会

山东武术教育讲习所所长高凤岭闻讯，遂发起赈灾演技会，10 月 24 日至 25 日，于庆商茶园，率领全体学生，邀请第四十七旅技术队诸位名家帮演。技术队队长高连升及老教习韩愧生、郭永禄等率领名手 10 余人前往，以成善举。是日诸位名手无不聚精会神，五花八门，均献技艺。[②]

二、马良组织赈灾义演

1921 年春，灾黎青黄不接，待赈孔殷。3 月，马良召集旧部教员生徒，筹组武术团义演赈灾。[③] 4 月，马良先行抵沪，做前期宣传。23 日，于《申报》发表“赈灾武术团宣言书”，声明本团宗旨及各项办法，企望社会各界关心理解。[④] 当晚，马良于大东旅社宴请报界记者，邀请军政要员作陪。马良报告宗旨，深望记者鼎力支持。[⑤]

---

① 山东省教育厅 . 山东教育厅第一届报告 [M]. 济南：山东省教育厅，1920：180—181.

② 山东武术教育所演技助赈 [N]. 天津益世报，1920-10-30（3）.

③ 赈灾武术团总主任保阳子贞马良谢启 [N]. 申报，1921-5-17（1）.

④ 保阳子贞马良赈灾武术团宣言书 [N]. 申报，1921-4-23（11）.

⑤ 马良宴请报界记 [N]. 申报，1921-4-24（10）.

4月28日前，赈灾武术团百数十人全部到沪。团总主任马良自寓孟渊旅馆，全体团员暂寓西门中华路中华学术研究会，寻觅表演地址。在上海军政要员协助下，定于大世界乾坤大剧场，5月9日至11日，戏艺三宵。[①]每夜表演3小时，无有雷同。所得售资，汇交直鲁赈灾会，分别散放，款不虚糜。此三夜入场券，楼上楼下统售大洋一元。[②]所得券资，全数助赈。表演之日亦售《中华新武术》充赈。[③]

5月9日晚9时半，赈灾武术团如期表演，助赈来宾甚众。马良致辞，说明旨趣后，由团员36人陆续表演率角科、剑术科，如单人拳脚术，二人三人对手拳术，单人表演各种武器，二人三人对手表演各种武器，率角术角胜各种表演（二人三人角胜法），石墩手举法、足举舞石法、单手旋舞法（肩脖舞法、腰腹舞法）、手足交换法（力举千斤式）、攀杆术等，并有来宾表演，均为精彩。约至12时结束。10日晚续演棍术科与拳脚科，11日晚亦续演。[④]马良此三晚俱登台演说，并令团员于每幕表演之时说明内容。[⑤]

5月17日，马良于《申报》发文致谢各界。自3月组团，膳宿川资、衣物、交际等费用，及职员日用所需，共4560余元，由马良筹措，赈款不支分文。售卖参观券由大世界黄主任经手办理。券资收齐后，由警察厅徐厅长划为两项，分汇直鲁两省赈灾会。[⑥]

本章小结

“中华新武术”的创编与推广，有赖于马良身居高官，于其管辖范围竭力提倡，产生了广泛的社会效应；简化的传统武术技法结合西方兵操范式，简便易学，顺应了社会需求；改变了传统武术的传承模式，以“新”的面貌出现，令人耳目一新。尽管其备受争议，却不失其积极意义。“带数口令”仍为当今武术教学所用。

1914年，马良以所属济南卫戍第四十七旅编练军士武术传习所，1916年随其隶属济南镇守使署，1920年因其下野而解体。其与1917年山

---

① 赈灾武术团假座筹赈灾黎 [N]. 申报，1921-5-6（5）.

② 中华新武术 [N]. 申报，1921-5-6（5）.

③ 赈灾武术团全部到沪 [N]. 申报，1921-4-28（11）.

④ 赈灾武术团表演纪 [N]. 申报，1921-5-10（11）.

⑤ 赈灾武术团总主任保阳子贞马良谢启 [N]. 申报，1921-5-17（1）.

⑥ 赈灾武术团总主任保阳子贞马良谢启 [N]. 申报，1921-5-17（1）.

东教育会倡办、1925 年因军阀混战被迫停办之山东武术传习所，分属不同管理机构，并行不悖。两者均以“中华新武术”作为主干教材，为社会培养和输送了大批武术人才，推动和影响了山东乃至全国武术运动的发展。山东政界、教育界人士倡导学校武术教育，与山东武术发展规模和普及程度密切相关。

山东武术传习所系私立公助性质。其以培养武术师资为宗旨，制订了严格的规章制度。先后招生六届共 745 名学生，前四届 550 余名学生毕业。毕业学生大多分赴各地服务，成为推广普及武术运动的骨干。1923 年上海中华全国武术运动大会、1924 年开封第十一届华北运动会、1925 年济南第十二届华北运动会，该所均派学生参与武术表演，赢得了社会声誉，推动了武术事业的发展。

马良退出军界后，曾召集旧部筹组武术团，1921 年于上海发起赈灾义演。1923 年于上海组织“中华全国武术运动大会”，对武术进入运动竞赛行列做出有益尝试，对武术走向现代化有所贡献。这与其日伪时期失身变节是两码事，应区别开来，理性看待。

第二章 民国中期山东国术（1929—1937）

民国中期是山东武术发展的黄金期。此时，“武术”改称“国术”不单单是名称术语的变更，而是其文化形态由民俗文化上升为国家意志的体现。然而，国术运动究竟应该如何发展并无经验可循，山东省国术馆用实际行动做出了自己的诠释和回答。

1928 年 3 月，中央国术馆于南京正式成立，10 月举办第一次国术国考。1929 年 2 月，中央国术馆颁布《中央国术馆组织大纲》《省市国术馆组织大纲》《县国术馆组织大纲》。国民政府通令全国普遍设立国术馆，山东省府积极响应，教育厅大力倡办。几经周折，山东国术馆于 1930 年 9 月正式成立。经 1932 年 6 月改组，山东国术馆步入正轨，推广国术工作成绩斐然，于全国享有盛誉，名列前茅。

第一节 山东省国术馆初创

1929 年 2 月 21 日，山东省教育厅拟设立山东省国术馆，备文（第 90 号）并造送预算书，呈请省府鉴核。呈文述：查国术一项，为我国特有之国粹，中央及各省均设有专馆，教授此项技术。去年中央考试全国国术（第一次国术国考）人员，其成绩最优，拔列前茅之七名，均系山东籍贯。足见本省对于国术之研究，实驾乎全国之上。职厅为提倡国术，保存国粹，拟按照各省办法，设立国术馆一处。先招第一期学生训练，期间（限）定为三个月。将本省前在中央考取最优之 7 人，全行聘请来泰（安）教授（时因躲避战乱山东省府暂驻泰安），以期推广国术而光大之。其训练用费，既属不多，而国术得以发扬无穷。[①] 3 月 18 日，教育厅奉省府指令，所请设立山东国术馆一案，核示照准。[②]

遵照中央国术馆（以下简称“央馆”）颁布之《省市国术馆组织大纲》，山东省国术分馆于 4 月 1 日，由发起人推举董事 11 人，名誉董事 6 人，

---

① 呈为拟设立国术馆并造送预算书请鉴核示遵由 [J]. 山东教育行政周报，1929（35）：12—13.

② 山东省政府教育厅 . 山东省政府教育厅第一次工作报告 [M]. 济南：山东省政府教育厅，1929：27.

组织成立董事会。[1] 王冠军、魏宗晋、沙明远、祖龙振、何思源、吕秀文、韩冲（鉴）秋、刘柏石、杨次瞻、杨镜轩、马伯声为董事，张吉墉、王鸿一、庄心如、陈以桑、郝任夫为名誉董事。[2]、[3] 3 日，召集董事会议，推定魏宗晋为董事长，沙明远、王冠军为副董事长，山东省主席孙良诚为馆长，韩镜蓤为副馆长[4]，议决《山东省国术分馆组织大纲》。除呈请省府立案外，将《山东省国术分馆组织大纲》一册、发起人名册一份呈报央馆。经央馆审核，下达第 194 号公函：山东省国术分馆筹组分馆程序均系合法，准予备案。即饬制山东省国术分馆关防（长方形印信）一颗，缮就正副馆长聘状，随文附发。24 日，山东省国术分馆董事长、副董事长、馆长、副馆长等就职。27 日，山东省国术分馆奉到关防一颗，文曰："山东省国术分馆之关防"，即于是日启用。5 月 5 日，山东省国术分馆即以馆长孙良诚、副馆长韩镜蓤名义发出第一号公函，致达商会。[5]（见图 2–1–1、图 2–1–2）

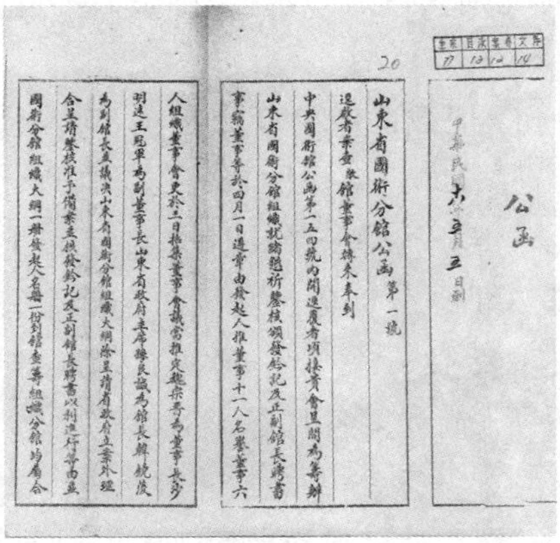

图 2–1–1 山东省国术分馆公函第一号（济南市档案馆馆藏档案）

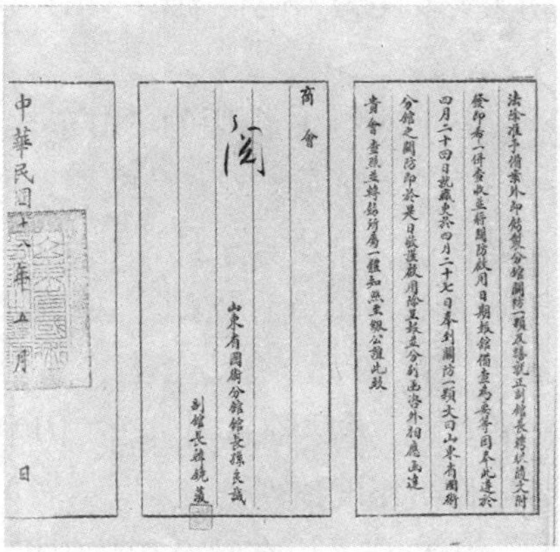

图 2–1–2 山东省国术分馆公函第一号（济南市档案馆馆藏档案）

山东国术馆业务上隶属中央国术馆，故称"分馆"。董事长魏宗晋，山东历城人，时任省府委员兼财政厅厅长；副董事长王冠军原系孙良诚部师长，时兼任农矿厅厅长。韩镜蓤（1892— ?），字鉴秋，武城县城西大

① 引自济南市档案馆馆藏档案，档案号：J77–12–12–14.
② 鲁省筹备国术分馆 [N]. 申报，1929–4–6（7）.
③ 按济南市档案馆馆藏档案，名誉董事为 6 人，尚有 1 人未详。
④ 引自济南市档案馆馆藏档案，档案号：J77–12–12–14.
⑤ 引自济南市档案馆馆藏档案，档案号：J77–12–12–14.

辛庄人，山东武术传习所第一期学生。[1]

5月中旬，孙良诚调离山东，陈调元接任省主席。魏宗晋、王冠军等随之去职。[2] 17日，山东省府自泰安移至济南，主席陈调元等就职。[3] 陈调元于中央国术馆成立时，即为26员发起人之一，对国术事业颇具热心。5月下旬，陈调元兼任山东国术馆馆长。[4]

教育厅认为，若按央馆颁布之《省市国术馆组织大纲》，山东国术馆系私立组织。成立董事会，再由董事会推举馆长。虽得受公款辅助，但仍系私立性质，与教育厅所拟设立之国术馆性质完全不同。于是，4月2日备文（第170号）再呈省府：按国术一项，为我国特有之国粹，且为本省特长之技能，尤为各学校学生需习之学科；职厅为发扬国术及造就此项教授人才计，现将前呈准设立之国术馆积极筹办。惟该馆性质，既与中央颁布之国术馆不同，名目亦宜改易，以免混淆。兹拟将该馆改名为“国术传习所”，将《简章》另文呈送。[5] 教育厅的意见是将私立性质的“山东省国术馆”改建为师范性质的“山东国术传习所”，以养成健全师资，推进国术教育。

1930年1月出版的《山东教育月刊》记载，1929年山东国术传习所经费为10668元。[6] 人员配置，所长由厅长（教育厅厅长何思源）兼任，不另支薪。副所长一员，月支薪70元。主任教师一员，月支酬金60元。教师4员，每员月支酬金40元。司事3员，分庶务、文牍、会计事宜，月各支薪30元。工友2名，每名月支工资12元。学生50名，每人每月膳费7元。[7] 尽管省国术馆（国术传习所）尚处筹备状态，但财政厅已按编制作出年度预算。

1929年《山东教育行政周报》第65期记载：前教育厅于泰安时，曾有筹设国术传习所之议。惟时局变迁，经费困难，未能实现。[8] 至11月初，山东省选拔国术人才参加杭州浙江国术游艺大会，山东国术传习所仍处于

---

① 山东武术传习所一览 [A]. 济南：山东武术传习所，1925.

② 吕伟俊 . 民国山东史 [M]. 济南：山东人民出版社，1995：335.

③ 编辑委员会编 . 民国山东通志（第一册）[M]. 台北：山东文献杂志社，2002：97—98.

④ 山东清理财政委员 [N]. 申报，1929-6-1（10）.

⑤ 呈为前准设立之国术馆拟改名为国术传习所请鉴核备案由 [J]. 山东教育行政周报，1929（35）：13.

⑥ 山东省十八年度社会教育经常费支配表 [J]. 山东教育月刊，1930，1（3）：68.

⑦ 山东省政府财政厅 . 山东省地方民国十八年度预算 [M]. 济南：山东省政府财政厅，1929：1318—1321.

⑧ 考选国术人才纪要 [J]. 山东教育行政周报，1929（65）：17—19.

空悬状态。教育厅一直在物色一个具有影响力和号召力的国术专门人才。1930年3月22日晚，李景林（图2-1-3）由青岛抵达济南[①]，其此行是为筹设山东国术馆而来。[②]李景林原为奉军高级军官，罢职后离开军界。张之江筹设中央国术馆时，诚邀其出任副馆长一职。央馆成立不久，李景林因不同意馆长张之江改组机构设置辞职离馆，此次前来济南，距离他卸任央馆副馆长已多时。

图2-1-3 李景林先生遗照（采自《浙江国术游艺大会汇刊》）

图2-1-4 山东省国术馆礼堂（采自《山东省国术馆附设师范班第一期同学录》）

3月下旬，济南市市长赵经世奉谕，为山东国术馆觅定馆址——经四路小纬五路。该址为旧宪兵司令营房。赵经世呈文向省府汇报，附具修葺该房估价清单。4月2日，省府委员会第八十一次会议决议，准令财政厅在省预备费项下拨款修葺。[③]（图2-1-4为山东省国术馆礼堂）

5月2日，山东省府第八十四次会议，省主席陈调元提议，拟委赵宝箴为山东国术分馆筹备处主任，发给筹备费。议决照委，发给筹备费2000元。[④]赵宝箴是李景林旧部的一个旅长。[⑤]中旬，赵宝箴向省主席陈调元报告就职日期及筹备情形，并请令财政厅按月发给经费，以利进行。省府委员会第九十次会议议决，成立审查小组，指定何思源、于恩波、陈

① 青济杂讯[N].申报，1930-3-24（7）.

② 鲁昨日预选[N].申报，1930-3-24（10）.

③ 山东省政府工作报告·四月份[M].济南：山东省政府，1930：10.

④ 山东省政府十九年度行政报告·五月份[M].济南：山东省政府，1930：5.

⑤ 李天骥.我对山东国术馆的回忆[J].山东体育史料，1984（1）：22.

鸾书三委员为审查员，由何思源委员负责召集。[①]

6月，山东国术馆造送临时费支出预算书，报告修葺馆长室、办公厅，及前后院搭凉棚五处，约共需400元。经财政厅提请省府常务会议公决，由1930年度省预备费项下动支。[②]斯时，适逢蒋冯阎中原大战，冯玉祥、阎锡山率军攻占济南，山东省府移至青岛。山东国术馆筹备工作被迫停滞，李景林一度改任山东招抚使署督办。[③]8月，晋军失败，撤出济南，省府人员返回济南。[④]8月底，李景林通过《申报》向社会声明已于济南成立山东国术馆。[⑤]9月上旬，陈调元调离山东，韩复榘接任省主席。

山东国术馆咨呈省府，省国术馆自本年4月间创办，核计常年经费每月应需4442元。及至开办以后，设立民众训练场4处，以及派员赴各县宣传等项，每月增加经费1260元。由7月起，每月应需经费共计5702元。因以造具预算书，送请财政厅提议省府常务会议决通过，即希转令财政厅由7月份起按月拨发。再拨4处民众训练场开办筹备费600元。[⑥]9月19日，省府委员会第二次会议议决仍暂照旧预算，自9月份起支给。[⑦]10月，山东国术馆再次咨呈省府，请求追加经费预算，每月仍按5702发给。30日，省府政务会议议决，由10月份起每月支发3000元。[⑧]

1934年《国术周刊（南京）》第129期记载，山东省国术馆成立日期为民国十九年九月，即1930年9月。[⑨]

第二节 山东省国术馆起步

经过一年半漫长而艰难的谋划与筹措，山东国术馆终告成立。李景林身为前任中央国术馆副馆长，武艺超群，威望颇高。适逢韩复榘接任山东省政府主席，新官上任，如日中天。两人又都是军旅出身，彼此敬重，

① 山东省政府第九十次委员会议决案[J].山东财政公报，1930，1（12）：300.

② 山东省政府委员会政务会议精案续编[M].707—708.

③ 李天骥.我对山东国术馆的回忆[J].山东体育史料，1984（1）：22.

④ 编辑委员会编.民国山东通志（第一册）[M].台北：山东文献杂志社，2002：413.

⑤ 李景林启事[N].申报，1930-8-30（3）.

⑥ 山东省国术馆咨请追加预算并发给民众训练场筹备费六百元案[J].山东财政公报，1930，2（1）：55—56.

⑦ 山东省政府工作报告·九月份[M].济南：山东省政府，1930：8.

⑧ 山东省政府十九年行政报告·十月份[M].济南：山东省政府，1930：5.

⑨ 全国国术概况调查[J].国术周刊，1934（129）：8.

相互信任，相携办理国术馆馆务。山东国术蒸蒸日上，一时声名鹊起，轰传全国。

一、师资结构及经费使用

1930 年 9 月，韩复榘兼任山东省国术馆馆长职务，交由李景林全权代理。[①] 山东省国术馆初创筹备阶段组成的董事会，由于人员职务变动频繁已无法正常履职。李景林职掌山东省国术馆后，重新组织董事会。[②] 因遭遇抗日战火，战前山东省国术馆文案资料损失殆尽，现今已无法知晓其详尽事迹。

山东省国术馆部分师资有随李景林而来的武术名家，及其旧部与亲信。赵宝箴改任副馆长，李景林的侄子李书泰任教务长。杨澄甫弟子武汇川一度担任教务主任[③]，短期离任。孙禄堂弟子李玉琳任教务主任。宋乃乾负责总务，田镇峰担任编辑。[④] 李景林在江苏国术馆任教的入室弟子于化龙、李庆兰等随师北上。[⑤] 部分教师，如李培义、常秉章、杨法武等，曾任教于前山东武术传习所。山东省国术馆馆内除办公室和宿舍外，还有长约 120 米，宽约 50 米的操场。[⑥]

山东国术馆教师，杨法武教查拳、摔角，高作霖教少林拳，李玉琳兼授太极拳、形意拳、八卦掌，林志远（继维、继伟）教太极拳、太极剑（武当剑），张孝才教查拳、摔角，马金亭教查拳、摔角、中华新武术（1931 年教拳击），李萼（锷、阿）堂（李书文之子）教八极拳，谌祖安（子尚）教埋伏拳、劲拳、窜拳，陆家参教窜拳，常秉章教埋伏拳，李庆兰教劈挂拳，于化行（鹏九）教太极拳，杨奎山教少林拳、太极剑，郝家俊教太极拳、太极拳推手[⑦]，薛恒远教拳击，田镇峰教武当对剑，郭宽教猿门棍，李景林手下的一位警卫营长赵教官教授军事训练。[⑧]

山东国术馆刚成立时，教师还有李永禄、朱子栋、杨盛德、马金龙、

---

① 马鸿志 . 山东国术馆杂忆 [J]. 山东体育史料，1985（6）：15.

② 引自山东省档案馆馆藏档案，档案号：J101-15-0185-038.

③ 太极名家武汇川莅沪 [N]. 申报，1930-12-8（11）.

④ 李天骥 . 我对山东国术馆的回忆 [J]. 山东体育史料，1984（1）：22.

⑤ 童旭东 . 中国武学之道 [M]. 北京：中国文联出版社，2012：162—163.

⑥ 李天骥 . 我对山东国术馆的回忆 [J]. 山东体育史料，1984（1）：22.

⑦ 李天骥 . 我对山东国术馆的回忆 [J]. 山东体育史料，1984（1）：22—23.

⑧ 马鸿志 . 山东国术馆杂忆 [J]. 山东体育史料，1985（6）：15.

李书田等20多人[①]，教授内容以埋伏拳、少林拆、形意拳、太极拳等为主，学生（练习员）学习不分班不住馆。教师每月给学生做一次示范表演，有拳术、器械、对练等，不表演散打。[②]

1931年，谌祖安和高作霖去临清县创办国术馆，于化行被韩复榘选去当教师，林志远到公安局和牛照局教课，郝家俊去上海教国术，杨法武去南京教摔角，李庆兰也到外面教课。9月以后，又增加马鸿志、张孝岭、姚振忠等。12月，国术馆有教师（一二三等教授）、练习员（一二三等）共40多人。后来李景林专门请来一个专长杨家枪的王霄云（龙翼）到馆教此枪术。李景林表弟蒋馨山业余时间专教八卦掌。每天清晨还有民众班二三十人，派专人教课，不收学费（后来每人每月收1元）。[③]

山东国术馆为1930年度新增机构，约用经费24000元。[④]嗣经省府准予增加12000元，共计36000元。[⑤]1931年度，依照上年度原列及追加数目合并编列，预算数仍为36000元。其中，正馆长一员，暂不支薪。副馆长一员，月支200元。总务处长一员，教务处长一员，月各支140元。教务处主任一员，文牍主任一员，会计主任一员，庶务主任一员，宣传主任一员，编辑主任一员，全年共支7200元；组员四员，月各支50元。一等教授二员，月各支80元，二等教授四员，月各支60元。三等教授六员，月各支50元。四等教授十员，月各支40元。录事七员，月各支30元。传达长一名，月支16元。传达三名，月各支12元。勤务八名，月各支12元。伙夫四名，月各支8元。[⑥]

时为学生（练习员）的李天骥回忆，练习员只有伙食费和零用金，约为10至15元。如果李景林看着谁的功夫进步很大，当月就增加工资，教师也是如此，所以大家练习都很起劲。1931年下半年，一等练习员每月25元，二等练习员每月20元，三等练习员每月15元。[⑦]

同为学生（练习员）的马鸿志回忆，国术馆有教师、学生共80多人，其中学生有李树（书）田（李景林三侄儿）、李天骥（李玉琳之子，新中国成立后于国家体委武术司工作，曾任中国武术协会副秘书长）、张广聚、

---

① 李天骥.我对山东国术馆的回忆[J].山东体育史料，1984（1）：22—23.

② 高作霖口述，范春和整理.我在山东的武术经历[J].山东体育史料，1983（1）：31.

③ 李天骥.我对山东国术馆的回忆[J].山东体育史料，1984（1）：22.

④ 山东省地方民国十九年度预算册[M].济南：山东省政府财政厅，1931：247.

⑤ 山东省地方民国二十年度预算书[M].济南：山东省政府财政厅，1932：194.

⑥ 山东省地方民国二十年度预算书[M].济南：山东省政府财政厅，1932：191—194.

⑦ 李天骥.我对山东国术馆的回忆[J].山东体育史料，1984（1）：22—23.

王维印、张孝岭等。大家称李景林为“李督办”。除副馆长外，众皆以师兄弟相称，李玉琳为大师兄。①

二、李景林之武艺与执掌方略

省国术馆教师待遇不固定，全凭李督办一句话。李玉琳每月90元，有的60至70元不等。学生每人每月3至8元。马鸿志每月8元生活补贴费。过了两个月后，有一次上课，李督办见马鸿志练功努力，技巧也好，当时宣布每月给马鸿志再加12元，把马鸿志的补贴提高到20元。他见李玉琳教课卖力，马上宣布给李玉琳加薪5元，提高到每月95元。有一个编外教师练功不上进，他将其月薪由40元减到30元。李督办就是以这种方法刺激练功劲头，大家都能刻苦练功。②

李景林曾师从丹士陈士钧，得传武当剑术，剑法分天地人三盘。其精奇剑法“飞虹横江”，攻守兼备，有与其较量者多负于此式。③20世纪20至30年代，李景林被誉为“神剑李”“剑侠李”，是武术界叱咤风云的人物。执掌山东国术馆，他特设武当对剑为必修课，作实战教学。山东国术馆俨然成为武当对剑的实战校技场。李景林常做剑法示范，故意穿着长衫，手持剑尖包扎棉球的竹剑，沾上白粉；对剑者持同样竹剑，可以向他任意进攻，凡能碰到他长衫的任何边角，就算进攻获胜。除杨奎山外，没有人能碰到他，但每个进攻者的手腕附近都是2至4个紫块，而且身上有多处白粉。因为凡是被李景林闪电般的剑尖点中，必然一着两点。李景林剑法的神速与弹劲功夫，威镇山东国术馆。④时山东国术馆名家云集，如李润如（李玉琳）、杨法五（武）、李书文、郭宪三、武汇川等，终日探讨国术技艺。⑤

尽管因国术馆组织机构与张之江产生意见分歧离开央馆，但李景林执掌山东国术馆后，还是接受了将“少林”“武当”二门改为“一会三处”建制，即董事会、教务处、编审处、总务处，顺应了“化除门户之见，不分内家外家，取长补短，精益求精”的时代要求。山东国术馆的管理与教学步入正轨，蓬勃发展起来。

---

① 马鸿志．山东国术馆杂忆[J]. 山东体育史料，1985（6）：15.

② 马鸿志．山东国术馆杂忆[J]. 山东体育史料，1985（6）：15.

③ 金恩忠．国术名人录[M]. 太原：山西科学技术出版社，2000：31.

④ 申国卿．武当文化武当拳[M]. 北京：人民体育出版社，2009：275.

⑤ 童旭东．中国武学之道[M]. 北京：中国文联出版社，2012：531.

李景林竭力倡导武术基本练法和传统套路。山东国术馆虽按央馆规定设拳击和摔角课，由专人授课，如杨法武和张孝才教授摔角和二十四式摔角基本式，但不是重点课程。山东国术馆除开设拳术、器械、对练套路课程外，还设有拳脚（散打）、短兵、长兵等格斗教学科目。他注重太极拳、八卦掌、形意拳、武当对剑、散剑对击，及少林拳、查拳等各种传统精华套路，尤重太极拳和太极拳推手。1931 年，山东国术馆专门编写了《太极拳讲义》。山东省府要求各机关以及各县工作人员练习太极拳。因之，山东练习太极拳的人数激增，一扫过去太极拳于山东无人问津的现象。[①]

图 2-2-1 李景林先生表演太极剑（采自《中国大观图画年鉴》1930 年）

通过国术表演扩大宣传力度，教化社会，以期实现强种强国的愿望。山东国术馆经常外出表演，要么别人来请，要么李景林以省国术馆名义向外联系，比如到皇亭体育场、官家营国术社等处表演，以宣传国术。李景林亲自参加，表演武当剑术和太极拳推手。他舞剑动作灵敏，连绵不断，剑体协调，完整一气，每次表演约一分钟。他的太极拳推手柔中寓刚、绵里藏针，发劲很快，很受观众欢迎。[②] 当时大家都不愿表演，但李景林执意不肯。他怕大家把学过的套路忘记了，所以非表演不可。[③]（图 2-2-1 为李景林表演太极剑）

1930 年 10 月，山东国术馆已经成立。[④] 5 日，李景林率山东国术馆馆员，于济南（中山）公园表演国术。李景林表演武当剑，夫人、女公子对打太极拳。韩复榘部属师以下军政要人均到，观众万余人。[⑤] 李景林决定每周日下午 3 时，亲率省国术馆全体人员于中山公园表演国术，以资练习而期成熟，并函知各机关届时前往参观。[⑥]

---

① 李天骥 . 我对山东国术馆的回忆 [J]. 山东体育史料，1984（1）：22.
② 马鸿志 . 山东国术馆杂忆 [J]. 山东体育史料，1985（6）：15.
③ 高作霖口述，范春和整理 . 我在山东的武术经历 [J]. 山东体育史料，1983（1）：31.
④ 国术馆演国术 [N]. 山东民国日报，1930-10-4（5）.
⑤ 李景林在济表演国术 [N]. 申报，1930-10-6（6）.
⑥ 李景林在济南 [N]. 新天津，1930-10-10（3）.

德县是山东最早设立国术馆的县。1931 年 4 月 29 日上午，李景林乘汽车亲往德县出席国术馆成立大会。11 时，各界于县府前民众剧场开会。由徐乃真报告开会宗旨，各机关代表毛振风致欢迎辞，嗣请李景林讲话。李景林对于国术价值、中央提倡国术真意及南方各省国术馆筹设情形等做了系统演说。演说毕，德县国术馆馆长李凤朝宣誓就职，李景林致训辞。随后，德县国术馆全体学生、李景林随行省国术馆馆员数人表演国术，最后李景林表演剑术。表演完毕，全体于县府前合摄一影。李景林于翌日返回济南。①

1931 年 5 月 27 日至 30 日，第十五届华北运动会于济南举行。26 日，韩复榘分二批宴请全体参赛选手与裁判员，观演戏剧，又请李景林表演太极拳、武当剑。② 此举可见韩复榘对李景林的敬重及二人的亲密关系。

李景林执意公开表演国术并且亲自参与，一方面是通过临场表演巩固和提高馆员们的技术水平、检验教学成果，另一方面是通过表演这种生动形象的手段吸引观众，不断扩大国术的社会影响力，以唤起广大民众的习武热情。

三、发展遭遇挫折

图 2–2–2　山东省国术馆一角（采自《勤奋体育月报》1934 年第 1 卷第 6 期）

李景林执掌山东国术馆，立下一个不成文的规矩，凡欲来执教者必须先过杨奎山（李景林弟子）这一关。杨奎山武艺高强，能与之抗衡者寥寥无几，这使得山东国术馆难以聘到合适的教师。李景林不得不重金礼聘“枪王”李书文，又聘请表弟蒋馨山、表舅“藤枪黄”任教。此时的山东国术馆人才济济，名重一时，水平之高在全国亦属罕见。然而好景不长，武林中人争强斗狠的本性使得山东国术馆内矛盾重重。三个事件使山东国术馆迅速由盛转衰。（山东省国术馆场景，参见图 2–2–2）

第一件事发生在 1931 年夏，“枪王”李书文与“藤枪黄”发生冲突，

---

① 李景林抵德盛况 [N]. 新天津，1931–5–6（9）.

② 韩复榘昨宴选手 [N]. 申报，1931–5–27（8）.

两人由争吵转为动手。数招之后，李书文使出八极拳中的探花掌将“藤枪黄”一掌打死。李书文因此被逐出国术馆，使得山东国术馆失去了一个重要人物。

第二件事是李景林去世。1931 年，蒋介石三次致电李景林，召其去南京，屡遭拒绝。蒋介石令山东省主席韩复榘劝行，又派邵力子专程到济南催促。李景林无奈，只得率四位弟子上庐山见蒋介石，再次婉言不愿出山。返回济南途中，李景林开始泻肚、拉脓血，一到济南就卧床不起，多方医治无效，40 天后与世长辞。杨奎山、李倩澜（庆兰）等人怀疑师父是被人毒死的。李倩澜（庆兰）为抗议下毒者愤而卧轨自尽，随师殉节。

第三件事发生在 1932 年。杨奎山与田镇峰发生冲突，杨奎山将田镇峰打成重伤。田镇峰到省府找韩复榘告状，韩复榘听完双方陈述，哈哈大笑，把杨奎山留在身边做了贴身保镖。不久，蒋馨山也离馆而去。山东国术馆人才流失。[①]

接连发生的恶性事件，以李景林去世最令人痛心。1931 年 12 月 3 日晚 10 时，李景林以下血疾卒于济南寓所，年仅 47 岁。李景林遗言：余在山东年余，蒙韩主席厚待，彼此心性相交，于公于私，未能丝毫补助，殊为耿耿。[②] 其于遗书中嘱托省国术馆同仁：当此国术进步萌芽之期，望各尽所能，勇猛前进。景林事未竟而身殁，诸位念景林之至诚，完成未了之素志。[③]

李景林逝世对山东国术馆造成了沉重打击，人心涣散，馆务迅即由盛转衰。教务长李书泰辞职，馆务由副馆长赵宝箴和教务主任李玉琳暂领。1932 年 3 月，赵宝箴辞职，离开山东。经省党部委员长介绍、韩复榘批准，韩剑秋（亦有资料写为韩鉴秋、韩建秋、韩镜蔆、韩敬领，下文中照资料原貌，称呼不同，实为一人）接任副馆长，教务长由编辑田镇峰接任。[④] 韩镜蔆（鉴秋）接任后，省国术馆仅仅维持了两个月。[⑤]

国术馆教师都不服韩剑秋（鉴秋）的技术，要与他比武，省府怕生事端，初始不允，后来批准。韩鉴秋宁愿辞职也不比武，此事遂罢。[⑥] 韩建

① 郝心莲，王国辉主编．中华武林著名人物传 [M]. 南昌：百花洲文艺出版社，1998：678—681.

② 李景林在济寓病卒 [N]. 申报，1931-12-5（9）.

③ 李景林逝世详志 [N]. 新天津，1931-12-23（3）.

④ 李天骥．我对山东国术馆的回忆 [J]. 山东体育史料，1984（1）：23.

⑤ 山东省国术馆暨县馆各分社概况表 [J]. 国术周刊，1934（129）：6.

⑥ 李天骥．我对山东国术馆的回忆 [J]. 山东体育史料，1984（1）：23.

秋（鉴秋）是练螳螂拳的，他到任后，就来了个人事大变动，李玉琳、田镇峰、马金龙、杨盛德、林志远、郭宽、李天骥等，他认为是李景林的人，都免职不要，仅留下了马鸿志、王维印、张广聚等年纪小的 20 多人。因为练得好、待遇又低，所以继续留馆，其余都换上他带来的人。李景林的人被免职后，失去生活依靠，联名给韩复榘写报告，上告韩建秋（鉴秋），说他不讲武德，宗派思想严重，不讲技术等。韩复榘接到报告就让省府秘书长张少（绍）堂给国术馆打电话，叫韩建秋（鉴秋）带着馆内全体人员到省府。韩复榘训斥一番，每人发一个月薪水，把省国术馆解散了。[①] 李玉琳被东北聘去。[②]

4 月，省公安局奉韩复榘谕，暂行停止使用所有省国术馆徽章符号，即行缴还作废。徽章铜制，三角形，蓝花白地红边，上镌“山东省国术馆”字样；符号三角形，白布蓝边，上书“山东省国术馆”以及相应职务、姓名。因馆内员役人众，先期佩戴出馆，致未全数收回，诚恐人心不齐，难保无有在外招摇生事。省公安局除登报声明一律作废外，检送废徽章、符号各一枚，通饬各分局予以注意。如发现此项徽章符号，无论何人佩戴一律无效，以免滋生事端。省国术馆还遗失副馆长韩敬领（镜湊）白布蓝边三角形符号一枚，合并声明备案。[③] 省公安局遵照济南市府命令，由第二分局接管山东国术馆家具、器械、关防、卷宗等物品[④]，并派警驻馆协同看守。[⑤]

第三节 山东省国术馆改组与振兴

经历厄运，山东国术落入低谷。阵痛之后，山东国术界面临重新抉择的严峻考验。此时的山东人表现出了顽强不屈、迎难而上的优良品格，再度创业，不仅办学业绩辉煌，超越前任，将山东国术带上新的高峰，令业界刮目，还受到中央国术馆嘉奖，赢得了社会的普遍赞誉。

---

① 马鸿志 . 山东国术馆杂忆 [J]. 山东体育史料，1985（6）：16.

② 李天骥 . 我对山东国术馆的回忆 [J]. 山东体育史料，1984（1）：23.

③ 训令各分局为山东省国术馆奉谕暂停所有发给之徽章符号一律作废由 [J]. 公安月刊，1932，2（12）：49—50.

④ 呈省政府为呈复点交国术馆器具等项办理情形由 [J]. 公安月刊，1932，3（2）：98—99.

⑤ 公安看守国术馆器具 [N]. 山东民国日报，1932-4-9（8）.

一、组织教学进展

1932 年 4 月，山东国术馆停办。田镇峰任职于第三路军副官处，一次与葛兰笙（教育厅二科科长）等谈及国术问题，大家提议再将省国术馆重新组织起来。于是，田镇峰作了一道条陈，面呈韩复榘核阅。次日，韩复榘便将田镇峰叫去，当面批令田镇峰负责组织进行，指定每月经费 1500 元。田镇峰自认为对于行政工作不感兴趣，个人性情只好读书练拳，不适合担当行政领导，便保举葛兰笙当副馆长。葛兰笙又保举窦来庚。因为窦来庚、田镇峰、葛兰笙三人是换帖弟兄，窦来庚是大哥。[①] 窦来庚系山东武术传习所第二届学生，1920 年 12 月毕业。在济南充任各校国术教授已 10 余年，经验宏富，中央国术馆第一届国术国考时曾名列前茅[②]，是较为理想的省国术馆副馆长人选。

图 2-3-1 窦来庚先生（采自《山东省县国术馆副馆长训练班第二期同学齿录》）

图 2-3-2 田镇峰先生（采自《太极拳讲义》）

图 2-3-3 潘雪峰先生（采自《山东省县国术馆副馆长训练班第二期同学齿录》）

韩复榘以山东国术馆未便久事延搁，乃于 5 月 27 日聘任窦来庚（图 2-3-1）为该馆副馆长，负责办理。窦来庚接令于 6 月 6 日到馆视事[③]，韩复榘兼任馆长。省公安局第二分局将封存器具物品，按清册逐一向窦来庚

---

① 省考纠纷之解剖 [J]. 求是月刊，1936，2（9）：302.

② 本省国术馆改组窦来庚任副馆长 [N]. 山东民国日报，1932-6-3（5）.

③ 山东省国术馆副馆长视事日期 [J]. 胶济日刊，1932（441）：3.

点交清楚。[①]窦来庚积极办理馆务，各部人员全部委妥，教务主任田镇峰（图 2-3-2），事务主任程墨斋，潘雪峰（图 2-3-3）等为教授。[②]

山东国术馆改组工作颇为紧张。6 月 8 日上午，窦来庚于该馆大礼堂召集全体人员开会，报告改组经过及整顿计划。此为山东国术馆第三次改组，该馆之所以能复活，主要原因是韩主席热心提倡国术。经费较前减少一半，望大家不要持金钱主义，要同舟共济，各尽才能，着眼于未来发展。该馆改组后财政完全公开，任用人才，责任分担，以提倡国术、发扬国光、促进民族健康为职志。[③]

9 月，中央国术馆副馆长张宪因事来鲁，13 日午后同韩复榘赴山东国术馆视察。副馆长窦来庚与教务主任田镇峰正在办公室办公，即将该馆工作计划、行政方略向韩复榘报告。韩复榘以省国术馆改组未久而成绩卓著颇形喜悦。窦副馆长又向韩复榘面陈各县国术馆经费无着，开办困难情形。韩复榘允诺筹划经费，借资提倡。之后，省国术馆教授领导学生作团体表演，颇为整齐；民众练习班童子组作团体表演，亦很整齐。随后集合，聆听张宪、韩复榘训话，全场精神饱满。韩复榘为全体馆员每人奖励毛衣一件。[④]

窦来庚担任副馆长后，田镇峰任教务主任。后来，窦来庚、田镇峰产生意见分歧，田镇峰组织了“求是月刊”社，窦来庚组织了“志成国术研究社”。[⑤]窦来庚是老拳师高凤岭的徒弟，练太乙拳和小架少林拳。窦来庚通知李景林时期一部分教师、学生回国术馆任教，又增添林秉礼（经三）、魏长贵、姜修信等他的几个门徒担任教职。[⑥]部分教职员，如程墨斋、张恩泉等曾任教于前山东武术传习所。程墨斋任总务主任兼秘书，张恩泉任编审员。田镇峰教授太极拳推手，潘鸿祥（雪峰）教授中华新武术，李培义教授摔角，陈再显教授太极拳，马鸿志教授查拳、中国式击剑（短兵），王玉章教授八极拳，怀锦章教授擒拿，李应埙教授形意拳，常秉章教授器械对练，林经三（秉礼）教授散手（打），王振东教授拳击，姜修信教授少林拳、击剑（短兵），魏长贵教授长器械（长兵）。[⑦]（山东省国

---

① 呈省政府为呈复点交国术馆器具等项办理情形由 [J]. 公安月刊，1932，3（2）：98—99.

② 本省国术馆改组完竣 [N]. 山东民国日报，1932-6-7（5）.

③ 国术馆副馆长窦来庚召集职员训话 [N]. 山东民国日报，1932-6-9（5）.

④ 韩主席注重国术 [N]. 山东民国日报，1932-9-15（5）.

⑤ 李天骥 . 我对山东国术馆的回忆 [J]. 山东体育史料，1984（1）：23.

⑥ 马鸿志 . 山东国术馆杂忆 [J]. 山东体育史料，1985（6）：15.

⑦ 马鸿志 . 山东国术馆杂忆 [J]. 山东体育史料，1985（6）：15.

术馆场景，参见图 2–3–4、图 2–3–5、图 2–3–6）

图 2–3–4　山东省国术馆场景（采自《山东省国术馆附设师范班第一期同学录》）

图 2–3–5　山东省国术馆学生太极拳表演留影（采自《山东省国术馆附设师范班第一期同学录》）

图 2–3–6　山东省国术馆部分学生留影（采自《山东省国术馆附设师范班第一期同学录》）

罗腾霄《济南大观》记载，1934年山东国术馆全年经费12000元。练习员40名，所习门类为拳术、摔角、短兵、长兵等。至11月，山东国术馆在职教师23员，学生32名。[①]（参见表2-3-1）

表2-3-1 山东省国术馆职员录

职别	姓名	职别	姓名
馆长	韩复榘	助教	王振铎　马鸿功
副馆长	窦来庚		赵鲁卿　白荣忠
教务长	田镇峰	教务员	林秉札
事务主任	程墨斋	编审员	张恩泉
一等教授	田镇峰	事务员	徐渭宾　佟文治
二等教授	潘鸿祥　李培义	录事员	司耀庭　韩兹勤　吕岩岑
三等教授	李应埙　王玉章　马鸿志		

8月，阳谷县人氏郝师温呈文教育厅，建议省县各级国术馆添设弓箭教学科目。教育厅作出批示，转发郝师温呈文，并以教字第6589号文件训令省国术馆查核呈复，以凭察夺。副馆长窦来庚认为，国术馆内实有添设弓箭科之必要。惟本馆原无此项经费，购置设备诸感困难。遂备文呈请省府主席韩复榘鉴核察夺。[②]竟无下文。从韩复榘对弓箭一科的态度（详见山东第三届国术省考）和第六届全运会国术表演比赛成绩（弹丸、射箭各有1人与赛均未获得名次）分析，射箭项目未能于山东开展起来。

"纪念周勉励会"是韩复榘上任后，为整顿吏治、普及教育而制定的工作和奖赏制度。规定省府机关每周一、三、五早晨上班前举行"朝会"。星期一朝会为"总理纪念周"，举行仪式，肃穆郑重，由韩复榘或省党部负责人作"党务报告"，进行思想灌输。星期三朝会为"勉励会"，对公务员进行鼓励性训话。星期五朝会根据每周进度表，由专人负责进行有计划的军事训练。[③]山东国术馆作为省府附属机关，按期举行纪念周勉励会。督饬教师积极办理馆务，派员视察各国术分社。教务方面每月组织月终考

① 山东省国术馆暨县馆各分社概况表[J]. 国术周刊，1934（129）：6.

② 窦来庚对记者谈国术馆添设弓箭科[N]. 山东民国日报，1934-8-13（9）.

③ 编辑委员会编. 民国山东通志（第一册）[M]. 台北：山东文献杂志社，2002：359.

试，评定甲乙存卷。[①]（图 2–3–7、图 2–3–8 为山东国术馆相关记载图片）

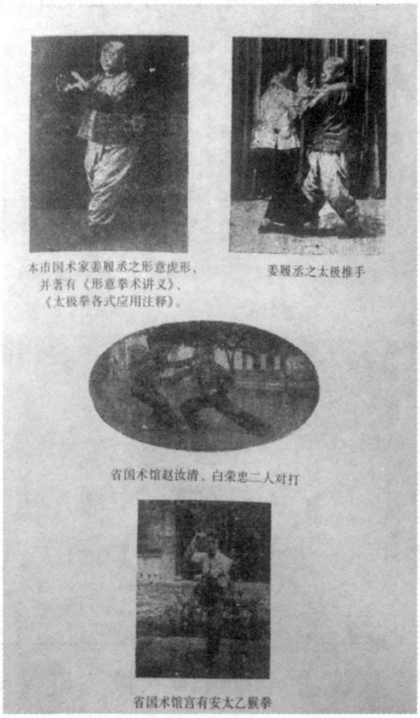

图 2–3–7　济南武坛掠影（采自《济南大观》）

图 2–3–8　山东省国术馆馆训：江山历代有奇士，武林永无第一人（采自《台湾武林》2004 年第 17 期）

1935 年度，山东国术馆术科教学分长兵、短兵、摔角、拳脚四种，学科教学分常识、国文、生理卫生、公文程式四种。[②] 山东国术馆所习拳种多为前山东武术传习所老教员授业，皆为著名拳师，如长拳、少林拳名家常秉章，摔角名家李培义，形意拳名家李膺勋（应埙），与太乙门传人窦来庚等。所习拳术包括各门拳脚（金刚拳乃峨眉派所传）及太乙门拳脚。器械则包括长短兵两种：短兵有刀（鬼头刀、柳叶刀、斩马刀，峨眉刀亦称戒刀，亦名九环刀，刀环乃戒律，系峨眉派所传）、剑、护手钩、七节鞭、峨眉刺、拐、棒、三节棍等；长兵有棍（齐眉棍、哨子棍）、枪、二郎刀、春秋大刀、朴刀、月牙扁铲、钩镰枪、戟（单、双）等。器械对打包括大刀进枪、镗进枪、双刀破枪（每套约四个来回，练毕约需 5 至 6 分钟）、哨子棍破枪、三节棍破枪、单刀拐子破花枪等。（山东省国术馆师资情况参见表 2–3–2）

---

① 山东省国术馆呈文 [J]. 国术周刊，1934（113）：7—8.

② 山东省国术馆二十四年度概况一览表 [J]. 国术周刊，1935（136、137）：23—24.

表 2-3-2 山东省国术馆师资一览表①

姓名	别号	年龄	籍贯	担任课目	职务
窦来庚	峰山	38	临朐	国术理论	副馆长
田镇峰	丕侠	35	河北清苑	防空学	教务长
潘雪峰	雪峰	39	益都	中华新武术、生理卫生学	教务主任
徐渭宾		38	临朐	公文程式	事务主任
李培义	信卿	40	宁阳	摔角主任兼军训	教授
李应埙	向左	43	河北安国	形意拳	教授
马步周	慕澄	30	河北河间	国文	教授
陈再显	耀先	46	馆陶	太极拳	教授
林秉礼	经三	36	寿光	拳脚	拳脚科主任
姜修信	成之	28	昌邑	短兵	短兵科主任
常秉章	子文	49	东平	拳械	教授
胡明海	秀山	46	东平	拳术	教授
刘曰秀		73	文登	气功	教授
王玉章	明甫	24	长山	搏击	教授
马鸿志	广华	25	历城	拳术	教授
魏长贵	得忱	30	临朐	长兵	教授
孙昭敬	伯婴	25	河北河间	国术教育	教授
吴法陶	育人		济南	太极（拳）推手	教授
窦仁山		25	临朐	太极（拳）推手	教授
张恩泉		52	东平		编审员

课程当中较为特殊的是实际对打课程，包括拳脚应用（林经三教授）与短兵应用。短兵应用是将器械去刃并包扎棉布等，以降低其杀伤力，以点到为止进行演练，以增强学生对器械使用的认知与熟练。此课程由林教

① 山东省国术馆师范班第一期同学录 [M]. 济南：山东省国术馆，1937：1—12.

练及杜教练授课。[①]（图 2-3-9、图 2-3-10、图 2-3-11、图 2-3-12、图 2-3-13、图 2-3-14 为相关授课教师）

图 2-3-9 徐渭宾先生（采自《山东省县国术馆副馆长训练班第二期同学齿录》）

图 2-3-10 马步周先生(采自《山东省县国术馆副馆长训练班第二期同学齿录》)

图 2-3-11 陈再显先生（采自《山东省县国术馆副馆长训练班第二期同学齿录》）

图 2-3-12 窦仁山先生（采自《山东省县国术馆副馆长训练班第二期同学齿录》）

图 2-3-13 吴法陶先生(采自《山东省县国术馆副馆长训练班第二期同学齿录》)

图 2-3-14 刘曰秀先生(采自《山东省县国术馆副馆长训练班第二期同学齿录》)

省国术馆还附设早晚民众国术练习班。早晨两个成年班，一班由马鸿志教授弹腿、查拳、洪拳、炮拳、剑术、刀术；二班由李应埙教授形意

① 张育恺. 忆民初国术教育之摇篮——山东国术馆 [J]. 台湾武林，2004（17）：4—11.

拳、五形连环、十二形。晚上一个少年班，由王振铎教授简易长拳和刀剑。三个民众班一律免费。[①]罗腾霄《济南大观》记载，1934年童子组（少年班）120人，成年组（班）80人。至1935年4月，省国术馆已连续举办三届国术省考，不断助燃着广大民众的习武热情，前往国术馆民众班的练习者较上年增加5倍以上，民众兴趣颇浓。[②]国术馆每年寒暑假举办短期国术班，时间一个月。[③]例如，1937年6月下旬，山东国术馆招考暑期训练班，7月1日至10日报名。资格以品行端方、素无嗜好者为合格。名额40名，招足20名即开课。年龄15岁以上、50岁以下，男女兼收。7月11日至8月20日上课，时间为每天上午6时半，下午5时半至7时半。期满，考试成绩及格，发给毕业证书。课程为太极拳、少林拳。[④]

1936年寒假，中央国术馆附设专科学校拟开设训练班，委托山东国术馆代为招考新生3名。1937年2月1日开学授课。省国术馆于1936年12月下旬组织报名，1937年1月15日进行试验。[⑤]此次考试具体报名人数、考试科目、录取员额等情况未见详载。

山东国术馆作为省府附属教育机构，向来注重智育与体育兼施，更以社会健康发展为己任。健全之国民不但应有健全之身体，更须有相当知识，而普通民众未识字者十之八九。虽然政府一再提倡，实行义务教育，仍有少数愚民没有意识到识字的重要性。1937年5月上旬，山东国术馆函商济南市府，令本馆所属济南各国术分社附设简易识字班，专门招收贫寒学生。凡年龄在12岁以上，60岁以下者均可入学。书籍费每班12元8角，办公费每处10元，均由济南市府拨费补助。[⑥]

二、历年经费使用

1930年，省国术馆正式成立，原定经费每月3000元，年度经费36000元。1931年度，省府拨发山东国术馆经费36000元。1932年6月

---

① 马鸿志．山东国术馆杂忆 [J]. 山东体育史料，1985（6）：15.

② 尚树梅．山东省体育概况 [J]. 勤奋体育月报，1935，3（1）：48.

③ 姜修信、王明甫、王世富供稿，范春和整理．旧山东国术馆回忆片断 [J]. 山东体育史料，1983（1）：32.

④ 国术暑期班招考暑训班 [N]. 中报，1937-7-1（4）.

⑤ 中央国术馆来济招生 [N]. 济南日报，1936-12-24（4）.

⑥ 省国术馆智体育兼施令各分社成立识字班 [N]. 济南日报，1937-5-5（4）.

改组后恢复原有机关，每月经费减为1500元。[①] 1932年度，山东财政紧缩，省府拨发山东国术馆经费18000元，比去年减少一半。经费使用情况，主要包括俸给费（俸薪、工资）、办公费（文具、邮电、消耗、修缮、旅费、杂支）、购置费（服装、器械、图书）、特别费。省政府主席韩复榘兼任馆长，不支俸。副馆长一员，月支160元。教务长一员，月支140元。一等教授一员，月支80元。二等教授二员，月各支60元。三等教授七员，月各支40元。教务员二员，月各支40元。编审员一员，月支60元。视察员一员，月支40元。事务主任一员，月支60元。事务员一员，月支40元。录事员二员，月各支25元。传达、信差、勤务共三名，月各支12元。考取练习员20名，每名月给补助费8元。[②]

1933年上半年，省财政厅奉令核减山东国术馆经费三分之一。副馆长窦来庚按事务缓急、课程繁简，酌减员额，列具民国二十二年度（1933）改组表，确定于范围内酌量分配员工薪金。[③] 1933年度，省府拨给山东国术馆经费12000元，比上年度又减少6000元。其中，副馆长一员，月支150元。教务长一员，月支120元。一等教授一员，由教务长兼任，不另支俸。二等教授二员，月各支50元。三等教授三员，月各支30元。助教二员，月各支20元。教务员一员，月支30元。编审员一员，月支45元。事务主任一员，月支45元。事务员二员，月各支30元。录事员三员，月各支22元。勤务五员，月各支9元。练习员10名，每名月给补助费8元。本年度未录用视察员。[④]

1934年度，省府拨给山东国术馆经费12000元，与上年度持平。副馆长一员，月支250元。教务长一员，月支120元。一等教授一员，由教务长兼任，不另支俸；二等教授二员，月各支50元。三等教授三员，月各支30元。助教四员，月各支20元。教务员一员，月支30元。编审员一员，月支45元。事务主任一员，月支45元。事务员二员，月各支30

① 呈为奉令移拨国术馆本年四五月份经费六千元案[J].山东财政公报，1932，3（11）：39.

② 中华民国二十一年度山东省地方概算（第一册）[M].济南：山东省政府财政厅，1932：251—255.

③ 呈省政府遵核国术馆二十二年度教职员司组织表核拟办法尚属可行呈复鉴核备案饬令祗遵由[J].山东财政公报，1933，4（10）：151—152.

④ 中华民国二十二年度山东省地方概算（第一册）[M].济南：山东省政府财政厅，1933：421—424.

元。录事员三员，月各支 20 元。勤务三员，月各支 9 元。[①]

1935 年 1 月，山东国术馆上报中央国术馆《山东省国术馆二十四年度概况一览表》：本馆重要人员，无一更动，教职员添多助教三名。[②] 可知，1935 年山东国术馆一等教授一员，二等教授二员，三等教授三员，助教七员。《中华民国二十五年度山东省地方普通概算》记载，1935 年度省府拨给山东国术馆经费 12000 元。

1936 年度，省府拨发山东国术馆经费 12494 元，比去年增加 494 元。副馆长一员，月支 150 元。教务长一员，月支 120 元。一等教授一员，由教务长兼任，不支薪。二等教授二员，月各支 50 元。三等教授三员，月各支 30 元。助教五员，月各支 20 元。教务员一员，月支 30 元。编审员一员，月支 45 元。事务主任一员，月支 45 元。事务员二员，月各支 30 元。录事员三员，月各支 20 元。勤务五名，各月支 9 元。[③]（山东省国术馆相关情况统计，见表 2-3-3、表 2-3-4、表 2-3-5）

表 2-3-3 山东省国术馆历年经费预（概）算一览表

年 度	经 费	起止日期	资料来源
1929 年度	10668 元	1929 年 4 月至 1930 年 6 月 30 日	山东省地方民国十八年度预算
1930 年度	36000 元	1930 年 7 月 1 日至 1931 年 6 月 30 日	山东省地方民国二十年度预算书（第一册）
1931 年度	36000 元	1931 年 7 月 1 日至 1932 年 6 月 30 日	山东省地方民国二十年度预算书
1932 年度	18000 元	1932 年 7 月 1 日至 1933 年 6 月 30 日	中华民国二十一年度山东省地方概算（第一册）
1933 年度	12000 元	1933 年 7 月 1 日至 1934 年 6 月 30 日	中华民国二十二年度山东省地方概算（第一册）

① 中华民国二十三年度山东省地方概算（第三册）[M]. 济南：山东省政府财政厅，1934：399—401.

② 山东省国术馆二十四年度概况一览表 [J]. 国术周刊，1935（136、137）：23—24.

③ 中华民国二十五年度山东省地方普通概算 [M]. 济南：山东省政府财政厅，1936：439—443.

年 度	经 费	起止日期	资料来源
1934 年度	12000 元	1934 年 7 月 1 日至 1935 年 6 月 30 日	中华民国二十三年度山东省地方概算（第三册）
1935 年度	12000 元	1935 年 7 月 1 日至 1936 年 6 月 30 日	中华民国二十五年度山东省地方普通概算
1936 年度	12494 元	1936 年 7 月 1 日至 1937 年 6 月 30 日	中华民国二十五年度山东省地方普通概算

表 2-3-4 山东省国术馆历年师资（月薪）一览表①

年度	一等教授	二等教授	三等教授	四等教授	主任教师	教师	助教	学生
1929 年度					1 员（60 元）	4 员（40 元）		50 员（7 元）
1930 年度								
1931 年度	2 员（80 元）	4 员（60 元）	6 员（50 元）	10 员（40 元）				
1932 年度	1 员（80 元）	2 员（60 元）	7 员（40 元）					20 员（8 元）
1933 年度	1 员（120 元）	2 员（50 元）	3 员（30 元）				2 员（20 元）	10 员（8 元）
1934 年度	1 员（120 元）	2 员（50 元）	3 员（30 元）	4 员（20 元）				
1935 年度	1 员	2 员	3 员	7 员				
1936 年度	1 员（120 元）	2 员（50 元）	3 员（30 元）	5 员（20 元）				

① 此为省财政厅定编拨款人数统计，与实际聘用人数或有差异。

表 2-3-5 山东省国术馆历任馆长一览表

名称	职务	姓名	起止日期	备注
山东省国术馆	馆长	孙良诚	1929 年 4 月至 1929 年 5 月	筹备中
	副馆长	韩镜蓤	1929 年 4 月至 1929 年 5 月	
山东省国术馆	馆长	陈调元	1929 年 5 月	筹备中
	副馆长			
山东国术传习所	兼所长	何思源	1929 年 12 月	筹备中
	副所长			
山东省国术馆	馆长	韩复榘	1930 年 9 月至 1932 年 4 月	正式成立
	代馆长	李景林	1930 年 9 月至 1931 年 12 月	
	副馆长	赵宝箴	1930 年 9 月至 1932 年 3 月	
	副馆长	韩镜蓤	1932 年 3 月至 1932 年 4 月	接办两月后停办
山东省国术馆	馆长	韩复榘	1932 年 6 月至 1937 年 12 月	重新开办
	副馆长	窦来庚	1932 年 6 月至 1937 年 12 月	

1930 年 9 月，山东国术馆正式成立，自 10 月起省府每月支发 3000 元，经费相当充裕。自 1932 年 6 月改组，适逢省府财政紧缩，省国术馆经费缩减一半。1933 年度经费又缩减至每月支发 1000 元，省国术馆只能节俭度日。若举办省内大型国术活动或参与国内竞赛，如山东国术省考、全运会、华北运动会等，此等临时用项随时向省府另请经费，省府无一例外地动用财政储备金按时支发。至 1937 年 7 月全民族抗战爆发，山东国术馆稳定发展。民国中期是山东武术发展的黄金期，这与山东国术馆历年办学经费相对充裕密切相关，至关重要。

第四节 学术研究与舆论宣传

山东国术馆成立后，由编审处负责编辑国术论著。山东国术逐步走向亦文亦武之路，先后出版过多部教材、著作以及期刊。这些作品有教学内容、有理论探索、有时事评论，以舆论导向引领社会时尚，于全国声誉日隆。

太极拳讲义（图 2–4–1） 1931 年，山东国术馆教务长田镇峰编著，李景林校正，济南健康实验学社发行。该书为石印本，文长万言，插图百余幅。山东省府民政厅厅长李树春作序，内容包括太极拳之意义、太极拳之功效、太极拳之源流、太极拳之真义、太极拳论、太极拳经、十三势歌附行功心解及打手歌、太极拳各势图解、推手法。其见解明晰，编印崭新。济南健康实验学社为总发行所，济南城内及商埠东方书社、大东书局、世界书局为分发行所，亦办理函购邮寄业务。该书山东省图书馆收藏。

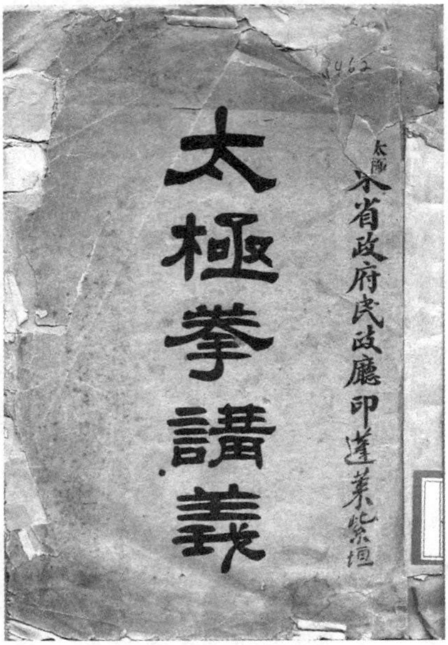

图 2–4–1 《太极拳讲义》（山东省图书馆馆藏）

太极拳 1934 年 8 月编辑出版，作者于化行（鹏九），韩复榘作序，李宗唐、李景林亦为作序。且有自序，文中介绍其对国术，以及修习太极拳的见解。书中包括自序练法、自序总纲无极学、编辑例言、张三丰先生传、太极拳源流、太极拳十要、太极拳之意义、太极拳论、十三势歌、十三势行功心解、太极与老子说合解、太极拳之真义等内容。其中《太极拳各势注解》，对太极拳技法详加批解；《太极拳式图解》附 300 多张照片。作者身穿黑色老式练功服，亲身示范。面貌端正，姿势大方。

武当真传太极拳全书 于化行编著，王子章校正，李景林、韩复榘、张绍堂、李宗唐、赵允协分别作序，刘书香题词，且备自序。商会印刷部印刷，民众书店发行。1935 年 2 月出版，1936 年 4 月再版。内容包括自序练法、自序总纲无极学、张三丰传、太极拳源流、太极拳十要、太极拳之意义、太极拳论、十三势歌、十三势行功心解、打手歌、太极与老子说合解、太极拳之真义、八字歌、心会论、周身大用论、十六关论、功用歌、用功五志、太极拳各势图解、太极拳各势、推手法。

国术概论 窦奉三（峰山，窦来庚）、马步周编著，1936 年成书，华北印刷局印刷，侠魂杂志社发行。该书为山东国术馆教材。内容总分 11 章，包括国术之章义、国术之必要、国术之目的、国术与体育、国术与生理、国术与性欲之关系、国术运动之经济、国术革新论、国术派别价值论、国术之分野、国术教授论及附录。2008 年，台湾逸文武术文化有限公司影印再版。

求是季刊 1934 年，省国术馆教务长田镇峰，教务主任潘雪峰等鉴于国术亟待改进，积习亟待割除，遂于济南设立健康实验学社，联合国术同志创办是刊。[①] 编辑韩超群、徐哲东、田镇峰。以“治疗国术本身的病”，使其担当起“国术救国”的任务为宗旨。该刊自 1934 年第 1 卷第 1 期至 1935 年第 2 期（1934 年 10 月至 1935 年 1 月）。1935 年 2 月改名《求是月刊》，卷期另起。第 1 卷第 1 至 8 期，第 2 卷第 1 至 12 期（1935 年 2 月至 1936 年 9 月）。1936 年第 3 卷改名《侠魂》（月刊）。1937 年第 4 卷第 1 期改为《技击改进》。主要内容有国术理论、技法、评论及小说等。1936 年出版发行一期《国术战绩》。国术界同仁纷相订购。[②] 全民族抗战爆发后停刊。

国术革命札记（图 2-4-2） 田敬农编，1937 年 7 月济南健康实验学社出版发行。内收 35 人论文 55 篇。其中有尚维新《揭穿国术行政之谜》，田镇峰《国术革命与出路》，志然《实验派的主张》，王新午《国术经验与实验之主张》，徐致一《国术革命之研讨》，徐震《谈实验心得》，王去恶《愤言国术行政丑幕》，张清源《愿国术与洋体育争光》等。该书山东省图书馆收藏。

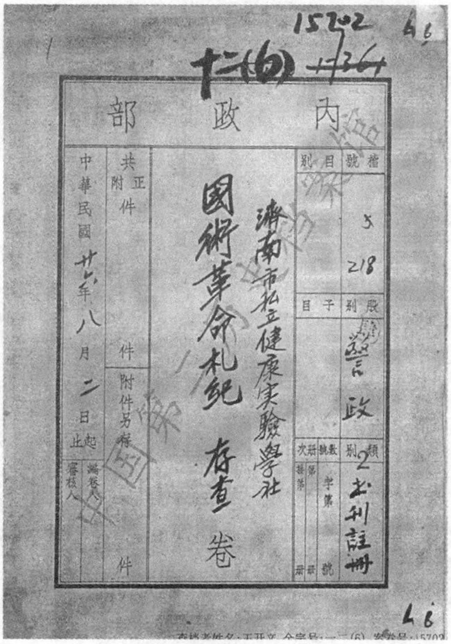

图 2-4-2 《国术革命札记》出版后于内政部备案查存（中国第二历史档案馆馆藏档案）

此外，山东国术馆还于 1932 年至 1934 年编辑出版过《国术半月刊》，以国术理论与舆论宣传引领社会时尚，后因故停刊。新闻媒体积极配合省国术馆进行国术宣传教育工作，动员广大民众参与国术活动。创刊于济南的《民众周刊》，1932 年第 4 卷第 5 期发文《农民健康与武术》，鼓励农民于冬春农闲之时演习武术。不仅为了自卫，更能促进自身健康。无论做什么

---

① 求是季刊出世 [N]. 山东民国日报，1934-12-25（5）.

② 求是季刊出世 [N]. 山东民国日报，1934-12-25（5）.

事业均须有健全的精神体魄。练习拳棒不但有益于农民身体，减少赌博、饮酒和吸烟种种不良嗜好，而且以素娴拳棒的身手，一旦施以军事训练一定能胜任。有了这样娴于武术的农民，在乡则为有力的生产分子，从军则可作精强战斗的士兵，他们生下来的儿子也必定强壮。提倡武术于国家民族有莫大的关系。[①]

创刊于1932年11月的《山东农民报》，1934年3月20日第4版（图2-4-3）以图文并茂的形式倡导民众练习武术，养成良好生活习惯，建立时代新风尚：

谈到武术一道，咱们山东算是出产地。会的很多，能手也不少。每到冬季农闲的时候，你看刀枪剑戟，摔打掼跳，各庄多能来这么一套。

本来拳术是咱们中国的国术，学会了一身武技，小的方面说可以卫生自卫，大的方面说可以卫地方卫国，用处很大。

然而，自从西洋火药器械一天一天地改进了，什么钢枪、机关炮……杀人不眨眼的东西多了，似乎全凭肉搏的武技有些儿欠劲。

但是，认武术为强健身体的好方法，谁也不能说是错的。不过，农友们和拳师们要当当心，教给性情好的人很有用，教给脾气坏的人很有害处！

第四版　山東農民報　廿三年三月廿日

練武術
（農村好習慣二）

談到武術一道，那麼咱們山東算是出產地。會的很多，能手也不少。每到冬季農閒的時候，你看刀槍劍戟，摔打摜跳，各莊多能來這麼一套。

本來拳術是咱們中國的國術，學會了一身武技，小的方面說：可以衛生自衛，大的方面說：可以衛地方衛國，用處很大。

然而自從西洋火藥器械一天一天的改進了，什麼鋼槍，機關炮…殺人不眨眼的東西多了，似乎全憑肉搏的武技有些兒欠勁。

但是認武術為強健身體的好方法，誰也不能說是錯的。不過農友們和拳師們，要當當心，教給性情好的人很有用，教給脾氣壞的人很有害處！

图2-4-3　向农民宣传武术（采自《山东农民报》1934年3月20日第4版）

《山东民国日报》作为国民党山东省党部机关报，及《山东日报》《华北新闻》《济南日报》等报刊，作为国民党在山东的喉舌，争相报道有关国术的法令法规、学校及社会国术动态、省内外国术赛事，营造了全民习武健身的社会氛围，对于国术的教育化、普及化起到推波助澜的作用。

① 农民健康与武术[J]. 民众周刊，1932，4（5）：7—8.

第五节 山东国术推广与普及

1932 年 6 月，重新改组之后的山东国术馆，上下团结，戮力同心，所采取的一系列办馆治学策略收效显著，也迎来了山东国术事业的迅猛发展。

一、建立规章制度

1931 年 7 月上旬，为迎接第五届全国运动会国术表演比赛，山东国术馆呈报省府：奉中央国术馆电闻，全国运动大会将于民国二十年（1931）10 月 10 日在首都（南京）举行，并规定国术锦标比赛，以省市区为单位，各单位参加国术比赛事宜，由各单位国术馆办理。本馆根据以上规定，亟应积极筹备。令发各县国术馆于 6 月间举行国术比赛，并先后发送各项章程，自应遵办。惟现各县呈报成立国术馆者仅六七处，未免过少。拟饬各县先行赶速设立县国术馆，搜罗国术专家，9 月间选派若干员前来本馆比赛，以便选员如期入都参加大会。惟期限甚近，若仍由本馆以公文提倡，深恐各县迟延致误（见《山东省政府委员会政务会议精案续编（上）》，第 49 页）。第五届全国运动会因“九一八”事变，被迫延迟至 1933 年举行。然而，从省国术馆以上呈文中可以看出，山东各县市国术发展状况不容乐观，基层国术馆建设尚处于初级阶段。

山东国术馆遂依据央馆颁布之《县国术馆组织大纲》，拟具《县国术馆组织大纲》，一并交由省府秘书处转呈省府政务会议核议，以期省府“通令各县赶速遵办，以利进行”，尽快建立各县国术馆。7 月 17 日，省府第 67 次政务会议议决，将其交单行法规编审委员会审查（见《山东省政府委员会政务会议精案续编（上）》，第 49—52 页）。单行法规编审委员会经过审查，进行了修改补充。9 月 1 日，省府第 80 次政务会议讨论通过。在下发的《山东省各县国术馆组织大纲》[①] 中，与央馆相应规定有所不同的是：第五条，县国术馆设董事会，以县长、党务指导委员、公安局局长、教育局局长、各高级小学校长、体育场场长、图书馆馆长为当然董事。又增加一条内容：县国术馆成立后，以本地各机关人员、学校教职员及学生为基本学习员。民众志愿演习国术者，须由董事保送之。

---

① 山东省单项法规编审委员会编 . 山东省现行法规类编 [M]. 济南：山东省单项法规编审委员会，1935：55—57.

1932 年 6 月，省国术馆重新改组，副馆长窦来庚拟具山东省国术馆组织大纲及国术行政计划[①]等一系列管理文件，呈请省府核议。8 月 12 日，省府第 164 次政务会议，分别通过了《山东省国术馆暂行组织大纲》《山东省国术馆会议暂行规程》《山东省国术馆暂行办事细则》《山东省国术馆暂行章程》[②]四项文件（详见附录），确定省国术馆设馆长、副馆长各一名，下设教务、事务二处，并设编辑、视察等组，教学任务由一、二、三等教授分担。省国术馆组织机构得以确立，管理规章逐步建立。其既是山东国术行政管理机关，又是学术研究机构，还是师资培训学校，业务关系隶属中央国术馆，省内行政直属省府秘书处。

二、民众教育与舆论宣传

韩复榘治军效仿冯玉祥，提倡尚武精神，号令所属部队操演武术。韩复榘主鲁同样提倡国术，试图以党政军带动民众健身。1932 年 6 月，山东国术馆改组后，遵照馆长韩复榘意见拟定"国术教育实施程序十二条"[③]，党政军各机关遵章执行，积极响应，一律练习国术，工作逐步推行，以期达到强种强国的目的。[④]譬如，1933 年下半年，财政厅聘请国术专家崔雅臣先生，分六班指导厅员练习国术。每日练习时间为上午 10 时至 11 时，下午 4 时至 5 时半。[⑤]

1931 年"九一八"事变，日军攻占我华北长城要隘各地。我国前敌健儿手持大刀与彼肉搏，相持甚久，令日军气馁胆寒。1933 年 2 月，山东国术馆以国难当头，民众体育尤为重要，决定于济南开办大刀训练班 17 班，每班 40 人，六个月毕业后续招。并令各县市国术馆亦开办此班，设民众练习场。[⑥]大刀训练班附设于省国术馆内一班，济南市 16 个国术分社每社一班。计分二期，第一期 2 个月为初级，第二期 2 个月为高级。非初级毕业者不能入高级。15 岁以上、50 岁以下者概不收费。每人缴费 2 元购大刀一把，毕业后即归个人所有。如此可造就 700 校刀手。[⑦]山东国术馆此举是号召国民应当像前线英勇作战的勇士那样拿起武器，随时准备与

① 本省国术馆改组窦来庚任副馆长 [N]. 山东民国日报，1932-6-3（5）.

② 山东省秘书处编 . 山东省现行法规类编 [M]. 济南：山东省秘书处，1935：57—63.

③ 鲁省官民一律国术化 [N]. 华北日报，1932-7-5（5）.

④ 韩复榘提倡国术 [N]. 申报，1932-7-3（8）.

⑤ 本厅聘请国术专家指导厅员练习国术 [J]. 财政旬刊，1933，8（8）：7.

⑥ 济南国术表演并将办大刀训练班 [N]. 申报，1933-2-10（16）.

⑦ 国术馆开办大刀训练班 [N]. 山东民国日报，1933-2-11（5）.

侵略者血战到底，以实现国术救国的宏伟愿望。

1932年底，山东国术馆出版《国术半月刊》，由教务长田镇峰负责，按期呈报央馆。[①]由于国术馆师资文化水平和国术理论知识偏低，《国术半月刊》文章基本出自田镇峰手笔，以致有读者来函询问，此刊是否田镇峰专刊。[②]田镇峰为人耿直，一向主张国术革命，具有创新精神，抨击时弊直言敢言，不虚伪逢迎，敢于揭示国术的神秘面纱，因之得罪了不少权威人士。1934年，天津第十八届华北运动会期间，北平国术馆副馆长许禹生、南开大学国术教师郝铭等国术名家给窦来庚施加压力。于是，创办两年有余的《国术半月刊》于此后不久停刊。田镇峰自费筹办了《求是季刊》。

《进德学刊》是由韩复榘1932年主持成立的进德会创办的期刊。该刊关注并刊载了大量有关山东国术方面的文章，对推进山东国术事业的进步与发展不无助益。1935年《进德月刊》第1卷第1期即刊载省国术馆程墨斋《太极拳的鼓儿词》："太极拳，太极拳，我把太极诌一篇。八十一式学得好，这就是个老神仙。倒撵猴子三百个，抱着猛虎去归山；搂膝拗步来的（得）快，闪开通壁（臂）上班（搬）拦；来到第一十子（字）手，第二第三在那边；双风（峰）贯耳听的（得）准，左右斜飞看得全；玉女攒（穿）梭喜云手，白鹤晾（亮）翅怕单鞭；野马分鬃来肘底，金鸡独立叫花前；揽着雀尾高探马，左右伏虎怒目圆；坠肘弯弓才想射，手挥琵琶两根弦；海底有针休蹬脚，白蛇吐信闹金山；上步七星看北斗，转身忘了是摆莲；如封似闭散了罢，预备开始会众仙。"[③]

"鼓儿词"是明末清初起源于枣庄，流传于鲁南、鲁西南和苏北地区的一种古老、独特、稀有的汉族说唱剧种。程墨斋系文科教师，其作为《进德月刊》特约撰稿人，能写出此类文章，而且将太极拳的技理技法表现得如此清晰明了，一方面可见其对于宣传国术颇具热心，另一方面足见其武功修为已不限于耳濡目染而非同一般。

《进德月刊》1936年第1卷第7期刊载马子孚《从练习国术谈及孔子之道》一文，以辛辣笔锋针砭时弊，深刻指出：昔者武人为师，自私心重。以寻常技能，目为异传。非至最危险时期，不得露头角。故开学授徒，动逾数百，披星戴月，积有年所。而求其出类拔萃，超越庸众者百不得一，

---

① 山东省国术馆暨县馆各分社概况表[J]. 国术周刊，1934（129）：6.

② 孔见先生函[J]. 求是月刊，1935，1（4）：158—159.

③ 程墨斋. 太极拳的鼓儿词[J]. 进德月刊，1935，1（1）：17.

或者百不得二三，资质所限。师者自私之见存，门户之限严，遂秘而不宣。以此为心，纵当国者不重文轻武，而武距能久存于社会乎？亦大异于孔子之道矣！孔子之道，大公无私。若圣与仁，为之不厌，诲人不倦。恐其道之不传，故青出于蓝而又恐其不胜于蓝，师不必果贤于弟子。武人之行，恐其道之或传，顾青出于蓝而又忌胜于蓝，弟子必须不如师。其立心之差，判如天渊。牢不可破的门户之见，不轻授人的一技之长，为世所大忌。

马子孚对国术馆的设立寄予厚望：中央设馆普及教授国术已成公开。有文事者必有武备，仁者必有勇。武人道德，行将与日俱进。吾拭目俟之。①

《进德月刊》1936年第1卷第8期，程俊民《由中国拳术说到本省第四届国术考试及世界运动会》中述评：中央设馆，推及全国。凡有可以提倡国术者，无不广为搜罗，以资传授。鲁省成立国术馆已逾六七载，韩主席又乐为提倡，举行一二三届省考，中甲等者，每月均发给洋8元，以资练习。第四届省考又将以前各甲等再复考一次，以观进步之若何……大风一歌，汉高之思猛士；秋风一歌，汉武之怀美人。韩主席此举隐然有伟大怀想，何患国术之不普及于世界乎？②程氏之文对于山东省国术馆的业绩，及时任馆长韩复榘提倡国术大加赞赏。

1936年3月，中央国术馆成立八周年纪念日，山东国术馆教务主任潘雪峰奉送贺辞：民强国强，民健国健；强健民族，恃彼锻炼；我有国技，可以救国；众志成城，众力断铁；提倡靡遗，响应景从；八载考绩，克迪于成；前途远大，猛飞突进；典安国基，功高万仞。③

省国术馆教职员及社会有识之士，大力宣传国术，倡导民众健身，为山东国术事业的发展起到推波助澜的作用。山东省国术馆主办的《国术半月刊》、济南健康实验学社主办的《求是季刊》等专业性期刊，进德会主办的《进德学刊》等非专业性期刊，连同山东媒体众家报社，构成了立体的国术宣传网络，从不同层面、不同视角持续报道和宣传国术运动，不断推动着国术事业的进步与发展。

---

① 马子孚．从练习国术谈及孔子之道[J]．进德月刊，1936，1（7）：42—43.

② 程俊民．由中国拳术说到本省第四届国术考试及世界运动会[J]．进德月刊，1936，1（8）：35—36.

③ 潘雪峰．中央国术馆八周年纪念[J]．国术周刊，1936（158、159、160）：6.

三、主办国术师资班

推行国术教育的根本在于师资的培养和队伍的建设。民国初年，有关提倡武术的部分议案既已涉及师资培养。1914 年济南卫戍司令部（1916 年改为镇守使署）第四十七旅所属军士武术传习所，1917 年山东教育会创办之山东武术传习所，均以培养武术师资为宗旨。1929 年，山东省教育厅将初创之"山东省国术馆"，改称"山东省国术传习所"，学生定编 50 人，其旨在于建立师范性质的社会教育机构，以培养国术师资。山东国术馆推广与普及国术，同样首重师资培养。1932 年南京第一次全国体育会议，窦来庚提交了检定国术师资议案。山东武（国）术的倡导组织者及社会精英已意识到培养师资对推广和普及国术的重要性。

1930 年，初创阶段的山东国术馆，及至 1932 年改组，均以培养师资为重。其以馆训"江山历代有奇士，武林永无第一人"，作为师生奉行之指导原则。前期练习员确定为"第一期师范班"，1932 年秋，40 余名学生毕业。王玉章、马鸿志、张广聚等留馆任教。其余一部分分配到韩复榘部队任教官，一部分分配到各县开办国术馆，亦有人分配到各级各类学校担任国术教师。

1932 年 10 月，山东国术游艺大会结束后，省国术馆为造就教师人才，普及国术，着手筹设师范班，拟定组织章程及经费预算，省府批准后即招生开课。[①] 报考第二期师范班学生，必须具有中学毕业文凭，国术方面要有一定基础才能入学。毕业时严格考试，及格者可分派各县国术馆或国术社任教。改变了以往招生只看重技术和武德，不讲文化学历的鄙陋。1933 年初，第二期国术师范班开学，人数 40 人。师范班学生不光习武，还要学习国文、常识、生理卫生和武术源流。1935 年初，第二期师范班期满毕业，葛绪昌、张洪方、马鸿功、白荣忠等留馆任教，其余分到各县国术馆。山东国术馆续招第三期国术师范班学生。[②] 招考高中爱好国术的毕业生或同等学历学生，及由军中或政府官员保送。[③]

1937 年 6 月 17 日，山东国术馆第 61 次教务会议，就第三届（据 1937 年 6 月《山东省国术馆师范班第一期同学录》，届期排序另有安排）师范生毕业考试通过决议，按功课表规定考试项目为摔角、军训、气功、

---

① 国术馆筹设师范班 [N]. 山东民国日报，1932-11-21（5）.

② 马鸿志 . 山东国术馆杂忆 [J]. 山东体育史料，1985（6）：18.

③ 张育恺 . 忆民初国术教育之摇篮——山东国术馆 [J]. 台湾武林，2004（17）：6.

八极拳对打、八极拳、查拳、形意连环八式、安身炮、太极拳、太极剑、卧薪枪、新式术拳（中华新武术拳术科）、新式术剑（中华新武术剑术科）、太极拳推手、信义拳、对拳、对械、单拳、单刀、金刚拳、国术教育、国术概论。考试时间自6月21日至25日，每日上午7时、下午3时开始。主试委员窦来庚、田镇峰、潘雪峰，考试委员由全体教师分任。考试分数以60分为及格，满分为100分。总评分数以本次考试为主，以各期季考平均分与本期考试分数平均计算。学生自6月18日起停课备考，自我修习。[1] 该班入学学生74名，7月1日只有40名毕业。[2] 至此，山东国术馆共毕业三期师范生。

国术师范班学制的确定，曾经历一番周折。窦来庚原定“五年计划”，期望为各县国术馆培养优秀的专业管理和技术人才。但韩复榘不同意，主张一年毕业。窦来庚认为学生在校学习不可以时间过短，否则不利于国术专业人才的养成，更难以担当于社会推行国术之重任，遂将“五年计划”改为“两年计划”。[3]

1937年6月，山东国术馆第三期师范班临近毕业。窦来庚为《山东省国术馆同学录》作序：过去的经验告诉我，非有长时间的训练，不能成为良好的师资。没有良好的师资，国术没有长足的进展。有见及此，我才几经筹措，创设师范班，定为二年毕业。同学们到社会上去提倡国术，指导国术，不至盲人瞎马；况诸位同学，皆来自各地，也都酷好国术，再经此次研讨，我深信当益能认识其真正使命，诚能执此一线火花，而发扬光大，使普遍燃燎于各地，则能后吾人贡献于民族国家，宁有止境。[4]

民国中期，山东省国术兴盛，于全国居于领先地位，与国术师资的养成和师资队伍的建设，及其系列举措密切相关。山东国术馆除历届优秀毕业生留馆任教外，大部分被分派各县担任国术馆副馆长、教师，就职于全国各地各级政府机关、军队担任国术教官，或担任学校国术教师。

山东国术馆对国术人才的培养与任用不拘一格，唯才是举。凡于全运会、国术国考、华北运动会、国术省考取得优异成绩者，均被派往各机关、军队、团体、学校和县级国术馆充任国术教师，或选送中央国术馆深造。

---

① 国术馆昨日会议学生停课备考 [N]. 济南日报，1937-6-18（4）.

② 张育恺 . 忆民初国术教育之摇篮——山东国术馆 [J]. 台湾武林，2004（17）：4—11.

③ 张育恺 . 忆民初国术教育之摇篮——山东国术馆 [J]. 台湾武林，2004（17）：10.

④ 中国人民政治协商会议山东省临朐县委员会 . 临朐文史资料选辑第4辑 [M]. 出版地不详：出版者不详，1985：68—69.

四、调训县国术馆副馆长

现任各县国术馆副馆长是推广与普及国术的中坚力量，他们的思想素质和业务素养，直接关乎全省推行国术教育的质量与效率。有鉴于此，1935年山东国术馆将调训全省各县副馆长列入工作计划。[①] 1936年12月，各县国术馆已逾90余处，山东国术馆决定将全省各县国术馆副馆长分两期调济训练，授以国术理论和专业技术，以资深造，从而提高其业务素质和基层办学质量。第一期为鲁南及鲁东50余县，训练期限40天。第二期为鲁北及鲁西各县，俟第一期训练完毕继续召集。[②] 韩复榘委派民政厅厅长李树春为训练监督。省国术馆令饬第一期受训各县国术馆副馆长，于12月25日前来济报到。[③]

25日晨6时，训练班第一期50余人，于省国术馆大操场举行开学仪式。副馆长窦来庚训话，报告调训意义，各教师分别讲话，7时许开始上课。[④] 窦来庚兼任该班主任，负责管理。教职员纯系义务，不支薪津。1937年1月4日上午，训练班举行开学典礼。李树春为主席，吕岩岑为司仪。行礼如仪后，李树春与窦来庚分别致辞。[⑤]

开学以来，窦副馆长及各教官认真授课，成绩颇佳。本省各界名流、国术先进及各厅厅长、省委委员先后莅场演讲。19日，财政厅厅长王向荣到省国术馆向受训人员训话，词颇恳挚。[⑥] 2月初，第一期受训期满，原定3日上午于省国术馆大礼堂举行毕业仪式，并发给证书。嗣韩复榘拟亲自训话，窦来庚带队至第三路军总指挥部军务处大礼堂聆训，至9时半完毕。回至省国术馆，未便再行仪式颁发毕业证书。各县受训国术馆副馆长即行各自回县。窦来庚即着手筹备第二期训练班。[⑦]

2月22日上午9时，训练班第二期，德县、临邑等县40人，于省国术馆举行开学仪式，副馆长窦来庚训话后正式授课。[⑧] 窦来庚兼授国术理论；民政厅科员王树滋兼训练班副主任，教授夜间教育、内务规则、陆军

---

① 山东省国术馆二十四年度概况一览表 [J]. 国术周刊，1935（136、137）：23—24.

② 鲁分期调训各县国术馆副馆长 [N]. 大公报（天津），1936-12-21（8）.

③ 分期调训各县国术馆副馆长 [N]. 华北新闻，1936-12-13（2）.

④ 省国术馆调训县国术馆长 [N]. 济南日报，1936-12-27（4）.

⑤ 山东省县国术馆副馆长训练班举行开学典礼志盛 [J]. 侠魂，1937，3（4—5）：217.

⑥ 王向荣向受训国术馆长训话 [N]. 济南日报，1937-1-20（4）.

⑦ 韩向受训人训话 [N]. 济南日报，1937-2-4（4）.

⑧ 县国术馆长二期调训来济 [N]. 华北新闻，1937-2-23（5）.

礼节；田镇峰担任教育股股长，教授太极拳、太极拳推手；省国术馆事务股主任徐渭宾兼任教务股股长；第三路军总部副官黄瑞璋、苏文甫担任（军事）术科教官；省行政人员训练所第三队队长张彤教授步兵操典；省行政人员训练所第一队队长胡振纲教授射击教范；民政厅科员张汉杰教授野外勤务；民政厅科员赵蓉鉴教授法律常识；省会警察局科长黄庆禄教授防空常识，省国术馆马步周教授国术教育；潘雪峰教授（中华）新武术；陈再显教授太极拳；林秉礼教授警察概要；姜修信教授太极剑，李培义、李应埙、马鸿志、王玉章、魏长贵、常秉章、胡明海分授国术课程。韩兹勤、司耀庭、吕岩岑、窦仁山担任书记员。（以上信息出自 1937 年 3 月《山东省国术馆副馆长训练班第二期同学录》）

3 月 20 日，李树春亲赴省国术馆，向来济受训各县国术馆副馆长训话。训词恳挚，勉励有加。[①] 3 月底，第二期训练班期满，考试竣事。3 月 30 日上午 9 时，举行毕业典礼。李树春莅场致辞，窦来庚继续训话，并代表受训人员向李厅长致答谢辞。[②]

两期全省各县国术馆副馆长训练班，共开设 16 门课程（添加军事训练）。第一期第 1 名历城县国术馆副馆长赵蔼廷；第二期第 1 名陵县国术馆副馆长李天骥，第 2 名惠民国术馆副馆长李维祺，第 3 名商河国术馆副馆长果鸿儒。全体学员由李树春发给学员证书、奖状。[③]

省国术馆调训各县国术馆副馆长，期望他们能以崭新面貌，充分发挥个人专长，加强和巩固基层国术组织，为实现国术普及化打好群众基础。

五、奖励和检阅国术省考甲等生

民国中期，山东国术馆接连举办过四届国术省考。历届甲等生经过层层选拔脱颖而出，均有一技之长，日常生活分散于社会各个阶层。如何调动他们的积极性和影响力，发挥其生力军的作用而服务于社会，成为省国术馆推进社会国术持续发展的考量。

自 1933 年 5 月第一届国术省考，历届甲等生获得优厚奖励。第二、三、四届省考，省国术馆均安排其上场表演。1935 年 4 月第三届国术省考结束后，韩复榘邀请一、二、三届甲等生到省府座谈，且谓：凡考取甲等者不准再应考，只准表演或择日调来表演，以观有无进步。自 1935

① 李树春昨日向受训各县国术副馆长训话 [N]. 济南日报，1937-3-21（4）.

② 国术馆第二期受训副馆长 [N]. 济南日报，1937-4-1（4）.

③ 李天骥 . 我对山东国术馆的回忆 [J]. 山东体育史料，1984（1）：23.

年 4 月起，有职业者颁 5 元，无职业者颁 8 元，以作奖励。[①] 韩复榘决定历届甲等生“不准再应考”是为了广开贤路，激励来者；每人每月发给津贴，俾得维持生活，安心练习国术，以诱掖奖进。1936 年 4 月，第四届国术省考结束后，韩复榘宣布自本届起，甲等生津贴增加一倍，有职业者 10 元，无职业者 16 元。这可是一笔价值不菲的高额奖励，甲等生们闻讯，莫不欢欣鼓舞。[②]

1935 年，韩复榘又因国术省考历届甲等生会后散处各地，对国术练习容易疏懈，特令国术馆副馆长窦来庚负责召集一、二、三届国术省考甲等选手，于 9 月 6 日前来济南报到，9 日举行检阅。林秉礼、杨素清等男女 41 人先后到济。国术检阅地点原定于省立体育场[③]，后改在进德会举行。[④] 1936 年 9 月，再次召集历届国术甲等生来济检阅成绩。省国术馆 8 月 16 日发出通知，限各员于 9 月 5 日来馆报到，6 日由窦来庚副馆长先行检阅。[⑤]

对历届国术省考甲等生施行奖励和检阅，双管齐下、恩威并用，目的在于督促其继续努力、精益求精，充分发挥其示范作用和宣传效应，使其薪火相传，以点带面，实现社会国术事业的良性发展。

六、落实国术馆社巡视制度

1932 年 6 月，省国术馆改组后，各项工作齐头并进，馆务重新焕发生机。省内县级国术馆呈现日趋增多之势，而如何引导和督促其健康发展也提上议事日程。《山东省国术馆暂行组织大纲》第四条规定，本馆设视察员二人，由馆长、副馆长选任之。《山东省国术馆暂行办事细则》第四条明确规定，视察员职掌筹设、指导各县市国术馆，调查民众训练场进展状况，调解各县市国术馆纠纷，统计、编报练习国术人员表册，及其他事项。

省国术馆推广普及国术成绩斐然。1933 年 12 月，省国术馆馆务会讨论如何分派教职员赴各国术分社视察指导[⑥]，决定筹选人员按规定先行视

---

① 韩复榘奖励国术演员 [N]. 申报，1935-4-28（16）.

② 国术省考圆满闭幕 [N]. 华北新闻，1936-4-30（2）.

③ 鲁国术大检阅 [N]. 大公报（天津），1935-9-21（8）.

④ 鲁国术检阅 [N]. 大公报（天津），1935-9-10（8）.

⑤ 韩主席定期检阅历届国术甲等 [N]. 山东日报，1936-8-17（5）.

⑥ 山东省国术馆报告十二月份工作呈文 [J]. 国术周刊，1934（110）：2—3.

察济南市各国术分社办理情形，指导推进。[①] 1934 年 8 月，各县国术馆已成立数十县，济南市国术分社计有 23 处，社员及业余练习者达十数万人。省国术馆副馆长窦来庚特派教务主任田镇峰及各教练、主任等，本月下旬分赴济南市各国术分社，对教学设备、练习人数、教练程度等事项详加考察，统计汇报；对于存在问题随时纠正改善。[②]

山东习武氛围浓厚，济南市国术社及各县国术馆如雨后春笋，随处怒生。各军警、机关、学校普遍练习，各行政机关公务人员奉命学习，省府不时派员检阅。1936 年 9 月中旬，省国术馆委派省府教练于化行、王筱（霄）云[③] 为国术调查员，视察济南市各国术社办理情形，附具意见呈报韩主席俾资参考，设法策进。此时，济南市国术社已达 47 处，各团体附设机构尚不在内。各社为参加 1937 年第五届国术省考，均扩充班次，广招学生，加紧练习。学生入社费用尚无统一规定，各社酌情自定数目。多者每月 2 元，少者 2 角 3 角不等。济南市国术社及各机关、学校、团体练习国术人员，数年来养成国术人才愈达 10 万人。参加国术社练习者多为商界学界人士。练习科目各社自由教授，主要拳种为太极拳、小洪拳、六合拳、潭腿、少林拳等，器械以枪刀剑棍为主，及摔角、举重等。[④]

10 月，省国术馆召集济南各国术分社社长开会讨论整顿计划，各国术分社均按照执行。11 月，省国术馆派员分赴各国术分社视察整顿成效。[⑤] 是年，山东省县级国术馆多已成立。省府每月补助经费，以使专门办理国术事务。省国术馆又委派王霄云（龙翼）、于鹏九（化行），分往全省各县视察国术馆组织状况。[⑥] 10 月 18 日，王云青（霄云）、于鹏九奉命分赴各县视察。[⑦] 11 月上旬返济，向韩复榘报告视察情形。[⑧]

山东国术馆巡视制度的建立与实施，对于了解和掌握全省国术发展动态，及时发现问题、解决问题，敦促基层国术组织改进工作和健康发展起到了积极作用。

---

① 中央国术旅行团日内来济表演 [N]. 山东日报，1936-9-14（5）.

② 国术馆副馆长派员考察国术分社成绩 [N]. 山东民国日报，1934-8-24（9）.

③ 山东省档案馆馆藏档案 J101-15-0249-016：记为“霄”。王霄云即王龙翼。

④ 韩主席派员调查国术社状况 [N]. 山东日报，1936-9-20（5）.

⑤ 于鹏九视察各县国术完毕 [N]. 济南日报，1936-11-6（4）.

⑥ 省府派员视察国术 [N]. 东海日报，1936-10-20（3）.

⑦ 省府派员视察各县国术馆 [N]. 济南日报，1936-10-18（4）.

⑧ 于鹏九视察各县国术完毕 [N]. 济南日报，1936-11-6（4）.

七、倡导女子国术

传统文化浓郁的山东人思想保守，女性轻易不肯抛头露面，更不情愿主动参加体育活动。1932 年 10 月，山东国术馆举办全省国术游艺大会，省国术馆女生徒手及器械表演令人耳目一新。其中王维贞（唯真）、王承志姊妹参加表演，全场称赞。吴文燕（女）以个人身份参加表演获得大会奖励。女子习武并公开演武打破了传统思想的禁锢与束缚，女性的大胆与开放引领着社会时尚。

1933 年至 1936 年，山东国术馆连续四年举办的国术省考，女子参加表演比赛人数逐步增多，技术水平也越来越高。1933 年 5 月山东第一届国术省考，女子仅王维（唯）真一人报名，未能实行比赛（图 2–5–1）。1934 年 4 月山东第二届国术省考，三名女性参赛者为济南健康实验学社王唯真（维贞）和山东国术馆顾桂英、杨素清。16 日拳脚比赛，3 位与赛者经 6 场轮流比赛，王唯真名列第 1，杨素清第 2，顾桂英第 3。17 日短兵决赛，18 日长兵决赛，仍为王唯真第 1 名，杨素清第 2 名，顾桂英第 3 名。19 日午后童子组表演，内有女生二人，最小者年仅 7 岁。

图 2–5–1　王唯真演武照（采自《求是月刊》1935 年第 1 卷第 3 期）

女子习武人数虽时有增加，但远不理想。1933 年 10 月南京第五届全运会国术表演比赛与第二届国术国考，山东未能派出女子选手与赛，令人颇感失意。1935 年 10 月上海第六届全运会国术表演比赛，山东女子仅杨素清一人与赛。尽管其个人成绩不凡，确也暴露山东女子国术基础薄弱、后继乏人的弊端。省国术馆主导者深刻认识到，欲谋求山东女子国术水平的提高，非从少儿抓起不可。于是，调配于 1933 年第十七届、1934 年第十八届华北运动会国术表演赛取得优异成绩的林玉田担任济南徐家花园女子国术社社长，执导女子少儿国术训练。

山东国术馆成功举办的两届国术省考产生了强烈的社会效应，带动了全省国术事业的发展，女子练习国术者亦渐增多。[①] 1935 年 3 月，省国术馆精心组织第三届国术省考童子组表演。17 日下午举行选手预选会，女童丁鸿友、赵秀兰、米俊英、刘兆蕙、李鼎、丁岱霞（黛侠）等表演最佳。丁鸿友 10 岁，米俊英 12 岁，均为徐家花园林玉田高足。丁鸿友罗汉拳、纯阳剑表演精彩，全场掌声时起。赵秀兰 12 岁，刘兆蕙 13 岁，均为石棚街国术社刘宝林所授。赵秀兰表演八仙剑及五路少林拳颇为出色，喝彩之声不绝于耳。丁岱霞（黛侠）、李鼎皆省立民众教育馆学生，娇小活泼，技艺甚有可观（图 2–5–2）。徐家花园女子国术社、石棚街国术社、省立民众教育馆等处女童崭露头角。

图 2–5–2 女童丁黛侠与李鼎表演姿势（采自《北洋画报》1936 年第 1345 期）

4 月，山东第三届国术省考开幕式，青岛国术团女选手栾秀云、姜爱兰身着酱紫色旗袍入场，腰肢袅娜，装饰摩登。[②] 新时代的女性装束令全场惊艳。女子与赛者刘锡安、彭荫桂、杨素清、金淑贞、孟兰英、张云珍、尤秀英等共 7 位，人数超过上届一倍有余。年龄最大者杨素清 17 岁，最小者张云珍 11 岁，其余均 13 至 14 岁。比赛结果录取 6 人，拳脚杨素清、刘锡安优胜；短兵杨素清、彭荫桂优胜（参见图 2–6–11）；长兵杨素清、金淑贞优胜。大会期间，栾秀云表演六合刀、双刀、双钩，姜爱兰表演埋伏拳，杨素卿（清）表演少林拳。女子与赛及多项拳械表演为大会增色添彩。

是年，女子国术练习亦见普遍。先是省主席韩复榘夫人、省府秘书长张绍堂夫人，延请第三届国术省考女子冠军杨素清教习国术。第三路军总部军医处女看护训练班、基督教女青年会、崇实小学添设国术训练，亦由杨素清担任教练。杨素清每日下午 4 时至 6 时，至国术馆指导女生，刻无暇晷。6 月，女子师范毕业学生攻延祯等四人呈请国术馆特开女子班，请杨素清指导。副馆长窦来庚批准筹划。[③]

---

① 鲁三届国术省考改四月中旬举行 [N]. 时事新报，1935–3–1（7）.

② 第三届国术省考特刊 [N]. 山东民国日报，1935–4–21（2）.

③ 鲁省国术普遍发展 [N]. 新闻报，1935–6–27（14）.

1936 年 4 月山东第四届国术省考，女子与赛者 12 人，拳脚、短兵、长兵共录取 5 人。本届省考的亮点不独在于女性与赛人数的增加与技艺的提高，更在于女童个人与团体表演质量的提升与技术水平的发挥，让人感到山东女子国术教育的进步与发展。26 日，济南徐家花园女子国术社学生 20 余人登台献技，个个娇小精悍，精神百倍。年龄最大者不过 15 岁，小者 7 岁，观众注目。先作团体操表演，纪律严整，武艺娴熟。次及个人表演，刀枪剑棍满场飞舞，甚为精彩，又加演叠罗汉，式样新奇美观，博得掌声不少。①

杨素清于 1935 年 4 月山东第三届国术省考期间结识青岛国术团栾秀云，受其启发呈请省国术馆设立女子国术社获得批准。1936 年 11 月，济南志成女子国术社成立。自此，山东女子习武又增加了新的处所。

八、与兄弟省市友好往来与交流

1928 年中央国术馆主办的南京第一次国术国考，1929 年杭州浙江国术游艺大会，山东省均派选手与赛，即与全国各省市国术同仁建立了联系。1930 年，山东省国术馆正式成立后，始终与兄弟省市保持着密切交往与友好合作，加强学术交流，不断沟通信息，相互促进。

1933 年第五届全运会与第二届国术国考，及 1935 年第六届全运会等大型国术表演比赛，山东国术健儿与各省市国术选手又有接触与技术交流；华北运动会则使之与北方各省市间的接触与交流更加频繁与密切，增进了友谊。1932 年第十六届华北运动会于河南开封举行，山东国术健儿与北平、青岛、辽宁和河南国术选手同台表演，交流切磋技艺，相互学习。1933 年青岛第十七届华北运动会、1934 年天津第十八届华北运动会山东国术健儿再次与山西、河北、绥远、北平、辽宁、河南、青岛、黑龙江等兄弟省市国术选手同台献技竞艺，获益良多。

1933 年至 1936 年，山东接连举办了四届国术省考，山东国术馆连续函聘湖北、山西、河北、河南、北平、天津、青岛等省市国术专家前来襄助。河南国术馆副馆长刘丕显多次应邀赴会担任裁判工作。1933 年山东第一届国术省考，刘丕显应邀担任大会副总裁判长。会期，刘丕显欣然登台表演“应战刀”，技艺惊人，观众掌声不止。② 1934 年山东第二届国术

---

① 国术省考第二日大会盛况 [N]. 华北新闻，1936-4-27（2）.

② 韩复榘欢宴应试员 [N]. 天津益世报，1933-5-21（4）.

省考，河南国术馆赠宝剑 1 口，锦标 1 面。[①] 刘丕显再次应邀赴会担任大会裁判工作，并于开幕式、闭幕式上致辞。会期，刘丕显表演青萍剑 [②]，引人注目。1935 年山东第三届国术省考，刘丕显又一次应邀赴会担任大会裁判工作，并于开幕式上致辞。会期，刘丕显表演单刀，观众掌声如雷，喝彩不止。[③] 刘丕显返汴接受记者采访，对山东第三届国术省考盛况，取得的成绩及鲁省提倡国术策略大加褒扬。[④] 1934 年，河南国术馆为举办第五届国术省考暨骑射比赛大会，向社会各界及兄弟省市国术馆征集奖品。山东国术馆赠锦标一面，副馆长窦来庚赠锦标一面。[⑤]

至 1935 年，山东省国术馆和青岛市国术馆作为省内两大国术团体的发展均已颇具规模。1929 年以来，两馆曾组队联袂参加杭州浙江国术游艺大会。第五届全国运动会国术表演比赛，第二届国术国考，第十六、十七、十八届华北运动会国术表演比赛，有过密切接触与交往。双方结下深厚友谊，共谋合作愿景。

1933 年 4 月下旬，青岛市国术馆接到山东省国术馆来函，以山东省 5 月 14 日于省立民众体育场举行第一次国术考试，本地国术界人员例应回避，特聘青岛市国术精深而对于评判富有经验者担任评判。青岛市国术馆 25 日函复，选派教务科科长高凤岭前往担任评判。[⑥] 13 日，向禹九代表沈鸿烈馆长赴济参观山东国术省考。[⑦] 19 日答谢晚宴上，与众来宾一道，高云峰（凤岭）与弟子秘道存表演了精彩的“醉拳对猴拳”。[⑧] 1934 年 4 月，山东第二届国术省考，高云峰再次应邀担任大会评判员。20 日上午，外聘担任评判员之国术名家依次表演，高云峰登台表演了拿手技艺“太乙醉拳”。[⑨]

1935 年 5 月，山东举行第三届国术省考，青岛市市长沈鸿烈应韩复榘之邀，以名誉考试委员长身份与会 [⑩]，并于开幕式致辞。青岛国术馆应邀参加表演，为大会增光。

---

① 鲁省国术考试韩赠大批宝刀 [N]. 新闻报，1934-4-4（14）.

② 第二届国术考试昨闭幕 [N]. 山东民国日报，1934-4-21（5）.

③ 孙锡昆 . 鲁第三届国术省考记详 [J]. 国术周刊（天津），1935（8、9、10）：25.

④ 刘丕显返汴谈鲁省提倡国术情形 [N]. 豫北日报，1935-5-8（3）.

⑤ 国术省考骑射比（赛）各方纷赠奖品一览（续）[N]. 河南民报，1934-9-20（7）.

⑥ 山东举行国术考试函本市国术馆聘请评判 [N]. 青岛时报，1933-4-26（6）.

⑦ 向禹九赴济参加国术考试 [N]. 青岛民报，1933-5-14（6）.

⑧ 韩复榘欢宴应试员 [N]. 天津益世报，1933-5-21（4）.

⑨ 第二届国术考试昨闭幕 [N]. 山东民国日报，1934-4-21（5）.

⑩ 第三届国术省考特刊 [N]. 山东民国日报，1935-4-21（1）.

6 月，青岛举行第三届国术市考，沈鸿烈邀聘韩复榘为名誉考试委员长，赴青参观。[①] 山东国术馆应邀参加表演，亦为大会添彩。13 日晨 8 时半，韩复榘偕姚以价、张联升两将军，葛锦章、过之纲两顾问抵青，沈鸿烈、葛光庭、李烈钧及各机关长官到站迎接。聊城国术童子组 5 人由杨金生率领，随韩复榘赴青参演助兴。当晚 6 时，山东国术童子组 30 余人抵达青岛。[②] 窦来庚、田镇峰、潘雪峰随团抵青。窦来庚应邀担任大会总裁判长，田镇峰、潘雪峰担任拳术组评判员。[③] 韩复榘应邀致开幕辞。[④]

15 日至 16 日，经过一天半比赛，青岛第三届国术市考于 16 日上午 11 时半圆满结束。闭幕之前，山东国术童子组小英雄，窦来庚及诸位国术专家各演技艺（图 2–5–3）。沈鸿烈致闭幕辞：“山东国术馆小将到青岛参加表演，使山东与青岛国术界沟通一气，水乳交融。小英雄们的表演十分精彩，使本市各校小朋友得到鼓励，将来定有长足进步。济南、青岛国术界如此切磋琢磨，将来亦必有很大发展。”韩复榘亦应邀致辞。[⑤] 窦来庚致辞：山东和青岛的国术同仁，经此届考试聚会之后，感情愈为融洽。不但山东国术省考及青岛国术市考要双方互相帮忙，此往彼来，完全成为一家；将来如有机会，尚希举行友谊比赛，使山东省与青岛市的国术互相磋磨，更进一步。[⑥]

图 2–5–3 山东国术馆童子组参加青岛第三届国术市考表演（采自《申报》1935 年 7 月 1 日第 2 版）

16 日晚 6 时 30 分许，韩复榘偕随员等，及山东国术童子组选手专车返济，李烈钧、沈鸿烈、葛光庭到站相送。[⑦]

---

① 沈鸿烈返青 [N]. 申报，1935–4–24（8）.

② 韩复榘抵青岛 [N]. 申报，1935–6–14（3）.

③ 丕侠 . 青岛国术市考观光记 [J]. 求是月刊，1935，1（7）：142—143.

④ 韩复榘 . 青岛市第三届国术市考名誉委员长致开会辞 [J]. 国术周刊，1935（150、151）：4—5.

⑤ 沈鸿烈 . 青岛市第三届国术考试委员长致闭幕辞 [J]. 国术周刊，1935（150、151）：5—6.

⑥ 窦峰山 . 青岛市第三届国术市考总裁判长致闭幕辞 [J]. 国术周刊，1935（150、151）：6.

⑦ 青岛国术市考闭幕 [N]. 申报，1935–6–17（12）.

第六节 省内国术竞赛活动

遵照央馆《省市国术馆组织大纲》，省市国术馆每年集合全省（市）国术人员考试一次的规定，1932 年山东国术馆尝试性地举办了省内国术游艺大会，此后每年一届连续举办了四届国术省考。除报请央馆派员监考外，又函聘各省市国术专家前来襄助。与赛人数（包括女子）连年增加，周边省市亦有选手应考。山东国术界涌现出一批又一批武林豪杰，展现了齐鲁国术风采。会场上竞技比赛与表演活动交错进行，既是竞技场，又是展示会。观众更是踊跃，场场爆满。作为民族传统体育的重头戏，这些活动对山东国术运动水平的提升起到促进作用，为省内外重要媒体所关注，牵动着广大民众的注意力。

一、山东国术游艺大会

1932 年 9 月下旬，山东国术馆为联络全省国术团体感情，促进国术发展，拟于 10 月 22 日至 23 日，在济南城内公共体育场举行全省国术游艺大会，以资观摩而广为宣传。推定葛兰笙、于化行、林继维、尚逊之、焦藩东、唐少卿、窦来庚、田镇峰、程墨斋、潘雪峰、郑顺斋、李信卿、窦耀山等为筹备委员，开始筹备。大会设评判、奖品、事务、招待、布置、宣传六股。每股设主任一人，干事若干人。田镇峰为评判主任，李信卿、马耀南、怀锦章为干事；程墨斋为事务主任，佟文治、陈华轩、林经三、窦耀山为干事；林继维为奖品主任，王汇章、张友桐为干事；郑顺斋为宣传主任，马永卿、王维贞（唯真）为干事；潘雪峰为布置主任兼招待主任，赵习勋、李聘之、张恩泉为干事。

参赛单位为省国术馆、县国术馆、济南各国术分社，以及立案之国术团体。各国术团体遴选表演员以成绩优良，确能表现国术真精神者为合格。表演项目分徒手、器械、单练、对练、摔角、搏击、劈刺，以及各种团体表演，友谊比赛等项。山东国术馆发出公函征集奖品，印制竞赛简章分发各县。[①] 省国术馆开列举行“山东省国术游艺大会”布列台棚等各项设备需用经费 546 元，职员膳费需用 450 元，共 996 元[②]，省府动支 1932

① 省国术馆筹备举行国术游艺大会 [N]. 山东民国日报，1932-9-28（5）.

② 呈为奉核国术馆举行国术游艺大会用款预算请公决案 [J]. 山东财政公报，1932，4（1）：40.

年度预备费予以资助。此项活动的目的是为引起民众对国术的兴趣，因之重表演而不重比赛。明年将举行全省大规模国术比赛。①

经过近一个月努力，筹备工作就绪。遂分函各机关团体、学校莅场参观。筹委会收到省主席韩复榘及各厅厅长、省党部，及各机关、团体、学校捐赠奖品甚多。部分职员于10月21日晚搬往会场居住。

会场东西两大门扎有松坊，上悬“山东省国术游艺大会”布匾。北面为主席台。②会场中央搭一木台，高约三尺，长宽约四丈。上方扎有彩棚，满挂旗饰等物。观览之下，颇令人联想我国古典小说中之“擂台比武”。

筹委会自发出通知，各国术团体及个人纷纷报名。济南报名与赛者有省属第一、第三、第四、第五、第六、第七、第八国术分社，及回教国术训练班，外县则有德县、济宁、临清等国术馆，共500余人。外来与赛者到济分驻丁家埝大顺栈及民众教育馆两处。③

大会总裁判马良、姚维藩（以价）、王海门、张骧五，裁判主任田镇峰，总纠察雷太平，纠察主任王恺如，总指挥潘雪峰。与会十余个团体表演团体操、徒手、器械、器械对手、摔角等项目。22日上午，济南国术第一分社、第三分社、第四分社、德县国术馆分别表演；下午，济南国术第六分社、第七分社、第八分社、济宁县国术馆、临清县国术馆分别表演。23日上午，山东省国术馆表演，及摔角比赛；下午，来宾表演。④

10月22日，山东省国术游艺大会于黄亭体育场开幕。是日天气晴明，日光煦暖。7时许，民众前往参观者络绎于途，万人空巷，甚为热烈。各机关及各界赠予大会奖品陈列主席台上。琳琅满目，绚烂动人。民政厅厅长李树春，省党部代表张苇村，总裁判姚以价，省府参议沙月波，手枪旅旅长雷太平，公安局局长王恺如，财政厅厅长代表汪家曾，教育厅代表孔令灿，济南市府代表王瀛，省体育场场长尚树梅，及大会职员、表演员、新闻记者等约600余人。参观者不下20000人。

8时30分许，郑顺斋司仪，陈华轩记录，奏乐开会。行礼如仪，首由李树春代表会长韩复榘致辞，继由窦来庚致辞，次由张苇村、沙月波、姚以价相继讲演。摄影后开始表演。（图2-6-1为表演场面）

① 天下健儿多出齐鲁[N]. 北京益世报，1932-10-24（3）.

② 天下健儿多出齐鲁[N]. 北京益世报，1932-10-24（3）.

③ 国术比赛会今在黄亭体育场开幕[N]. 山东民国日报，1932-10-22（5）.

④ 天下健儿多出齐鲁[N]. 北京益世报，1932-10-24（3）.

图 2-6-1 山东国术游艺大会情景（采自《时代》1932 年第 3 卷第 6 期）

上午各团体表演单拳、单器械、双器械、对拳、对器械，以及团体拳术和摔角团体赛。韩复榘于表演开始后携其公子莅场参观，并谓其长公子："明日亦可表演一次。"复令各机关职员于午后全体到场参观。①

23 日，济南全市轰动，参观者车水马龙，院东大街及黄亭马路上拥挤异常。是日为山东国术馆学生表演，女子徒手及器械表演均甚精彩。其中王维贞（唯真）、王承志姊妹及实业厅职员陈某及其女陈怀英加入表演，全场称赞。②宫有安猴拳表演纯熟，功夫老到，最为出色，博得观众热烈欢迎。③韩复榘偕夫人及公子到会，并令其大公子嗣夔（13 岁）表演大刀、太极拳，二公子嗣燠（10 岁）表演少林拳、单刀，亦为佳妙。韩复榘对济南市国术第四分社马英文（年仅 14 岁）表演的小洪拳、武胜刀、白手夺枪尤为叹赏，赞为可造之才。济南国术第一分社金增孝表演蹬碾子，仰卧地上，翘双足承石墩子，其上又有攀登，作诸般动作。马增禄表演背驮千斤石，以大石板驮背上，以大铁锤猛击，石破而人无恙。马自立表演铁板桥尤为惊险，头足两端各置一木凳挺卧其上，身下置数白刃尖端向上，距腰不过数寸，腹上置大石板，亦以铁锤猛击，石破人无恙，令人咋舌。④韩复榘在场参观时对窦来庚说，明年春季 3 至 4 月间，如有机会筹备召开全国国术游艺大会，招请全国国术名家来济表演。招待及筹备费用可以筹集一两万元经费。至午后，韩复榘方才离场。

下午比赛摔角，韩春蓬体胖力大，战无不胜，最后为智勇兼资之李多胜所败，全场掌声雷动。至 5 时赛事完毕，举行闭幕式，奏乐行礼如仪。

① 国术游艺会之第一日 [N]. 山东民国日报，1932-10-23（5）.
② 国术游艺会之第一日 [N]. 山东民国日报，1932-10-23（5）.
③ 鲁国术大会盛况 [N]. 新天津，1932-10-25（2）.
④ 天下健儿多出齐鲁 [N]. 北京益世报，1932-10-24（3）.

代会长省党委张苇村代表会长及省党部致辞：国术游艺大会自昨日至今日照预定计划表演，现已完毕。游艺员过去练习或精或拙，功夫到何种程度已用心表演出来。其表演之善美者，来宾均一一看过。功夫有不到之处应当继续努力。此次大会开过之后，盼望主持人及演员均按步做去，演员要本着精益求精精神去改善。来宾若是认为对，即是赶快去学习，不要忽略今日开会之意义。

窦来庚致辞：开幕之时，大家精神勃勃；今日闭幕，大家依然精神勃勃，我的精神也非常好。不过，此次大会材力不及，筹备多不周到。来宾很是辛苦，殊为抱歉。再则，国术蒙韩主席提倡，各界赞助，大会得以开成；并蒙韩主席及各机关赠送奖品，一并致谢。此次参加单位共 11 个，总分择优取三名，个人表演有单拳、单器械、对拳、对器械各录取三名，摔角录取三名。

表演员代表吴诚章致答辞：此次表演虽不完美，但均诚实。多蒙大家指教，让我们益加奋勉，并承指导于前，赠奖于后。谨代表表演员向各界来宾三鞠躬致谢。后由国术馆职员郑顺斋演说，大意以胜者当以求精，败者更加努力。

遂颁发奖品。单位总分第 1 名省国术馆，得韩复榘“我武维扬”锦标，及“发扬国光”银盾。第 2 名济南国术第五分社，得省府秘书长张绍堂“和平奋斗”银盾，及省党委张苇村锦标。第 3 名济南国术第四分社，得教育厅厅长何思源银盾；第 4 名济南国术第七分社，得财政厅厅长王向荣银盾；第 5 名济宁国术馆，得民政厅厅长李树春银盾；第 6 名济南国术第一分社，得东纲公所银盾、体育场锦标；第 7 名德县国术馆，得工务局局长张鸿文银盾、第一中学锦标；第 8 名济南国术第三分社，得实业厅厅长王芳亭银盾、民生银行锦标；第 9 名临清国术馆，得公安局局长王恺如银盾、一中校长孙东生锦标；第 10 名济南国术第六分社，得手枪旅旅长雷太平银盾、教育局局长张鸿渐锦标；第 11 名济南国术第八分社，得军事教育团团长李宗弼银盾。

团体总分第 1 名省国术馆，得电灯公司瓶一尊、河务局局长张连甲银盾；第 2 名济南国术第四分社，得惠丰面粉公司银盾；第 3 名济南国术第五分社，得齐鲁大学银盾。

摔角第 1 名李多胜（第八分社），得历城县县长周宗尧银盾、地方法院锦标；第 2 名李盛章（第八分社），得济南市市长闻承烈银盾；第 3 名韩春蓬（第三分社），得牛照局局长刘熙众银盾。单拳第 1 名胡秀山（明海，字秀山，省国术馆），得军粮局局长莫润田银盾；第 2 名于建亭（第五分社），得省立医院院长荫莘农银盾；第3名庐伯衡（第七分社），得正谊中学镜子。单器械第1名于建亭（第五分社），得惠丰面粉公司银盾；第2名马永魁（第四分社），得电话公司银盾；第3名胡秀山（省国术馆），得张恩秫银盾。对拳第1名宫有安、徐大成（省国术馆），得盐运使李植藩银盾；第2名杨经文、洪福德（济宁国术馆），得电话公司银盾；第3名李实会、李福禄（德县国术馆），得烟酒局李无尘手巾。对器械第1名杜福华、赵廷玉（临清国术馆），得济南商会银盾；第2名王秀臣、马占魁（第四分社），得高中双刀；第3名庐彦秋、常炳（秉）章（省国术馆），得手套。以上每人颁大会特质奖牌一枚。最后，另择个人表演精彩者，王炳南、景得才、马英文（均10多岁）、吴文燕（女），由窦来庚各赠世界书局书籍数册。

发奖完毕，时已5时半。大会于郑顺斋领导高呼“练习国术同志团结起来”“努力收复失地”“中华民族万岁”，在口号声中散会。[①]

二、山东历届国术省考

（一）第一届国术省考

1933年2月中旬，山东国术馆以国难当头，为强健国民身体，预备参加中央国术考试及各级运动会，比较观摩以提高本省国术水平，拟定国术省考委员会组织大纲及考试简章。拟于4月1日截止报名，中旬举行考试。考委会设委员长1人，委员5人，总裁判1至3人，评判、检查、文书、事务、场务、记录、宣传、招待、救护、纠察主任各1人，通告员若干人，分掌大会事务。呈请省府核准后，即着手筹备。[②]

经省府第223次政务会议照准，山东第一届国术省考定于5月14日至18日，于济南南门外省立民众体育场举行。大会经费3946元。[③]考试委员长韩复榘，委员张苇村、李树春、张绍堂、刘书香、何思源、闻承烈、窦来庚。4月1日，山东国术馆成立筹备委员会，函聘考试委员，训令各市县按国术省考简章选送精于国术人员与试。[④]4日下午，于山东国术馆召开筹备委员会会议，窦来庚、康少卿、杨展云、田世骏、葛兰笙、

---

① 国术游艺会闭幕 [N]. 山东民国日报，1932-10-24（5）.

② 国术考试定期举行 [N]. 山东民国日报，1933-2-14（5）.

③ 省国术馆举行省考预算共洋三千九百四十六元公决案 [J]. 山东财政公报，1933，4（7）：78—79.

④ 国术考试定期举行 [N]. 东海日报，1933-4-18（7）.

田镇峰、程墨斋、郑顺则（斋）、马元华等十余人出席。讨论事宜多项。[①]

山东第一届国术省考简章规定，与试团体单位为本省市县政府、县国术馆、县公安局、省会公安局、各路民团指挥部、省陆军各营部、省国术馆，及本省立案之国术团体。每市县政府、县国术馆选送 3 至 5 人，县公安局各选送 1 人，省会公安局选送 10 人，民团指挥部各选送 5 人，省属军队各营部选送 1 人，省国术馆选送 20 人，各立案国术团体选送 3 至 5 人。不拘宗派，不论年龄，不分性别。各单位务于 5 月 5 日前，将应试员数目、姓名，备具清册，送交考试委员会报名。与试员须于 5 月 10 日前赴会报到。与试员往返川资由原保送团体负担，试期内膳宿由考委会担负。考试项目分为拳脚（散打）、摔角、短兵、长兵四项，按省国术馆颁布之比赛规则进行。考试分一二两试。第一试为预试，将应考项目用表演方式进行。第一试不及格者不得与第二试。第二试分初试、复试、决试三场。第一日考试拳脚，第二日考试短兵，第三日考试长兵，第四日考试摔角。每项选最优等 1 至 3 人，优等 4 至 6 人，中等 1 至 12 人，由考委会发给省考证书，从优给奖。报名地址为省国术馆。[②]韩复榘捐考委会 5000 元购置奖品。[③]

中央国术馆接到山东国术馆举办第一次国术省考呈文，于 231 次会议决定由姜容樵代表出席本届山东国术省考。[④]5 月 11 日上午，姜容樵抵达济南，下榻三大马路中西旅馆后，赶赴二马路定制银盾，剪子巷定制宝剑，是以代表央馆定做奖品。[⑤]银盾一座，中镌“强种救国”，上款“山东省第一次国术考试优胜纪念”，下款“中央国术馆赠”；宝剑五把，刻字内容相同。下午，姜容樵与河南国术馆副馆长刘丕显，山西国术馆贾慕骞，山东国术馆副馆长窦来庚见面畅谈。[⑥]

13 日上午 8 时，于山东国术馆客厅召开评判委员会议。刘丕显、贾慕骞、高云峰、纪锋、田丕侠、窦来庚、王旭东、张友桐、李培义、于化行、潘鸿祥、纪雨人、赵少梅、余耀东等出席会议。主席窦来庚，记录田丕侠（镇峰）。会议决定聘任于化行、林志远为主任干事，余耀东、赵少梅、纪雨人、王旭东、张醒吾、陈子江、张友桐、李培义为干事。省总参

---

① 山东全省国术考试 [N]. 申报，1933-4-5（15）.

② 山东省国术考试简章 [N]. 东海日报，1933-5-1（3）.

③ 鲁国术考试 [N]. 大公报（天津），1933-4-18（10）.

④ 姜容樵 . 山东省国术考试始末记 [J]. 国术周刊，1934（101）：2.

⑤ 姜容樵 . 山东省国术考试始末记（续一）[J]. 国术周刊，1934（102）：3.

⑥ 姜容樵 . 山东省国术考试始末记（续二）[J]. 国术周刊，1934（103）：7.

议姚以价将军担任总裁判长，窦来庚、于化行、刘丕显任副总裁判长。会议将考试章程逐条讨论，修正后全体通过，公布实施。[①]

14 日早 7 时，山东第一届国术省考于济南千佛山下省立民众体育场开幕。各县国术馆和济南 18 个国术社，每单位 2 至 3 人，山东国术馆大部分学生参赛。临近的山西、河南、河北、北平、天津等省市亦有选手参赛应考。韩复榘到场最早，不一时各厅长委员陆续赶到。前夜下了一夜雨，开会时节完全放晴，万里无云，灿烂阳光照耀体育场上，霎时间把被雨水淋湿的地皮炙干。刹那间，粉白黛绿，男女老幼，蜂拥般涌入赛场。[②]

原预计与试名额 1000 人[③]，实际应试者 350 名。女子报名仅王维（唯）真一人。[④]每人赠予裤褂一套，白衣黑裤布底鞋。胸前挂一绿绸条，专为考试识别。大会特制考试证章，以为纪念。证章烧蓝地，中间圆红，绘一握拳壮士，旁有四字"不强则亡"，周围十二角恰好应对"山东省第一次国术考试纪念"。[⑤]

会场大门外高扎松坊，高插党国旗，气象庄严，横悬红布一幅，上书："山东省第一次国术考试试场"。旁有联语："武德足匡时，加一番锻炼磨砻，从此更夸身手健；群英皆入选，经特试裁成拔擢，将来定卜事功高。"场内中间以木板架起高台，是比赛之处。事务、救护、新闻记者席等位于东面指挥台上，奖品陈列其上，五光十色（图 2-6-2）。[⑥]东面架上各种器械光耀夺目，北面主席台上方横悬红布文。亦有联语："国术喜重光，看一时贲育偕来，擅长各种技艺；民魂今唤起，愿此后炎黄遗胄，发扬尚武精神。"应试员

图 2-6-2 大会征集大宗奖品（采自《时代》1933 年第 4 卷第 6 期）

① 姜容樵 . 山东省国术考试始末记（续二）[J]. 国术周刊，1934（103）：7.
② 姜容樵 . 山东省国术考试始末记（续三）[J]. 国术周刊，1934（104）：6.
③ 国术考试定期举行 [N]. 东海日报，1933-4-18（7）.
④ 鲁省国术考试消息 [N]. 新闻报，1933-5-10（7）.
⑤ 姜容樵 . 山东省国术考试始末记（续三）[J]. 国术周刊，1934（104）：6.
⑥ 鲁省国术考试开幕 [N]. 天津益世报，1933-5-15（1）.

休息处在台东南隅，场中有保安队维持秩序，井然不紊。

韩复榘身着灰布制服、戴毡帽到场，国术馆副馆长窦来庚、指导委员马良、总裁判长姚以价，及大会聘请之裁判员，如河南刘丕显、山西贾蕴高（慕骞）、安徽马诚志、中央国术馆编审处处长姜容樵，八十一师师长展书堂及各机关要人莅场。参与考试之300余健儿，虽有斑白老人、稚龄童子，均雄赳赳气昂昂，精神饱满。剑影刀光，绣旗飘展，颇令人忆及稗官小说打擂台景况。参观者较前华北运动会预选会尤多。因本日为星期日，各界人士及各机关及驻济军队均往参观。四面看台人山人海，不下十万人。由岱安门至体育场二里道途，车马塞满，已无隙地，诚济南数年来之空前热闹。8点开会，大会职员、应试员数百人，齐集主席台前。奏乐升旗，开会如仪。韩复榘报告开会意义，马良、姚以价等相继致辞。

图2–6–3 聊城77岁邓寰瀛与10岁小徒弟杨光汉会中合影（采自《时代》1933年第4卷第6期）

开会仪式后摄影，即开始拳脚表演。每次两人上场，分别演练，如猿飞，如鸟落，腾踔轻捷，各尽其妙。表演者凡180余人，其中聊城邓寰瀛，年77岁，及其10龄最小弟子杨光汉，同时表演二郎拳，手眼身法步罔不中规，表演历10数分钟。面不红，气不喘，尤称难得，全场掌声如雷。（图2–6–3为二人合影）

约两小时，拳脚表演完毕，摔角初试。每组二人，分佩红黄两色带，以为识别，凡29组。裁判法以一人两胜为胜，各胜一次者重赛，胜两次者得最后胜利。此项预试颇费时间，至午后半时始毕。[①]

下午1点半，先有89人长器械表演，继乃拳脚初试。每组二人，仍以红黄二色，以资识别。赛完散会，明日继续。[②] 15日晨起，天凉微风，午后转热，天气阴霾，遮蔽骄阳。参观者如同昨日，会场内外小贩夹道叫

① 鲁省国术考试开幕[N].天津益世报，1933-5-16（4）.

② 鲁省国术考试开幕[N].天津益世报，1933-5-17（4）.

卖，俨然闹市，车水马龙，挥汗相属于道。8时许，教育厅厅长何思源，财政厅厅长王向荣，建设厅厅长张鸿烈到场参观。9时，韩复榘到场，坐主席台上参观，至精彩处亦为鼓掌。

8时起，先为短兵表演，每次二人上场，表演宝剑与单刀，莫不精妙，最后由77岁老英雄邓寰瀛表演“折花双刀”。短兵表演完毕，继续拳脚预试。12时休息。午后1时半，长兵初试多精彩之处。其中阎玉明对孙金贵一场，令人赞叹。阎玉明不致对方受伤，仍得胜利。常炳（秉）哲对于建亭一场，棋逢对手，煞是好看，不分胜负，评判员判为双胜。长兵比赛完毕后，继续拳脚预赛。[①]

16日，回教人士扶老携幼往观者尤络绎于道，盖因济南参加考试者大部分为回民。[②]各界参观者仍形拥挤，因骄阳当空，热不可耐，或撑伞遮日，或摇扇搧风。[③]韩复榘到场，赠汽水千瓶，为裁判员及应试员解暑，并拟购奖品赠聊城邓寰瀛、沧州李书文、泰安王肖（霄）云，其均以神枪闻名南北。[④]财政厅厅长王向荣、公安局局长王恺如、省党委张苇村等要人亦到场观赛。上午8时，短兵比赛，共45小组；摔角14日败者复赛，计19小组；长兵败者复赛，计7小组。至11时稍行休息，下午2时摔角胜者复试。[⑤]

17日，观者仍众，项目为短兵、长兵比赛，摔角决赛（图2–6–4）。[⑥]18日大雨，国术省考改在体育场健身房内举行决赛。比赛结果，长兵最优等冯

图2–6–4 长兵决赛情景（采自《时代》1933年第4卷第6期）

① 鲁省国术考试第二日志盛 [N]. 天津益世报，1933–5–17（4）.
② 鲁国术比试第三日 [N]. 庸报，1933–5–18（6）.
③ 鲁国术考试 [N]. 大公报（天津），1933–5–18（10）.
④ 鲁国术省考继续考试 [N]. 申报，1933–5–17（7）.
⑤ 鲁国术考试 [N]. 大公报（天津），1933–5–18（10）.
⑥ 鲁国术考试 [N]. 大公报（天津），1933–5–18（10）.

锡珍、谢得标、杜炳华、李儒珍[①]，优等马鸿志、周振鲁、金增荣、周子和、李昆山、常炳哲、何同仁。[②]短兵最优等张连举、赵习勤、林秉礼、常炳哲[③]，优等王得清、马鸿志、周振鲁、庄廷梅、金增荣、胡焕彬、王金起。[④]拳脚最优等林秉礼、王云青、李万兴、乔双品、韩维栋[⑤]，优等尹桂芬、周子和、胡焕林（彬）、何同仁、王延良。[⑥]摔角最优等张登奎、金胜利，优等马清河、杨春志、李传忠、崔凤岐，中等马振河、杨发宾、周子和、杨子善、李盛章。[⑦]

下午3时举行闭幕典礼，总裁判长姚以价代表韩复榘致辞发奖。此次比赛共录取最优等、优等、中等75人。[⑧]将来即以各项优胜者，代表本省参加第十七届华北运动会。韩复榘所赠特别技能奖品金鼎二座，因无此人才，暂且封存。[⑨]各项最优等共15人，每人得大银盾一个，宝剑一把；优等23人，每人银盾一个，宝剑或大刀一把；中等34人，每人大刀一把。[⑩]老将邓寰瀛，韩复榘及省府秘书长张绍堂各赠对联一副，大会赠银盾一个，窦来庚赠银牌一面。10岁表演员杨光汉得大刀一把。其余各界赠送旗帜锦标等，保留于省国术馆内。发奖完毕，摄影多帧，以为纪念。时已5时，雨已渐止。优胜者手捧奖品，喜形于色。[⑪]

19日上午，韩复榘于进德会京戏园宴请应试员及大会全体职员。预订基督教青年会大菜馆西餐380份。清晨，宴会厅即布置整齐，纵列长案四排，两边均设座位；楼上设席，为清真教会员座位，由四教馆聚宾楼备菜。9时许，应试员、职员等由国术馆集合赴会，军政要人受邀作陪。10时，韩复榘偕参议姚以价到会，就坐进餐。

此时，舞台上开始表演车技。该班四人原在真光影戏院表演，济南市府约来演技助兴。其技术精妙，功夫纯熟。能于脚踏车上表演种种花样，观众称赞。除普通脚踏车外，并表演单轮车，其一高度平常，其一高度如

① 鲁国术省考开（闭）幕[N]. 申报，1933-5-19（8）.
② 鲁国术考试闭幕[N]. 天津益世报，1933-5-21（4）.
③ 鲁国术省考开（闭）幕[N]. 申报，1933-5-19（8）.
④ 鲁国术考试闭幕[N]. 天津益世报，1933-5-21（4）.
⑤ 鲁国术省考开（闭）幕[N]. 申报，1933-5-19（8）.
⑥ 鲁国术考试闭幕[N]. 天津益世报，1933-5-21（4）.
⑦ 鲁省国术考试决赛[N]. 申报，1933-5-19（14）.
⑧ 鲁国术省考开（闭）幕[N]. 申报，1933-5-19（8）.
⑨ 鲁省国术考试决赛[N]. 申报，1933-5-19（14）.
⑩ 若按此计算，此次省考当录取最优等、优等、中等共计72人。
⑪ 鲁国术考试闭幕[N]. 天津益世报，1933-5-21（4）.

人，另一最高者约丈余。人骑其上，升入半空，进退自如。

车技奏罢，由艺林戏社续演京戏。戏二出，一为李少春、雪又琴“打渔杀家”，一为李万春“夜战马超”。前者系述落魄英雄，虽安居乐业，自食其力，而无端遭恶官劣绅欺凌，愤而犯法，杀其全家；后者述古代英雄好胜心强，其奋斗精神能予国术爱好者一强烈刺激。二剧演来，恰到妙处，博得掌声不少。

京戏演罢，又请国术名家表演国术。斯时，三老皆至。一为 77 岁老将邓寰瀛；一为 72 岁老将顾瑞年；另一为沧州李书文，人称“神枪手”，年已 68 岁，以枪术名闻天下，其他器械亦皆精通。三日前，传李书文已到济南，窦来庚曾派汽车到处寻访，终未寻获。此日亦被邀约到会。三老虽鬓发苍白而精神矍铄，于众人欢迎声中一跃登台。先由邓老表演“二郎拳”，体态矫健，令人赞叹。续为李书文“七星剑”。李书文身材瘦小而矫健异常，所持之剑较普通所见者甚大，演练剑法与俗不同。击刺坚劲有力，寒光烁烁逼人。顾老“齐眉棍”亦颇惊人。此后次第表演历 1 小时。其中最精彩者为李书文“六合枪”，枪粗如杯而运用柔韧，飕飕有声，其全身精力贯注枪上，不同常人。河南国术馆副馆长刘丕显之“应战刀”亦为惊人。刘丕显身材高大，但施展身手矫捷异常，运刀快如闪电，刀光人影混于一处，犹如电光绕身，台下好声掌声自始至终轰然如雷。直至刀势收住，人刀分清，掌声亦止。

韩复榘镇静观演，掌声不止。高云峰“太乙醉拳”及与和（秘）道存“醉拳对猴拳”，亦颇精彩。贾蕴高（慕骞）“进退连环拳”，功夫老练。名家会集一堂，大显身手，空前盛举，不可多得。他如马步奎“大枪”，刘禄庭“白手夺枪”，毕德普“刀里加鞭”，荆德才“春秋刀”，邓树德“二郎拳”，王旭东“太乙猴拳”，马连锡“十二鞭”，颇为精妙。其中荆德才、邓树德数人，不过 10 数龄童子，演来莫不纯熟。

表演既毕，马良演说：本省国术考试以韩主席首创，为第一次，国术考试与社会精神有莫大影响。现在国难至此，而国人精神懈怠，得过且过。国术即提倡尚武精神、牺牲精神，可以改革社会之苟且偷安。今次大会，经过总算很好，希望大家回去竭力提倡，无论男女老少，人人身体强健起来。韩复榘对众人说：“希望明年有比今年更大的考试”。

沧州李书文不但枪术著名，兼擅射箭。宴会后，众人至院内，怂恿其表演。此技于济南已四五十年不见于社会。李书文表演，众皆争睹为快。其射技一发三箭，箭落插地作丁字形；继又射梅花箭，一发五矢如群燕归巢，箭落插地呈梅花形。睹者数百人，咸感惊奇。午后 2 时半，表演完毕，众人尽兴而归。[①]

山东第一届国术省考成功举办，尽管有多位耆宿帮忙，亦有赖于副馆长窦来庚的气度与魄力。[②]这为山东接连举办国术省考开了一个好头。

（二）第二届国术省考

1934年初，经山东省府第296次政务会议通过，并奉韩复榘面谕，第一届国术省考筹办时间短促，第二届国术省考须提早筹办，拟于清明节后举行。[③]本届国术省考，省府拨发经费4960元。去年第一届国术省考，应试员制服费系奉韩主席特准另拟开支。本届预算书将此项加入，经费因有增加。[④]省府于原定预算外又拨给大洋10000元，以资补助。山东国术馆奉令即组织考试委员会积极筹备。3月2日通令各县及济南各国术分社迅行遴拔选手，以便届期参加。[⑤]

省考筹委会拟定考试章程及比赛细则，确定比赛开幕日期为4月15日。3月5日，分请民政厅通饬各县公安局，教育厅通令各中等学校，第三路军总指挥部通饬各部队选送选手，到济报到；并请中央国术馆，河北、河南、北平、天津、青岛、太原等地国术馆派专家来济担任评判员，每人拨给川宿饭费100元。[⑥]3月上旬，青岛国术馆教务科科长高凤岭、天津国术名家李子廉、太原国术训练场场长王新午复函允诺。[⑦]

为示优待，与试员除膳宿由大会供给外，外县送来选手往来川资由大会负担，每人发给服装（运动鞋袜，白市布灯笼裤，制服上身，白市布衬衫，遮眼瓜皮白帽）一套，宿舍备妥南营前警官学校旧址。消息传出，轰动各省国术团体，纷纷来函要求参加考试。此次考试应试员虽不限省籍，惟系山东国术省考，他省团体参加似不相宜，故山东国术馆分别函复谢绝。[⑧]3月18日，筹委会于省国术馆召开第二次筹备会讨论决定，第一届国术省考最优等人员在济者聘为大会职员，中等与考者免预试，优等与考者免第一试，以示优待。[⑨]

---

① 韩复榘欢宴应试员 [N]. 天津益世报，1933-5-21（4）.

② 姜容樵 . 山东省国术考试始末记 [J]. 国术周刊，1934（101）：2.

③ 国术馆令各县遴拔选手参加国术省考 [N]. 山东民国日报，1934-3-3（5）.

④ 呈为奉核山东省国术馆举行第二届国考费用预算公决案 [J]. 山东财政公报，1934，5（7）：38—39.

⑤ 国术馆令各县遴拔选手参加国术省考 [N]. 山东民国日报，1934-3-3（5）.

⑥ 国术馆聘各地国术专家 [N]. 山东民国日报，1934-3-6（5）.

⑦ 青津晋国术家愿在本省国术省考担任裁判 [N]. 山东民国日报，1934-3-11（5）.

⑧ 窦来庚谈国术省考筹备情形 [N]. 山东民国日报，1934-3-7（5）.

⑨ 国术省考筹备忙 [N]. 山东民国日报，1934-3-19（5）.

筹委会致函各机关、各团体广泛征求奖品，以备奖励优胜，有所纪念。[①]4 月上旬，各方赠送奖品陆续送到。[②]韩复榘赠银盾 20 个，宝剑 50 口，大刀 150 把，银质奖章 100 个；副馆长窦来庚赠奖章 100 个，纪念牌 80 个；河南国术馆赠宝剑 1 口，锦标 1 面；省府秘书长、各厅厅长、各委员、各局局长、法院院长赠银盾、锦标 20 余个；商号亦赠送丝巾、背心、毛巾等[③]，各方捐赠奖品甚多，琳琅满目。此次国术考试设拳脚、摔角、短兵、长兵四科，并设弹丸、射箭、升高、气功等特别技能科。至 4 月 5 日报名截止日期，各县市军警政学机关团体仅 42 单位 268 人报名，特别技能科竟无一人。筹委会以各县市选拔选手颇费时间，兼以道途遥远，报名不及，又展期 5 日，至 10 日下午截止。[④]报名团体机关增至 60 余单位，男女应试员 420 余人。其中，山东国术馆 29 名，自由报名者 50 名。三名女性参赛者为济南健康实验学社王唯真（维贞）和山东国术馆顾桂英、杨素清。特别技能科射箭一门，报名 16 人。筹委会订立比赛细则 16 条，以资遵守。[⑤]9 日，省国术馆致函教育厅转令济南市各校及教育机关届时放假一日，前往国术省考赛场观摩而利提倡。教育厅接函后即转令各学校照办。[⑥]

筹委会聘来之评判员齐集济南，均为国术名家。14 日上午 9 时，于山东国术馆召开评判会议，姚以价、李镜斋、陈亚民、高云峰、孙敬亭、于殿魁、李子廉、郝铭、杜金铭、周化先、潘鸿祥、刘丕显、田镇峰、许笑羽、王旭东、李秀峰、窦来庚出席会议。窦来庚主席，田镇峰记录。开会如仪，报告并议决事项。根据以往比赛经验，对比赛细则进行充分讨论，修改了八项规定。[⑦]

15 日，山东第二届国术省考于千佛山下省立民众体育场如期开幕。是日春光旖旎，应试员已达 500 余名。驻济各学校咸往参观，各机关奉省府训令，全体公务员酌量轮流参观。通衢街道满贴标语，五色斑斓，触目皆是。各地来济之应试员胸佩红色符号，漫游街市，为市民注目，全城轰

---

① 国术馆函各机关征求奖品 [N]. 山东民国日报，1934-3-8（5）.

② 全省国术考试各方捐送奖品甚多 [N]. 山东民国日报，1934-4-2（5）.

③ 鲁省国术考试韩赠大批宝刀 [N]. 新闻报，1934-4-4（14）.

④ 全省国术考试报名展期五日 [N]. 山东民国日报，1934-4-6（5）.

⑤ 全省第二届国术考试报名截止 [N]. 山东民国日报，1934-4-11（5）.

⑥ 国术考试将届教厅令各校前往参观 [N]. 山东民国日报，1934-4-10（5）.

⑦ 十分春色似花锦千佛山下看英雄 [N]. 山东民国日报，1934-4-15（5）.

动。济南城内至体育场新修之柏油马路上，热闹异常。[①]

体育场东西两大门外高扎松坊，上缀“民族精神”四大字，下为红色布匾，上书“山东省第二届国术考试试场”字样，旁悬联语（图2-6-5）。[②]东辕门：国术喜重光，普及教育，夫何分昆季姊妹，长幼男女；民族欣再铸，严格选登，且安排股肱心膂，舟楫盐梅。西辕门：三载考绩刚周岁，贲育皆来，各显示专门技艺；六合同春大一统，轩黄世胄，更发扬尚武精神。司令台：一艺足成名，回想练精练气练神，日月争光，发扬中华武术；万方正多难，即此强身强国强种，湖山生色，造成时势英雄。看台左右：玉人喜量才，齐鲁健儿，比去岁三载考绩功添百倍；金瓯资巩固，轩黄国粹，愿诸君一技成名勇当万夫（昆季：兄弟；股肱心膂：比喻亲近得力之人；舟楫盐梅：比喻辅佐的贤臣；贲育：战国勇士孟贲和夏育；玉人：雕琢玉器的工匠，此指选拔人才）。[③]

图 2-6-5 山东第二届国术省考之松坊（采自《求是月刊》第 1 卷第 3 期）

场内处处界以布制小党国旗，各色标语迎煦和日光，焕发异彩。主席在东看台，满列奖品，光怪陆离。事务股、场务股办事职员悉在其上。田赛场扎起三台，评判员台居中，南北各有一座比赛台。各处存放长短器械，雪亮耀目，红彩巾迎风飘动，令人想见小说上打擂台景况。比赛台之西设救护站，有医生并储存药品，以为临时救护之需。赛场西南角，设箭鹄一面，黑地白环，中涂红色标示。[④]（图 2-6-6 为会场场景）

图 2-6-6 山东第二届国术省考会场（采自《北洋画报》1934 年 4 月 28 日第 2 版）

① 十分春色似花锦千佛山下看英雄 [N]. 山东民国日报，1934-4-15（5）.
② 本省第二届国术考试昨日开幕 [N]. 山东民国日报，1934-4-16（5）.
③ 陈若萍 . 韩复榘对山东武术的“德政”[J]. 山东体育史料，1985（1）：18—19.
④ 本省第二届国术考试昨日开幕 [N]. 山东民国日报，1934-4-16（5）.

晨起6时，市民潮水奔注，争先参观，不下数万人。男女应试员517人亦早到场。6时半后，四围看台挤满观众。省府主席韩复榘，省党部代表张苇村，教育厅厅长何思源，省府秘书长张绍堂，总部副官长雷太平，盐务税警局柴春霖，央馆代表杨松山，总评判姚以价，评判委员马良、李子廉、郝铭，河南国术馆副馆长刘丕显，河北省应试员领队宋杰三，筹委会成员，聘来之各省市国术专家，及所有评判员悉数到场，各佩符号，齐集主席台上。保安队在场维持秩序。

7时半宣告开幕。应试员齐集主席台前分列三行，最前为年幼男女表演员，黄衣蓝裤，着童子军装，精神活泼；中列为各处应试员，一律黑色制服，蓝白二色瓜皮帽，各个雄伟强壮；后列尽为年在60岁以上老英雄，约20余人，虽鬓毛斑白而精神矍铄。军乐大作，如仪开会。考试委员长韩复榘主席，吕延龄记录。韩复榘、张苇村、杨松山、窦来庚、郝铭、刘丕显相继致辞，宋杰三演说毕，即行摄影，开始比赛。①

各项预试，高云峰、周化先、孙敬亭任拳脚评判，于鹏九、杜缄三、李子廉任短兵评判，郝铭、宋俊选、许笑羽、田镇峰任长兵评判，刘丕显、王旭东任摔角评判。11时半休息，下午1时继续比赛，5时结束。拳脚报名320人，实到305人；长兵报名197人，实到167人；短兵报名205人，实到169人。摔角82人全部与试。②

16日，拳脚、长兵、短兵、摔角均有比赛，评判员分五组轮流评判。上午，先为国术馆教练班童子组表演拳脚及长短兵。一时刀光剑影，各显身手。之后，长兵继续比试，拳脚初试，由李子廉、高云峰、刘丕显、许笑羽等轮流担任评判。至11时，长兵、拳脚赛后休息。大力士王步青及残废力士史延文上场表演。手枪旅王步青卧于地上，以农田所用石碌碌4个，两臂各置其一，腿上及腹各置其一，另以8人登其上（每个碌碌上立2人），重量共计3200斤。演毕起身，泰然无事。史延文则坐于地上，双手举起320斤石墩，运动自如，全场鼓掌喝彩。③

特别技能科射箭举行初试，应试者17人，多白发老英雄。此技40年不见于济南，观众颇感兴趣（图2-6-7）。射箭赛后，童子组再次登场表演。下午1时，继续比赛。女子拳脚比赛，三女将躯干强壮，孔武有力，着白短衫黑灯笼裤。经6场轮流比赛，王唯真名列第一，杨素清第二，顾

---

① 本省第二届国术考试昨日开幕[N].山东民国日报，1934-4-16（5）.

② 本省第二届国术考试昨日开幕[N].山东民国日报，1934-4-16（5）.

③ 国术考试第二日[N].山东民国日报，1934-4-17（5）.

桂英第三（图 2-6-8）。①

图 2-6-7 96 岁道士宁教宽表演射箭（采自《申报》1934 年 5 月 10 日第 31 版）

图 2-6-8 女子拳脚比赛（采自《申报》1934 年 5 月 3 日第 33 版）

17 日早，大风狂吹，黄尘十丈，各项比试循序进行。先为童子组表演，继乃拳脚、摔角比赛。期间，史延文表演举石墩，自 200 斤、220 斤、280 斤、320 斤，陆续增重，依次完毕，神色自若，全场鼓掌。又有老英雄二人表演，一为张登岱，年 70 余岁，表演长枪。一为沙金亭，年 77 岁，先演长枪及护手钩，技术老练，再表演击石硬功。用木凳一条，双足搁其上，面向下，两手支地，地上置石两块，右拳抵石上，左手扬起，腰部悬空，历多时，名为"铁板凳"；又将碌碌竖起，置石板其上，石广径尺，厚可二寸，右手疾击，应手石碎，连击二石，名为"铁砂掌"，全场掌声如雷。下午 1 时，继续比赛。大会自 15 日开幕至 17 日，陆续报名者尚有 10 人，其中有擅长射箭者数人，窦来庚以时间过迟辞之，准其参观。此等报名者均扼腕不止。②

18 日，长兵、短兵、拳脚、摔角各项已进行至第四赛。早 8 时，韩复榘到场参观，正见史延文表演举石墩，及童子组表演拳脚，颇为称赞，移时离去。12 时午休期间，王步青又表演气力功。下午 1 时，比赛继续进行。女子短兵，17 日已经决赛，18 日女子长兵决赛，仍为王唯真第 1 名，杨素清第 2 名，顾桂英第 3 名。③（图 2-6-9）

① 国术考试第二日 [N]. 山东民国日报，1934-4-17（5）.

② 国术考试循序进行 [N]. 山东民国日报，1934-4-18（5）.

③ 二届国术考试今日完全决赛 [N]. 山东民国日报，1934-4-19（5）.

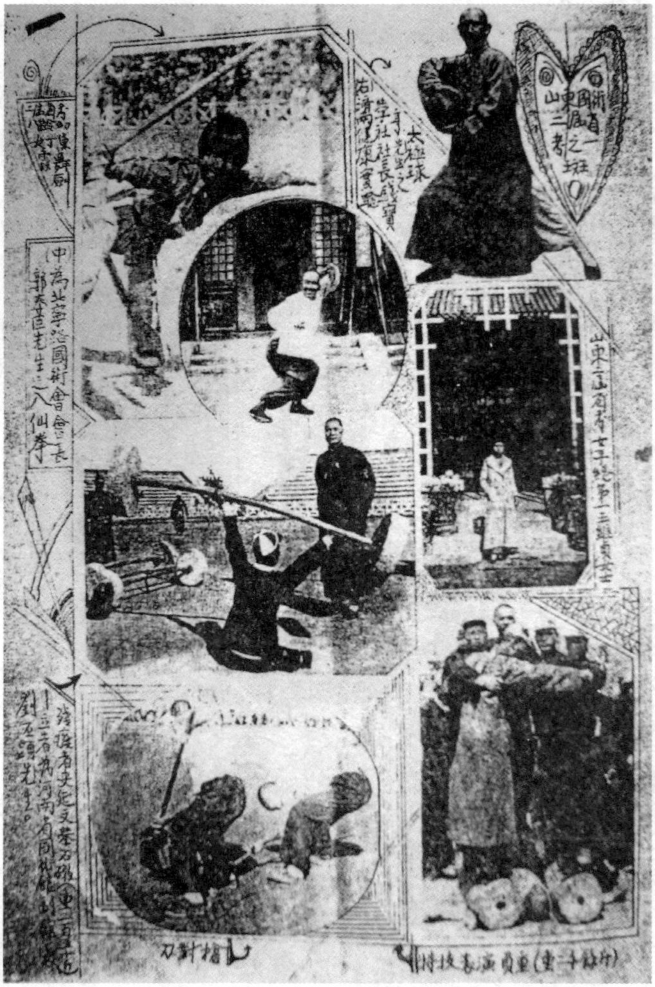

图 2-6-9　山东第二届国术省考之一斑（采自《求是季刊》1935 年第 1 卷第 2 期）

19 日，各项决赛。观众预料定有几幕精彩表演，本欲早些到场一饱眼福，而天公不作美，拂晓时分细雨连绵。至早 7 时，满街泥水滑涟。考委会决定召集应试员到场参赛。至 8 时雨势不止，遂在健身房内布置，仍分两场比赛。评判员、职员及参观者挤满健身房。第一次国术省考决赛时曾遇阴雨，此次决赛又复如是。窦来庚对应试员训话，嘱以决赛之期，大家作最后努力，维持秩序，尊重道德，不可纷争；胜固可喜，败亦光荣；今日冒雨举行，足以表现我辈国术界之勇敢精神，实胜过病夫。旋即开始比赛。[①]

经前四日比赛陆续淘汰，有决赛权者拳脚68人，摔角20人，长短兵各34人悉数登场，评判员轮流担任评判，先试长兵、拳脚。总裁判姚以价，国术老将马良亦均到场。10时雨停，地面干燥。赛事移至会场比赛台进行。参观者陆续到来，高踞四面看台，甚为拥挤。韩复榘及七十四师师长李汉章等到场参观。上午，长兵、拳脚依次决赛完毕。[②]

18日，韩复榘特召史延文赠给110元，以补助资本，嘱其好自经营生意，史延文称谢而退。19日午休时分，史延文又作举石墩表演。南比赛台上童子组表演，先为个人，次为团体，拳脚器械俱备，表演者均为八九岁至十二三岁，技术精熟，内有女生二人，最小者年仅7岁。韩复榘颇为称赞，嘱窦来庚为表演童子各奖给服装一套。聊城到济三童子亦有表演，赛场西南角扎台一座，高一丈数尺，任方明、杨光汉攀登而上，杨光汉表演竖蜻蜓，一跃而下；任方明表演金鸡独立、童子拜观音诸技，刚柔中节。大会亦备奖品予以奖励。[③]

下午2时，韩复榘返回省府。摔角、短兵决赛结束之后，因时间尚早，又举行童子组表演，以娱来宾，4时散会。6时，韩主席在省府西花厅宴请大会评判员，及60岁以上应试员，共30余人，席间谈笑甚欢。[④]

经5日激烈角逐，各项决赛完毕。女子参赛3人比赛结果，拳脚、长兵、短兵均王唯真第1名，杨素清第2名，顾桂英第3名。录取甲等王唯真（天津人）。[⑤]男子录取拳脚甲等5人，姜修信、徐兴竹、张殿安、乔双品、魏盛勋，乙等29人，丙等34人；摔角甲等3人，左锡五、马清河、赵云亭，乙等7人，丙等10人；长兵甲等3人，张广勋、郭鸿奎、魏长贵，乙等14人，丙等17人；短兵甲等3人，李振西、姜修信、胡焕彬，乙等14人，丙等17人。[⑥]

各项甲等十三条好汉：姜修信，昌邑人，23岁，小学毕业，厚德贫民纺织厂营业员，从窦来庚习武五六年，擅太乙拳，拳脚、短兵两获甲等；徐兴竹，即墨人，26岁，山东国术馆学生；张殿安，东阿人，21岁，山东国术馆学生；乔双品，河北大名人，23岁，手枪旅士兵；魏盛勋，

---

① 龙虎榜上题英雄[N].山东民国日报，1934-4-20（5）.
② 龙虎榜上题英雄[N].山东民国日报，1934-4-20（5）.
③ 龙虎榜上题英雄[N].山东民国日报，1934-4-20（5）.
④ 龙虎榜上题英雄[N].山东民国日报，1934-4-20（5）.
⑤ 山东省国术概况[J].侠魂，1936，3（1）：51.
⑥ 龙虎榜上题英雄[N].山东民国日报，1934-4-20（5）.

河北景县人，21岁，手枪旅士兵；左锡五，历城人，22岁，小学毕业，练习国术多年，尤努力于摔角；马清河，历城人，29岁，去年参加第五届全运会表演托300斤石块，震惊一时，练习摔角五年，任职于济南省会公安局消防组；赵云亭，北平人，28岁，初级文化；张广勋，河南睢州人，25岁，练习国术三四年，手枪旅特务营士兵；郭鸿奎，馆陶人，22岁，练习少林红拳五年，山东国术馆学生；魏长贵，临朐人，28岁，毕业于济南省立第一职业学校，练习拳脚、长短兵五六年，山东国术馆学生；李振西，历城人，21岁，小学文化，练习国术五六年，供职于省会公安局保安第三大队；胡焕彬，昌邑人，27岁，前在辽宁充军，后于济南任省会公安局保安队第二队巡长，曾于青岛三江会馆从王子平习武。①

20日上午，仅余射箭决赛，射准继以射远。射准优胜者郭振邦、郭殿临、郭云章，射远优胜者吕占侯、张星标、郭鹰扬。老道士宁教宽竟而落第。10时，韩复榘到场参观。各省市聘来担任评判之国术名家依次表演，孙敬亭绵掌、昆吾剑，河北任凤仪、杨文彬少林拳，宋杰三太祖拳、太子醉酒拳，高云峰太乙醉拳，许笑羽杂式捶，李秀峰双钩，王旭东虎尾三节棍，韩超群形意拳，刘丕显青萍剑，周化先戚门十三剑，王子章太极剑，宫有安太乙猴拳，王唯真太极拳，马永魁五虎拦门枪，窦来庚太乙拳，潘雪峰大哨子棍，马义明醉拳，孙敬亭、牛杏林二郎对手拳，薛长海、薛长林二节棍进枪，李魁祥、孙锦生十趟埋伏捶，马金堂雪片刀，荣宝坤、焦振堂流星（锤）。大力士王步青、史延文亦做表演。②

大会收到湖南国术训练所贺电："山东国术馆韩馆长、窦副馆长勋鉴：贵省举行国术考试，唤起民族精神。国术前途，实为利赖。敝所提倡国术有年，于此益征声应气求之雅。尚望他岳借助，惠我南针。佩叩之余，特申电贺。何健、竹永华、李丽九、向恺然叩皓。"韩复榘当令复电申谢。③

下午3时，应试员集中于东司令台前。原拟由韩复榘致辞发奖，因其事冗，旋回省府，委派马良代理。马良代表韩复榘致辞，张苇村、沙月波、杨松山、刘丕显、窦来庚先后致辞。长兵、短兵、拳脚、摔角之甲等乙等各有奖品及奖章奖状，丙等仅发奖章奖状。射箭优胜者，男子总分第一姜修信，女子总分第一王唯真，及特技表演之王步青、史延文、沙金亭，另有奖品。5时许，各项优胜者分别摄影。大会在悠扬军乐声中闭幕。

---

① 本省国术考试十三条好汉略历[N]. 山东民国日报，1934-4-21（5）.

② 第二届国术考试昨闭幕[N]. 山东民国日报，1934-4-21（5）.

③ 第二届国术考试昨闭幕[N]. 山东民国日报，1934-4-21（5）.

之后，列队前往进德会。[①]

当晚6时，于进德会京剧场欢宴大会全体职员及应试员，省府各厅厅长及顾问参谋作陪，宾主六七百人欢聚一堂，为空前盛宴。席间加演有声电影《兴登堡血战记》。韩复榘起身讲演，对应试员慰勉有加，并谓来年举行第三届省考，盼其加紧锻炼。后又讲述《兴登堡血战记》大意，10时尽欢而散。[②]

（三）第三届国术省考

至1935年，山东国术在韩复榘领导下，已逐步走上正轨，各县国术馆数量明显增多。党政军各机关团体公务员不练习国术（太极拳、少林拳）就不能存在，如同强迫教育之丹麦。历年国术省考，不管省府经费如何拮据，总要筹划万把元钱，不脱期地举行。童子组表演有补贴，选拔甲等有补贴，10元20元不等。常年如此，经费不在少数。区区山东既没有海关税收，又没有铁路进款，只凭着老百姓的血汗捐，是以激励国术界人士愧奋自强。[③]

山东第三届国术省考，1935年3月初开始筹备。韩复榘任考委会委员长，函聘省教育厅二科科长葛兰笙、三科科长杨鹏飞，省体育场场长尚树梅，手枪旅体育指导康少卿、教育科科长田世骏，省府国术教官于化行，省国术馆副馆长窦来庚，教务长田镇峰，教务主任潘雪峰，事务主任程墨斋，编审张恩泉，教授李培义、林秉礼组成筹备委员会。3月3日（周日）上午11时，于山东国术馆礼堂召开第一次筹委会。[④]省府拨发经费4933元。[⑤]韩复榘又拨10000元补助。[⑥]

省考筹委会呈请中央国术馆派员莅鲁指导并监考，央馆据呈委派教务处副处长杨松山为大会评判委员兼参会代表；分函各机关团体要人征集奖品，随后连日接收捐赠，即转函致谢，附奉来宾证，希届时参加大会典礼，指导一切[⑦]；援例函聘湖北、河南、天津、北平、青岛国术专家来济襄助，承担评判工作[⑧]；致函青岛市府，邀请青岛国术馆派员来济参加

① 第二届国术考试昨闭幕 [N]. 山东民国日报，1934-4-21（5）.

② 昨晚进德会群英集会 [N]. 山东民国日报，1934-4-21（5）.

③ 山东省国术概况 [J]. 侠魂，1936，3（1）：49—50.

④ 鲁第三届国术省考筹委会成立 [J]. 国术周刊（天津），1935（3）：8—9.

⑤ 呈为奉拨省国术馆第三届国术省考用费请公决案 [J]. 山东财政公报，1935（1）：60—61.

⑥ 鲁韩拨款助国术考 [N]. 民报，1935-3-6（4）.

⑦ 鲁国术考试即将开幕 [N]. 华北新闻，1935-4-8（2）.

⑧ 本省三届国考即将举行 [N]. 华北新闻，1935-4-20（2）.

友谊表演。[①] 青岛国术馆选派 22 人，由向宇（禹）九、高云峰（凤岭）领队[②]，应时赴会。

山东第三届国术省考，济南市选手进行了选拔。4 月 8 日，选拔赛于省国术馆内举行。上午 9 时至 12 时考试拳术、短兵、长兵三项，下午 1 时至 5 时半考试摔角一项。结果拳术参加者 20 人，录取黑松林、张成禄、吕鸿庆 3 人；短兵参加者 8 人，录取王连海 1 人；长兵参加者 8 人，录取杨金城 1 人；摔角参加者 20 人，录取李廷友、张金芝、李传斗、张登元 4 人。[③]

至 4 月中旬，100 余单位报名，人数逾千。筹委会深恐时间所限不及遍试，即于 18 日早 7 时许，于省国术馆举行预考。总裁判姚以价到场监考。窦来庚向应试员报告预考意义及规则后开始考试。共分 10 组，每组 120 人。于化行、王子章、谭（张）玉明[④]、杨松山、陈亚民、林玉田、孙国干、张子阳、褚子祥、王旭东等分别担任裁判。经一日预考，共取 602 人，内有丁黛侠等女将 20 余人。韩复榘与葛光庭等于上午到场参观，颇致嘉奖。[⑤] 19 日早 7 时，榜示录取人员。每人发给证章、符号、饭证各一枚，领取青戎衣一套、衬衫一件、帽子一顶、衬带一条、鞋袜等件。[⑥]

4 月 20 日，山东第三届国术省考于济南千佛山麓省立民众体育场开幕。晨起阳光曦微，山色葱绿，野花如锦。大会职员及应试员均早到场，各界人士空巷往观，约数万人，热闹异常。[⑦] 应试员一律身着黑色制服及灯笼裤，体育鞋，戴蓝白色瓜皮小帽，整齐雅洁；佩“应试员”红色符号，纪念章一枚。章作圆形，内绘人形，旁钳“不强则亡”四字（图 2–6–10）。省国术馆童子表演团 50 人，年龄 8 至 16 岁。男着蓝裤黄褂，女则黑裤蓝褂，头戴运动帽。青岛国术团男子一色黄布军装，精神抖擞。[⑧]

---

① 青岛市政府函第 2705 号 [J]. 市政公报，1935（68）：7.

② 第三届国术省考参加人员姓名册 [J]. 山东省政府公报，1935（334）：75.

③ 山东国术省考济代表选拔竣事 [N]. 大公报（天津），1935–4–10（8）.

④ 孙锡昆 . 鲁第三届国术省考记详 [J]. 国术周刊（天津），1935（8、9、10）：25，记为“张玉明”。

⑤ 省国考昨预试 [N]. 华北新闻，1935–4–19（2）.

⑥ 国考今开幕 [N]. 华北新闻，1935–4–20（2）.

⑦ 第三届国术省考特刊 [N]. 山东民国日报，1935–4–21（1）.

⑧ 第三届国术省考特刊 [N]. 山东民国日报，1935–4–21（2）.

图2-6-10 山东第三届国术省考纪念章（采自《中外体育徽章图志》）

会场布置肃严整齐，西辕门外高扎松坊，悬白布一方，横题“山东省第三届国术考试”，旁有对联一副，颇为冠冕。上联“国术为中华命脉，最好是普及化，一人一艺，夫何分老幼男女，昆季姊妹”，下联“省考乃抡才钜典，相宜用严格式，三载三考，且安排股肱心膂，再揖盐梅”。擂台两座，巍然并立于场中，气象雄壮。主席台位于场东，党国旗交悬，迎风飘舞，额悬“山东省第三届国术考试场”红布横额，前两柱挂有白布联语：“玉尺喜量材，三载考绩唤醒星亚狮睡”“金瓯资奠国，十年教训伫看黄祖鹰扬”。台上正中悬挂总理遗像，下陈韩复榘、沈鸿烈、考委会所赠大银盾。各界赠品甚多，大小银盾及各式锦标不下200余件。五光十色，琳琅满目。其下陈列各种器械，刀光剑影，霍霍照眼。南擂台之西设有箭靶，为较射之所。[1]

省主席韩复榘，青岛市市长沈鸿烈，胶济路委员长葛光庭，教育厅厅长何思源，省委林济青，省执委李文斋，及省府参议等数十人齐集主席台。台前第一排为大会职员，后排为全体应试员，秩序井然。7时，军乐大作，如仪升旗后，韩复榘、沈鸿烈、葛光庭、杨松山、刘丕显先后致辞，马良、张铭代表来宾致辞。8时半，即行摄影。[2]

赛场南北各搭一座比赛台，中间为评判员休息处。评判员分三组轮流评判。职员分编组股、场务股、宣传股、记录股、检查股、文书股、纠

① 孙锡昆．鲁第三届国术省考记详[J].国术周刊（天津），1935（8、9、10）：16；鲁三届国术省考[N].民报，1935-4-22（4）.

② 第三届国术省考特刊[N].山东民国日报，1935-4-21（1）.

察股、奖品股、救护股、报告股、招待股。手枪旅交通营广播队装设扩音机，会场传闻灵通。[1]

开幕仪式后，表演项目于南北两台同时进行。南台省国术馆童子组团体劈剑；黄成法猴拳，景得才大刀，杨寿明洪拳，冯利昌双刀，薄克泰单拳，阎自臣花枪，杨焕章查拳，杨光汉大刀，金万林金刚拳，任方明剑术，周光兴拳术，郭立堂单刀，许贵成拳术，郑福忠剑术，赵秀兰少林拳，朱俊英龙凤单刀，金玉英二趟洪拳，丁黛侠剑术，金锡珍小洪拳，丁鸿友纯阳剑，张万英月牙铲，杨光汉、周光兴对拳，景得才、张万英对枪，阎自臣、郭立堂对拳，于鸿志、金锡珍峨眉刺进枪，杨光汉、周光兴梢子棍进枪，朱俊英、金玉英双刀进剑，杨光汉、任方明对刺剑，景得才、张万英大刀进枪。北台济南市德胜南街国术社虎头牌，青岛国术团孙秉刚梅花拳，郝清桂、刁鸿发（法）对打燕青拳，高云峰、刘英华醉拳对猴拳，杨庆先、常秉毅单刀进枪，郝清桂、刁鸿发（法）酒酷刀，田瑞五、李世基铲进枪，纪炎昌、田秉义白手对刀，杨（萧）鸿义、孙秉刚单刀进枪，杨庆先、高作霖三节棍进枪，田瑞五、杨明斋大刀进枪。[2]

午刻举行拳脚第一次正试。拳脚比赛之后，继续在北台上举行短兵第一次正试。下午，省府机关放假半日，令公务员前往参观比赛，观众增加不下万人。[3]午后 1 时余，韩复榘偕沈鸿烈、葛光庭等到会参观，是时童子组表演。窦来庚选派参会年龄最高者十余人，均白发苍苍，头秃齿豁，一一登台表演，大显身手，各展奇能。韩俊和（60 余岁）六合枪，枪法纯熟，动作敏捷；张隆泰（72 岁）春秋刀，技法利落；杨锦标（64 岁）六合枪，曹宗生八卦刀，各有独到之处。杨鸿勋（76 岁）锁口枪，王登山（76 岁）方天戟，楚金良罗汉精枪，亦为上乘。孪生兄弟赵虎臣、赵相臣盘龙棍进枪，生龙活虎，技法紧凑。继由济南德胜南街国术社虎头牌表演。天津国术名家郭寿臣醉八仙，功夫独到。青岛国术团孙玉君（缺三字），万可德燕青拳，刁洪发（法）地功拳，姜爱兰埋伏拳，李士基飞脚式，韩冠英太极拳，刘英华猴拳，高云峰太乙醉拳，何清桂、刁洪发（法）对打地功拳，孙秉刚、萧鸿义对打落地梅花拳，李士基戚门十三剑，栾秀云六合刀，纪炎昌月牙刀，田瑞五绝户枪，田秉义昆吾剑，何清桂酒醉

---

① 第三届国术省考特刊 [N]. 山东民国日报，1935-4-21（2）.

② 孙锡昆 . 鲁第三届国术省考记详 [J]. 国术周刊（天津），1935（8、9、10）：17.

③ 孙锡昆 . 鲁第三届国术省考记详 [J]. 国术周刊（天津），1935（8、9、10）：17.

刀，萧鸿义双刀，栾秀云双刀，韩冠英护手镗。[①]（参见图 2-6-11）

图 2-6-11 山东第三届国术省考留影（采自《勤奋体育月报》1935 年第 2 卷第 2 期）

22 日正午 12 时，韩复榘偕燕京大学校长司徒雷登等到场参观拳脚、摔角比赛及特别技能表演。童子组表演团作各种表演，沈鸿烈尤表赞赏，赠 400 元，以作奖励。次由青岛国术团于北台表演各种技艺。继以残疾人史延文举墩，当表演前韩主席将 80 斤石墩举起。史延文先举 80 斤石墩，再举 160 斤，渐增至 360 斤。韩复榘、沈鸿烈各奖励其 100 元。佟顺禄表演足蹬石墩，仰卧于地，将 200 余斤石墩蹬于脚上，复令四人坐其上，总重量达千余斤。[②] 商河县老翁张隆泰要 120 斤铁刀，单手举起，要背花 3 次，而无力竭气喘之态。[③] 韩复榘观后亲往试举，仅能过腹。[④]

午后 3 时，射箭表演赛由刘丕显主持。一时场上观众密集，西看台上竟告人满，试场四周水泄不通。报名者 53 人，参赛 43 人。每人五箭，中

① 青岛团各逞其能 [N]. 华北新闻，1935-4-22（2）.
② 孙锡昆 . 鲁第三届国术省考记详 [J]. 国术周刊（天津），1935（8、9、10）：20.
③ 三届国术省考大会各项精彩表演 [N]. 东海日报，1935-4-26（6）.
④ 孙锡昆 . 鲁第三届国术省考记详 [J]. 国术周刊（天津），1935（8、9、10）：20.

一环得 1 分，中红心者 10 分，以分数多者为优。[①] 除郭焕然 18 岁外，其余均为 50 岁以上老者。赛罢按成绩录取郭焕然、魏文海、顾庆选、张炤临、刘殿栋、魏占元、谭占魁 7 人。[②] 郭焕然箭法纯熟，五发五中，以 32 分夺冠。郭焕然，临朐人，在家务农，自去年夏开始练习射箭，日无间断，至此不足一年。[③]（参见图 2-6-12）

图 2-6-12 郭焕然先生遗照（采自《山东省国术馆附设师范班第一期同学录》）

23 日午间，童子组表演。韩复榘偕顾问韩多峰、葛金章、张联升、韩冠三等冒雨前往观战。佟顺禄再演千斤墩，仰卧木凳上，双足蹬 310 斤石墩，做各种姿势，运转自如。78 岁老叟沙金亭表演铁砂掌，置寸许厚石板于木凳上，以手砍之，两掌而断，连断两石。继由手枪旅选手表演拳械。[④]

大会循序进行，轮流淘汰。24 日，各项考试最终决赛，选手角逐甚为激烈，呈现白热化，观众约万人。上午进行长兵第三四五次正试，短兵进行第四五六次正试，拳脚第五六次正试，与赛者 200 余人。摔角一幕尤为精彩。下午为长短兵及拳脚等项决赛，射箭（前日赛毕）录取 7 名；女子共录取 6 名。本届省考共录取 107 人。

是日上午 9 时，韩复榘偕省府顾问葛金章、韩多峰、韩湛元及前陇海铁路督办刘冀等到场参观，并对省国术馆副馆长窦来庚面称，对此次省考录取之甲等第一名，将予以相当职务，以展所长，借资普遍提倡。[⑤]

决赛鏖战之后，龙虎榜上列出一批新人。拳脚甲等 6 人，刘兰章，河北东明人；魏士可，菏泽人；杨希会，河北东明人；于进禄，河南长垣人；杨宗武，历城人；王增和，河南长垣人，乙等 10 人，丙等 25 人。摔角甲等 2 人，赵云亭，29 岁，北平人；宛殿文，18 岁，历城人，乙等 5 人，丙等 6 人。短兵甲等 3 人，毛树勋，22 岁，濮县人；赵遇盛，历城人；霍枫林，河北南乐人，乙等 7 人，丙等 10 人。长兵甲等 3 人，石佩琚，26 岁，馆陶人；于常申，26 岁，手枪旅；毛树勋，乙等 7 人，丙等

① 三届国术省考大会各项精彩表演 [N]. 东海日报，1935-4-26（6）.
② 孙锡昆 . 鲁第三届国术省考记详 [J]. 国术周刊（天津），1935（8、9、10）：24.
③ 三届国术省考大会各项精彩表演 [N]. 东海日报，1935-4-26（6）.
④ 孙锡昆 . 鲁第三届国术省考记详 [J]. 国术周刊（天津），1935（8、9、10）：21.
⑤ 鲁国考第五日各项比赛圆满结束 [N]. 青岛时报，1935-4-26（7）.

10人。[①]

女子参赛者刘锡安、彭荫桂、杨素清、金淑贞、孟兰英、张云珍、尤秀英，共7人。年龄最大者杨素清17岁，最小者张云珍11岁，其余均13至14岁。比赛结果，拳脚杨素清、刘锡安优胜；短兵杨素清、彭荫桂优胜；长兵杨素清、金淑贞优胜。[②]

25日上午，进行国术名家表演。童子组团体操，藤牌队战术演练，及单人拳械表演；申有敬弹弓，佟顺禄石墩，杨鸿修花枪，赵虎臣、赵相臣三节棍对花枪，朱剑云白手夺枪，张兴标开120斤硬弓；评判员郭寿臣醉八仙，刘丕显单刀，张（刘）玉明（山西太原国术馆）炮捶，高云峰太乙拳，窦来庚、葛兰笙太极拳推手，栾秀云双钩，杨素卿（清）少林拳，及各地来宾相继表演，异彩纷呈。观众掌声如雷，喝彩不止。[③]上午10时，韩复榘夫人高艺珍、纪甘青在省府东大楼设宴，招待青岛来济南表演之栾秀云、姜爱兰，及应试员杨素清等7女士。[④]

下午1时，闭幕典礼。韩复榘致闭幕辞，省党部代表秦启荣致辞，马良演讲。韩复榘亲自颁奖。3时许，共同合影纪念。4时，大会职员及全体应试员600余人赴进德会公宴。韩复榘到场，一堂欢笑，与会人员咸感光荣，以为鹿鸣之筵不过如此。[⑤]

青岛国术团远道而来，韩复榘每人赠予银质纪念章一枚，宝剑一柄，烟台绸一匹，丝纹帐一架，借资纪念。[⑥]韩复榘以本届年老者甚多，远道跋涉来济表演，多为困穷者，拟为其谋生活之路，同时扩充各县国术馆，固定经费，以培养人才。嘱托窦来庚择本届60岁以上表演员，及一二三届省考名列甲等者到省府座谈。窦来庚遵命选取年老者25人，本届省考甲等，女子组冠军杨素清，及一二届省考甲等在济者20余人，于26日早8时赶赴省府。韩复榘在办公室前接见。窦来庚报告青岛国术团已返程，因时间仓卒，未及作辞。韩复榘见老人队列一行，个个须发如银，精神矍铄，颇为喜悦。当谓："各位年龄甚大尚不抛弃功夫，这种精神很可钦佩。惟是射箭已非现代技艺，可以改行。年轻者宜练拳脚等，不准再练习射箭。各位到济南一次，临回去了，未能与各位买点东西，送给每人30元，

① 孙锡昆．鲁第三届国术省考记详[J]. 国术周刊（天津），1935（8、9、10）：23—24.
② 孙锡昆．鲁第三届国术省考记详[J]. 国术周刊（天津），1935（8、9、10）：22—24.
③ 孙锡昆．鲁第三届国术省考记详[J]. 国术周刊（天津），1935（8、9、10）：25.
④ 第三届国术省考各项比赛均结束[N]. 山东民国日报，1935-4-25（1）.
⑤ 山东第三届国考志略[J]. 勤奋体育月报，1936，2（9）：344—345.
⑥ 孙锡昆．鲁第三届国术省考记详[J]. 国术周刊（天津），1935（8、9、10）：21.

随便买点儿回去。”该款当即付给。韩复榘又谓各位有会拳脚者可练习一套，分发各县担任国术馆副馆长。以后凡各县国术馆馆长必须会打拳。于是，张锡宴（冠县人），申有敬（濮县人），刘登桂（德平人），王云卿（德平人），李清泰（城武人），王登三（乐陵人），沙金亭（冠县人），王德成（陵县人），王兰鹏（范县人），黄广兴（范县人）、曹钟升等 11 人先后表演拳脚。[①]

（四）第四届国术省考

中央国术馆规定，各省国术馆每年应举行省考一次。但数年来，各省实行考试尚不多见。齐鲁素多健儿，民间国术练习早已普遍。省主席韩复榘兼任国术馆馆长后，更加努力提倡，成绩尤著。各部军队与各县民团、公安局均以国术为必要科目。各地国术馆普遍设立，指导教练，人才辈出。全省国术考试每年举行一次，业已三届。所考取甲乙各等选手，历次参加全运会及华北运动会成绩斐然。冬去春来，冰雪渐融，正筹备举行第四届国术省考，以甄拔人才。

1936 年 2 月 25 日，韩复榘面谕窦来庚，命即日着手筹备一切。为遴选超等国术人才，将历届省考名列甲等男女选手再行考试，令各县国术馆副馆长一律来济南参会。[②]第四届国术省考，省府拨发经费 3000 元。[③]

省考筹委会于开赛一个月前即展开工作。鉴于前三届举办经验，本届参赛人数范围缩小，童子国术表演团不再选拔。津沪各大埠报纸，广事征求特技人才。韩复榘为考试委员长，函聘马良、何思源、刘书香、李树春、张绍堂、姚以价、闻承烈、窦来庚为委员。总裁判姚以价，裁判长于化行，裁判员田伯英、王子章、陈亚民、李储珍、王旭东、宫有安、王玉章、姜修信、马步周、张光三、林玉田、周化先、邱景炎、张子扬、李昆山、怀焕文、李凤朝等。总干事田镇峰，场务股长尚树梅，编辑股长潘雪峰，记录股长李廷钰，宣传股长张恩泉，文书股长葛兰笙，事务股长程墨斋，纠察股长雷太平、吴化文、赵广培，奖品股长尹莘农，器械管理股长李向左，检查股长马鸿志，及招待股等。

省国术馆连日收到各界赠品以银盾、锦标为最多。[④]4 月 15 日，各县报名应考人员已达 400 余人。由邮局通信报名者仍然踊跃。16 日截止报

---

① 山东第三届国考志略 [J]. 勤奋体育月报，1936，2（9）：344—345.

② 鲁省第四届国术省考 [N]. 申报，1936-2-27（4）.

③ 省政府委员会决议事项摘要 [J]. 山东省政府行政报告，1936（4）：10.

④ 国术馆定期召开职员会议以便分配省考工作 [N]. 济南日报，1936-4-14（4）.

名恐难实现，将打破原定500名限额。[①]至20日，王步青（举重）、史延文（举重）、马义明（举重）、薛淇贵（捷足）、王宪俄（举重）、潘承恩（举重）、刘曰秀（气功）、申有敬（射弹、打镖）报名参加特技表演。历届甲等杜福华、彭荫桂（女）、郭焕然、韩维栋、魏盛勋、左锡五、宛殿文、金胜利、马清河、杨宗武、刘兰章、于常申、王云青、于进禄、姜修信、徐兴竹、常秉（炳）哲、毛树勋、谢得标、郭鸿奎、胡焕彬、赵遇盛、李振西、林秉礼、乔双品、王增和、魏长贵、魏士可、魏文海、赵云亭、张广勋、王唯真（女）、李儒珍、冯锡珍、张殿安等；各县副馆长，聊城邓树彬、即墨马振华、滋阳张学乾、平阴常更三、商河梁（果）鸿儒、青城李广智、历城赵蔼廷、新泰和进礼、堂邑张文华、恩县唐培元、平度李东焕、博山赵天宝、昌乐赵汝成、泰安徐兴竹、陵县高胜武、濮县张殿荣、潍县张子扬、清平王福堂、平原任善信、齐河刘英亭、德县李荫梧、德平王延田、益都张从灏、宁阳宁志勤、邹平怀锦章、黄县高寿千、临朐郎郁亭、鄄城杨玉和、范县王殿材、沂水冯锡珍、胶县曾广运、临沂王毓洙、莱芜吕联珍、禹城周汉民，纷往济南报到。[②]

20日下午，省考筹委会于省国术馆先后举行职员联席会议及筹备会议。窦来庚、尚树梅、康少卿、田镇峰、潘雪峰、尹莘农等百余人出席职员联席会议。田镇峰、窦来庚报告开会意义，申述本次省考与上届不同之点，要求各股长负责指导股员办理该股一切事宜。之后分发符号、纪念章、车费、饭票。决定于23日分发应试员制服及饭证；杨展云（顾执中代）、尚树梅、康少卿、潘雪峰、张恩泉、林秉礼、李信卿、程墨斋、窦来庚、田镇峰出席筹委会议。窦来庚主席，田镇峰记录。议决济南市府送考20人，请潘雪峰前往接洽，至多不得超过10人；女子国术社请求报名6人，准予登记；女子报考者，总分第一为甲等，第二为乙等，第三为丙等；津浦铁路工会等17团体，准予登记；报考人数已足额，自20日起无论公私团体及个人保举，或请求参加者一概不准；徐家花园国术社举重项目作为来宾表演。[③]

22日，各县国术馆副馆长及历届甲等陆续到齐，赴省国术馆报到。23日上午发给应试员制服，下午于省国术馆召集全体应试员训话。24日

---

① 国术省考报名应考甚踊跃[N]. 华北新闻，1936-4-16（5）.
② 国术省考报名额满[N]. 华北新闻，1936-4-21（2）.
③ 国术省考报名额满[N]. 华北新闻，1936-4-21（2）.

上午于省国术馆召集各县国术馆副馆长及历届甲等人员进行考试。[1]

窦来庚奉韩复榘谕，召集各县副馆长及历届省考甲等予以考试。应试员遵命于24日上午7时，齐集省国术馆操场。各县副馆长65人，历届甲等44人，均着青色制服、灯笼裤、青遮眼帽，服装整洁，精神振作。窦副馆长述明考试意义与办法，及韩复榘对各员期望，即开始表演。先各表演拳脚一套，由总部国术教官于化行任评判。嗣又分两场表演器械，由窦来庚与于化行分任评判。一时剑影刀光，此来彼往，愈战愈勇，博得观众掌声。至12时许试毕，遂将考试成绩缮呈韩复榘核阅。[2]

24日，评判台、比赛台、彩牌楼搭扎竣事。聊城国术童子组小英雄杨光汉等历届省考均参加表演，该组奉窦副馆长之约来济参加本届省考表演。除杨光汉、任方明、周广兴外，增加阎子臣、魏翊翔、郭立堂、程殿德4人，共7员小将。韩复榘以其热心国术，精神可嘉，于是日晨9时召至省府。文登老将刘曰秀亦被召往。窦副馆长奉谕，偕同老幼八员，及童子组教师杨金生等迳往省府谒见韩复榘。杨光汉等遵谕表演，艺术颇见进步，甚得韩复榘嘉许。刘曰秀表演气功，韩复榘亦为赞赏。当加温慰，并予勉励。[3]

25日晨，旭日初升，山东第四届国术省考于济南千佛山下省立民众体育场开幕。是日天气晴明，日光映丽，各界参观者男女老幼络绎于途，万人空巷。[4]应试员500余人，历届甲等与各县副馆长等表演员100余人齐集主席台前。统由筹委会发给制服，体魄健炼，精神焕发。考场整齐严肃，壮丽清新。[5]

体育场场门搭有彩牌楼一座，上悬“我武维扬”四大金字，下缀“山东省第四届国术考试试场”匾额一方。主席台在东看台上，中悬党国旗，总理遗像遗嘱，两旁陈列各界人士所赠奖品，琳琅满目。田赛场中央为评判台，南北各有比赛台一座，拔地三尺，上覆木板，形制坚固。台上插有彩旗，甚为壮观。比赛台后各有席棚一座，以为应试员休息之用。场之西方为宣传股及记录、编组、救护等席，秩序井然。比赛台东侧设有器械架数只，十八般兵刃无不齐备。枪刃刀锋，炫耀人目。器械柄端俱系红绿绸

---

① 国考应试员发给制服 [N]. 济南日报，1936-4-23（4）.

② 四届国术省考今开幕 [N]. 华北新闻，1936-4-25（2）.

③ 老幼八人昨到省府表演 [N]. 华北新闻，1936-4-25（2）.

④ 四届国术省考昨晨举行开幕礼 [N]. 济南日报，1936-4-26（4）.

⑤ 国术省考开幕详情 [N]. 华北新闻，1936-4-26（2）.

巾，迎风飘扬，甚是美丽。各界参观人士坐于四周看台。[①]

7时奏乐，开幕典礼。历届甲等，各县副馆长，以及各种特技人才，均着黑色制服，戴黑色军帽，胸挂红色徽章。男应试员着黑色制服，戴蓝白相间遮眼帽；女应试员着淡蓝色制服，戴同样遮眼帽，胸前悬绿色徽章。刚健婀娜，令人钦羡。行礼如仪，首由韩主席致辞，次由省党部常委李文斋、建设厅厅长张鸿烈、省府秘书长张绍堂、评判长姚以价相继致辞。全体合摄一影。[②]

开幕礼完毕，韩复榘、张绍堂、李树春、张鸿烈、林济青、李文斋、葛金章、吴化文、姚以价、窦来庚等均到评判台参观。应试员齐集主席台前点名。历届甲等、各县副馆长及特技人才排列比赛台旁，候命依次表演。韩复榘为众表率，登台表演太极拳一趟，精神饱满，技术熟练；手眼身法步，面面俱到，观众掌声四起（图2-6-13）。张绍堂见猎心喜，亦登台表演太极拳一节。虽以时间所限未能尽展其长，而掌上足下，颇见功夫。场上欢声雷动。电影家宋蕴朴为之摄制电影，以资纪念。[③]

图2-6-13 山东第四届国术省考韩复榘表演太极拳（采自《勤奋体育月报》1936年第3卷第8期）

韩复榘表演后，即偕李文斋、姚以价等至评判台休息。旋由聊城国术童子组表演，继由历届甲等及各县副馆长表演。之后，韩复榘率领职员及来宾至比赛台迤东空场，参观史延文表演举重特技。史延文此次携石墩四副莅场，最轻者100斤，次为170斤，最重者380斤。史延文在掌上搽抹松香，以免松滑，以100斤小试其技，连举三次，面未更色；再试170斤，至365斤，系由三助手移至场中央。史延文接过墩柄，轻舒手臂，高举过顶。围观者掌声雷动。韩复榘恐其过于吃力，特谕稍事休息。史延文犹有余勇可贾，移过380斤石墩，如法再举一次，持至一分钟之久。两臂筋肉突出，呼吸毫不急促。韩主席翘指赞叹："残废人不容易。"窦副馆长亦称："较去年进步多了。"史延文表演后，韩主席谕令善保身体，并加勉

① 国术省考开幕详情[N].华北新闻，1936-4-26（2）.

② 国术省考开幕详情[N].华北新闻，1936-4-26（2）.

③ 国术省考开幕详情[N].华北新闻，1936-4-26（2）.

励，偕同李文斋离场返省府办公。拳脚第一次正试，在南北两台分 17 组进行，12 时休息。下午 1 时继续考试，短兵第一次正试分 10 组进行，至下午 5 时许试毕。①

26 日，应试员及大会职员等均早到场。因值星期日，天气漫阴，不寒不暖，各界观众较前倍增。胶济路委员长葛光庭，是晨 7 时许由青（岛）来济（南），下车后略憩，即偕韩复榘同莅会场。女应试员及国术童子组登台依次表演，继由申有敬、萧清恭师徒表演对拳，刘曰秀表演气功，历届甲等个人表演拳术、器械、摔角，观众掌声不断。应试员亦多好奇围观，致南台比赛大受影响。虽经点名处报告不到者作弃权论，但仍无效。直至表演完毕，比赛才得以进行。②

上午进行拳脚、短兵一次复试，至正午竣事。旋由金氏小学教师金增孝及其弟子贾延年、王治祥表演蹬石墩，徐家花园女子国术社众小将作团体及个人表演，至午后 2 时方毕。下午继续摔角及长兵一次正试。至 4 时，忽细雨淋漓不已。摔角一次正试告一段落，长兵正试即行中止。晚 6 时，大会职员及各县副馆长、历届甲等、应试员等赴省府东大楼观看“翡翠马”有声电影。③

27 日，各项比试渐趋紧张。惟一夜东风，稠云弥漫天空，晨起细雨霏霏，下个不停，寒风凛冽，观众仍甚踊跃。晨 7 时，大会职员、表演员及应试员齐集试场，窦来庚报告省考观感，申明各项考试自第二次正试改为单淘汰制。比赛冒雨进行。东北风刮个不住，好像冬天。应试员前两天身着单衣，是日都穿上棉衣。④李树春、何思源、吴化文等相继莅场，同坐评判台上。葛光庭派新任胶济路委员宋若愚携洋 500 元前来，晤及窦副馆长，嘱将该款奖励应试员、表演员。窦副馆长奉韩主席面谕，召集历届甲等合摄一影，令表演特技老将亦摄一影，以资纪念。⑤

上午为长兵一次正试及拳脚二次正试，11 时试毕。继有历届甲等、女应试员、聊城国术童子组等个人表演。下午 1 时许，进行摔角一次复试，及短兵二次正试。3 时许，长兵一次复试，拳脚三次正试，至 6 时许全部告终。赛后，大会评判委员会召开评判会议。⑥

---

① 国术省考开幕详情 [N]. 华北新闻，1936-4-26（2）.
② 国术省考第二日大会盛况 [N]. 华北新闻，1936-4-27（2）.
③ 国术省考第二日大会盛况 [N]. 华北新闻，1936-4-27（2）.
④ 国术考试会场花絮 [N]. 济南日报，1936-4-28（4）.
⑤ 国术省考第三日 [N]. 华北新闻，1936-4-28（2）.
⑥ 国术省考第三日 [N]. 华北新闻，1936-4-28（2）.

28日，天气晴朗，寒风仍历，观众骤然加多，四周看台均告人满，益助应试员勇气。8时，韩主席偕曹福林、刘书香抵达会场，美国驻济领事司弥福，七十四师师长李汉章到场参观。童子表演团、历届甲等及特技人才等表演，各逞所能，以桓台人于振声“单刀虎头牌”最为出色。司弥福深加赞许，10时离去。上午考试科目为短兵三次正试，摔角、长兵二次正试，个个聚精会神，奋勇拼搏，战况甚为紧张，至12时许试毕。[①]

下午1时，女子比试分拳脚、短兵、长兵三项，参赛者有米清兰、杨国禄、金淑贞、金更民、马云露、马清菊、孟兰英、刘锡安、周怀英、尤秀英、沙俊芳、法文霞等12人。其中金淑贞、孟兰英、刘锡安、尤秀英4人，曾参加第三届省考，余均后起之秀。比赛方法三局两胜单淘汰。先试拳脚，分六组。银笛声中，各倾平生之力，拼命厮杀，比赛紧张。继试短兵、长兵，战况尤多精彩。一次正试后，稍事休息，再接再厉。至3时全部结束。[②]

女子考试本定循例分甲乙丙三等，后以取中各员年尚幼稚，经考委会议决改为总分第一二三名，不再列等。[③]比赛结果，拳脚第1名孟兰英，第2名周怀英，第3名马清菊；短兵第1名尤秀英，第2名孟兰英，第3名马清菊；长兵第1名沙俊芳，第2名孟兰英，第3名法文霞。总分第1名孟兰英，第2名尤秀英、沙俊芳，第3名马清菊，第4名周怀英，第5名法文霞。[④]男子拳脚及短兵四次正试，长兵、摔角三次正试继续举行。28日淘汰结果，计剩拳脚33人，短兵29人，长兵46人，摔角9人。[⑤]

29日，男子各项进入决试阶段。应试员经过三次淘汰，皆系技艺精熟之人，在此最后5分钟，莫不各尽其能，大展威风，以博胜利，战况紧张。7时许，窦来庚召集应试员训话，谆谆告诫讲求武德、遵守秩序。旋即开始考试。韩复榘因恐应试员求名心切，发生争执，特派总部副官长雷太平到场监视，七十四师师长李汉章，军事教育团团长童玉振，军事教育团教育长张侧民，手枪旅旅长吴化文等到场参观。是日天气晴朗，日暖风和，观众异常踊跃。下午1时，各科考试竣事。录取拳脚甲等4名，伦秀桂、刘云兰、何培勋、彭荫友，乙等8名，丙等23名；摔角甲等1名，李圣彰，乙等2名，丙等6名；长兵甲等2名，刘汇泉、何培勋，乙等7

① 国术省考第四日 [N]. 济南日报，1936-4-29（4）.

② 国术省考第四日 [N]. 济南日报，1936-4-29（4）.

③ 国术省考之第四日 [N]. 东海日报，1936-5-1（3）.

④ 国术省考第四日 [N]. 济南日报，1936-4-29（4）.

⑤ 国术省考第四日 [N]. 济南日报，1936-4-29（4）.

名，丙等 11 名；短兵甲等 3 名，麻均成、马献宾、刘文治，乙等 9 名，丙等 18 名，共 94 名。其中，何培勋武艺超群，独获拳脚、长兵两项甲等，人均赞佩。比赛结束后，大会职员、各地评判员分别表演，有的演拳术，有的演刀枪对打，最精彩者为马云奎双锏。[①] 国术名流姜履丞、范明顺等先后表演拳脚及器械，功夫老到，精彩百出，观众啧啧称赞。[②]

虎榜题名：伦秀桂（图 2-6-14），寿光人，35 岁，练习拳脚 20 余年；彭荫友，历城人，26 岁，练习拳脚仅 3 年；何培勋，河南睢县人，22 岁，练习拳脚及长兵 10 余年；刘云兰，馆陶人，28 岁，练习拳脚近 10 年；李圣彰，历城人，23 岁，练习摔角约 4 年；刘汇泉，单县人，26 岁，练习长兵约 8 年；麻均成，曹县人，28 岁，练习短兵近 10 年；马献宾，临朐人，21 岁，练习短兵仅 3 年；刘文治，河北霸县人，23 岁，练习短兵约 6 年。[③]

图 2-6-14 山东第四届国术省考伦秀桂先生获奖留影

下午 1 时许，闭幕典礼。军乐大奏，应试员、各县副馆长及表演员，齐集东司令台前。省党部执委李文斋、济南市府代表李德、手枪旅旅长吴化文、总部副官长雷太平，及大会全体职员、评判员等到会。韩复榘因事特派总裁判长姚以价代致闭幕辞，李文斋、窦来庚、郝恒禄等相继致辞，应试员代表徐署清致答辞。[④]

颁发奖品由潘雪峰唱名，窦来庚授奖。优胜者依次领受，掌声不绝，情绪至为热烈。摔角、拳脚、长兵、短兵甲乙丙等及女子优胜者获银盾、银碗、锦标、纪念章等项奖励。聊城国术童子组、济南童子表演团、济南女子国术社各获一面大锦标。葛光庭捐赠国币 500 元，原请大会代制奖品，嗣因时间仓卒，赶办不及，兑换礼券分配甲等 11 人，每人 5 元；乙等 30 人，每人 3 元；丙等 58 人，每人 1 元。历届甲等及各县副馆长 105 人，每人 2 元。女子国术社 20 元。童子表演员 13 人，每人 2 元。老英雄申有敬、刘曰秀、车峨亭、孙廷荣 4 人，每人 5 元。至 3 时许发奖完毕，

① 国术省考第五日场中见闻 [N]. 济南日报，1936-4-30（4）.

② 国术省考昨日已圆满闭幕 [N]. 济南日报，1936-4-30（4）.

③ 国术考试虎榜题名录 [N]. 之罘日报，1936-5-2（3）.

④ 国术省考圆满闭幕 [N]. 华北新闻，1936-4-30（2）.

全体合影。各应试员饱载奖品而归。[①]

晚6时，大会于进德会公宴全体职员、应试员，并令省立剧院演剧助兴，借以慰劳。30日，各地英雄陆续离济归去。[②]（表2-6-1）

表2-6-1 历届山东国术省考一览表

届 次	时间	地点	考试科目	与赛人数	录取名额
第一届	1933年5月14日至19日	济南省立民众体育场	拳脚（散打） 摔角 长兵 短兵	男350人 女1人	甲等15人 乙等21人 丙等39人 共75人
第二届	1934年4月15日至20日	济南省立民众体育场	拳脚（散打） 摔角 长兵 短兵 射箭	男517人 女3人	甲等14人（女1人） 乙等64人 丙等78人 射箭6人 共162人
第三届	1935年4月20日至25日	济南省立民众体育场	拳脚（散打） 摔角 长兵 短兵 射箭	男602人 女7人	甲等14人 乙等29人 丙等51人 射箭7人 女子6人 不列等 共107人
第四届	1936年4月24日至29日	济南省立民众体育场	拳脚（散打） 摔角 长兵 短兵	男500人 女12人	甲等10人 乙等26人 丙等58人 女子6人 不列等 共100人

（五）省考趣闻

1933年至1936年4月至5月间，山东国术省考每年一届，历行四届。纵观四届国术省考，无论从谋划筹办、大会组织、奖品征集及颁发，还是举办规模、与赛人数、录取新秀，以及宣传效益和社会影响力，一届优于

① 国术省考圆满闭幕[N]. 华北新闻，1936-4-30（2）.

② 国术省考昨日已圆满闭幕[N]. 济南日报，1936-4-30（4）.

一届，不断呈现新的亮点。且场面宏大，场景壮观。试场内外花絮奇异竞现，点缀盛会；妙趣丛生，映成佳话。

第一届国术省考

韩复榘征召特技人才 1932年3月，韩复榘到省国术馆召集全馆人员，询问国术馆是否有“飞檐走壁”的能人。教务主任李玉琳回复，国术馆内没有这种人，只有各种拳术特长的专门人才，韩复榘怏怏不乐。[①]

第一届国术省考前夕，韩复榘为征召“飞檐走壁”能手，预制特级奖“银塔”一座。《山东民国日报》《申报》等国内各大报纸刊出山东国术馆通告：“山东省第一次国术考试，定于5月14日举行。顷奉省主席面谕，以飞檐走壁点穴等术，为吾国固有技能。相沿至今，渐近失传。此次省考须添设此科，以倡绝学。不限省籍，不拘资格，均可来鲁献技。来往川资膳宿等费均由本馆担负，并备有奖品多种，赠作纪念。如知有此项人才者，亦请广为介绍。凡属特技，曷兴乎来。”[②]韩复榘还说：“如发现这样的人才，除了发银塔外，还给他一个上尉军衔，留在部下当副官。”虽作大量宣传，直到大会结束，无人应试。特级银塔始终保存在山东国术馆。[③]

韩复榘遭讽 韩复榘征求“飞檐走壁点穴”人才，并定奖励办法，引起社会人士热议。有的视为笑谈，有的指为不可理喻的迷信，和小孩子访道求仙一样。嘲讽之文随之而来，不一而足。

《申报》1933年5月19日，刊载署名醉痴生“飞檐走壁的人物”一文：这种飞檐走壁等人物，目下并非没有。不过若辈多沦为盗贼，湮没不彰。所以，历来“飞檐走壁”四字，就是“江湖大盗”的名词。现在，鲁主席当此国难危急，飞机大炮声里居然好整以暇，要聘请他们出来，待以上宾之礼，大约为的是“武术救国”，或许是“保存国粹”的一法吧[④]！

《申报》1933年4月24日，刊载署名天方“为鲁主席进一解”一文，嘲讽意味尤甚：大概是国难日甚的缘故吧，使古文（明）之邦，也不得不重整旗鼓，摆设起擂台来了。而且这一次比武，除了真刀真枪以外，还广征“飞檐走壁点穴”等“身怀绝技”之人，来鲁献技。据《申报》20日济市通讯：飞檐走壁点穴诸技能，见于稗官小说，唐人笔记记载，尤多神

---

① 李天骥.我对山东国术馆的回忆[J].山东体育史料，1984（1）：23.
② 鲁省征求飞檐走壁人物[N].申报，1933-4-20（8）.
③ 马鸿志.山东国术馆杂忆[J].山东体育史料，1985（6）：17.
④ 醉痴生.飞檐走壁的人物[N].申报，1933-5-19（13）.

奇。鲁省定5月14日起，举行全省国术比赛。国术馆发出通告，须添设此科，以倡绝学，猗欤盛哉。遥想“大江南北”“身怀绝技”，如古之虬髯、红线、聂隐娘、昆仑奴，以及黄天霸、白玉堂之流，一定“联袂”而来，一献身手。山东道上，势将如山阴道上一样应接不暇。猗欤盛哉！

慨自洋鬼子的枪炮传入中国，舞枪弄棒之风渐杀。花花公子闯祸，好汉路打不平也就少见，多威武的“拔刀相向”。现在尽变为“摸枪暗射”，煞风景。国粹沦亡，有心者能不忧之。好在去古未远，及今提倡，犹为可及。越处女、虬髯公等，虽存亡未卜，江湖奇侠传中人物，及血滴子的余裔，大概犹有存者。本提倡绝学之心，以为同仇敌忾之备。使这一班“高来”“高去”的人，趁月黑人静之夜，偷偷溜入敌营。只须腰间匕首，这么一挥，于是“×簾”“×簾”等人头落地，真如探囊取物。俗话说“擒贼擒王”，这岂不是比用大刀肉搏而杀不了敌人主将的，还来得简便迅速，稳固可靠吗？倘用点穴之法，使敌人个个呆若木鸡，举刀不下，举枪不放，如“稗官小说”中所写的那种情景，倒也可观。而且这样一来，无辜杀伤也就可免。更合乎于仁慈的本旨。我们宜预买爆竹，以为庆贺成功之用。

所可惜的是，“飞檐走壁点穴”诸绝技，虽曰简便，还须举手动足，尚觉有点不便。案告“稗官小说”所记载，古有云来雾去之人，一伸指天昏地暗，一念咒失魂落魄。其“神奇”更在于“飞檐走壁点穴”诸绝技之上，见于《西游记》《封神传》中颇不乏人，而其失传不只“渐近”。倘主席大老爷能多备“香烛”——奖品川资膳宿均无庸——虔诚叩请，或许天可见怜，招得一二孙悟空、二郎神之流下降。那时只须金棒一挥，神獒一吠，眼见得之，鸟尽成面粉，七千万倭寇尽入狗腹。岂不是尤其直截了当。以视武力抵抗，诚属多事。飞檐走壁，亦有逊色。诚为抗日救国第一上策。济南去泰山甚近，寄语主席，还是登日观之峰，上叩苍穹，遣不拘那一位天神天将下凡，以挽国运。至诚可以格天，能如此做，一定有意想不到之效力。我们且拭眼恭候着哩[①]！

《申报》1933年5月1日、5月19日，连载署名子展“国术与外侮”“国术与外侮补”两文，比及以上二文，文笔更加犀利。实让韩复榘困窘，而令世人警醒。

对空行礼 国术省考开幕式由编审主任郑顺则（斋）司仪，到了向党

---

① 天方.为鲁主席进一解[N].申报，1933-4-24（1）.

国旗及总理遗像行礼时，却是旗像一概没有，只好向空中行礼。[①]

韩复榘礼待长者 5月15日上午，短兵表演完毕后，韩复榘令窦来庚传呼邓寰瀛台上相见。邓寰瀛着灰布长衫登台面见韩复榘，窦来庚在侧相陪。韩复榘对邓寰瀛起身让座，待以殊礼。邓寰瀛亦谦逊，每语必起立，呼大人。韩复榘先询其年龄，答：77岁。问以有子否，答：有二子。小儿淑德随行来济，拳脚枪棒较人为胜。主席欲看时，可令其打几趟。韩问汝系何门，答：少林，向业保镖。年老家居多年，荣（光兴）旅长、陈（德馨）旅长驻防东昌时，时访往教。韩复榘初闻其向业保镖表示惊诧，继谓：汝这大年纪可以表演，不必比赛了。如此年纪还不忘功夫，实在不可多得。邓寰瀛谓：此系县长叫来的。韩复榘谓：汝两日表演已为大会增光，不必再比赛了。汝每日练习什么功夫？答：我虽老，120斤石磙子，每日举十举，并练习十八刀、罗汉拳。韩复榘问：汝擅长什么？答：绝户枪、奇枪、枪中加棒、罗门枪、折花双刀、五神单刀等。韩复榘笑谓：会的很多。人说不怕千着会，就怕一着熟。汝这大年纪，还有许多功夫，实在不易。邓寰瀛又起立谓：我是粗鲁，说话多有放肆。韩复榘笑谓：没关系，我也是当兵出身。邓寰瀛又谓：我年龄虽大，还想做事，主席若赏饭吃，喝粘粥吃窝头便好。韩复榘笑谓：吃饭还不容易吗？又问：汝有多少弟子？邓寰瀛谓：现在已记不清。韩复榘问：你保镖走哪路？邓寰瀛谓：江南九省大路到北京，一年要走四次。保的有上任的官员，及商人货物。谈至此，邓寰瀛之十龄弟子杨光汉亦来台上，邓寰瀛引见行礼，旋即告辞。韩复榘起身送之，并嘱以不必再比赛。邓寰瀛唯唯而退。报告台上宣告，主席令邓寰瀛准予免试，特别嘉奖。全场鼓掌。[②]

马良自诩 国术省考结束后，韩复榘于进德会招待全体应试员和职员。马良演说至末，自诩：我今年66了，还不见老——全场大笑。马良遂演练其自卫健身术，移时演毕。[③]

第二届国术省考

老将逝世 聊城人邓寰瀛，壮年保镖，去年已77岁，参加第一届国术省考表演，成绩最佳，颇蒙韩复榘嘉奖。1934年3月染患急症逝世。韩复榘闻讯颇表惋惜，特赠赙仪洋200元，及挽帐一架，挽联一副，以示

---

① 姜容樵. 山东省国术考试始末记（续三）[J]. 国术周刊，1934（104）：6.

② 鲁省国术考试第二日志盛 [N]. 天津益世报，1933-5-17（4）.

③ 韩复榘欢宴应试员盛况 [N]. 天津益世报，1933-5-21（4）.

追悼。[①]

残废人是大力士 曲阜人史延文，右腿自膝以下割去，乃一残废人。虽不良于行而富膂力，可举280斤石墩，50斤石锁。报名时未获窦来庚同意，嗣后请示韩复榘，准其表演。大会开幕之时，史延文杂行其间。其所举石墩石锁陈列场中。比赛间歇，史延文表演技艺，见者咂舌。其平时于济南南门外做小本生意，初练举石墩仅有四五十斤。自黄亭体育场建立，时常练习，已举至280斤。[②]

三女侠斗剑比武 轰动一时之女英雄王唯真、杨素清、顾桂英斗剑于北擂台。顾桂英初战即遇王唯真，本非其对手，交兵竟拼命抵抗，前两局势均力敌，第三局终以力弱受挫。顾桂英再战杨素清又惨败。最后王唯真迎战杨素清，两女侠舞剑施展法术，酣战既久，杨素清力竭，剑法错乱；王唯真乘隙进攻，正中杨素清左腕。王唯真连败两将而拥冠军。[③]

老道士表演射箭 大会开幕之日，92岁老道士宁教宽[④]现身会场。其着长襪，蓝布道袍，须发如银。自云聊城人，前清武秀才，弓马刀石皆曾学习。现任藤县干山头北宫元真观主持。因年老不能骑马，且场中无驰马处，故报名步下射箭。两臂虽衰，尚可挽强弓，30步能取准。惟射远距离恐已不如少年。去年参加第一届国术省考表演之邓寰瀛是其师弟，本年正月逝世。[⑤]

按射箭比赛规则，40米射准，每人可射五箭，中一箭者及格，有复试权。宁教宽仅取一箭。人问之，辄笑曰：一发中的，多何为。甫登场，四周掌声如雷。宁教宽持弓拱手曰：余龙钟并歇，射中与否，乞勿笑。言间未见其瞄准，而一箭飞出，中第一圈，距红心仅差毫厘，全场喝彩。宁教宽掷弓叹曰：老矣，奈何？唏嘘不止。[⑥]

赛场风波 手枪旅一个士兵参加拳脚比赛不遵守规则，被取消资格。国术教官赵某提出抗议，态度恶劣，被副总评判长于化行叫到评判台上严词指责。但赵某不接受，于化行一怒之下，当场命他跪下，给予惩罚。士兵看到教官被罚，起哄抗议，造成大会一时混乱。窦来庚找他们营长，叫他说服士兵，不起作用。只好打电话报告韩复榘。韩复榘派其参谋长带一

---

① 老英雄邓寰瀛逝世 [N]. 山东民国日报，1934-3-7（5）.

② 柳丝花片 [N]. 山东民国日报，1934-4-16（5）.

③ 鲁国考第三日男女武士打擂台 [N]. 天津益世报，1934-4-19（4）.

④ 山东民国日报 1934-4-17（5）、21（5），分别记其为96岁。

⑤ 柳丝花片 [N]. 山东民国日报，1934-4-16（5）.

⑥ 国术考试第二日 [N]. 山东民国日报，1934-4-17（5）.

个连，火速赶到会场，才平息了这场风波。[①]

第三届国术省考

预赛纠纷 经过两届省考，国术渐已引起百姓关注。第三届国术省考报考人数竟达 1000 余人，远超预计人数。只好施以预试打破难关，取中 602 人，落第 500 余人。弊端随之显现。报考参赛者大致可分为两个体系，一为韩（复榘）系，一为窦（来庚）系，其他只能算作杂牌。韩窦两系报考人数，大概各有 300 至 400 人，韩系酌取四分之三，窦系酌取四分之一。虽经这种不平允录取，韩方似乎仍不满意。窦方便一封封无名信投向筹委会。所有无名信大同小异，有些问得颇有道理："我 80 多分为什么不取，反把 70 多分的取上了。"有些信竟把筹委会骂得狗血喷头，甚至出言不逊，以死相胁。其实，他们骂得对，筹委会一点儿不冤。如果真按窦来庚所划的分数录取，哪能挨这样的骂？不过，倘若根据分数取舍，韩方恐怕皆有落第之虞，窦方也就大"包"其"办"了。那么，"国术馆"的招牌焉能不摘！好在筹委会本着"实验派"的工作态度，心平气和、临阵不乱。不然，这个枪杀，那个枪决，也会被他们吓出一场神经病。[②]

首脑人物大显身手 开幕式后分组比赛。韩复榘等一行首脑人物巡视各台各场所，不觉技痒，亦命卫弁"拿剑来"。跃身圈内，表演劈剑，寒光闪闪，神出鬼没，全场咸庆眼福，掌声雷动。国术泰斗马良将军应韩复榘恳请亦卸下大褂，打形意拳三套，拳风飕飕。国术馆副馆长窦来庚先舞双刀，后轮动流金枪，又遵韩复榘命打了一套拿手技艺醉八仙，撇东倒西、如醉如痴、惟妙惟肖，观众叹服。央馆代表杨松山太极拳，教育厅厅长何思源八段锦，国府代表张铭梅花拳，葛光庭薛家短打等，各显身手，精彩迭出。[③]

国术馆卫队 济南德胜南街国术社籐牌军包头皂衫，手持单刀虎头牌，阵列整齐，杀气腾腾。有人询问某记者：这些是干什么的？该记者仓促应答：或许是国术馆的卫队吧。[④]

籐牌军可攻城 20 日下午籐牌队表演，评判委员长姚以价也往参观。济南德胜南街国术社社长姜来宾向姚将军报告，军队里可添学籐牌，将来攻城可用，比用梯子好得多。姚以价谓：倘若城上掷下炸弹来怎么办？姜

---

① 马鸿志 . 山东国术馆杂忆 [J]. 山东体育史料，1985（6）：17.

② 山东省第三届国术省考之我见 [J]. 求是月刊，1935，1（2）：23—24.

③ 鲁三届国术考试之盛况 [N]. 上海报，1935–4–25（3）.

④ 第三届国术省考特刊 [N]. 山东民国日报，1935–4–21（2）.

来宾答：那必须有遮蔽才行。[①]

籐牌队表演 第一届国术省考仅系拳脚、摔角、长兵、短兵比赛，第二届增加射箭表演。本届又添加籐牌战术，复古空气日益浓厚。籐牌为我国古代刀矛战争时代用器，步卒野战持之以蔽矢石。清季犹有练习，旋即废弃。是时已40余年不见于世，成历史遗迹。

21日，姜来宾率领籐牌队到场，表演队员约40人，青巾包头，巾尾飘垂脑后，青服装，左手持细竹编成团牌，上蒙黄布，绘虎头形，右手持单刀。骤望之，恍若舞台上之武行。由籐牌教师杨德润、杨敬一，国术教师李奎祥，弓箭教师张可汉指挥表演。先作团体操，进退起伏如法，并持牌翻跟头，喊杀震天地；后又表演对打，大刀对籐牌、花枪对籐牌等等。后又叠籐牌为山，人伏其后。双人对打后，登山翻跟头而下。四围观众喝彩，白发老人点头称赞，叹数十年未见。[②]

藤牌队十阵 姜来宾谈称，藤牌总教练杨德润74岁，历城人，曾在马良部下当过教习。藤牌操是他擅长的技艺，其用途可以登城渡河，并能遮蔽士卒。共分一字长蛇阵、青龙出水阵、三七梅花阵、军事方营阵、五虎出林阵、黑虎擒羊阵、进步连环阵、八叉梅花阵、进步连环阵、飞虎群羊阵十阵。练的时候，至少有300人方可分配，现在人数不够，还需招收新生。[③]

马良夺旗 武术界老前辈马良，20日一早就驾临了。一把长白胡子，雪似的飞飘胸前，精神矍铄。考试中占用时间最多的是短兵和长兵。短兵考试的时候，马良提了点儿意见。他说，两个人赛完，黄的若是胜了，评判员就举起黄旗子；红的胜了，评判员就举起红旗子，好叫人家认识清楚。岂知连赛了好几场，评判员没照着他的话去办，被他老先生看见了，忙跑过去，夺过评判员的旗子高高举起，大声喊着："黄的胜了。"[④]

叫孩子摔角 马良爱看摔角。考试第一天，快到午饭时间，他还在台上，逢人就问什么时候摔角。马良更愿意看小孩儿摔角，一碰见那些国术分社的小孩儿，便问他们的教练在哪里，快叫他过来。等到徐家花园女子国术社社长林玉田来了，马良说，叫小孩子摔角看。林先生说，叫他们打打长兵看看，马老先生大呼："不行，不行！那可不得了。回头不留神，

---

① 第三届国术省考特刊[N]. 山东民国日报，1935-4-21（2）.

② 第三届国术省考特刊[N]. 山东民国日报，1935-4-21（2）.

③ 藤牌队十阵[J]. 国术统一月刊，1935（7—8）：71.

④ 山东省第三届国术省考之片片[J]. 求是月刊，1935，1（6）：245—247.

把小孩儿的眼睛给捅瞎了。他妈要找来，那怎么办”！[①]

大力士史延文 参加第二届国术省考，得过韩复榘奖赏的残废人史延文，苦练一年，又来参加第三届国术省考。此次表演石墩，头号360斤，二号320斤，三号240斤，四号200斤，五号70斤，练得更多花样。[②]

摔角名将 北平人赵云亭，于家乡习练摔角，经五六名师，下苦功12年，并擅弹射。第二届国术省考本不应参赛，韩主席为广延人才，嘉其热心，特准参加。连日每战必胜。论力量与技巧，本为摔角第1名。因大会排列人名，以姓氏笔画为序，故列于甲等第3名[③]，1934年代表青岛参加天津第十八届华北运动会，摔角比赛夺得第2名。嗣于第三路军总部充任教官。[④]第三届国术省考报名参赛再获甲等。

赵云亭升官 赵云亭鬻技江湖为业，其摔角技术普通人难出其右。受韩复榘赏识，一跃而为山东省府摔角教官。委任之前因被诉讼身陷囹圄，被召时张皇失措。孰料召见后，韩复榘遂令移案军法处迅予判结。赵云亭欢欣之状难以形容。[⑤]

弹弓技艺 4月21日下午，老年组表演完后，78岁老叟申有敬登台，作弹弓表演。申有敬为第三届国术省考年龄最高者，而所表演之弹弓又为本省首例。观众无不关注，咸称罕见。[⑥]

徒孙张庆荪协助其表演，将一茶碗大的木球，托于右手，手臂伸直；申有敬立于两丈以外，拉弓引弹，木球应弦落地，式为“五指抱玉”。第二式“二郎担山”，将木球置于肘上，一击而落。第三式“头顶一颗珠”，是将木球置于头上，两弓射落。第四式“虎口夺食”，仰面将木球置于鼻嘴之间，申有敬一弹射出，将徒孙的嘴巴打得青紫，第三弓才将木球射落。第五式“二仙分家”[⑦]，即将一泥弹抛掷空中，仰面迎击，泥屑纷飞，三发皆中。[⑧]最后，于小木船上面放三个火鞭，摆上一枝香，弹射泥丸将香头射落，与火鞭接触，火鞭连响三声，船身被烧，名为“火烧战船”。

---

① 山东省第三届国术省考之片片 [J]. 求是月刊，1935，1（6）：245—247.

② 第三届国术省考特刊 [N]. 山东民国日报，1935-4-21（1）.

③ 本省国术考试十三条好汉略历 [N]. 山东民国日报，1934-4-21（5）.

④ 第三届国术省考特刊 [N]. 山东民国日报，1935-4-21（2）.

⑤ 赵云亭升官 [J]. 求是月刊，1935，1（3）：102.

⑥ 老将争献奇技 [N]. 华北新闻，1935-4-22（2）.

⑦ 山东国术馆省考纪事 [J]. 国术统一月刊，1935（7、8）：88—89.

⑧ 老将争献奇技 [N]. 华北新闻，1935-4-22（2）.

申有敬系山东（河北）濮县人，10余岁习武，擅长弹弓及打镖[①]，所习之技乃为祖传。还会打五花炮拳，16岁至今未曾停止。家中成立国术社，有徒弟500多，徒孙约200余人。民国八年（1919年）曾参加上海赛会获得优等奖品。两个儿子在家，也会射弹。[②]

女子长兵决赛 24日，女子长兵决赛仅4人参加。杨素卿（清）年龄最大，训练有素。金淑贞、刘锡安、孟兰英都十三四岁，练习长兵才三四个月，长器械拿久了都有点儿累。开赛前，评判员劝慰孟兰英："今天不要哭了。"因为短兵决赛时，孟兰英曾经哭过。结果，杨素卿（清）、金淑贞名列一二。[③]

醉八仙 外聘评判员、天津国术名家郭寿臣，应约表演其拿手技艺"醉八仙"，功夫独到。初演时，醉眼朦胧，意态酩酊；继则愈练愈紧，醉态愈重；进则忽颠忽仆，忽跳忽踣，气宇潇洒，意态大醉，淋漓尽致；终则颓然倒地，蓦然醒来，两目一闪，作惊愕状，拳乃收势。又应众人要求表演"醉八仙剑"，系模拟何仙姑醉后舞剑情形，柔中有刚。虽醉态朦胧，不如白猿之酩酊大醉。击、刺、撩、劈、挥、抹、错、崩，无不精妙。万众观之，掌声雷动。[④]

栾田论战 国术省考结束，战火竟由武坛燃至文坛——由新闻报道引发了一场令人瞩目的"栾田论战"。4月21日《山东民国日报》第1版，山东第三届国术省考特刊载"山东国术省考之中心人物——栾秀云、姜爱兰访问记"一文。在倡导女权运动的时代，舆论宣传多采女性作为新闻焦点人物，以引起社会关注。像1910年南京第一届全运会孙桂云，1914年北京第二届全运会钱行素，1934年天津第十八届华北运动会焦玉莲，等等。这次国术省考报名的7名女子，多系初出茅庐，引不起人们注意。"中心人物"自然被来自青岛的栾秀云和姜爱兰占据。

省国术馆教务长田镇峰不太赞同这种不公允的过度包装，况且比赛刚开始，胜负未分，观众注意力还未集中到某个人身上。于是，发文予以纠正。本想理说公道，以正视听，偏又矫枉过正，未免失言："栾秀云女士无疑只会套艺术拳，她的艺术并不奇。真说起拳术的真际来，恐怕她练的连边际也没摸到。"（济南健康实验学社《求是月刊》二卷二期）此言既

---

① 老将争献奇技 [N]. 华北新闻，1935-4-22（2）.

② 山东国术馆省考纪事 [J]. 国术统一月刊，1935（7、8）：88—89.

③ 女子长兵决赛 [N]. 山东民国日报，1935-4-25（1）.

④ 孙锡昆 . 鲁第三届国术省考记详 [J]. 国术周刊（天津），1935（8、9、10）：25.

出，产生连锁反应。栾秀云的“中心”头衔被摘掉不算，还被说成没摸到拳术边际。

栾秀云（1916–1980年）自幼习武，后从杨明斋[①]习练孙膑拳械，擅长剑术。中学毕业后，任教于青光小学，兼任尚德小学女子国术教师，开设青岛第一女子国术练习所，担任私人国术教习。先后参加过1929年杭州浙江国术游艺大会（13岁）、1933年青岛第十七届华北运动会（17岁）、1934年天津第十八届华北运动会（18岁）国术表演比赛，屡获佳绩。各地报纸纷纷刊登她英姿飒爽的照片，称她“基本功扎实，武艺精湛，华北第一女剑客”。

栾秀云堪称文武兼修的英才，遇到这种情形，倒要问个明白，怎样能摸到国术边际。由此，栾田论战于青岛和济南报界轮番升级，甚嚣尘上。报界就势推波助澜，《山东民国日报》开辟“摸边专栏”，《华北新闻》划出“国术论战”一角，笔战主角和参战读者惠投大作，源源而至。RP君、向非先生助威栾女士，后又增加不平者、金祥、剑虹诸人；《求是月刊》编辑马志然则解套田镇峰，参阵者计有十多位。可争来骂去，没谈到实际的国术理论。折腾了大半年，连报界也懒得理睬了。田镇峰草草发表了一篇《败阵言和》，便逃之夭夭了。

第四届国术省考

今年的第一　开幕仪式后，韩复榘从容走上演武台，表演了整套太极拳。演完下台，笑嘻嘻地问总评判姚以价：“今年的第一是我的了吧”[②]？

李文斋力扛石墩　韩复榘表演完太极拳，便和省党部执委李文斋到评判台休息。李委员一边喝茶，一边指手画脚和韩主席谈论太极拳。当看过史延文表演举重特技，李委员一时兴起，走到380斤石墩前，要试一试自己的膂力。不料，几经努力，那石墩好像生了根，动也不动。李委员只好摇头而罢。[③]

史延文屡获奖赏　史延文虽是残废身体，却练得一身举重好身手。380斤石墩，分在一根木杠两端。25日上午，他静坐石墩上等待表演被韩

---

① 杨明斋（1882–1942年），原名杨廷栋，山东阳谷人。1917年任教于马良军士武术传习所（技术队）教习，擅长孙膑拳。1920年军士武术传习所解体后赴青岛授艺。1926年，继韩愧生之后主持青岛国技学社。1929年，青岛国术馆成立后，任编辑科长。1933年参加青岛第17届华北运动会获特别技能冠军。一生授徒甚众。1937年，与青岛国术馆师生投身抗战工作。1942年，于河南永城大柳庄对日阻击战中英勇牺牲。

② 国术省考试场花絮[N].华北新闻，1936–4–26（3）.

③ 国术省考试场花絮[N].华北新闻，1936–4–26（3）.

复榘看见，立奖法币100元，并说："一会儿我还要看看你的功夫进步了没有？"[①] 28日下午，韩夫人驾临会场。看罢史延文举石墩，念其残废，赏洋50元。史延文喜得嘴都闭不合。[②]

官兵参赛如同作战　比赛场上竞争气氛特别浓厚，各县国术健儿都想大显身手，一举成名。手枪旅选手思想压力更大。韩复榘宣布，参赛者如甲乙丙三等均不挂名，打40军棍；若夺得甲等，不论是谁，每日（月）多发10元津贴，月月发放。这是很大的物质奖励。那时小麦每斤2分7厘，白糖6分1斤，白布6分1尺。一个班长每月薪饷，连伙食费在内只有8元。所以，参赛官兵像作战一样拼命争夺。[③]

斗智斗勇各逞能　男应试员比赛拳脚和短兵，聚精会神，不敢轻视。一个个施展技艺，拼得你死我活。有的人采取战术设法引诱，拖延时间，评判员一再催促，才肯厮杀。有些人先下手为强，上场不问三七二十一，便混战一阵，评判员省了不少力气。[④]

韩复榘爱惜小英雄　国术童子组表演拳脚之后，徒手对枪上场。两个小孩儿，一杆红缨大枪，舞来舞去，惊动了看台上的韩复榘，惟恐他们偶然失慎受伤。便问窦来庚："有医生在场没有？"窦副馆长说早有预备。韩复榘方才放心看下去。[⑤]

弹弓显奇技　申有敬看到历届甲等生和各县副馆长表演，跃跃欲试。好容易盼到正午，才轮到他和徒弟萧清恭上台。两个人先表演梢子对拐子，又表演关公一百单八刀。几阵掌声，老头儿越发心花大放，随后表演几式拿手弹弓。[⑥]

怪器械一斑　有两件器械最是奇怪。一个是乐陵国术馆副馆长宋杰三的八卦大走刀，这刀和普通的刀形没有什么两样，不过比普通的刀大两倍，重量至少10来斤。还有一个是清平国术馆副馆长王福堂的八卦钩镰剑，剑长5尺4寸，重8斤，形状和刀有些相仿，刀尖上有一个花形。靠近刀柄处，一面刻着八卦钩镰剑的字样，一面刻着制刀人董老公的字。[⑦]

---

① 国术省考试场花絮 [N]. 华北新闻，1936-4-26（3）.

② 国考场中拉杂记 [N]. 济南日报，1936-4-29（4）.

③ 蔺嘉德整理 . 武术高手伦秀桂自述// 中国人民政治协商会议山东省委员会文史资料委员会 . 山东文史资料选辑第29辑 [M]. 济南：山东人民出版社，1990：226.

④ 国术省考试场花絮 [N]. 华北新闻，1936-4-26（3）.

⑤ 国术省考试场花絮 [N]. 华北新闻，1936-4-26（3）.

⑥ 国术省考试场花絮 [N]. 华北新闻，1936-4-26（3）.

⑦ 国术省考试场花絮 [N]. 华北新闻，1936-4-26（3）.

八卦大走刀 25日下午4时许，短兵考试正紧张进行，比赛台东南角上，顿添热闹。原来，乐陵国术馆副馆长宋杰三要开八卦大走刀，令人惊异。明晃晃地映着一抹斜阳，舞起来煞是好看。宋先生于掌声中收了刀法，接着应大家要求来了几式太极拳，又博得喝彩。①

彭荫桂献技 彭荫桂体格婀娜，颇有弱不禁风的样子。可登台表演，勇猛刚健，令人敬畏，真是“守如处女，动若脱兔。”一趟拳打得出掌有力，望地无声；或东或西，忽上忽下。只听得拳掌劈风的声响。五花八门，目不暇接。②

聊城小将不辞辛苦 聊城小英雄参加第三届国术省考得到好评。这次来济南参加表演，定名为聊城国术童子组，由杨金生老师领导。25日有幸在韩复榘面前轮流登台，郭立堂表演二郎拳，任方明、程殿德表演对拳，周广兴表演花枪，郭立堂、阎子臣表演徒手进枪，杨光汉表演八仙剑，魏翊翔、周广兴表演大刀对枪，郭立堂表演单刀，周广兴、杨光汉表演对剑，功夫比去年进步，技术更加熟练，赢得观众称赞。25日正午，聊城小将又表演二人对打、四人对战、空手夺枪，幕幕精彩。虽汗流浃背而不知辛苦。③

气功老英雄 文登69岁老英雄刘曰秀是一位家传气功练习者。这次应召赴会表演所擅气功，还有长短兵与长拳。几及半尺长美髯飘在胸前，更显英勇威武。24日，韩复榘曾召进省府表演，甚为赞许。25日，记者要求他表演气功，他毫不吝啬在大众之前表演了一次。④26日，刘曰秀公开表演。其运气后，用所携4斤铁尺，向头部及周身猛击数次，皮色如旧。观众莫不称赞钦服。⑤

九战九捷显威风 总部教官赵云亭，是往届国术省考摔角甲等生，还曾参加过第六届全运会。27日上午9时，韩复榘和葛光庭到场参观。评判台东划了个摔角场，赵云亭便和几个应试摔角能手较量起来。连胜九阵，大显威风。要不是韩复榘怕他累了，要他停止，还不罢休。⑥

国术迷废学来济 乐陵国术馆三个学生，因羡慕国术省考盛事，私自跑到济南。在省国术馆里找到他们的老师宋杰三，声述来济南希望观看

---

① 国术省考试场花絮 [N]. 华北新闻，1936–4–26（3）.

② 国术省考试场花絮 [N]. 华北新闻，1936–4–26（3）.

③ 场中花絮 [N]. 济南日报，1936–4–26（4）.

④ 国术省考试场花絮 [N]. 华北新闻，1936–4–26（3）.

⑤ 国术考试会场花絮 [N]. 济南日报，1936–4–27（4）.

⑥ 国术省考第二日大会盛况 [N]. 华北新闻，1936–4–27（2）.

国术省考，拜见马子贞（马良）将军、窦副馆长、于鹏九先生、史延文力士及杨素清女士。马将军、窦副馆长、史力士，他们都见过，马将军还请他们吃过饭、看过戏。恰巧于鹏九先生、杨素清女士正坐在评判台上。于是，如愿以偿。①

韩复榘慨解义囊 韩复榘以本届国术省考，各地老少英雄及特技人才纷纷来济踊跃参加，表演各种武技精彩百出，如申有敬之弹弓，刘曰秀之气功，史延文之力举石墩均为人所难能，聊城国术童子组技艺日进，至为欣喜。26日亲手分奖申有敬、刘曰秀、车峨亭各40元，孙延（廷）荣30元。聊城国术童子组给55元，每人每月津贴大洋5元，7小将各做学生制服两身，女应试员每人一身，以作鼓励。老少英雄得奖，欣然有色，向韩复榘致谢。②

脚蹬石墩 26日11时余，济南私立金氏小学国术教师金增孝携徒王治祥、贾延年等到场表演脚蹬石墩。金增孝仰卧台上，双腿向上直伸，以380斤石墩加于足上，再令5人坐于石墩之上，约重七八百斤，而双腿直伸如故。四周观众掌声如雷，啧啧称赞，咸称神力。金增孝表演后，其徒亦仰卧台上，将身凸起若桥形，令另一人坐于其腹，复将320斤石墩加于身上，表演毕面不更色，甚为精彩，掌声盈耳。③

滚趟鞭惊人 孙廷荣为济南老拳师赛和鸿高足。孙廷荣15岁时投拜赛门学艺，是时赛和鸿已90余岁，以晚年得此爱徒，倾囊相授。赛和鸿130岁故去，其间数十年光阴，师徒朝夕研练。孙廷荣时时勤习滚趟七节鞭，尤称得意。26日表演，但见鞭影人身，满地翻滚，混成一片，足见功夫老到。韩复榘大为赏识。④

一失足踢破肾囊 27日上午10时，北台比试拳脚。正打得起劲，一位应试员一时失足，将对方肾囊踢破，当即晕倒。台上评判员着了慌，高喊救护队。救护队闻声而至，将伤者抬入医院。⑤

申有敬不服老 年已79岁的弹弓圣手申有敬，不但弹弓拿手，各样兵刃也会得很多。27日他上台表演弹弓外，还演了几种不常见的器械。台下新闻记者见他很有兴致，高呼请演对打。他听到以后不迟疑，就与徒

---

① 国术省考第二日大会盛况 [N]. 华北新闻，1936-4-27（2）.
② 国术省考第二日大会盛况 [N]. 华北新闻，1936-4-27（2）.
③ 国术考试会场花絮 [N]. 济南日报，1936-4-27（4）.
④ 鲁省第四届国术省考开幕 [N]. 民报，1936-4-29（5）.
⑤ 国术考试会场花絮 [N]. 济南日报，1936-4-28（4）.

弟动起手来。打得非常有趣，观众掌声如雷。[①]

孙廷荣表演奇技 白髯垂胸的老将孙廷荣，上台表演“醉打三百棍”。手持木棍一条，东倒西歪，别有一种风味。这位老将年已65岁，济南东关人，此技练得不少年月。[②]

英雄相惜 应试员中有两个黑须老人，27日上午，同时比赛短兵。一位在南台，一位在北台，均为久经沙场名将，手眼身法步的确不凡。上台三招两式，就把对方杀得大败。比赛结束，两人握手言欢。颇有好汉爱好汉，惺惺惜惺惺之意。[③]

格外恩施 刘曰秀有个徒弟菊延召，因案在文登原籍被罚苦工半年，已执行两个月。蒙韩复榘特赦，一个电话打到文登便释放了。27日早赶到济南，挂着“特别表演”红符号，跟他师父登台献艺，玩意儿的确不坏，又换去观众不少掌声。[④]

名不虚传 杨素清因手伤未能参赛。虽天天到场，未曾一显身手。28日，历届甲等生和各县副馆长表演后，她上演一套少林拳。手眼身法步谙练异常，果然名不虚传。[⑤]

强将手下 孙慧龄是杨素清女弟子，27日随乃师到场。她爬上赛台，耍了几趟小洪拳，蹦蹦跶跶，引人关注。记者问她年岁，她连珠似的说：“6岁，学会小洪拳、六路短拳、三趟潭腿了”。[⑥]

后会有期 两位参赛摔角的壮士，因拖延比赛时间被判双负。两人怨气未息，余勇可贾。其中一位提议，到台下作非公开比试。一时杀气直冲霄汉。经观众竭力劝解方才罢手。好在国术省考每年一届，当后会有期。[⑦]

云牌特技 27日晚6时许，桓台有个老头儿匆匆赶到试场。窦副馆长正在评判台上，这老头儿向窦副馆长通报姓名于振声，要求表演专擅的单刀云牌特技。窦副馆长见其态度诚恳，便答应作“来宾表演”。他很是

① 国术考试会场花絮 [N]. 济南日报，1936-4-28（4）.

② 国术考试会场花絮 [N]. 济南日报，1936-4-28（4）。华北新闻 1936-4-27（2）记为“孙延荣”。

③ 国术省考第三日 [N]. 华北新闻，1936-4-28（2）.

④ 国术省考第三日 [N]. 华北新闻，1936-4-28（2）.

⑤ 国术省考第三日 [N]. 华北新闻，1936-4-28（2）.

⑥ 国术省考第三日 [N]. 华北新闻，1936-4-28（2）.

⑦ 国术省考第三日 [N]. 华北新闻，1936-4-28（2）.

高兴，准备来日到场献艺。[①]

单刀虎头牌是我国古代兵器，罕有练习者。28 日晨，60 岁的于振声携带器械到场。其舞动身法与其他器械迥不相同，观众引以为奇。于振声又表演花枪，功夫老练，手眼灵活。韩复榘奖给国币 40 元，于振声称谢而去。[②]

男童演刀女童演剑 28 日，济南南关国术社景德才 15 岁，初次登台表演八卦大刀，精彩迭出，博得观众掌声。女子国术社丁宏云 12 岁，表演纯阳剑，非常出色。[③]

决赛力战 29 日上午，各项于南北两台决赛，应试员咸愿名占鳌头，决不稍让，拼命死战。因之争执时生，幸有雷太平、吴化文率执法队、手枪旅在场弹押，未生事端。[④]

出口不逊受申斥 摔角决赛时，赵某质问评判不公，出口不逊。时雷太平在场，饬其下台。后由窦来庚叫至主席台上大加申斥，饬之而去。[⑤]

文字纠纷 第四届国术省考开幕前一天，窦来庚令历届甲等生和各县副馆长在省国术馆内先期表演，马志然（济南健康实验学社编辑）来馆参观。表演结束后，马先生便写了一篇“介绍几位国术英雄”的大文，在益世特刊发表。不料，引发国术界内部重大纠纷。

马先生文述：“他们的表演依次的看下去，一拳一掌一脚总没有特别精彩的，至如‘狗熊式’的把式匠，倒有几个……本着隐恶扬善为君子美德，只好……”此文刊发恰在国术省考第一日，历届甲等选手和各县副馆长看到后群情哗然，即刻集合开会，决定请窦副馆长对此种侮辱文字严厉处置，并拟捣毁益世特刊社。幸益世特刊社社长徐欣甫闻讯多方疏通，未致遭祸。马志然乃省国术馆教务长田镇峰之友，去年因中心人物栾秀云引起论战，而致馆内裂痕。兹经国术界人士双方调停，马志然于国术省考第三日在益世特刊发表如下启事：“鄙人日前去国术馆时，适逢各县副馆长与各甲等人员正在表演拳术，于兴致勃勃之下即草一稿，投寄益世通讯社大会日刊发表。因未加审查，致言误之点颇多，故引起多方之不满。鄙人除以后不再发表文字外，兹特道歉，务恳原谅。”[⑥] 此事方得平息。

---

① 国术省考第三日 [N]. 华北新闻，1936-4-28（2）.
② 国术省考第四日 [N]. 济南日报，1936-4-29（4）.
③ 国考场中拉杂记 [N]. 济南日报，1936-4-29（4）.
④ 国术省考第五日场中见闻 [N]. 济南日报，1936-4-30（4）.
⑤ 国术省考第五日场中见闻 [N]. 济南日报，1936-4-30（4）.
⑥ 山东国术省考的文字纠纷 [N]. 世界晨报，1936-5-6（2）.

（六）人物专访

山东国术馆连年举办的四届国术省考，涌现出形形色色的英雄人物。黄童白叟、青年壮丁、名媛少女，资质虽殊而技艺纷呈、各尽其妙。其中亦不乏奇异人物，令人称羡。

王霄云 1933年山东第一届国术省考，以神枪闻名南北的泰安人王肖（霄）云原定5月18日参加表演，可见首不见尾，只报名未到场。山东国术馆成员大多见识过王霄云的宋代杨家奇枪。

1931年秋，王霄云（龙翼）因慕李芳宸（景林）为人，晋谒山东国术馆。倾谈之下，即表演奇枪。李景林评论，此枪里门外门犄角之势，甚为合法；其步法灵活，纯然单重；无论如何变化不失中锋，尤为难能可贵。盖奇枪长1丈3尺余，一失中锋则变化不能自如。由此而论，彼站定骑马势拧摆者，门外汉也。李景林又云：无怪宋代杨氏父子威震蛮夷，堪称名将。

霄云谓：此奇枪保存已11世。盖霄云11世祖王澎，在明代万历年间，充山西巡抚兼兵备道，及大将杨镇麾下偏将。杨镇无后，晚年即以奇枪奥邃尽传王澎。杨镇年老退息，与王澎书信往还频仍。迄今霄云家犹珍藏靡遗。杨镇俗称杨老令公杨继业后裔，杨再兴15世孙。

霄云又谓：此枪杨氏称为奇枪，今仍沿袭为杨家奇枪，不敢数典忘祖。李景林留王霄云于馆教练枪术，于此奇枪啧啧称赞。枪法中之奥妙精致无出其右。足证吾国固有武技湮没无闻者不知凡几。言外不胜感慨！不久，李景林逝世，此枪术未能继续传授。

1934年，蒋馨山与王霄云相会于天津，相处已稔。因王霄云世家精枪法，而不谙拳脚，于是互相交换研究，切磋砥砺。王霄云得太极拳、八卦掌两门之精蕴；蒋馨山对杨家奇枪亦有心得，各臻其妙，皆有独到之悟。[①]

1935年天津《国术周刊》自第2期连载王霄云“宋代杨家奇枪真传”。5月12日下午5时，中华体育会敦请国术名流蒋馨山、王龙翼（霄云）、赵衍庆诸氏，于天后宫大操场公开表演。王龙翼与蒋馨山对演奇枪。枪长丈三有余，杆粗如腕，然其运用神妙，手法娴熟，适非寻常枪法所能望其项背，观众为之鼓掌如雷。[②]

申有敬 1936年老英雄申有敬79岁，所习技艺为曾祖父传授。从16

---

① 蒋馨山.宋代杨家奇枪考[J].国术统一月刊，1935（5、6）：7—8.

② 中华体育会敦请国术名流表演[N].申报，1935-5-13（12）.

岁开始苦练，除最拿手的弹弓和飞镖外，娴熟大刀、五节棍、单刀、花枪、梢子棍，及单打对练。十八般器械虽不能门门精通，却也可以来上几套。

申有敬原籍河北濮阳县，是山东濮县的临县。因为他常到山东，所以人多以为他是山东濮县人。1918 年，上海大世界曾聘其表演技艺，因不会说江湖话被辞退了。后在安徽颍州城里的高等学校担任武术教师，还在河北大名女子学校教授过国术，军队里也曾混过。[①]

申有敬有 3 个儿子，均授其技艺；7 个男孙，3 个女孙；有六七十亩田产，务农为业。练习国术原为强健身体、防范盗匪。因韩复榘热心提倡国术，举行山东国术省考，故不远六七百里路程，赶来参加盛典。

山东第三届国术省考时，幸蒙各方奖誉，申有敬得到中央国术馆体育专科学校“练修并重”锦标，韩复榘赏给 30 元奖金。别看他年龄大，心却不老。山东第四届国术省考再次来济赶考，老当益壮。

弹弓有 72 式。申有敬娴熟天鹅下蛋、虎口夺食、头顶一珠、五指抱玉、盘中取果、双凤展翅、二郎担山、回头望月、二仙分家、二龙碰头、二仙传道、火烧战船等式。“天鹅下蛋”是先把一颗弹子抛向空中，用弓射中空中的弹子；“虎口夺食”是由人用口擎着一个弹子，站出相当距离，用弓上弹射落；“头顶一珠”是把弹子放置一人头上作标的；“五指抱玉”是由一人以五指承一弹子，以备射落；“盘中取果”是把弹子放置盘中；“双凤展翅”是由一人屈双肘各置一弹；“二郎担山”是把两弹分置一人两肩；“回头望月”是向前疾走之际，突然转身射击；“二仙分家”是双弹并列，用一弹从中击开；“二龙碰头”是先由一人以弓射起一弹，迎射飞弹；“二仙传道”是由他人把弹抛向空中备射；“火烧战船”备有一件工具，上下两块木板，两端贯以铁丝，像作船形，下方木板置有火药，上方木板悬有香火，使弹射断香火，则火药轰然。[②]还有一种最难能的方式，叫“小鬼不见面”。由一人隔墙将弹子抛起，在空中将其击落。因为两人谁也见不到谁，出其不意，故出此名。

申有敬的手镖打得非常准。靶上画好三角形或横三星、竖三星。他可以不差分毫的打中。他能练关公一百单八刀，单练、对打都可以。还有蔡阳大刀、六路十三刀、空手夺刀；熟谙单打五花炮拳，对打洪拳。五节棍破枪、拐子对枪、对打齐眉棍、对梢子、对打靠山捶、对打黑虎捶、十八

① 申有敬概话生平 [N]. 华北新闻，1936-4-18（5）.

② 申有敬概话生平 [N]. 华北新闻，1936-4-19（5）.

门捶、凤翅镗、对扎枪等，用过苦功，还练过硬功。以虎口般粗的梢子棍连击头部，梆梆作响而毫不受伤。①

史延文 济南残废大力士史延文，历届国术省考大出风头。1936年史延文28岁。右足自膝以下断去，右手除拇指外四指皆残，系先天缺陷。由原籍曲阜随父母来济已有多年。十六七岁时，学着练习举石墩子。师父是济南市连升街国术社社长刘长荣。最初举重20多斤，练了十多年，近3年进步最快。4副石墩子是他显威风的工具，最轻的100斤，最重的380斤。一个残废人有那么大的膂力，自然下过苦功。他练功昼夜无间。

史延文夏天卖包子，冬天卖地瓜，靠着这两种小本生意，做奉养父母和自己的生活资源。1935年夏季曾参加青岛国术市考表演，冬季还去过天津，于赈灾游艺会给灾胞卖过力气。黑制服上挂着韩复榘和沈鸿烈赠予的“优胜”纪念章好几枚，很是荣耀。他历年参加国术省考，得了几百元奖金。每餐能吃四个馒头。②

1936年6月，史延文拟建举重研究社。4日至10日报名，学生只限男性，年龄15岁以上，30岁以下，暂收10名。因经费无着，每人暂收茶水费5毛，每晚7时至10时练习。史延文自任社长兼教授。又添购石墩两副，一为50斤，一为400斤。50斤者备初学者习举，400斤者由史延文自举。共有石墩9副。社址即在朝山街193号，三元宫内。③

史延文深为韩复榘及各界赞赏，总觉得他是一个奇人。1937年春节后，他见卖地瓜生意不很好，遂在南关朝山街住房前开了一间门面，改卖油煎包子，生意倒还不错。生活穷苦但至孝，性格刚直，为街邻赞佩。

他虽然穷，但志向远大，要效法行乞兴学的武训，准备在朝山街办一个小学校。小学校雏形是国术社，已招有20多个学生。每天傍晚，史延文蹒跚走往国术社，教导学生打拳练国术。因为他从小没上过学，深尝不识字的痛苦。既然成立了国术社，他很愿意把教国术的薪水拿来办个小学，使不识字的人都能识字。

经人介绍，史延文在曲阜原籍说了一个媳妇。媳妇姓李，是一个乡下村姑，也20多岁。订婚后预备重九后在济南结婚。他父母回曲阜原籍收麦，筹备婚事。连日来，史延文非常高兴。有人问：“延文，几时娶媳妇？”他老是笑嘻嘻地说：“谁肯跟我！”知己的朋友要是问他：“伙计，

① 申有敬概话生平[N].华北新闻，1936-4-20（5）.

② 残废大力士史延文[N].华北新闻，1936-5-30（7）.

③ 史延文成立举重学社[N].华北新闻，1936-6-4（5）.

大嫂子姓么？多大了？”他回答：“不知道！”便兀自走开。[①]

三、备赛第五届全运会

1931年9月，山东国术馆奉韩复榘令选拔选手，组队准备参加第五届全运会及外省赛事。[②]10日，济南教育局于黄亭体育场举行国术选拔赛，应考者49人，分搏击、摔角、击剑三科。[③]比赛结果，摔角正取李培义、张登奎，副取李传忠、杨春苍，搏击正取于思祥、王新治，副取刘希珍、金福泉、谢得标，击剑正取于思祥。[④]

第五届全运会本拟于是年双十节于首都南京举行。正当山东国术馆紧锣密鼓、全力以赴备赛之时，“九一八”事变爆发，国内政治形势骤然变化，省府决定暂不派员参加比赛。[⑤]第五届全运会也未能如期举行而被迫延迟至1933年。

四、国术省考童子表演选拔赛

1933年山东第一届国术省考，聊城10龄童子杨光汉随师赴济南参与大会表演，获得大会奖励。1934年为增加山东第二届国术省考大会氛围，省国术馆决定增加童子表演。3月10日，省国术馆召集该馆国术训练班童子组，济南国术22个分社童子组，及其他团体童子组，在省国术馆举行选拔赛，200名小英雄应时参与演武。窦来庚先行讲话，以省考增加童子表演，选拔40人，录取生员自此每逢星期日下午2时至5时，于省国术馆练习。

下午2时选拔赛开始，田镇峰、潘雪峰任裁判，先为徒手，后为长短兵，至5时完毕。选取第二分社陈庆华、郑继纯、张兴华，第四分社马英文、杨廷芳、刘元海、张继尧、袁麒祥、米清臣、马继仪，第五分社丁长海、周光训、王佐祥、顾宪德，第七分社王俊兴，第十一分社范大才、傅义祥，第十四分社马连玺、李瑞洲、丁俊仪、张廷顺、杨寿明、米寿福、丁茂福，第十八分社张玉鸿、王传斌，第二民众练习所丁黛侠（女）、李

---

① 国术省考大力士[N]. 中报，1937-6-4（4）.

② 济市国术比赛[N]. 申报，1931-9-13（8）.

③ 山东省政府教育厅编. 山东省各县市二十年度教育年报[M]. 济南：山东省政府教育厅，1934：19.

④ 济市国术比赛[N]. 申报，1931-9-13（8）.

⑤ 山东省政府教育厅编. 山东省各县市二十年度教育年报[M]. 济南：山东省政府教育厅，1934：19.

鼎（女）、张万英、景得才、冯立昌、吕百泉，回教公会王殿奎、蔡长吉、马昆、黄成法、刘兆忠、金汉文、杨焕章、赵吉云。[①]

1935年，为选拔童子组参加山东第三届国术省考表演，省国术馆于3月17日下午举行选手预选会。时尚未午，山东国术馆门前即已车水马龙，倍添热闹，熙熙攘攘。各界观众络绎不绝。参加预选之男女童子荷械戎装，结队纷至。山东国术馆演武场上观众环聚四周如堵，气氛异常热烈。下午1时许，主试员田镇峰、潘雪峰召集参会各国术团体领队在办公室开会。田镇峰报告选拔童子选手意义后，即行选拔考试。参选童子最大者15岁，尚有未满10岁者，兴致勃勃，精神异常欢跃。[②]观众环睹达2000余人。[③]

济南市各国术团体参会，计有杉杆街、德胜南街、官扎营西街、馆驿街、石棚街、善盛街、南大槐树、三孔桥厚德贫民工厂、北大槐树、凤馆街、回教公会、三合街、南营街、影壁后街、鲁丰西街、窑窝街、永庆街、徐家花园、丁家崖、凤翔街、连升街，省立民众教育馆等国术社团，及林玉田与常教授保送者，连同山东国术馆民众教育班甲乙两组。每团体以5人为限，男女童子共约500余名。

下午2时，田镇峰、潘雪峰主试，马鸿志传号，开始选拔表演。每两团体为一组，先表演拳术，继表演器械。初时为单人表演，嗣以时间限制，改为两人同时分场上演。男童成绩最佳者为刘元海、杨焕章、和炳光、薄克泰等；女童表演亦甚精彩，全场掌声时起。厚德贫民工厂送两男童应选，表演拳术及器械亦均甚佳。

选拔考试开始前，德胜街国术社40余人进行藤牌队表演。单刀藤牌并舞，步伍整齐，功力周到，观众赞誉不已。至选拔考试完毕，时已5时，徐家花园林玉田教授之女子国术社金淑贞、刘锡安、彭荫桂、尤秀英、米俊英、关熙、金玉英、金锡珍、丁鸿友等12位女童进行团体拳术、团体剑术、团体排龙头、团体罗汉桥、团体凤凰岭表演。林玉田号令严明，指挥如意，团员依序动作，妙艺合奏，为会场生色，观众掌声如雷，连鼓不已。12位女童又对演器械，对刺剑、对刺枪、夺双刀、双刀进枪、对打棍等项，演练谙熟。自始至终精神踊跃，尤为罕见。

至日色衔山，表演始告完竣。田镇峰、潘雪峰、马鸿志、林玉田、

---

① 昨日国术馆里二百小英雄比武 [N]. 山东民国日报，1934-3-11（5）.

② 参加三届省考男女童选手会 [N]. 华北新闻，1935-3-18（3）.

③ 鲁国术省考童子表演 [J]. 国术周刊（天津），1935（4）：8.

李培义、成老先生等举行会议，商定录取40名选手[①]，于国术省考期前加紧练习。推举林玉田为指导员，李培义任管理员。每周练习三次，每次2小时。即周六一次，集合时间为下午4时；周日二次，集合时间为上午9时，下午3时。下周六（23日）开始练习。[②]

1934年山东第二届国术省考，杨光汉等三名聊城童子与会，表演节目更上一层。1935年山东第三届国术省考，杨光汉等聊城童子的表演项目和技术又有提高，韩复榘甚是喜欢。6月聊城国术童子组5人由教师杨金生率领，随韩复榘赴青岛参加第三届国术市考表演，为大会助兴。1936年山东第四届国术省考，聊城国术童子组7员小将参与表演，再为大会生色添彩。

聊城国术童子组和济南童子表演团于历届山东国术省考中的出色表现，不仅让人感到国术事业后继有人，而且后起之秀的茁壮成长预示着山东国术的未来发展不可限量。

五、备选奥运会国术表演预选

国民中央政府提倡国术，于首都南京设立中央国术馆统领全国，至1936年已历八年，全国各地大部分省市遵令设立了国术馆，国术事业蒸蒸日上。1935年上海第六届全运会国术各项表演引起社会普遍重视，尤以女子成绩进步迅速。而欧美人士对于我国国术尚未有十分认识，远不如信仰日本柔术。1936年，国民中央政府决定派遣男女国术选手参加8月德国柏林第十一届奥运会表演，借以宣扬我国固有武术之价值。举重成绩与世界举重锦标赛相去无几，故决定慎重选拔能手，冀与各国选手一决高下。[③]

2月，中华全国体育协进会分函全国各省市教育厅及国术馆，选择优秀者参与选拔，初定保送名额不得超过4人。各地自接得通知书后积极开展工作。而各单位对于举重及国术两项人才只限4名，殊感遗憾，要求扩充保送名额。选拔委员会采纳意见，将选拔简则保送一条加以修改。26日公布规定，各单位保送名额，举重不得超过4名，国术表演不得超过6名。选拔赛分初选及复选，5月初于上海举行。国术表演选手选拔手续较

① 《山东民国日报》1935年4月21日第2版载，实际参演人数为50人。

② 参加三届省考男女童选手会[N].华北新闻，1935-3-18（3）.

③ 成都体育学院体育史研究所.中国近代体育史资料[M].成都：四川教育出版社，1988：568.

为繁复，终以技术之精而博者为选择标准。对于选手体格、态度及学识等，亦为选拔之重要条件。[①]

山东国术馆奉令，定于4月18日截止报名，19日举行选拔。参赛者共23人，计拳械21人，举重2人，完全男性。其中多系历届国术省考甲等生，并有出席历届华北运动会及全运会国术表演优等者。个个武功老练，技艺高超。[②]

19日上午7时，选拔赛于山东国术馆操场举行，应试员均早到场，摩拳擦掌准备大显身手。评判委员窦来庚、镇峰田、潘鸿祥、葛为棻、于化行等如时莅场。窦副馆长集合应试员，将选拔办法作以简单说明，旋即点名依次表演。先为拳术，次为常识口试，最后表演器械。应试员精神饱满，各尽已能。一时刀光剑影，目为之炫，甚为精彩。评判员严密监视，唯恐埋没真才。至11时许，全部表演完竣。当即召开评判会议，将学术两科分类平均，决定拳械正取宫有安、王子章、姜修信、张鸿芳、林秉礼、马鸿志6名，备取吴文燕1名，举重潘承恩（成绩180磅）1名。自21日起，集合选手实施短期训练[③]，30日由省国术馆教务主任潘鸿祥率队赴沪参与选拔。[④]

5月11日，选拔赛如期于上海申园健身房举行。选拔委员会全体出席，我国参加奥运会政府代表戴季陶院长亲临监视，驻沪德国总领事亦到场参观。12日进行复选。[⑤]因赴沪经费无法筹措，山东国术馆不得不中止派送。[⑥]山东国术选手因之与奥运会表演失之交臂。

六、筹备第五届国术省考

自1933年，山东国术馆每年春季举行国术省考，至1936年已连续举行四届。山东国术一步一个台阶，大踏步地向前迈进。1937年春季，循例应举行第五届国术省考。因山东国术馆举办训练班，各县国术馆副馆长均在济受训，不能如期举行。如待训练班结束，天气已热，为时太晚。窦

① 参加世运国术预选简单修改[N].申报，1936-2-27（14）.
② 本省参加世运预选[N].济南日报，1936-4-19（4）.
③ 本省选拔参加世运国术选手昨晨举行[N].济南日报，1936-4-20（4）.
④ 本省参加世运预选[N].济南日报，1936-4-19（4）.
⑤ 成都体育学院体育史研究所.中国近代体育史资料[M].成都：四川教育出版社，1988：568.
⑥ 参加世运会国术各省市简闻[J].体育，1936，4（4）：27.

来庚呈准韩复榘，改期于是年9月9日举行。[①]

恰在山东国术馆积极筹办第五届国术省考之时，“七七事变”爆发，全国人民同仇敌忾抵御日寇入侵，山东国术馆及各县国术同仁全力投入抗战。山东第五届国术省考因以搁浅，未能实现。

七、筹备第七届全运会选拔赛

第七届全国运动会原定1937年10月于南京举行。6月17日上午，山东国术馆召开第61次教务会议，讨论选拔国术选手原则与方法，以便届时参加国术比赛。刘曰秀、吕岩岑、马鸿志、吴法陶、陈耀先、李信卿、田镇峰、张恩泉、李应埙、孙伯英、魏长贵、姜修信、王玉章、潘雪峰、田俊峰代表、马步周、孙代出席会议。会议认为，历次参加全运会国术选手选拔均由本馆办理，本年应拟请教育厅与本省参加全运会田径赛选手同时办理。[②]会后，山东国术馆即与教育厅商洽。

为选拔国术选手，教育厅决定于9月6日至10日在体育场举行选拔赛，自6月20日起开始报名，9月10日截止。凡各中等以上学校及业余运动团体或个人，均可报名参加。规定男子项目为拳术、摔角、搏击、刺枪、劈剑、射击（射箭）、弹丸；女子项目为拳术、摔角、刺枪、劈剑。[③]

6月下旬，省教育厅依据本届全运会国术竞赛规则，拟定并公布选拔办法，决定选拔24名国术选手参赛。其中，男子拳术每个级别选1人，计3人；摔角每个级别选1人，计3人；搏击（拳击）每个级别选1人，计2人；刺枪（长兵）每个级别选1人，计3人；劈剑（短兵）每个级别选1人，计3人；射箭（射中、射远）各选1人，计2人；弹丸选1人；举重选2人；女子各项共选4人。各项选拔人数虽已规定，但选送名额须经评判会议按成绩确定。[④]

山东省参加第七届全国运动会各运动项目选拔赛未及举行，发生七七卢沟桥事变，全民族抗战由此爆发。山东国术选拔赛因之未能实现，第七届全国运动会也被迫延迟至抗战胜利后的1948年5月于上海举行。

---

① 第五届国术省考改于本年九月九日举行[N].华北新闻，1937-3-18（2）.

② 国术馆商请教厅承办全运会国选预选[N].济南日报，1937-6-18（4）.

③ 选拔全运选手[N].华北新闻，1937-6-20（2）.

④ 参加七届运会国术选拔办法拟定[N].铎报，1937-6-27（4）.

第七节 全国和地区性国术表演与竞赛活动

1928 年 3 月，中央国术馆正式成立后，全国和地方性国术竞赛活动日益频繁，经由常态化趋向规范化。民国中期，山东省组织参加的全国和地区性国术表演与竞赛活动主要有第一、二届国术国考，浙江国术游艺大会，第五、六届全运会国术表演比赛，第十六、十七、十八届华北运动会国术表演比赛。其中，1928 年南京第一次国术国考时，山东省国术馆尚未建立；1929 年杭州浙江国术游艺大会时，山东省国术馆尚处筹备状态。尽管如此，山东国术健儿以其从未缺失的脚步毅然迈向更加宽阔的竞技场，挥洒英姿，争奇斗艳，向世人展现出独特的齐鲁武风，赢得殊荣，载誉而归。

一、全国国术表演与竞赛活动

（一）第一次国术国考

1928 年 10 月 15 日至 20 日，中央国术馆主办的第一次国术国考于南京公共体育场举行。马永胜以山东代表身份出席大会①，并担任裁判工作。②报名者以四川、福建、河北、河南、山东最为踊跃③，南京、天津、北平、浙江、江苏、安徽、广东、广西、陕西、湖北等 17 省市 300 余名选手参赛。山东 15 人与赛。④

考试委员长张之江，评判委员长李烈钧、马良、姚以价，评判员马福祥、刘崇峻、吴志清、李雅泉，评判助理员李献文、历万山、刘德生、马永胜、李玉、王芸生、陈明徵、杨椿森，主试委员谭组庵、张静江、李协和、戴季陶、胡展堂、李石曾、于右任、钮惕生、薛子良、蔡孑民、李仁潮、李德邻、马子贞（马良），襄试委员孔庸之、王伯群、王儒堂、杨杏佛、何敬之、王雪艇、徐鹤仙、朱益之、刘纪文、易寅村、马云亭、孙哲生、林子超、宋子文、王良畴、贺贵严、褚民谊。⑤

成立不久的中央国术馆举行这次“国考”是一次试验性的全国规模的

---

① 国术国考开幕纪盛 [J]. 广西教育，1928，1（4）：40.

② 第一次国考特刊 [M]. 上海：中国书局，1928：48.

③ 中央国术馆将举行国考 [N]. 中央日报，1928-9-30（6）.

④ 中央国术考试之第一日 [N]. 申报，1928-10-17（8）.

⑤ 第一次国考特刊 [M]. 上海：中国书局，1928：48.

国术竞赛，是中国民族体育向竞技体制转型的探索性比赛。既无先例可循，各方面又准备不足。南京中央政府核准举行国术考试，以期打破国人数千年重文轻武之习，光大国家精神，造就中华伟大民族。按中央国术馆制定的《国术考试条例》，国考分为预试和正试。预试是单人表演，项目包括刀剑棍枪拳。预试及格方可参加正试。15日上午举行开幕礼，下午即预试表演。预试中，个人单项拳术和器械的水平颇高，240多人考试及格，其中150人参加了正试。16日开始正试，正试是两人的对抗比赛（擂台形式），项目包括徒手的拳脚门（散打）、摔角门，持器械的棍枪门（长兵）、刀剑门（短兵）。由于对抗比赛不分年龄、体重、抽签配对、淘汰制，规则比较简单，比赛没有时间限制，可以无限延长。组织者担心若到会期届满时，比赛进行不完，于是赛至第四轮即告结束。最后将选取各员考试三民主义等科，遂发给国术考试优胜者证书，以资鼓励。[①]

山东队参赛选手具体人员名单迄今未详，仅从获奖名单中获悉隶属山东籍人员，最优等15名中有马裕甫（27岁，济南）、张英振（33岁，冠县）、窦来庚（29岁，临朐）、杨法武（27岁，济南）、杨士文（30岁，菏泽）、王成章（33岁，济南）等6人，占获奖人数的40%；优等37名中有刘守铭（27岁，清平）、杨宗山（32岁，东昌）、沃云兴（29岁，济南）、李汇亭（72岁，济宁）、武镇库（33岁，菏泽）、谌祖安（20岁，东平）、杨松山（24岁，历城）、李学义（30岁，兖州）等8人，约占获奖人数的22%；中等82名中有周全德（31岁，莒县）、吴体胖（37岁，菏泽）、陈天和（17岁，聊城）、胡桂山（33岁，济宁）、林志远（24岁，文登）、张东海（25岁，历城）、汪占鳌（48岁，益都）、马来元（19岁，历城）、马抡甫（31岁，历城）等9人，约占获奖人数的11%。山东籍获奖者占总获奖人数17%。[②]参加预赛的山东籍人员还有马永胜（聊城）、于振声（57岁，济南）、马金彪（标，47岁，济南）、张本源（29岁，济南）等。[③]

据央馆《电请各省市选送人员来京应国考》文："拟请贵政府查照转饬各所属，布告民众，凡具有国术根底人材，不拘宗派，不论男女，准其向各该县政府报名。由县考验确实，取具四寸相片，造册呈报省政府，尽于九月三十日以前汇造清册，咨送敝馆，汇案办理。应考人士，务于

---

① 提倡体育之全国国术考试[J]. 河南教育，1928，1（7）：8.

② 考试录[J]. 中央国术旬刊，1928（1）：118—124.

③ 第一次国考特刊[M]. 上海：中国书局，1928：51—57.

十月十五以前抵京”[①]，及《呈国府请明令全国保送应试人员给予来往川资文》：“而国术人士，大都贫寒，似应于选送后，由各省及特别市政府，酌给赴京往返川资。庶几怀才之士，不歌行路之难”[②]判断，山东15名应试员照章当经各县府考验，呈报省府汇造清册，并由省府酌给赴京往返川资。然而，山东省政府主席孙良诚是年6月1日才于泰安宣誓就职，各厅局行政机关刚刚组织成立。央馆于8月发布《国术国考条例》，山东省组织参加国术国考预选，这一临时性工作究竟是如何操办的，未见明确记载。至于获奖山东籍人员超过报名人数，说明其中部分人员可能代表央馆或他省，也不排除其他省籍人员代表山东与赛的可能。

（二）浙江国术游艺大会

鲁省民性刚毅，习尚勇武，对于拳术习者颇多。1928年中央国术馆举行第一次国术国考，所取技术最优而籍隶山东者占据相当比例。于此可见，鲁省擅长国术者之多。1929年9月，浙江国术馆发起国术游艺大会，电请山东省遴选国术人才与会。

山东省府力倡国术，以图强种救国。遂令饬教育、民政两厅查照办理，遴拔选手送杭州参赛。时有评论：山东省府陈调元、何思源诸委员提倡国术颇具热情。山东省原系文化泽源之地，其武化亦不后人。兹得该省府各委员努力提倡，想见翊日文化武化之盛，必有愈于各省也。[③]

教民两厅奉命积极筹办，因国术人才多散居各地，遂会电并布告各市县，遵照考选规则遴选精擅国术人员1至4人，资送来省，以备考选。聘请中央国术馆教务处处长朱国福，及第一次国术国考成绩最优之窦来庚二人为评判员。[④]又约请济南市技术超众之国术专家马子英等为监查员，定于11月1日至2日在省城南关演武厅举行考选大会[⑤]，录取10至20人。[⑥]同时，与浙江省国术馆积极保持联系，沟通信息。一再电函中央国术馆商榷考试遴选办法。央馆馆长张之江委派教务处处长朱国福前来襄试。朱国福于10月26日上午乘津浦路火车前往济南。[⑦]

---

① 第一次国考特刊[M].上海：中国书局，1928：33—34.

② 第一次国考特刊[M].上海：中国书局，1928：32—33.

③ 山东省国术考试之结果[J].中央国术旬刊，1929（5）：18.

④ 山东省政府教育厅第二次工作报告[M].济南：山东省教育厅，1932：185—186.

⑤ 考选国术人才纪要[J].山东教育行政周报，1929（65）：17—19.

⑥ 考试国术选手今日举行[N].山东民国日报，1929-11-1（6）.

⑦ 山东省府举行国术考试[J].中央国术旬刊，1929（3）：19—20.

30 日，教育厅着手搭棚，布置一切。[①] 演武厅扎就平台一座，长宽三丈有余，以便考选。台北扎有席棚，分设礼堂及休息室等。平台及礼堂各处悬挂党国旗及中央国术馆赠对联，及其他对联标语，琳琅满目，甚为庄严。考选台旁设有武器架，陈列各种器械，辉煌耀目，助人兴致。

此次国术考选实为山东省创举，故扩大宣传，使久染文弱积习民众一瞻健儿身手，以除颓靡委顿之斯文气象。济南市内广贴标语，用汽车于城区及商埠散放传单，使民众得往参观。教民两厅会函省府各委员、各机关，请届时莅场指导，以襄盛举。

各市县奉电后，因时间迫促，多未能如期遴选。仅有博兴、宁阳、德县、朝城、益都、昌邑、齐河、肥城、广饶、滕县、馆陶、濮县、郓城、堂邑、郯城、桓台、齐东、冠县、信阳、长清、菏泽 20 余县保送 60 余人，自主报名参加者 10 余人，共计 70 余人。教民两厅代表会同评判员拟定考试须知、考试规则、考试禁令发给应试员，以便遵守。[②]

《山东省国术考试规则》：一、考试分拳脚、器械、摔角三项；二、预试按报名次序考试，应试员演练其平素最有研究之拳术一套，及枪术、剑术、刀术、棍术（任选其一）；三、预试不及格者不得参加应试；四、按预试及格者编组，每组四人对试。二人对试三分钟为一合，能击彼出（界）限两次者为胜，三合两胜者为合格；五、胜者编组（试法如前）；六、以优胜者编组决赛（试法如前）；七、枪剑对试法，以击中两次者为胜。长于枪棍者，即以规定之杆子试之。长于刀剑者，即以规定刀剑法试之。自愿刀进枪者，即按规定刀进枪法试之；八、摔角预试即单演摔角法，预试不及格者不得参加正试；九、摔角以摔倒者为胜，三角两胜者为合格，决赛以胜者对试。十、决赛视应试员之多少确定。[③]

11 月 1 日早 7 时，应试员先后到会。教民两厅职员数十人，分担招待助理事项。8 时许，何思源、朱熙两厅长相继莅场，开会如仪。何厅长主席，报告考试意义，朱厅长致训辞，后由朱国福、窦来庚演说，均激昂慷慨，发人深省，礼成后即开始考选。

预试按照报名先后发给号码，应试员依次单人上台表演。各就其长，表演拳脚及器械各一套。或少林，或武当，或刀剑，或枪叉，长短巨细，各显身手。观众莫不神飞色舞，鼓掌不已。评判员严行核定，按照各种技

① 考试国术选手定明日举行 [N]. 山东民国日报，1929-10-31（5）.

② 考选国术人才纪要 [J]. 山东教育行政周报，1929（65）：17–19.

③ 考试国术选手定明日举行 [N]. 山东民国日报，1929-10-31（5）.

艺，分别等次。至下午1时，单人预试完竣。下午2时，宣布上午单人预试及格者，遂考选对试。

第一试为拳脚，抽签对试，三合二胜者为胜。或攻或击，各显所能。至4时许试毕。优胜者为王福堂、郭宽、崔云章、谢金标、毕凤亭、周志亭、刘福祺、宛长胜、沙永山、周化先、张孝才、常振方、邱景炎、孙常泰、刘保廷、王奎明等16人。

第二试为器械对试。为避免挫伤，特制棉布护手。器械亦以木杆代替，缠裹棉布，长者为枪，短者为刀剑，布内装有牙粉，击中有痕，易于评判。对试仍按抽签法对号比试，依次登台。优胜者为沙永山、孙国干、周化先、王新治、毕凤亭、宛长胜、郭宽、马元华、张敬鲁、邱景炎、刘保廷、谢金标、程凤阳、刘金等14人。

第三试为摔角，参加者仅十余人。各穿厚布上衣，二人对摔。优胜者为毕凤亭、张孝田、张孝才、马鸿俊、张文声等5人。至6时预试完毕。

2日上午8时，观众拥挤异常。大会将昨日拳脚、器械、摔角预赛优胜者宣布于众，即行决赛。应试员更加奋发勇猛、坚持不懈。两人对试皆相持十数分钟之久，各显手段，互争优胜。其勇猛奋斗精神使观众为之兴奋。先决器械对赛，次决拳脚，后决摔角。

下午2时，决试完毕，评判员当众宣布优胜人员名单。拳脚及器械胜者为邱景炎（图2–7–1）、宛长胜（图2–7–2）二人，拳脚及摔角胜者为张孝田（图2–7–3）、张孝才二人，仅以器械胜者为周化先（图2–7–4），仅以拳脚胜者为谢金标、沙永山二人。

图2–7–1 邱景炎先生（采自《浙江国术游艺大会汇刊》）

图2–7–2 宛长胜先生（采自《浙江国术游艺大会汇刊》）

图2-7-3 张孝田先生（采自《浙江国术游艺大会汇刊》）

图2-7-4 周化先先生（采自《浙江国术游艺大会汇刊》）

考选赛结束后，应观众之请，朱国福登台表演拳术一套，窦来庚表演八卦掌一套，李式裕表演太极拳。诸位监查员相继表演，各显技艺，以助余兴。应试员自由表演，或拳脚对打，或器械互击，其技艺超众、对打精巧，博得观众掌声彩声，诚为山东省空前盛举。

赴浙参赛选手选定张孝才等7人，由窦来庚率领前往，每人发给路费30元，回省川资及在杭费用由浙江国术馆负担。沙永山因系山东省立第一中学学生未能同行，谢金标之父病情沉重亦难偕往。窦来庚率领张孝才等5人，4日早乘胶济火车赴青岛，偕同青岛市选手，由海道南下过沪转赴杭州。[①]

至大会开幕前，中央国术馆、江苏警官学校、江苏省国术馆、山东省政府、青岛市国术馆、杭州市国术教练所、浙江省国术馆、福建省国术馆、河北省国术馆、山西省政府、南京特别市政府、汉口特别市政府、上海特别市国术馆、上海致柔社、上海武当太极拳社、上海中华体育会、中华国术传习所、南通大学国术团、安徽省国术馆、汉口精武体育会、江苏泰兴国术馆、河南第四十九师，湖南、四川、天津以及河北、浙江等多地县市报名，先后报到参加表演者345人，登记比试者120人。

16日上午9时，浙江国术游艺大会开幕。久处沉寂之旧抚署，一旦有此盛会，车水马龙，顿成闹市。钟鸣九下，主席台前早已万头攒动。浙江省党部委员叶溯中、张强，省府主席张静江，民政厅厅长朱家骅，建设

① 考选国术人才纪要 [J]. 山东教育行政周报，1929（65）：17—19.

厅厅长程振勇，省府秘书长沈士远，杭州市市长周象贤，公安局局长李子栽，工务局局长朱耀廷，及各机关、各团体代表，新闻记者、来宾等，济济跻跻，颇极一时之盛。迨铃声一振，军乐齐奏，全体肃立。行礼如仪，各政要相继致辞。中央国术馆馆长张之江为大会顾问，副馆长李景林任正评判长，孙禄堂、褚民谊任副评判长。评判委员 29 人，检察委员 37 人。窦来庚担任检察委员。

大会竞赛活动包括两大项，即拳械表演和散打擂台赛。大会 11 月 16 日开赛，28 日结束，历时 13 天。前 4 天为拳械表演（17 日休息），后 7 天为擂台赛。30 多个门派 500 多种拳械套路表演，既有单练，也有对练。18 日，张孝才表演滑拳，宛长胜表演罗汉拳，邱景炎表演梅花拳，周化先表演太乙拳，邱景炎、周化先表演对打金刚拳，张孝田、张孝才表演摔角。19 日，张孝才表演大枪，宛长胜表演三义单刀、燕翅镗，邱景炎表演龙行剑，周化先表演双刀、春秋大刀。20 日，周化先表演春秋大刀，宛长胜表演双钩。22 日下午比试结束后，窦峰山（来庚）、韩冠洲（青岛）、邱景炎三人表演对打散手。25 日比试结束后，邱景炎、宛长胜分别表演单刀。[①]

散打擂台赛报名 125 人，实际参赛 109 人。在监察委员指挥与监督下，以摇龙珠方式将参赛选手分为 4 个大组。划定预赛、初赛、复赛、大决赛和冠亚季军争夺赛等总计 18 轮，采用两人对抗淘汰制。预赛胜者进入下一轮复赛，败者淘汰出局；第二轮比赛平局者双方再战；第三轮是预赛中未胜者复赛；经过三轮较量，剩下所有选手进入第四轮大决赛淘汰赛。大决赛淘汰赛胜者，进入多轮决赛；负者进入多轮复赛。最后进行总决赛。

随着比赛轮次增加，激烈程度不断加剧。经过激烈争夺，决出 30 名优胜者。山东选手宛长胜名列第 8，获最优等，得奖金 300 元；张孝才名列第 10，获最优等，得奖金 200 元；张孝田名列第 16，获优等，得奖品宝剑一把；邱景炎名列第 24，获中等，得奖品手表一只。[②]

浙江国术游艺大会结束后，窦来庚向教育厅报告本省选手参赛结果，宛长胜、张孝才、张孝田、邱景炎 4 人列入名次，获得奖励，周化先因病未能与赛。[③]

---

① 浙江国术游艺大会汇刊 [M]. 杭州：浙江国术游艺大会，1930：212—243.

② 浙江国术游艺大会汇刊 [M]. 杭州：浙江国术游艺大会，1930：297—301

③ 选送赴浙国术人员之荣誉 [J]. 山东教育行政周报，1929（70）：1.

（三）第五届全运会国术表演比赛

1933 年 10 月中下旬，第五届全运会及第二届国术国考相继于南京举行。8 月 25 日上午，窦来庚于省国术馆召集教师讨论选手参赛办法。会议决定全运会拳术、摔角选手选送国术省考最优（甲）等、优（乙）等，及第十七届华北运动会成绩优良者参赛。射箭、弹丸、踢毽、测力四项则登报征求合格人才，于省立体育场进行选拔。所有待遇与田径赛运动员相同，器械自带；国术国考选手选送省考及第十七届华北运动会选手成绩最优者与考。如有缺额者以省国术馆学生补充，共选 30 名。经费由省国术馆造具预算，呈请省府核发。[①]

国术预选赛 9 月 14 日上午举行，姚以价将军、窦来庚副馆长为评判员，选定 18 人，多系参加第十七届华北运动会摔角、拳术、器械等健将。弹丸、踢毽、测力、弓箭四项因缺乏人才，不能报名。弹丸一科仅李维祺一人报名，未能录取。[②]

10 月 10 日至 19 日，第五届全运会于南京中央体育场举行。这届全国运动会国术表演比赛，于 1931 年所定的拳术、摔角、器械三种之外，增加了射箭、弹丸、踢毽、测力四种。[③]国术比赛规则规定各单位参赛男女选手，每项分男女二队，每队至多 6 人。比赛项目定为七项，设拳术（重量级、中量级、轻量级）、摔角（重量级、中量级、轻量级）、器械（刀剑枪棍，重量级、中量级、轻量级）、踢毽、测力、射箭、弹丸七种锦标。拳术比赛（散打）以三回决胜负，每回 3 分钟。每回比赛完毕休息 2 分钟，即继续次回比赛。摔角比赛以三回决胜负，如三回比赛后不分胜负时，延长比赛一回。一方选手被摔倒时，即为一回。每回比赛后，即继续次回比赛。每回 5 分钟为限。器械比赛以三回决胜负，每回 3 分钟。每回比赛完毕休息 2 分钟，即继续次回比赛。射箭比赛分射中、射远两级，每人连射三箭为一回，较射二回以定胜负。较射中，以 30 米为度；较射远，男子以 80 米为最短距离，女子以 70 米为最短距离。踢毽比赛不分男女老幼。测力比赛不论年龄，分男女两组。每项均录取前四名。国术表演分拳术、器械、对手（对练）、踢毽四项，每人表演时间不得逾 5 分钟。

新疆、四川、江西、安徽、青岛、河北、上海、河南、浙江、南京、北平、福建、绥远、山东等 14 省市与赛，江苏、湖北仅参加表演。各单

---

① 参加全运会国术选手以参加华北者为限 [N]. 山东民国日报，1933-8-26（5）.

② 国术选手已选定 [N]. 申报，1933-9-17（16）.

③ 褚民谊 . 全运会中之国术比赛 [J]. 时事月报，1933，9（5）：337.

位选手报名人数为 219 人，男选手 205 人，女选手 14 人。山东国术指导员窦来庚、潘鸿祥，管理员田镇峰，18 人参与比赛、表演（无女子选手），无人参加射箭、弹丸、踢毽和测力四项比赛。（表 2–7–1）

表 2–7–1 山东国术选手表演比赛项目[①]

号码	姓名	性别	级别	比赛项目	表演项目	号码	姓名	性别	级别	比赛项目	表演项目
1523	胡焕彬	男	轻	拳术	枪术	1532	马清河	男	中	摔角	
1524	王玉山	男	中	拳术		1533	张登奎	男	中	摔角	
1525	韩维栋	男	中	拳术		1534	马慧堂	男	中	摔角	
1526	周子和	男	中	拳术	拳术 枪术	1535	冯锡珍	男	中	枪术 剑术	枪术
1527	霍桐林	男	轻	拳术	刀术	1536	王子章	男	轻	刀术 剑术	刀术
1528	杜福华	中	中	拳术	双鞭	1537	荣宝昆	男	轻	枪术 剑术	铲
1529	杨春志	男	轻	摔角		1538	周振鲁	男	轻	枪术 剑术	大刀
1530	崔凤歧	男	中	摔角		1539	李昆山	男	中	枪术 刀术	
1531	金胜利	男	中	摔角		1540	姜修信	男	轻	剑术 刀术	

褚民谊任国术裁判长，裁判员分拳术及器械组、摔角组、射箭及弹丸组、踢毽组、测力组，及助理裁判员、管签及分组员、计时员。国术比赛，拳术、摔角、器械、踢毽、测力五项及各项表演均在国术场内举行，射箭、弹丸二项则在第二足球场内举行，射箭（射中）、弹丸决赛时则将箭鹄、弹鹄移入国术场南面深沟进行。

图 2–7–5 周子和先生遗照（采自《二十二年全国运动大会总报告》

比赛结果，拳术中量级第 1 名周子和获银杯一只（图 2–7–5），拳术轻量级第 4 名胡焕彬

① 二十二年全国运动大会筹备委员会 . 二十二年全国运动大会总报告 [M]. 上海：中华书局，1934：124.

获湖笔两盒；摔角中量级第3名崔凤歧获镜框一个，轻量级第4名杨春志获湖笔两盒；刀术中量级第4名李昆山获湖笔两盒；剑术轻量级第1名姜修信获银杯一只，第3名周振鲁获旗帜一面；枪术中量级第1名冯锡珍获银杯一只（图2-7-6），李昆山获中量级第3名，因犯规被取消资格。各项优胜者均发奖章一枚（第1名金奖章、第2名银奖章、第3名嵌银奖章、第4名古铜奖章），附赠北平国术馆纪念章一枚。器械表演，王子章太极剑、荣宝昆双刀、胡焕彬枪术、霍桐林单刀，名列第8、10、11、14名，各获奖章一枚。国术比赛男子部18个锦标，周子和获得拳术中量级锦标，冯锡珍获得枪术中量级锦标，姜修信获得剑术轻量级锦标。（表2-7-2）山东团体总分得22分，名列第4。[①]

图2-7-6 冯锡珍参加第五届全运会留影（采自《勤奋体育月报》1933年第1卷第2期）

表2-7-2 第五届全运会山东国术选手成绩一览表

姓　名	项目（级别）	名次	姓　名	项目（级别）	名次
周子和	拳术（中量）	1	姜修信	剑术（轻量）	1
胡焕彬	拳术（轻量）	4	周振鲁	剑术（轻量）	3
崔凤歧	摔角（中量）	3	冯锡珍	枪术（中量）	1
杨春志	摔角（轻量）	4	李昆山	枪术（中量）	3（取消资格）
李昆山	刀术（中量）	4			

（四）第二届国术国考

1933年10月20日至30日，第二届国术国考于南京公共体育场举行。蒋介石、林森、汪精卫、冯玉祥、李烈钧、蔡元培、何应钦、孙科等政要参加大会仪式。名誉裁判长由国民政府考试院院长于右任担任，总裁判长张之江，副裁判长马良、诸民谊、王子平、朱国福等，杨法武、马裕甫、杨松山等均为各项比赛评判员。本次国考总结了上两次国术比赛经验，将枪刀剑棍拳作为表演项目，获得优等者方可参加长兵、短兵、拳术（散打）、摔角、搏击（拳击）五项对抗性竞技，学科包括党义、国术源流、国文。湖北、河南、湖南、福建、贵州、山西、河北、浙江、江西、

① 全国运动大会总报告//民国史料丛刊[M].郑州：大象出版社，2009，1125：128.

江苏、绥远、青岛、重庆、汉口、北平、天津、上海、南京、山东，及中央国术馆等20个单位420余人与赛。参赛选手均为各省省考优等或最优等奖获得者。

山东省府赠大会“自卫御侮”大银鼎一座[①]，山东国术馆赠对联一副：“试典喜重光，贲育偕来，好把英才量玉尺；民魂今唤起，风云际会，全凭国术奠金瓯”。[②]李培义担任山东省总领队，窦来庚、潘雪峰担任评判委员。山东队报名选手张登奎、杨春志、韩维栋、马慧堂、胡焕彬、冯锡珍、李昆山、邹振鲁、杨凤玉、金福泉、李儒珍、林秉礼、杨玉和、王玉章、常秉哲、王子章、崔凤歧、杜福华、金胜利、周子和、王汇东、冀文才、荣宝昆、王得清、马鸿志、马清河、霍桐枫、李振华等共28人，全部男性。（表2–7–3）

表2–7–3 山东省应试员履历一览表[③]

姓　名	年龄	籍贯	出身	任职	所习拳械	业师	临时通信	永久通信
张登奎	22	山东历城	高小毕业		六路短拳 摔角	法瀛	未详	山东省回教公会
杨春志	20	山东历城	高小毕业		五趟查拳	法瀛	未详	山东省回教公会
韩维栋	26	山东馆陶	学界		二郎拳	赵东岱	山东省国术馆	山东馆陶县西南护法寺村
马慧堂	21	山东历城	高小毕业		四趟查拳 摔角	法瀛	未详	山东省回教公会
胡焕彬	27	山东堂邑	行伍	山东省公安局第三队巡长	查拳 少林枪	张子其	山东省公安局保安第三队	山东昌邑县海眼庄
冯锡珍	25	河北行唐	行伍	山东第三路军手枪旅特务营少尉	长拳 大六合枪	高随合	山东第三路军手枪旅特务营	河北行唐县上碑镇增成号

① 中央第二届国术国考专刊[M]. 南京：中央国术馆，1934：215.

② 中央第二届国术国考专刊[M]. 南京：中央国术馆，1934：216.

③ 中央第二届国术国考专刊[M]. 南京：中央国术馆，1934：171—175.

姓　名	年龄	籍贯	出身	任职	所习拳械	业师	临时通信	永久通信
李昆山	39	山东莱阳	学界	山东莱阳县警察队教练兼第三分队队长	螳螂拳六合枪	姜化龙	山东莱阳国术馆	山东莱阳店埠集
邹振鲁	26	山东聊城	山东省国术馆学生		查拳查枪	张焕曾	山东省国术馆	山东省西门里大街福聚堂南派局
杨凤玉	19	山东历城	小学毕业		六合拳青萍剑六合刀摔角	李玉森左双臣	未详	山东省回教公会
金福泉	22	山东历城	高小毕业		六合拳六合刀青萍剑	李玉森左双臣	未详	山东省回教公会
李儒珍	42	山东堂邑	陆军讲武堂毕业	陆军第五师十七团五连连长兼第三路军总指挥部国术教官	形意刀枪剑棍	王祥斋张孝生	山东省国术馆	山东堂邑县城南张炉集
林秉礼	26	山东寿光	内政部警官高等学校毕业	山东寿光县公安局局长现任山东省国术馆教务员	太乙拳龙形剑六合刀	窦峰山	济南大马路裕祥昌	昌乐上口街汇通号
杨玉和	39	山东平原	军界	曾任北平总统府摔角教授	摔角	马子贞	山东平原饮马店	

姓　名	年龄	籍贯	出身	任职	所习拳械	业师	临时通信	永久通信
王玉章	20	山东历城	中央国术馆第三期毕业	济南市普利小学国术教师 山东省国术馆助教	金刚拳 青萍剑	窦峰山	山东省国术馆	济南城内花家井26号
常秉哲	21	山东东平	警界	山东省公安局警士	少林拳剑	常秉章	山东省公安局武术队	山东东平县城西代家庙
王子章	23	河北霸县	学界		埋伏拳 太极剑	王茂田	山东省国术馆	大连市王阳街276番地
崔凤歧	29	山东历城	商界		洪拳 大斧 摔角	王兆林	山东省商埠万子巷	风记号
杜福华	27	山东临清	山东省国术馆毕业	山东省国术馆济南第十九分社社长	太极拳	李景林	山东省国术馆济南第十九分社	山东临清城东陈庄
金胜利	25	山东历城	警界	山东省公安消防组	四趟查拳 五圣刀	金茂章	山东省公安局消防组	山东历城杆石桥里道南
周子和	21	山东历城	警校毕业		青萍剑 齐眉棍 摔角	李玉森		山东省回教公会
王汇东	25	山东诸城	中央国术馆第二期毕业	青岛市立第一小学教师 山东省国术馆教授	太乙拳 太极剑 六合枪	高凤岭	山东省国术馆	
冀文才	34	山东益都	商界		六合拳 六合刀	吴振东	山东益都城东正母街中集道北	

姓　名	年龄	籍贯	出身	任职	所习拳械	业师	临时通信	永久通信
荣宝昆	27	河北霸县	军界	山东第三路军手枪旅特务营	黑虎拳大八枪	荣贵	山东第三路军手枪旅特务营	河北霸县城东荣家柳子
王得清	23	山东堂邑	未详	山东省公安局警士	查拳八仙剑	孙殿臣	山东省公安局武术队	山东堂邑梁水镇养得堂
马鸿志	21	山东济南	未详	山东省国术馆教授	未详	未详	山东省国术馆	未详
马清河	28	山东历城	未详	山东省公安消防组	未详	未详	未详	未详
霍桐枫	19	河北南乐	行伍	山东省公安局保安第三队	西洋掌梅花刀纯阳剑	霍尚珍	山东省公安局保安第三队	河北南乐县城内东街
李振华	22	山东安丘	未详		拳剑	未详	山东省国术馆	

国考盛会于20日上午举行开幕典礼。下午预试表演，一时枪刀剑戟，劈崩挑刺，形形色色，各显身手，观众心驰神往。21日开始拳术、长兵、短兵、搏击、摔角等项比赛。每日观众皆不下数千，出入场时人头挤挤，途为之塞。

28日上午，长兵决赛，冯锡珍对青岛徐汉臣，二人皆大枪名手，造诣已达上乘。冯锡珍即第五届全运会夺得大枪锦标者，且于山东国术省考时亦名列最优等。冯徐相遇，酣战甚久。冯锡珍所用枪法，使人不可捉摸，其转换闪赚，攻守全用中平；徐汉臣则刚多柔少，结果为冯锡珍所败。[①]

下午摔角决赛，张登奎迎战南京阎善益。张登奎为第十七届华北运动会摔角第2名，自非凡手；阎善益亦全国闻名摔角高手。二人年岁相当，自有一场恶战。交手后，第一合阎善益先胜一跤；至第二合，阎善益左脚

① 中央第二届国术国考专刊[M].南京：中央国术馆，1934：222.

扭伤，致为张登奎连败两次。[①]

经过激烈角逐，男子拳术甲等13名中，林秉礼、周子和分获第1、8名；乙等12名中，杨凤玉获第8名；丙等20名中，王子章、王玉章分获第5、13名。男子长兵甲等3名中，李昆山获第1名；乙等4名中，冯锡珍获第2名；丙等18名中，周子和、杜福华、王玉章分获第11、12、13名。男子短兵甲等6名中，王得清获第5名；乙等6名中，常秉哲获第4名；丙等32名中，王子章、杜福华分获第7、23名。摔角甲等3名中，张登奎获第2名；乙等4名中，金胜利获第3名；丙等6名中，崔凤歧、马清河分获第2、3名。（表2–7–4）

表2–7–4 第二届国术国考山东国术选手成绩一览表

姓　名	项目	等级	名次	姓　名	项目	等级	名次
林秉礼	拳术（散打）	甲等	1	王得清	短兵	甲等	5
周子和			8	常秉哲		乙等	4
杨凤玉		乙等	8	王子章		丙等	7
王子章		丙等	5	杜福华			23
王玉章			13	李昆山	长兵	甲等	1
张登奎	摔角	甲等	2	冯锡珍		乙等	2
金胜利		乙等	3	周子和		丙等	11
崔凤歧		丙等	2	杜福华			12
马清河			3	王玉章			13

林秉礼参与学科考试，党义得95分，国术源流得100分，国文《直接比赛与间接比赛之关系如何》一文得98分，总分名列第一。[②]韩维栋、金福泉、邹振鲁正试及格，李振邦（华）、王汇东、胡焕彬、马鸿志、荣宝昆、霍桐风（枫）正试及格，未考学科。[③]

本届国考大会后，张登魁（奎）、杨奉（凤）玉、金福泉、马金（慧）

① 中央第二届国术国考专刊[M].南京：中央国术馆，1934：222.

② 中央第二届国术国考专刊[M].南京：中央国术馆，1934：227.

③ 中央第二届国术国考专刊[M].南京：中央国术馆，1934：234—242.

堂、杨春志、周子和，及王新志（治）等被选入中央国术馆深造。[①]

（五）第六届全运会国术表演比赛

1935年4月，山东省参加第六届全运会国术选手，拟以一二两届国术省考甲等，及第三届甲等合起来比赛一次，选出若干人参加。在三届省考选手以外，有愿以私人参加者，允准与否须开会讨论决定。[②]

山东省国术选手原定50人。嗣因黄灾惨重，一切庶政经费力求紧缩，樽款救灾。故此决定以半数选手赴沪参赛，9月11日上午于民众体育场实行测选。教育厅科长杨展云，省国术馆副馆长窦来庚，教务长田镇峰，教务主任潘雪峰，及各评判委员莅场，应测男女选手50余人。杨展云报告此次测选及缩减名额意义。随即开始角逐，竞争激烈。至12时完毕，共选男女25人。[③]

1935年10月10日至20日，第六届全运会于上海江湾体育场举行。国术比赛男子项目设拳术（单人、对手）、器械（单人、对手）、摔角（重中轻三个级别）、射箭（射中、射远）、弹丸、踢毽（盘踢、交踢）、测力（重中轻三个级别）等7门15项。女子项目与男子相同，摔角与测力不分级（11项）。每项录取前六名。绥远、热河、河北、陕西、河南、山西、福建、江西、安徽、浙江、江苏、湖南、四川、北平、青岛、南京、上海、山东等18省市330余名选手与赛。

山东队指导员窦来庚、潘雪峰、田镇峰，管理员田镇峰，参赛选手有魏盛勋、王子章、荣宝昆、马鸿志、霍枫林、李振西、王得清、王玉章、王增和、张鸿芳、胡焕彬、王云青、刘兰章、于进禄、乔双品、赵云亭、马清河、金胜利、杨子善、李盛章、佟顺禄、宛殿文、左锡五，魏文海、杨素清（女）。[④]（相关选手情况，见表2-7-5）

---

① 张健.齐鲁武术史话[M].济南：齐鲁书社，1997：142.

② 选拔参加全运选手[N].山东民国日报，1935-4-25（1）.

③ 国术选手测选竣事[N].华北新闻，1935-9-12（2）.

④ 第六届全国运动大会报告[M].上海：第六届全国运动大会筹备委员会，1937：7—21.

表 2-7-5 山东省国术选手调查表[①]

姓 名	年龄	参加项目	所在学校团体	姓 名	年龄	参加项目	所在学校团体
荣宝昆	29	单拳 对拳 单械	山东第三路军军士教育团	王玉章	22	对械	
王增和	27	对拳	山东第三路军手枪旅	于进禄		对械	
王子章	25	拳术 器械	山东第三路军手枪旅	杨子善		摔角 测力	
胡焕彬	30	对拳	山东省会公安局第三大队	李盛章	22	摔角 测力	
李振西	23	对拳	山东省会公安局第三大队	宛殿文	18	摔角 测力	
乔双品	24	对拳	山东第三路军手枪旅	左锡五	23	摔角 测力	
张鸿芳	20	拳术	第三路军七十四师师部	马清河	30	摔角 测力	
霍枫林	21	对械	山东省会公安局第三大队	金胜利	27	摔角 测力	
马鸿志	23	拳术 器械	山东省国术馆	佟顺禄	28	摔角	
王得清	25	对械	山东省会公安局	魏文海	38	射箭	
杨素清（女）	17	拳术 器械	山东省国术馆	赵云亭	29	摔角 测力 弹丸	
魏盛勋	23	单拳		刘兰章		对拳	
王云青		对拳 对械					

国术比赛裁判长为褚民谊。这次国术比赛最大的变化是将拳术和器械改为表演性比赛，即对套路演练打分评定名次，不进行对抗性比赛。国术表演成绩以姿势、动作及运动三项表现进行评分，每项均以一百分计

① 山东省男女国术选手调查表 [J]. 国术声，1935，3（9）：6—7.

算，再将三项总分平均，即为应得分数。摔角、射箭、弹丸、踢毽、测力等项目一仍其旧，照常以竞赛成绩确定名次。[①]

图 2-7-7 女子拳术冠军杨素清站在最高领奖台上（采自《全国运动会图画专刊》1936 年，原图表述有误）

12 日下午，女子单人拳术决赛，杨素清表演少林拳尤为出色。视其外表，初不知其为巾帼英雄。其行拳体姿一如男子，果得冠军盛誉（图 2-7-7）。16 日，男子单人器械决赛，王子章太极剑与陕西魏凤德太极枪得分相同，17 日再行表演一次。王子章较魏凤德为优，名列第 2，魏凤德名列第 3。下午 4 时许，比赛项目结束。裁判长褚民谊为满足观众兴趣，吁请各位裁判员举行临时表演。裁判员及各单位领队莫不欣然应允，自动报名，于万众观客欢呼声中一显身手。山东国术馆副馆长窦来庚上场表演了太乙拳。

图 2-7-8 山东摔角健将佟顺禄（采自《图画晨报》1935 年 10 月 17 日第 2 版）

比赛结果，王子章（埋伏拳）、马鸿志（信义拳）分获单人拳术第 5、6 名。荣宝昆、张鸿芳（十二连手），王增和、乔双品（对打梅花心），胡焕彬、李振西（对打十二趟查拳）分获双人拳术第 2、3、5 名。王子章单人器械（太极剑）获第 2 名。王得清、霍枫林，乔双品、王增和分获双人器械第 5、6 名。杨素清获女子单人拳术（少林拳）、器械（六合刀）第 1、5 名。摔角赵云亭、杨子善分获重量组第 3、6 名，佟顺禄（图 2-7-8）、左锡五分获中量组第 3、6 名。测力马清河获重量级第 4 名，李盛章获中量级第 2 名。山东男队以 40 分获团体总分第 4 名，女子团体总分第 7 名。[②]（相关成绩一览，见表 2-7-6）

① 第六届全国运动大会报告 [M]. 上海：第六届全国运动大会筹备委员会，1937：157.

② 第六届全运大会十日纪 [J]. 体育月刊，1935（9）：12—44.

表 2-7-6 第六届全运会山东国术选手成绩一览表

姓 名	项目（级别）	名次	姓 名	项目（级别）	名次
王子章	拳术	5	乔双品	对械	6
马鸿志	拳术	6	王增和	对械	6
荣宝昆	对拳	2	赵云亭	摔角（重量）	3
张鸿芳	对拳	2	杨子善	摔角（重量）	6
王增和	对拳	3	佟顺禄	摔角（中量）	3
乔双品	对拳	3	左锡五	摔角（中量）	6
胡焕彬	对拳	5	马清河	测力（重量）	4
李振西	对拳	5	李盛章	测力（中量）	2
王子章	器械	2	杨素清（女）	拳术	1
王得清	对械	5	杨素清（女）	器械	5
霍枫林	对械	5			

这次全运会山东成绩不甚理想，除在测力等项得分外，男子射箭、弹丸被淘汰出局，踢毽无人参赛。女子摔角、射箭、弹丸、踢毽、测力等项目未派选手。这与韩复榘对射箭等项目的态度不无关系。

山东国术代表队参加第六届全国运动会表现出良好的技术水平和精神风貌。马子孚《从国术源流说到山东队参加第六届全国运动会》文述：闻各省市选手，狂呼乱叫，声震屋瓦。甚至以资格之争同室操戈，武德堕落，为举世所唾弃。独鲁省国术选手雍雍然，秩秩然，以惟领队命令是听，而成绩较各省市不弱。何者？国术源流认识清楚，主持提倡国术者苦心孤诣为独到。无怪乎一班人士望尘弗及，而自觉惭愧。至于各项田径赛等选手成绩不如国术，而虽败犹荣。①

① 马子孚 . 从国术源流说到山东队参加第六届全国运动会 [J]. 进德月刊，1935，1（4）：20—21.

二、地区性国术表演与竞赛活动

（一）第十六届华北运动会国术表演

1932年10月10日至13日，第十六届华北运动会于河南开封举行。筹委会赛前决议，本届华北运动会增设国术表演项目。因期限已迫，不及向全省各县遴选。山东国术馆由学生、教授中选拔李培义、王惠（汇）东、李永禄、于增福、王玉章、马鸿志、张广聚、林秉礼八人，由教务长田镇峰领队前往参加表演。马良亦偕往参观。①10月上旬，省府拨发经费586.65元。②运动会期间，北平国术馆、青岛国术馆、河南国术馆、辽宁国术馆和山东国术馆进行了国术表演。

13日，山东国术馆表演项目，田镇峰太极拳，精气神俱全；王玉章小洪拳，手眼相应；林秉礼埋伏拳，步法稳活；张广聚金刚拳、六合双刀，有力有劲；马鸿志雪片刀，刀风逼人；田镇峰、李永禄、王惠（汇）东合演太极拳，静动合乎道矣；马鸿志、张广聚空手夺花枪、剑进枪，艺高功深；李永禄、王惠（汇）东搏击，如龙似虎；李培义、王惠（汇）东、李永禄、于增福、王玉章、马鸿志六人轮流摔角，虎豹横冲，煞是壮观。③

会期被大会聘为国术主试委员的马良，与各地国术专家一道应邀登台献艺。其表演的齐眉棍，混合各种棍法精妙，令观众望眼欲穿。④

（二）第十七届华北运动会国术表演比赛

1933年2月，第十七届华北运动会筹委会议定自本届大会起增加国术一项，以期新旧体育共同发展。因国术动作不同，且有拳术与器械之别，是否采用比赛或表演，由青岛国术馆征求华北各国术机关意见斟酌规定。山东国术馆建议摔角为比赛设单项锦标，其余均为表演。⑤河南国术馆⑥、绥远国术馆主张采取比赛制。⑦青岛国术馆与华北运动会筹委会参酌

---

① 华北运动会增添国术比赛[N].山东民国日报，1932-9-28（5）.

② 教育[J].山东省政府行政报告，1932（10）：6.

③ 第十六届华北运动会筹委会编.第十六届华北运动会总报告[M].上海：大东书局，1932：71.

④ 第十六届华北运动会筹委会编.第十六届华北运动会总报告[M].上海：大东书局，1932：100.

⑤ 华北运动会国术规则[J].体育周报，1933，2（16）：2.

⑥ 运动界纪事[J].体育周报，1933，2（4）：26.

⑦ 运动界纪事[J].体育周报，1933，2（6）：23.

各方意见，决定摔角为比赛设单项锦标，其余均为表演。[①]

6月3日下午，山东国术馆于馆内选拔参加第十七届华北运动会选手。参加预选者均系山东国术省考录取之最优等及优等角色，计为山东国术馆及济南各国术分社，省会公安局，第三路军手枪旅、特务营等处48人。预选分拳脚、器械、摔角等项，以单拳、单械及身体健康者为标准。评判委员林继维，评判员窦来庚、怀金（锦）章、潘鸿祥、钱振（田镇）峰。窦来庚训话，选拔选手参加华北运动会，中外观瞻所系，胜败颇关山东盛誉。此次选拔开诚布公，无有私见，并望大家严守纪律，万无显露一种粗野气象。即后开始表演，结果共选中16人。拳脚、器械选手10人，为王子章、宫有安、郭宏（洪）远、林玉田、张连举、马鸿志、张广聚、杜福华、王新治、荣宝昆；摔角选手6人，为张登奎、金胜利、李传忠、杨春志、马清河、崔凤岐。候补6人，为王玉章、王振铎、刘囿辉、李振东、李振西、冯锡珍。[②]

7月12日至15日，第十七届华北运动会于青岛举行，而将国术纳入竞赛项目实属创举。山西、河北、绥远、北平、辽宁、河南、青岛、山东等8个单位参加国术表演比赛，选手79人。窦来庚应邀担任评判员。国术表演以姿势、精神、动作和其他（体力、修养、武德等）作为评分标准，分列拳术（单拳、对拳）、器械（刀术、剑术、枪术、棍术、其他器械和对械）。山东国术队张登奎、宫有安、王子章、王新治、金胜利、张连举、马鸿志、荣宝昆、李传忠、郭洪远、林玉田、马清河、杨春志、杜福华、张广聚、崔凤岐等16名选手参赛。[③]

参加拳术表演35人，俱功力深厚，动作娴熟。宫有安醉猴拳刚柔兼济、进退自然，其原系刘英华高足，此次参赛获得冠军，实乃青出于蓝而胜于蓝。参加器械表演21人，王子章太极剑动静合节、进退得宜。林玉田刀术、张广聚双钩各尽其妙。[④]马鸿志、张广聚白手夺枪，枪刺白手者，白手者旋臂、转首、举足、盘腰，而风雨不透、枪不近身；白手人最后一掌，夺枪落地。叹观止矣！[⑤]

---

① 华北运动会国术规则 [J]. 体育周报，1933，2（16）：2.

② 鲁选拔华北国术代表 [N]. 大公报（天津），1933-6-6（10）.

③ 华北运动会筹备委员会编 . 第十七届华北运动会总报告 [M]. 出版地不详：华北体育联合会，1934：19.

④ 华北运动会筹备委员会编 . 第十七届华北运动会总报告 [M]. 出版地不详：华北体育联合会，1934：299—300.

⑤ 华北运动会国术表演比赛 [J]. 体育周报，1933，2（25）：42.

特别技能表演仅青岛、山东、河南9人参加，以其个人平生技艺，依其精彩程度评定分数。王新治“倒扯旗”，所谓“旗”，并无旗，仅旗杆一根树田径场上，而以人代旗。杆既立，人揉升，且升且作种种姿势。及巅，以手挽杆，两足直上，再弯其腰，复使成水平，如展旌旗。移时，一动一下，愈降愈快，其姿势雄美，得未曾有。马清河“背开巨石”，屈体向前，背载巨石，重三百五十斤，以铁锤击之，碎为三五块（图2–7–9）。荣宝昆“铁板桥”（图2–7–10），演法与青岛杨明斋较难，惟石过轻，而稍逊一筹。[①]崔凤岐“龙头力士”（图2–7–11），其屈颈承另一壮士，另一壮士则两手再携两壮士，两壮士上顶两童子，居中一壮士，则又以颈承受一伟丈夫，七人回环围绕成一龙头形，而二童子各手持“乾坤圈”一个，辉煌耀目，有如龙睛。六人之重皆承于一人之颈。力亦雄哉[②]！

图2–7–9 马清河表演“背开巨石”（采自《大亚画报》1933年第392期）

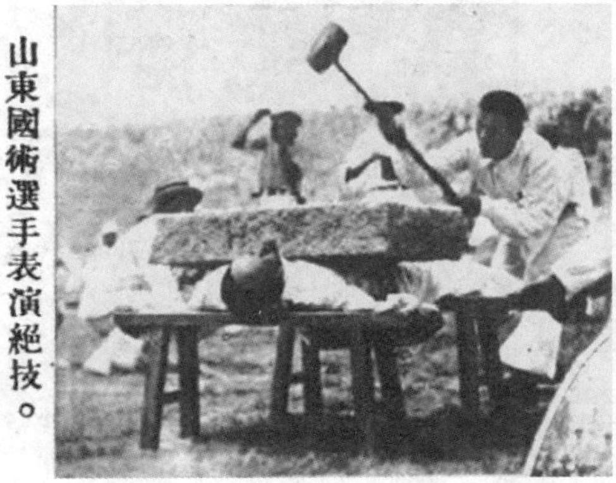

图2–7–10 荣宝昆表演“铁板桥”（采自《良友》1933年第79期）

图2–7–11 崔凤岐表演龙头力士（采自《体育周报》1933年第2卷第25期）

表演项目成绩，宫有安获单拳第1名，宫有安、张连举获对拳第3名，王子章、林玉田获刀术第3名，王子章、林玉田获剑术第1、3名，

① 华北运动会筹备委员会编．第十七届华北运动会总报告[M]．出版地不详：华北体育联合会，1934：299—300.

② 华北运动会国术表演比赛[J]．体育周报，1933，2（25）：41—42.

荣宝昆、崔凤岐获特技第 2、3 名，林玉田、张广聚获其他器械第 2、3 名。摔角比赛，张登奎、金胜利获第 2、3 名（图 2–7–12 为前三名获得者合影）。名将李传忠虽年龄稍长，而以技巧见长，大有夺冠希望，然在与青岛选手王永彬对决中，受暑晕倒[①]，遂致弃权，屈居第 4 名。杨春志获第 6 名（本次国术比赛及表演成绩情况，见表 2–7–7）。摔角比赛锦标为山东夺得，获青岛市市长沈鸿烈银杯一个、青岛志同公司天津政兴祥银盾一座、第十七届华北运动会锦标一面、河北省教育厅厅长陈宝泉锦标一面、山东省政府银杯一个。取得表演项目比赛成绩者均获得大会奖励。

图 2–7–12 第十七届华北运动会国术摔角比赛前三名获得者合影（采自《摄影画报》1933 年第 9 卷第 26 期）

图 2–7–13 山东女子国术表演（采自《玲珑》1933 年第 3 卷第 24 期）

山东女子参与大会表演（图 2–7–13）。王玉华、于秀兰之双刀进剑，亦为精彩。[②]

---

① 国术选手晕倒 [N]. 申报，1933–7–13（15）.

② 华北运动会花花絮絮录 [N]. 申报，1933–7–17（14）.

表 2-7-7 第十七届华北运动会国术比赛及表演成绩 [①]

名次	摔角	拳术		器械						特别技能
		单拳	对拳	枪术	刀术	棍术	剑术	其他	对器械	
第一名	宝善林（北平）	宫有安（山东）	常秉毅 韩冠英（青岛）	张培五（青岛）	张培五（青岛）	黄树堂（青岛）	王子章（山东）	韩冠英（青岛）	郑汝平 郭详明（河南）	杨明斋（青岛）
第二名	张登奎（山东）	刘英华（青岛）	潘德源 程全忠（绥远）	陈维新（北平）	刘玉华（河南）	史克让（山西）	韩冠英（青岛）	林玉田（山东）	陆振林 冯大有（河北）	荣宝昆（山东）
第三名	金胜利（山东）	韩超群（河北）	宫有安 张连举（山东）	孟连福（北平）	王子章（山东） 林玉田（山东）	韩超群（河北）	林玉田（山东）	张广聚（山东）	吴万云 陈宗彬（北平）	崔凤岐（山东）
第四名	李传忠（山东）	张芾棠（北平）			刘玉华（河南）				孙占鳌 王汉武（北平）	常秉毅（青岛）
第五名	熊德山（北平）	张连举（山东）								刘天秉（河南）
第六名	杨春志（山东）	陈宗斌（北平）								
第七名	王永彬（青岛）	岳毓奇（河北）								
第八名	李俊鸣（青岛）									

（三）第十八届华北运动会国术表演比赛

1934 年 10 月 10 日至 14 日，第十八届华北运动会于天津举行。山东省为选拔参赛选手，决定凡在国术省考、华北运动会及国术国考名列最优者拥有参加本届预选资格；拳术、器械、摔角、特别技能，每项选取四人。9 月 6 日开始报名，16 日召开预选大会。[②] 经过选拔决定，王子章、宫有安、李振西、马鸿志、荣宝昆、林玉田、林秉礼、姜修信、胡焕彬、韩维栋、怀锦章、左锡五、王得清、霍桐林、金胜利、马清河等 16 名选手赴津参赛。

这次华北运动会，北平、河北、黑龙江、绥远、青岛、山西、河南、

---

① 华北运动会筹备委员会编 . 第十七届华北运动会总报告 [M]. 出版地不详：华北体育联合会，1934：411—415.

② 华北预选会昨日开始报名 [N]. 山东民国日报，1934-9-7（5）.

山东等 8 个单位 97 人参加国术表演比赛。山东队窦来庚担任指导，田镇峰、潘鸿祥担任管理。[①] 窦来庚应邀担任评判员。

10 日下午单拳表演，姜修信少林架，亦见功夫；林秉礼醉拳醉行式亦甚可观，其更善阴手镖法。11 日上午单拳表演，马鸿志信义拳，拳掌利落，腿法灵活；林玉田洪拳，身法灵活。对拳表演，宫有安、林秉礼对猴拳，进退有序，攻守有方，刚中有柔，急徐并用，形态毕露，功夫老到。下午单械表演，李振西棍法，未见精彩；王子章剑法，舞法精奇，功夫纯熟，甚有可观；宫有安剑法，仍甚精奇。对械表演，荣宝昆、林玉田剑进钩，亦见功夫，而套路非为常见。摔角比赛，金胜利对青岛佟顺禄，佟胜；两人拼斗，甚为猛烈；左锡五对青岛赵云亭，赵胜。[②] 马清河对青岛张孝才，张胜；怀锦章对北平金宝生，怀胜。

12 日单拳表演，姜修信信义拳，亦甚可观；林秉礼猴形拳，与 11 日对猴拳手法相同，不过进退反侧，左右盘旋，身手灵活；马鸿志埋伏拳，无甚精彩。下午单械表演，荣宝昆双刀，亦甚可观；李振西单刀，无甚精彩；王子章单刀，亦有可观；宫有安金刚轮，刚柔并用，身手灵活，手法表现未能了然，则为美中不足。对械表演，胡焕彬、霍桐林朴刀进枪，对手紧凑，功夫老到。摔角复赛，左锡五对绥远刘恩绶，左胜；金胜利对河南郭克宽，金胜；马清河对青岛王永彭，马胜；怀锦章对青岛佟顺禄，佟胜，怀君身体矮小，力量不如佟君，交手即跌，然仍一意进攻，拼斗精神殊为可贵，观众甚感兴趣。特别技能之打镖开砖，均系山东选手。韩俊义（维栋）阴手镖、王得清之反打，因镖靶木板甚薄且有弹力，置于台侧不稳固，致多中靶不中环，更因二君疏于练习，无甚成绩，只王得清中一镖，其余或中靶落地，而韩君一镖未中。胡焕彬之贯顶[③]，顶门置砂砖三块，另一人以一砖击之，砖粉碎而头无恙。

13 日上午单拳表演，林玉田黄鹰架，则甚平平。对拳表演，韩俊义（维栋）、王得清对长拳，甚为熟练。下午单械表演，荣宝昆日月方便铲，未见精彩；李振西枪法，亦为可观；王子章双剑，舞动生风；宫有安棍法，甚为纯熟，身法仍不脱猴形拳之意；荣宝昆枪法，无甚精彩。摔角决赛，怀锦章对北平宋振甫，怀胜；左锡五对青岛张孝才，张胜；金胜利对

---

① 第十八届华北运动会筹备委员会编 . 第十八届华北运动会秩序册 [M]. 上海：商业储蓄银行，1934：11.

② 十八届华北运动会国术场记实 [J]. 国术周刊（天津），1935（1）：9—11.

③ 十八届华北运动会国术场记实 [J]. 国术周刊（天津），1935（2）：7—9.

北平何士恒，未分胜负，致论弃权。特别技能表演因为时间关系，只进行了开石一项。霍桐林铁腹功，名为“铁板桥”。其仰卧于两凳之间，身体悬空，气贯胸腹，巨石横担腹上，山东国术馆摔角教师用大锤击之；在锤未落前，连呼一二三，以示暗号；霍桐林使气上顶，石碎而身无恙。胡焕彬“铁背功”，其法上身前俯，气贯脊背，巨石横担其背，其摔角教师用大锤击之，亦连呼一二三；胡焕彬使气上抵，石碎而身无恙。霍桐林之功系胡焕彬所传。[①]

摔角比赛佟顺禄、赵云亭、张孝才代表青岛队，包揽前三名，马清河、怀锦章分获第5、7名。马鸿志、姜修信分获单拳第3、7名。宫有安、林秉礼获对拳第2名。马鸿志、林玉田获对器械第2名。李振西获刀术、棍术第2名。王子章获剑术第3名。宫有安获其他器械第3名。特别技能表演霍桐林获第1名、胡焕彬获第2名。[②]（表2–7–8）

表 2–7–8 第十八届华北运动会国术比赛及表演成绩[③]

名次	摔角	拳术		器械						特别技能
		单拳	对拳	枪术	刀术	棍术	剑术	其他	对器械	
第一名	佟顺禄（青岛）	孙子建（青岛）	孙子建 萧鸿义（青岛）	陈维新（北平）	朱正心（河北）	朱正心（河北）	田秉义（青岛）	栾秀云（青岛）	田秉义 纪炎昌（青岛）	霍桐林（山东）
第二名	赵云亭（青岛）	萧鸿义（青岛）	宫有安 林秉礼（山东）	王奎亮（北平）	李振西（山东）	李振西（山东）	栾秀云（青岛）	张恩桐（河北）	马鸿志 林玉田（山东）	胡焕彬（山东）
第三名	张孝才（青岛）	马鸿志（山东）	韩俊义 李敬之（北平）	刘连恒（河北）	田秉义（青岛）	刘玉华（河南）	王子章（山东）	宫有安（山东）	鲍有声 吴玉昆（河北）	
第四名	宋振甫（北平）	白广汉（河北）							高凤祥 陈维新（北平）	
第五名	马清河（山东）	刘鸿章（河北）								

① 十八届华北运动会国术场记实[J]. 国术周刊（天津），1935（3）：6—8.

② 国术表演与比赛[J]. 勤奋体育月报，1934，2（2）：171.

③ 于鹤年. 第十八届华北运动会纪要（续）[J]. 河北月刊，1934，2（12）：15—16.

名次	摔角	拳术		器械						特别技能
		单拳	对拳	枪术	刀术	棍术	剑术	其他	对器械	
第六名	王永彭（青岛）	刘英华（青岛）								
第七名	王子章（山东）	姜修信（山东）								

第八节 基层国术组织的建立与发展

山东国术馆从筹创阶段即着手于基层国术组织建设，县市国术馆社从无到有、从有到优，并且定期照章巡视，了解其教学状况，建议其改善管理，督促其健康发展。视察员还须将视察详情拟具意见，呈报馆长韩复榘，以设法策进。加之施以经费资助，全省各地国术馆社犹如雨后春笋，层出不穷。

一、各县市国术馆社的建立与发展

图 2-8-1 济南市立民众体育场国术队太极拳组（采自《济南市市政月》1931 年第 4 卷第 4 期）

省会济南于基层国术组织建立和推进社会国术事业发展，占尽了天时地利人和的优越条件。1930 年 4 月，筹办中的山东国术馆于济南设立民众训练场 4 处。[①]（参见图 2-8-1）山东国术馆的创办推动了社会国术事业的进步与发展。1934 年，罗腾霄《济南大观》记载，山东国术馆于济南直属分社 22 处，共计社员 1300 余人，各县国术馆 27 处。（具体情况见表 2-8-1、表 2-8-2）

① 山东省国术馆咨请追加预算并发给民众训练场筹备费六百元案 [J]. 山东财政公报，1930，2（1）：55—56.

表 2-8-1 山东省国术馆所属济南市国术社名称

名 称	社 长	地址	名 称	社 长	地 址
第一社	金增孝	南关徐家花园	第十二分社	索西白	苗家巷
第二分社	李广华	丁家崖	第十三分社	胥文亭	正觉寺街
第三分社	聂鸿昌	官扎营中路北	第十四分社	王新治	经四路纬九路
第四分社	马永魁	馆驿街佛照寺	第十五分社	怀纷亭	县西巷
第五分社	金振盛	石棚街	第十六分社	崔绪昌	钟楼寺富贵园
第六分社	王凤三	官扎营	第十七分社	宋超尘	络 口
第七分社	王振邦	北园大杨家庄	第十八分社	董振武	络 口
第八分社	张兆霈	北园邵家庄	第十九分社	郭栋臣	西市场南门内
第九分社	任绪廷	小王府	第二十分社	赵蔼亭	赵家庄
第十分社		石棚街	第二十一分社	李香九	南关上新街
第十一分社	刘长荣	东门外连升街	第二十二分社	韩飞涛	中立山街

表 2-8-2 山东省国术馆所属各县国术馆

县名	副馆长	县名	副馆长	县名	副馆长	县名	副馆长
德县	李荫梧	恩县	唐培元	平原	张茂庭	陵县	宋元明
清平	解桂显	濮县	张殿荣	济宁	李圣渠	临沂	蒋大可
临清	赵仁泉	泰安	杨次瞻	益都	周化先	定陶	杨建亭
东平	林士璐	莱阳	刘竹园	招远	李子修	龙口	张子扬
宁阳	宁志勤	禹城	刘明裕	诸城	邱景炎	临朐	郎郁亭
栖霞	宋天宝	临邑	马龙河	德平	阎秀生	齐河	李梅君
茌平	袁兴邦	寿光	何德卿	馆陶	孙升名		

1934 年 4 月，第二届国术省考期间，陵县、德县、平原、恩县、泰安、定陶、胶县、聊城、馆陶、禹城、日照、曹州、冠县、莱阳等廿二

县国术馆，呈文韩复榘申述办学困难，恳请酌量发给经费。[①]韩复榘接报，召集财政厅厅长王向荣、教育厅厅长何思源，要求他们解决这一问题。最后决定由县教育经费中抽出一部分，作为县国术馆经费。[②]5月，县国术馆增至29处，省府批准各县分馆每月津贴40元。[③]

8月，省府拨款津贴国术分馆36县，又有博山等9县成立国术馆呈请省府津贴。其中，莱芜副馆长和国祥，滋阳副馆长张学乾，沂水副馆长刘益生，即墨副馆长葛振东，博山副馆长董玉衡，商河副馆长侯兰斋，日照副馆长曹际尧，牟平副馆长孙鉴堂，冠县副馆长张福安。禹城馆长更换为张裕良。济南国术分社23处，组织多按董事制，社长系国术人才，经费自筹。窦来庚屡往视察，男女学生成绩尚属不恶。[④]11月，济南国术分社发展至29处，全省各县国术馆达41处。[⑤]（具体情况见表2–8–3、表2–8–4）

表2–8–3 山东省国术馆所属各县国术馆一览表[⑥]

县名	馆　长	副馆长	县名	馆　长	副馆长
德县	李树德	李荫梧	禹城	张裕良	周汉民
恩县		唐培元	诸城		邱景炎
高唐	姚公檠	赵恩德	临朐	周钧英	郎郁亭
平原	曹梦九	张茂庭	临邑	刘汝桐	马龙河
栖霞	张汉宸	宋天保（宝）	陵县	苗恩波	宋元明
齐河	刁承襄	孙鸿斌	寿光		何德卿
清平		解桂显	掖县	刘国斌	黄云阁
濮县	张果中	张殿荣	德平	曹镇东	阎秀生
济宁	甄元远	李圣渠	茌平	牛占诚	袁兴邦
临沂	范筑先	王毓洙	馆陶	丁世恭	孙升名
临清	赵仁泉	徐子尚	莱芜	李钟豫	和国祥
泰安	周百鍠	杨次瞻	滋阳	罗登嵩	张学乾
益都	杨九五	周化先	沂水	张里元	刘益生
定陶	刘　景	杨建亭	即墨	李家禾	葛振东
东平	张志熙	林士瑢	博山	王荫桂	董玉衡
莱阳	梁秉琨	李昆山	商河	石毓嵩	侯兰斋

① 廿二县国术分馆呈请韩主席酌发经费[N]. 山东民国日报，1934–4–20（5）.
② 马鸿志. 山东国术馆杂忆[J]. 山东体育史料，1985（6）：18.
③ 各县国术分馆设立廿九县[N]. 山东民国日报，1934–5–11（5）.
④ 韩主席提倡国术力谋普遍[N]. 山东民国日报，1934–8–6（9）.
⑤ 山东省国术馆暨县馆各分社概况表[J]. 国术周刊，1934（129）：6.
⑥ 山东省国术馆所属各县国术馆一览表[J]. 国术周刊，1935（136、137）：13—14.

县名	馆　长	副馆长	县名	馆　长	副馆长
黄县	周保厘	张子扬	日照	张继羲	曹际尧
龙口	李瑞云	张子扬	牟平	周义章	孙鉴堂
宁阳	王耀章	宁志勤	冠县	侯光陆	张福安
昌乐	王金岳	刘钦义	东阿	庄守忠	刁鸿谟
成武	田吉康	王凌秋			

表 2-8-4　山东省国术馆所属济南市各分社一览表[①]

名称	社长	副社长	社址	名称	社长	副社长	社址
第一分社	金增孝		南关丁家花园	第十六分社	崔绪昌		钟楼寺街
第二分社	潘承恩		丁家崖	第十七分社	宋超尘		络口镇
第三分社	聂鸿昌		官扎营中路北	第十八分社	董振武		络口镇
第四分社	马永魁		馆驿街佛照寺	第十九分社	郭栋臣		馆驿街
第五分社	金振盛		石棚街	第二十分社	赵蔼亭		赵家庄
第六分社	王凤三	邢致明	官扎营成源巷	第二十一分社	吕本平		广智后街
第七分社	杨芦卿		佛山园	第二十二分社	韩飞涛		中立山街
第八分社	张兆霈		北园邵家庄	第二十三分社	王弼臣		雀（鹊）山乡
第九分社	任绪廷		城内小王府	第二十四分社	韩鸿臣		半壁街
第十分社	刘宝林		石棚街	第二十五分社	李元魁		半壁街
第十一分社	刘长荣		东门外连升街	第二十六分社	姜来宾		南德胜街
第十二分社	索西白		苗家巷	第二十七分社	朱长平		启胜街
第十三分社	胥文亭		正觉寺街	第二十八分社	米长增		纬十一路
第十四分社	林玉田		杆石桥内青龙街	第二十九分社	苑御臣	张华荣	鲁丰纱厂西街
第十五分社	赵华亭		官扎营永和巷				

① 山东省国术馆所属济南市各分社一览表[J]. 国术周刊，1935（136、137）：13—14.

12月，济南国术分社已达30余处，窦来庚屡次亲往视察，成绩尚佳。各国术分社名称此前系按成立之先后顺序，以一二三四五数字排列。此后仿照教育部令革新学校名称办法，将国术分社改用街巷名称，以便考查。[①]

1935年7月，财政厅奉谕即行核查统筹各县国术馆经费情况。经查各县国术分馆已经成立未领地方津贴者，计有历城、沂水、牟平、成武、长清、阳谷、潍县、聊城、武城、济阳、新泰、黄县、荣成、淄川、胶县、文登、昌邑、夏津、范县、惠民、高苑、青城、鄄县、菏泽、临淄、长山、平阴、福山、邹平等29县，连同前奉令准补助之德县等37县，共计66县。财政厅向省府提交议案，拟照以前德县等开支办法，不分县等，各国术分馆由7月份起，每月拨发补助费大洋40元。此项补助费一律改由各县现存民生银行红利（商股红利除外）项下拨付。如有不敷，再由县地方预备费内拨足，以资维持。此项议案于省府第423次政务会议通过。[②]

10月，省国术馆呈请省府曲阜县国术馆成立，博平县拟组织国术馆，予以经费补助。省府第441次政务会议决定，嗣后如有其他县请求经费补助者，一律援例照办。[③]是月，山东各县国术馆68处，济南国术社32处[④]，民众练习国术更加便利。

各县国术馆自身发展状况不尽相同。1934年，先后成立的各县国术馆因经费所限，多有停办者。各县国术馆馆长除临清系民团指挥赵仁泉兼任外，其他均由县长兼任，副馆长人选皆系精于国术人才。[⑤]有的县国术馆因经营不善，馆务进展迟滞。5月，临沂县国术馆内部发生纠纷，馆长与教授互相控告。省国术馆副馆长窦来庚选派训练班毕业生张运昌赴该馆负责整理。张运昌奉令后离济前往。[⑥]

益都国术馆的筹备受到各界欢迎，自愿参加练习者颇为踊跃。一直未能开展训练的原因，一则缺乏经费，二无适当馆址。1934年5月，县馆经费蒙受省府补助，筹议于文庙院内择一房屋充作馆址，县府准予拨用。

---

① 省国术分社革新名称引用街巷为名 [N]. 山东民国日报，1934-12-8（9）.

② 呈为历城等六十六县国术分馆拟给补助费请公决案 [J]. 山东财政公报，1935（5）：62—70.

③ 呈为奉核曲阜博平两县国术馆请补助经费请公决案 [J]. 山东财政公报，1935（7）：76.

④ 尚树梅 . 山东省体育概况 [J]. 勤奋体育月报，1935，3（1）：48.

⑤ 国术渐趋普遍化 [N]. 山东民国日报，1934-5-22（9）.

⑥ 临沂国术馆发生纠纷 [N]. 山东民国日报，1934-5-24（5）.

国术馆馆长徐永祧因事辞职，董事多有变更。9 日，县国术馆召开董事会，推定县长杨九五兼任馆长，周化先任副馆长。董事会由 11 人组成。①

有的县国术馆以自筹资金的方式开展业务。1934 年 9 月，泰安县国术馆成立数月，因限于经费，馆务难以进行。遂动员各界人士，发起募捐运动。发起人为县国术馆馆长、公安局局长、各科科长及教育界多人，准备以捐款购置应用器械，召集本县尚武壮士举行秋季比赛，借以观摩。② 10 月 17 日，阳谷县国术馆成立，馆址暂设关帝庙内，公推县长杨霁峰为馆长，杨钧韶为副馆长，董事崔仲范等 11 人。③ 阳谷国术馆同样限于经费困难，县长兼馆长及各界人士发起募捐运动，以捐款添购应用器械。④

有的县国术馆因人事变动或其他原因，停而复建的现象亦不鲜见。如 1937 年 4 月，邹县县长甄光远重新组织县国术馆。经多日筹备，29 日正式成立。馆址设于西门里进德会内。馆长由县长甄光远兼任，聘孟庆均为教务主任，王成美为教员。该馆布置就绪即开始教练。⑤

各县国术馆经费困难始终羁绊着馆务进展。1936 年 4 月第四届国术省考闭幕后，来济与会之各县国术馆副馆长曾面恳窦副馆长向韩复榘请求增加经费。韩复榘虽已首肯，至 5 月下旬仍未实现。各县国术馆副馆长代表李荫梧等具呈省府，陈述各馆经费困难，恳请增加以利馆务。省府据呈 20 日批示准于 5 月份起，每县国术馆增加经费 20 元。饬由省国术馆统计增加数目，开单呈省府核示。⑥

1936 年 3 月，山东各县国术馆扩充至 83 处，济南国术社 48 处。⑦（表 2–8–5、表 2–8–6）济南的拳师竟如过江之鲫⑧，明师暗教难以缕述。山东省基层国术组织的迅速发展，“固然是国术最高当局努力之表现，也是北方人衽金革，死而不厌的遗传性”。⑨

① 国术馆复将开办 [N]. 山东民国日报，1934–5–14（10）.

② 国术馆募捐准备秋季开赛会 [N]. 山东民国日报，1934–9–4（10）.

③ 阳谷国术馆开成立会 [N]. 山东民国日报，1934–10–18（10）.

④ 阳谷国术馆募捐 [N]. 山东民国日报，1934–11–20（10）.

⑤ 邹县成立国术分馆 [N]. 济南日报，1937–4–30（4）.

⑥ 各县国术馆副馆长公推代表向省府请加经费 [N]. 济南日报，1936–5–21（4）.

⑦ 山东省国术概况 [J]. 侠魂，1936，3（1）：49—53.

⑧ 三个月的国术教员生活 [J]. 求是月刊，1935，1（5）：278.

⑨ 山东省国术概况 [J]. 侠魂，1936，3（1）：49—53.

表 2-8-5 山东省各县馆长题名录①

县名	馆　长	副馆长	县名	馆　长	副馆长
德县	李树德	李荫梧	平阴		常更三
恩县	张尊孟	高胜武	福山	李树森	车峨亭
高唐	田吉康	纪连玉	邹县	徐树人	怀锦章
平原	韩　锐	任善信	平度	丁世平	李东焕
陵县	刘仿新	唐培元	蓬莱	董兆瑨	宋鸣山
清平	张丕堂	王福堂	堂邑	贺葆尊	张文华
濮县	许树声	李传斗	桓台	吴景寿	杨省三
济宁	王怡柯	李子明	观城	牛公勋	陈家让
临沂	张里元	蔡绍卿	博平	刘云亭	时常绪
临清	赵仁泉	郭发祥	海阳	骆茗安	侯天国
泰安	周百锽	徐兴竹	曲阜	孟宪刚	孔祥秋
益都	杨九五	潘兴祥	利津	王廷彦	邵传玺
定陶	刘卓孚	丁金锡	乐陵	葛学礼	宋杰三
东平		郭行岚	寿张		张汝彬
莱阳	梁秉琨	李昆山	莒县		于经武
招远	杨寿严	梁芳洲	即墨	陶庆海	马振华
龙口	潘佩训	马鸿功	沂水		冯锡珍
宁阳	王耀漳	宁志勤	牟平	王照旭	刘鸿基
禹城	徐广进	周汉民	成武	石钟琇	李葆英
诸城	李成绶	邱景炎	长清	李起元	康先继
临朐	周钧英	郎郁亭	阳谷	杨霁峰	杨钧韶
栖霞	朱景文	宋天保（宝）	潍县	厉文礼	张子扬
临邑	崔公甫	田立庭	聊城	林双泰	邓树彬
德平	弭青云	王延田	武城	王凌震	王　杰
寿光	宋宪章	李同兴	济阳	孙骏昌	郭子贤
茌平	葛栋华	王振铎	新泰	朱奎声	和维周
齐河	李世澂	刘英亭	黄县	李钟豫	高寿千
昌乐	王金岳	赵汝成	荣成	邱中庆	党玉明
掖县	刘国斌	贾金亭	淄川	张蕴藻	张鸿耀

① 山东省国术概况 [J]. 侠魂，1936，3（1）：51—53.

县名	馆　长	副馆长	县名	馆　长	副馆长
馆陶	王华安	孙升名	胶县	周竹生	史言祥
滋阳	罗登嵩	张学乾	文登	孙宾恒	姜友三
博山	王荫桂	周化先	昌邑	刘毓漳	曾广连
莱芜	刘升瀛	吕联珍	夏津	张鸿志	陈仲兴
冠县	侯光陆	张福安	范县	张振声	王殿材
商河	石毓嵩	果鸿儒	惠民	魏汉章	李维祺
日照	薛鹤龄	张广勋	高苑	王象鼎	任长钦
东阿	庄守忠	张殿安	章邱	冯云和	刘清岚
历城	张贺元	赵蔼廷	鄄城	安泰和	马守一
青城	董承荣	董曰信	高密	曹梦九	齐荫林
菏泽	王衡如	杨士文	肥城	姚文蔚	龚光曙
临淄	冯谦光	赵天保	邱县	王廷彦	郑裕德
长山	袁鸣谦	杜福华			

表 2-8-6 济南市国术社社长记名①

社　名	社　长	社　名	社　长
丁家崖国术社	潘承恩	赵家庄国术社	赵蔼亭
馆驿街国术社	韩飞涛	党家镇国术社	马瑞生
志成国术研究社	李振华	张家庄国术社	张兆霈
启盛街国术社	朱长平	庆祥街国术社	管吉明
官扎营西街国术社	王凤三	仓巷街国术社	赛锦章
棋盘街国术社	姜来宾	永祥里国术社	孙传禄
官扎营中街国术社	苏震亚	刘家庄国术社	吴廷麟
鲁丰西街国术社	苑御臣	积德里国术社	马永魁
龙凤街国术社	吕本平	徐家花园女子国术社	林玉田
窑窪街国术社	王书声	青龙后街国术社	张永生
石棚街国术社	刘宝林	西青龙街国术社	于福斋

① 山东省国术概况 [J]. 侠魂，1936，3（1）：53.

社　名	社　长	社　名	社　长
永庆街国术社	金振盛	德胜南街国术社	崔景星
徐家花园国术社	金增孝	小仓街国术社	张廷甲
南大槐树国术社	米长增	凤翔街国术社	陈云生
北大槐树国术社	顾宝林	竹杆巷国术社	杨觉民
五里沟国术社	赵华亭	纬十一路国术社	左福堂
官扎营中街国术社	聂鸿昌	纬九路国术社	袁长海
连升街国术社	刘长荣	堤口国术社	崔维连
三合街国术社	马金堂	益友巷国术社	张国发
西顺河街国术社	郭栋臣	北壇庄国术社	潘承恩
凤馆街国术社	范大才	乐山街国术社	王一民
杉杆园国术社	穆俊智	广智院街国术社	李振东
回教公会附设国术学社	沙月波	朝山街国术社	史延文
何家庄国术社	李葆瑛	经二路国术社	马鸿森

至1937年，全民族抗战爆发前，山东省107县，98县成立了国术馆。[①] 县级国术馆普及程度超过90%，呈现出星罗棋布、遍地开花的发展态势，国术活动开展得红红火火，一派兴旺景象。鲁省大有官民一律国术化的发展趋势。

二、国术县考及表演竞赛活动

中央国术馆制订之《县国术馆组织大纲》第十二条规定：县国术馆须依照国术考试条例，每年集合县区、里、村国术人员考试一次，并呈请省馆派员监考。1931年，省府讨论通过之《山东省各县国术馆组织大纲》亦作相同规定。山东各地举行国术县考及竞赛活动而见诸报端者不乏其例。

寿光国术比赛　1934年4月12日，寿光县国术馆于公共体育场举行国术比赛，民众参观者4000余人。与赛者200余人，精神百倍，体格魁伟；长拳短打，各项技术亦甚精熟，颇得观众好评。赛罢由县长宋宪章训话，谆谆以人人练习拳术可以护身，可以保国；有强壮之国民，方能促成

① 引自山东省档案馆馆藏档案，档案号：J101-15-0213-002.

富强之国本。[①]

禹城国术游艺会 1934 年，禹城县民教馆于 4 月 28 日、29 日两日举行全县国术运动大会。20 日聘定国术专家及热心提倡国术者多人组织筹委会，张裕良县长（兼国术馆馆长）担任会长，并函各机关团体征集奖品。[②]28 日上午，各机关各团体代表及大会职员、运动员 500 余人，齐集民众体育场举行开幕典礼。由张县长主席报告开会宗旨，继由县府五科科长王莲溪致辞，民教馆馆长李文波报告运动程序。10 时半开始运动，项目分拳械两项。奖品有银盾、刀、剑、锦标、枪棍及日常用品等，五光十色，琳琅满目。至 12 时休息，下午 2 时继续运动，400 余健儿依次角逐，成绩颇佳。内有 9 岁女童魏玉屏表演拳术姿势天然，舞剑宛转自如，全场莫不喝彩。该女子系国术名家魏芳之女。年高者有 68 岁梁在让，须发皓然，手使双铁鞭，精神抖擞，堪称老年英雄。复有一 78 岁瞽者蔺传勇，表演拳术亦颇不弱，全场掌声如雷。是日参观者纷至，万头攒动。次日继续运动。[③]省国术馆选派教务长田镇峰、教务主任潘雪峰前往指导。30 日田、潘二人返济，盛赞禹城国术游艺会为各县之首。参加表演者非常踊跃，成绩甚佳。观众万余人，盛极一时。奖品颇多，服务人员亦莫不努力于事。[④]

章邱国术比赛 章邱县长冯云和兼任县国术馆馆长，聘请国术名家郭永禄担任公安局、县立中学教师，逐日练习。数月来成绩斐然。1934 年 5 月 13 日，冯县长特令公安局局长姚汉亭、民团大队队副白志刚、县立中学校长王惠如分率警兵、学生于下午 3 时，齐集县立中学前体育场作国术比赛，并邀全县拳师一律参加。各机关全体职员、各校学生到场参观。适值女郎山大会第三日，民众闻讯争来参观，红男绿女熙熙攘攘，不下数千人。先由公安局、民团、县立中学校比赛各种拳术，至精彩处掌声雷动。次为西关、刁镇及东南各乡拳师齐现身手，如郭恒泽剑术，姜岱东大刀，姜氏二子父子捶、进退连环，宁金山少林拳，蔡捷山形意八式，尚树人红拳，（蔡、尚二人供职公安局）孙景田进退连环，焦惠民出洞入洞，刘连清金刚拳，各项表演精彩独到，博得彩声不少。70 余岁老叟张殿臣须发苍然，耍单刀趟步如飞，众人喝彩。老英雄郭永禄献技峨眉山枪、六合虎

---

① 寿光国术比赛成绩甚佳 [N]. 山东民国日报，1934-4-17（10）.

② 禹城民教馆定期举行国术运动大会 [N]. 山东民国日报，1934-4-21（10）.

③ 禹城四百健儿角逐体育场上 [N]. 山东民国日报，1934-5-2（10）.

④ 田镇峰潘雪峰谈禹城国术游艺会 [N]. 山东民国日报，1934-5-1（5）.

爪链、进退连环、双手带、连环八式、剑术，颇为稳沉，功深力健，全场掌声热烈，叹为观止。至6时许，冯县长发奖。公安局、民团、县立中学各得锦标一面。[①]

沂水国术表演大会 1935年4月11日至12日，沂水县第一届国术表演大会于西大操场举行。11日开幕典礼，上午为徒手单打，下午为长兵、短兵单打。12日上午为徒手对打，下午器械对打。连日来，演员兴高采烈，大显身手。刘长庆虎头双钩，马恩昌剑术，赵德元云魔禅杖，王世开猴棍，张佐贤双刀均为出色，观众掌声雷动。演员争胜斗奇，颇为一时之盛。赵忠为、赵忠义二人系叔兄弟，年仅11岁，使枪舞刀均不后人，对打尤为可观，幼小身躯，扭打一团，各不相让，全场惊叹。一二七团田团长亲赠武衣两套。界湖镇王七，年已81岁，闻讯于大会最后赶到。大舞棍棒，手眼身步，甚为健妙。萧兰亭、赵瑞卿、胡英甫、杜守芳、侯玉孚等均为沂水拳界泰斗。国术名将各显身手，大出奇能。一二七团武术队及公安局马巡长作最后表演，各显武艺，表演熟练。击砖撞石，尤为精彩。

12日下午举行闭幕式，摄影后散会。13日早7时，于民教馆大礼堂发奖。评判结果，录取刘长庆、魏兆勤、赵德元、张秉钧、马恩昌、萧知斋、王世开、王彦谐、阎春台、李纯熙、张佐贵、丁日泗等12名，萧熙之、赵来祥、杜守芳、侯玉孚等四位老英雄列于特等。张里元县长亲授奖品，择定萧熙之、赵来祥、刘长庆等三人送省参加第三届国术省考。[②]

馆陶国术县考 馆陶县国术一向发达。各乡区国术分社训练认真。第一二三届国术省考，考取最优等者，馆陶县屡占榜首。第一届国术省考拳脚科最优等第5名韩维栋，第二届国术省考拳脚科优等第2名郭鸿奎，第三届国术省考长兵最优等第1名石佩琚，皆馆陶国术县考选送者。国术省考荣获优等、中等奖品及证书者不在少数。1936年山东第四届国术省考前，馆陶县为选拔人才，组织第四届国术县考筹备会。因馆陶县近三四年来水旱虫雹各灾迭乘，春暖外出谋生者时有所闻。是年参加国术县考表演者200余人，比赛者70余人，较往年相差三倍有奇。于会前一日，应试员及表演人员即行报到。

馆陶第四届国术县考筹备会总务股于会期（4月15日至17日）前二日，即派人在公共体育场高搭类似旧式戏台一座，坐北向南，前面横书："馆陶县第四届国术考试场。"左右交插大号党国旗，联缀红绸绣球，正

① 章邱举行国术比赛会 [N]. 山东民国日报，1934-5-17（10）.

② 沂水国术赛会盛况 [N]. 华北新闻，1935-4-17（3）.

中悬挂总理遗像，上有六尺长方软匾一方，色泽鲜艳，式样新奇，上题“民族精神”四字，为王华安县长所赠；两旁悬挂各机关团体所赠之锦标、旗帜及玻璃油画多种。司令台下左右分摆刀枪剑戟各种器械，电镀明亮，耀人眼目。周围栽有木桩，以铁丝系之。场外满搭茶摊饭棚，较普通城关会期尤感热闹。瞻望司令台，辉煌夺目，有美皆备，无丽不臻。

15日上午11时，县考会场被观众包围，约在万人以上，拥挤异常。各机关代表及参加演员到齐后，由县府郝楚材科长主席，演讲国难兴国术之关系，及举行县考之关系；王华安县长致辞，各演员虽在生活艰窘中，仍知锻炼身体，以备效忠党国，殊甚嘉许。各分社即进行团体表演，参加者以少壮者为多，身手轻快，气魄豪爽，大有古时侠义之风。下午4时闭会。

16日至17日，进行拳脚、长兵、短兵比赛。16日上午9时半，各机关及考试员齐集会场，观众较15日更为踊跃。纠察股维持秩序颇感费力，幸蒙驻军史占一团长率第一营官兵参加，始克安然不紊。录取拳脚科刘云兰等12名，长兵科陈维平等4名，短兵科李方庆等4名。评判股举行临时会议，讨论分发奖品事宜。17日下午5时，齐赴县党部旧址举行闭幕典礼，分发奖品证书。摄影后闭会。

闭会后，县长王华安于县国术馆设宴招待全体考试人员。遵照省令指派孙升名副馆长，及拳脚科前二名刘云兰、陈维平赴省参加第四届国术省考，由县地方预备费项下支给川资20元，以资补助。[①]

平度国术比赛大会 1937年4月中旬，平度县于南关体育场召开国术比赛大会两天。参加表演者男女老幼200余人，观众3000余人。人烟浩荡，沙土飞扬，为空前盛举，并邀来宾自由表演。代理县长周大璋为优胜者颁发奖品。[②]此外，广饶曾举行国术竞技会，益都和高唐也曾举行全县国术表演大会。[③]

以上事例以馆陶县较为突出，先后举办过四届国术县考，不仅领先于全省，而且取得了良好的社会效益。综合分析，国术县考及各种表演竞赛活动的举办，有赖于地域传统文化氛围与社会风尚，也与执政者处事方略及地方财政状况不无关系。

---

① 馆陶举行国术考试[N]. 华北新闻，1936-4-24（3）.

② 国术比赛平度举行两天[N]. 华北新闻，1937-4-13（3）.

③ 高唐县长推行国术[N]. 山东民国日报，1937-6-1（5）.

三、社会国术活动

山东省府提倡国术以来，各地党政军学，机关团体，士农工商，警察保安，乃至僻壤山村，社会各界普遍习练国术，人数逐步增多，参与国术活动渐成社会风尚。其中，隶属于省教育厅的社会教育机构省立民众教育馆及各县民众教育馆积极倡导国术，在推进社会国术教育方面扮演了重要角色，发挥了巨大作用。

民众教育馆及基督教青年会倡导国术 1932 年 4 月，山东省立民众教育馆聘请山东国术馆名誉教授胡秀山（明海）为国术指导员。胡先生系前山东武术传习所教员，精于少林拳，教学有素。7 月 26 日星期日，山东省立民众教育馆邀请省国术馆男女教授及馆员 30 余人，在该馆体育场举行国术表演。事前该馆张贴广告，向各界广泛宣传。是日阴雨初止，到场参观者 500 余人。上午 9 时半开会，由省立民众教育馆总务部主任吴级宸，及省国术馆副馆长窦来庚相继报告开会意义，散发张之江所著《国术与国难》一书。随后进行国术表演，项目有各种拳术、器械及练习法。观众趣味浓厚，掌声不绝。至 12 时表演完毕，复由吴主任演说，有健康之身始可打倒帝国主义，当即散发《山东省立民众教育馆附设国术研究会简则》，征求会员。当场报名者甚多，以后陆续增加。至 30 日已达 109 人。①

8 月 2 日，山东省立民众教育馆国术研究会举行成立大会，邀请山东国术馆副馆长窦来庚，及国术名家出席指导，随后开展活动。② 该会按照章程，由指导员胡秀山（明海）指导练习，从无间断，会员百余人，长期到场从不缺席者有 40 余人。练习时间为晚饭后。月明风清，繁星闪烁，辄闻体育场中呼啸蹴跳之声。附近居民围观评论，均感兴趣。至 11 月，已教授中华新武术拳脚科二十四式，连贯教练四段，少林拳一趟，洪拳一趟，对打拳一趟，太极拳一套。此后又添授器械，如剑术、枪术、棍术、刀术、双刀、大刀、七节鞭、三节棍、（护手）钩、双手带、钩镰枪、峨眉刺、月牙铲等。③

该会教学科目分太极拳、长拳两组。不限资格，不收费用。每日下午 5 时在该馆体育场练习一小时，期限定为一年，教学程序由徒手至于器

---

① 炎热中本馆举行国术表演大会 [J]. 山东民众教育月刊，1932，3（7）：180.

② 炎热中本馆举行国术表演大会 [J]. 山东民众教育月刊，1932，3（7）：181—182.

③ 本馆国术研究会近况 [J]. 山东民众教育月刊，1932，3（11）：132.

械对打。至1933年下半年，常年参与活动者为65人。[①]

山东省立民众教育馆国术研究会与山东国术馆始终保持业务联系。至1934年，省立民众教育馆国术研究会教练国术已有二年。8月26日下午3时，该会于西操场举行结业考试，会员20余人表演徒手、器械，单人、对打各种拳式。省国术馆潘雪峰、李信仰、常子文担任评判。[②]

1932年12月，山东省立民众教育馆筹开新年游艺大会。计划于1933年1月1日至3日于本馆内，本年12月31日至1933年1月2日于祝甸乡第一乡村实验区分别举行游艺大会三天。于多项游艺中均有国术表演，以指导民众正当娱乐。[③]

山东省立民众教育馆乡村实验区以历城祝甸乡为施教区。1932年9月，该实验区办事处呈教育厅修正备案之《计划大纲》，其中康乐教育方面筹设体育场，提倡国术、游戏、竞技及各种运动，使人人有运动兴趣与习惯；成立武术团，以养成强健的体魄，养成尚武精神；聘请武术专家，招收农民操练，购买武术用具，定期比赛演习，以达到身体强健、见义勇为、精神沈毅、自信心强的效果。[④]

少年团作为民众组织之一，也开展了国术活动。少年团最初只限于祝甸乡乡立小学50个学生，不久新甸庄、七里河都有了少年团组织。每个少年团都有两三个团员会国术，以会的教不会的。每日操练，每个团员都会一二套或三四套拳术。平日注重团体表演，不注重个人锻炼。

该实验区办事处通过各种集会进行国术宣传。如1933年10月祝甸乡民校校友会成立，秋收同乐会联合民校校友、农友表演国术，共同参加娱乐；1934年1月新年娱乐会举行国术表演；4月儿童节，约同师范班学生，率领乡间男女200余人到城里，参加省立民众教育馆儿童节国术表演。[⑤]

《山东省第二民众教育辅导区概况》记载，山东省第二民众教育辅导区所辖益都、潍县、昌乐、昌邑、博山、淄川、广饶、寿光、临淄、临朐、蒲台、桓台、长山、章邱、高苑、博兴、青城、齐东等18县民众教

---

① 山东省立民众教育馆编．山东省立民众教育馆设施概览[M]. 济南：山东省立民众教育馆，1933：46.

② 民教馆明日举行国术考试[N]. 山东民国日报，1934-8-25（5）.

③ 民教馆定于新年分三处开游艺大会[N]. 山东民国日报，1932-12-26（5）.

④ 山东省立民众教育实验区概况[M]. 济南：山东省立民众教育馆研究实验部，1933：20、72.

⑤ 山东省立民众教育实验区第二年工作报告[M]. 济南：山东省立民众教育实验区，1934：151、160、163、183、183、184.

育馆二十四（1935）年度工作计划。其中与国术相关的内容有，益都县立民众教育馆拟举办国术研究会，征集会员，授以国术技能，以便锻炼身体，发扬民族精神；举办国术游艺，拟于本年度（1936）春季国术省考前召集本县练习国术者参加国术游艺，观摩比较以提倡我国固有武术。潍县县立民众教育馆拟成立国术研究社，举行国术比赛。昌乐县立民众教育馆拟办成人及儿童班各一班，并聘请本县国术馆教员作为该班指导员。昌邑县立民众教育馆拟于本馆和实验区均续办国术研究会。博山县立民众教育馆以本县民众学习国术者颇多，于 1935 年上半年曾举办国术表演会，参加表演者甚形踊跃。本年度（1935）拟再举办一次，以提倡尚武精神。淄川县立民众教育馆拟于本年度（1935）成立县国术馆。广饶县立民众教育馆拟于本年度（1936）春季举办第二次国术竞进会，并组织国术队，规定时间按时练习。聘请指导员设立国术传习会。寿光县立民众教育馆 1934 年度曾于本馆及实验区组织国术研究会。1935 年度拟集中力量在实验区办事处成立国术研究总会，区属各村悉成立分会，利用各村原有国术人才担任指导，遇必要时由本馆聘请国术专家莅区指教。练习时间由秋收完毕起，至明（1936）春耕种时止。所需器械由各村会员自筹。国术研究会全体会员于冬春季节定期集会表演，择优发给奖品，并于 1936 年春节游艺会组织国术表演。临淄县立民众教育馆拟于农暇之际，利用休闲时期组织国术比赛会，比赛日期临时规定。临朐县立民众教育馆拟举行国术比赛会，以引起民众自求爱国情绪。蒲台县立民众教育馆以本县民众对于国术颇感兴趣，除已在实验区举办国术研究会两处，拟本年度（1935）酌量扩充，并在本馆成立国术教育会，以资改进。长山县立民众教育馆拟于本年度（1935）招收国术传习班，请县国术馆教练担任教授；于 1936 年春季农隙举行国术比赛会。章邱县立民众教育馆已有国术研究社，教练员即住宿本馆。拟组织国术队，招收国术队员 80 余名，聘国术研究社教练担任指导员，照章依规定时间到馆练习。每年四月间城北女郎山例有古会，拟于会期召集国术专家及本县国术队前往表演，做各种国术宣传。高苑县立民众教育馆拟成立国术团，按时训练，以发扬民族精神，养成自卫能力。博兴县立民众教育馆拟组织国术练习会。在国术分社未成立以前，请精通国术人员一名，于冬春暇时或晚间教导青年练习国术。

此外，《昌邑县二十四年度民教事业费支配清册》所列经费项目，国术研究会 162 元，其中请义务指导员一人，月支津贴 10 元，添购器械费 30 元，杂费 1 元。《临朐县二十四年度民教事业费支配表》列支国术练习班 130 元，招收国术练习班二班，每班 30 人，用以购置所需器械及指导员津贴。[1]

以上事例反映出山东省立民众教育馆实施民众国术教育的工作业绩。山东省立民众教育馆所从事的民众国术教育事业连同各项教育事业同步推进，这对于全省国术事业的进步与发展产生了重大影响。

各县民众教育馆因地制宜，组织广大民众开展形式多样的国术活动，产生了良好的社会效益。如高唐县立民众教育馆主办之民教实验区，以民众运动亟应提倡，所有村联庄会会员、学生、农民均须学习国术。每日派国术教师赴各村轮流教授，以致全区民气为之大振。[2] 1934 年 10 月，聊城县立民众教育馆附设国术社，聘请本县国术名师王幼宽等数人负责指导。参加练习者 30 余人，教师指导颇为热心。[3] 掖县民教馆原有一方体育场，在城东北隅，面积狭小，位置偏僻，应用不便，管理困难。李馆长到任后，择定本县城府文庙后空场，呈请县府核准于 11 月初督工修理，并新置各项儿童及成人运动器械，布置有序，焕然一新。该处宽宏平大，位置适中，民众莫不称便。民教馆又召集各机关、各学校组织筹备中小学秋季联合运动会。11 月 17 日、18 日两日，掖县中小学秋季联合运动会如期举行。与赛学校有省立掖县中学、县立师范及县区立完全小学 10 余处。县国术馆表演国术。[4] 同月，益都民教馆举行全县民众国术表演大会。22 日，派员赴济南订购奖章、纪念章等，并向省国术馆敦请潘雪峰到县指导。潘雪峰应允届期莅场。[5] 滕县县立民众教育馆于 1935 年元旦举行游艺大会，表演节目有新剧、旧剧、国术、魔术及化装讲演等，以提倡民众高尚娱乐。[6]

各县市基督教青年会对于推广和普及国术运动也发挥了积极作用。如 1934 年 6 月 23 日下午，济南市基督教青年会举行体育表演会。各项表演比赛项目中包括国术表演。[7] 1936 年 9 月，济南市基督教青年会体育部以炎暑已过，时届秋凉，于 2 日开始组织各项活动。国术班专授太极拳推

---

① 山东省第二民众教育辅导区概况 [M]. 济南：山东省第二民众教育辅导区，1936：10、13、14、15、17、18、19、22、23、25、27、30、31、33、37、43、46、47、51、52、53、55、57、67、71.

② 民教实验区提倡国术 [N]. 山东民国日报，1934-8-19（10）.

③ 聊城民教馆附设国术社 [N]. 山东民国日报，1934-10-16（10）.

④ 掖县民教馆新辟体育场并举行联合运动会 [N]. 山东民国日报，1934-11-20（10）.

⑤ 益都民教馆举行国术表演大会 [N]. 山东民国日报，1934-11-23（10）.

⑥ 滕县民教馆筹备游艺会 [N]. 山东民国日报，1934-12-14（10）.

⑦ 青年会举行体育表演会 [N]. 山东民国日报，1934-6-19（5）.

手、太极剑，由国术专家于化行担任指导；少年国术班专练少林拳。各界人士前往报名参加者踊跃。[①]

军旅国术训练　1934年3月，高密驻军第二十九师八十六旅一百七十一团加紧春季训练，于2日划分二营在高密车站附近演习攻防战术，官兵冲锋陷阵，士气奋发；3日上午于古城营园以北操场举行阅兵、考试国术。两营健儿精神焕发，各连先后劈刀比赛，刀法娴熟；白刃相加，肉搏交战；上下翻飞，刀光耀目。比赛完毕由团副刘鸿勋讲评，以迫击炮连刀术最佳。[②]

省会警察局国术训练　1929年，省会警察局设立警察教练所（后改称警士教练所），所设教学科目包括国术及捕绳术，国术教官范明顺。对于现役员警教育，该局职员训练遵奉韩复榘提倡军事训练及公余运动意见，规定于每星期一三六上午7时至8时学习太极拳，指导者谌祖良。所有职员均须一律参加，每月月终考试一次。[③]（图2-8-2）

图2-8-2　山东省会警察局保安队国术教练情景（采自《山东省会警察概况》1937）

---

① 青年会体育部各项活动开始[N].济南日报，1936-9-9（4）.

② 高密驻军加紧训练举行阅兵考试武术[N].山东民国日报，1934-3-6（10）.

③ 山东省会警察概况[M].济南：山东省会警察局，1937：383、388、391、402.

乡村国术活动 随着乡村教育的推进，及各县国术馆相继建立，山东国术教育逐步向广大农村普及。国术社“祖师”颇能得到农民好感。[①] 1935 年元旦，邹平第九乡举行乡农运动会，管家管增瑞、王少唐、刘源章等 5 人表演舞花枪、舞大刀。[②]（图 2-8-3）

图 2-8-3 邹平县霍家坡乡农学校国术活动（采自《乡村建设》1932 年第 1 卷第 21-30 期）

《山东民众教育月刊》1935 年第 6 卷第 8 期报道，济南市祝甸乡六个庄子，七里河、周家庄、小辛庄集合了十几个年轻小伙子，聘请了一个先生教武术。他们大多是民校的学生，其他庄子民校学生也希望组织起来。于是，借器械、请教师、出学费。十里河庄因人数过少不能成立，祝甸和辛甸也请来教师。武术活动从冬季开始，至初春农忙自动结束。每当月黑天冷的时候，灯光摇曳的斗室里刀光剑影、手舞足蹈。因为少壮男子热衷武术，庄子的风气也变好了许多。[③] 祝甸乡的武术活动具有广泛的代表性。

四、学校国术教育

自民国初年，山东学校武术教学已经开展起来，至 20 年代末 30 年代初具有相当规模，有条件的学校大多开设了国术课程。如济南私立齐鲁大学体育课设有国术教学科目。[④] 1932 年 12 月，济南建国中学函聘省国术馆教务主任潘雪峰担任国术指导。[⑤] 省国术馆副馆长窦来庚兼任山东省立高级中学国术教员[⑥]，教学内容包括拳术、器械、摔角及和缓运动。[⑦]

创建于 1903 年的山东省立第一中学是民国时期山东省会著名中学。该校向来注重学生体育。1916 年，该校即以济南镇守使马良部下技术队

---

① 鲁省乡村教育实验情形 [N]. 申报，1935-12-25（12）.

② 山东邹平县九乡乡农运动会 [N]. 大公报（天津），1935-1-7（8）.

③ 刘石岩 . 小规模的武术团 [J]. 山东民众教育月刊，1935，6（8）：167—169.

④ 山东济南私立齐鲁大学文理两学院一览 [M]. 济南：私立齐鲁大学，1931：127.

⑤ 建国中学法重国术 [N]. 山东民国日报，1932-12-8（6）.

⑥ 山东省立高级中学同学录 [M]. 济南：山东省立高级中学，1933：2.

⑦ 一年来之济南高中 [M]. 济南：山东省立济南高级中学，1934：42.

之（中华新武术《拳脚科》）基本教练取代普通体操。[①] 1929 年浙江国术游艺大会山东预选赛，该校学生沙永山获得入选资格（选中 7 人，5 人与会），后因学业牵绊未能赴会。至 20 世纪 30 年代初，校长孙维岳积极提倡国术，以锻炼学生体魄，学校国术活动蔚成风气，学生每日午后加入国术团，练习国术者颇为踊跃。[②] 1933 年夏，山东第一届国术省考时，该校三名学生中选与赛。[③] 1934 年 1 月 2 日上午，于该校国术场举行本校拳术（散打）比赛，观众不下 500 人，参赛者 30 名，聘请省国术馆王玉章、王汇东担任裁判。开会如仪后，由省国术馆副馆长窦来庚致辞勉励，继而开始比赛。与赛者个个生气勃勃，角逐异常激烈，多有负伤流血者，足能表现其牺牲奋斗精神。至下午 4 时赛毕，共录取优胜者 7 名。校长孙维岳以此次比赛学生成绩优良，凡参加比赛者均发奖鼓励。[④] 这一典型事例或可谓山东学校国术教育的缩影。

国术表演与竞赛活动能够展现学校国术教育的成果。1929 年 11 月 10 日、11 日两日，山东举办省城中小学秋季联合运动会（图 2-8-4）。这是南京国民政府成立以来，山东省会济南举行的第一次运动会。[⑤] 大会设团体国术表演。[⑥] 10 日下午，私立玉成小学表演棍术（中华新武术棍术科），扶轮小学表演连贯第一（中华新武术拳脚科），红卐字会第一小学表演国术。[⑦] 1931 年 9 月，济南市小学秋季联合运动会，私立新育小学、私立化育小学、市

图 2-8-4 1929 年济南中小学秋季联合运动会国术表演场景（采自《北京画报》1929 年第 2 卷第 61 期）

---

① 山东省立第一中学 [J]. 京师教育报，1916（35）：3.
② 省督学王普报告视察省立第一中学情形 [J]. 山东教育行政周报，1930（102）：45.
③ 山东省立一中定期举行拳术比赛 [N]. 大公报（天津），1933-12-28（6）.
④ 鲁省一中比赛拳术 [N]. 大公报（天津），1934-1-6（6）.
⑤ 运动会特刊发刊词 [N]. 山东民国日报，1929-11-10（9）.
⑥ 山东省城中小学秋季联合运动会简章 [N]. 山东民国日报，1929-11-10（9）.
⑦ 团体运动 [N]. 山东民国日报，1929-11-11（6）.

立第七小学学生参加国术个人表演赛，分别录取了前三名。[①] 1933 年，学校国术教育更具规模。10 月 26 日至 28 日，济南秋季小学运动会于公共体育场举行，部分中学也参加了国术表演赛。国术表演赛团体总分第 1 名市立第二实验小学，第 2 名市立第五初级小学，第 3 名市立第七小学，第 4 名（缺），第 5 名东鲁中学，第 6 名市立第三小学，第 7 名市立第八小学，第 8 名省立第二实验小学，第 9 名市立第一实验小学，第 10 名市立第一小学，第 11 名市立第六小学，第 12 名（缺），第 13 名普利小学，第 14 名尚志中学，第 15 名育英中学，第 16 名市立第九小学[②]（图 2-8-5）。1934 年 5 月，济南私立齐鲁大学举行春季院际运动会。5 日下午进行男女射箭比赛及国术表演。[③] 26 日，济南私立东鲁中学春季运动会，于田径赛完毕后举行国术表演等项活动，颇为精彩。[④] 学校国术教育取得长足进步。

图 2-8-5 济南小学运动会国术表演（采自《勤奋体育月报》1934 年第 1 卷第 4 期）

至 1937 年，学校国术教育更加普及。5 月 14 日、15 日两日，济南全市小学联合运动会于省体育场举行，大会设团体表演。14 日上午，市立第十八小学表演少林拳，市立第十三小学表演太极拳，市立第六小学表演少林拳，金氏小学表演劈刀，及普利小学、市立第五小学、市立第十二小学、穆汉小学表演国术；15 日下午，市立第一小学女童表演刺枪术，市立第六小学表演（中华）新武术，金氏小学表演单打，市立第五小学表演小龙拳，及市立第七小学、民政厅附小、至诚小学、救济院小学、进德会附小表演国术。[⑤] 16 日，省立济南女子中学例行举办春季运动会。于下午进行的团体操表演中，即有棍棒操、（中华）新武术和剑舞。[⑥] 各地学校运动会也将国术表演或比赛列入活动日程。

---

① 济南市小学秋季联合运动会参加各校国术个人表演成绩表 [J]. 济南市市政月刊，1931，4（5）：51.

② 济南小学运动会 [J]. 勤奋体育月报，1933，1（3）：57、59.

③ 齐鲁大学院际比赛 [N]. 山东民国日报，1934-5-6（4）.

④ 东鲁春运会 [N]. 山东民国日报，1934-5-27（5）.

⑤ 全市小学联合运动会明日在省体育场举行 [N]. 济南日报，1937-5-13（4）.

⑥ 济女中运动会 [N]. 济南日报，1937-5-17（4）.

20世纪30年代，济南大中小学国术教育发展呈逐年上升趋势。山东中小学开展国术活动概况，城市优于乡村，中学优于小学，男生优于女生。

第九节 山东国术全国领先

1929年2月，中央国术馆通令全国普遍设立国术馆，山东国术馆于1930年9月正式成立，经1932年6月改组，发展势头迅猛，办学效果优良。山东国术馆先后举办过省内国术游艺大会、四届国术省考。浙江国术游艺大会、第五届全运会、第二届国术国考、第六届全运会，第十六、十七、十八届华北运动会国术表演比赛，山东国术选手均有上佳表现，名列前茅。至1937年全民族抗战爆发前，山东省107县，98县成立了国术馆。社会各界国术活动普遍开展。

1934年10月6日，行政院秘书长褚民谊偕太极拳体操研究会顾聘陈，中华体育会章启东、吴图南、徐炎之、张鼎新等赴天津参加第十八届华北运动会。该会闭幕后，褚民谊等于15日早搭乘305次平浦车过济返京。韩复榘派济南市市长张鸿烈、省国术馆代表谌祖安到站欢迎，谈约半小时。褚民谊对记者说，本届华北运动会，山东国术成绩颇好，为之大加称赞。①

1936年8月上旬，中央国术馆馆长张之江赴青岛参加第二届全国慈幼大会。会议结束后，乘火车由青过济返京。10日晨8时抵济。济南市市长闻承烈，省府参议陈维新、宋汉章，省国术馆副馆长窦来庚，及张之江在济友好多人到站欢迎。张之江下车后，即赴胶济饭店休息，并进早点。因京中事务诸待料理，张之江于10时半乘平浦305次车返京。原欢迎人员到车站相送。临行前，张馆长接受记者采访：我国国术较前进步，尤以山东及青岛为著。此赖韩复榘主席爱好国术与沈鸿烈市长努力提倡之结果。他省倘能起而效之，则民族之强，可期而待。②

由于窦副馆长细心擘划，殚力倡导，山东国术遂得长足发展，人才蔚起，一时称盛。1936年全国考绩，山东国术教育序列第一，中央国术

① 褚民谊过济返京称赞山东国术[N].山东民国日报，1934–10–16（5）.

② 张之江谈本省国术全国允称第一[N].山东日报，1936–8–11（5）；张之江赞本省国术为全国之冠[N].济南日报，1936–8–24（4）.

馆特令嘉奖。[①]

本章小结

南京国民政府成立后，山东省府响应中央国术馆号召，积极筹办山东国术馆，于1930年9月正式成立，方兴未艾。1931年12月李景林去世，山东国术馆遭受挫折。1932年4月山东国术馆一度停办，两个月后重新开办。6月，窦来庚任副馆长后，山东国术馆励精图治，行政管理与组织教学不断改进。通过建立规章制度、民众教育与舆论宣传、主办国术师资班、调训县国术馆副馆长、奖励和检阅国术省考甲等生、落实国术馆社巡视制度、倡导女子国术等一系列举措，山东国术发展规模和运动水平得以攀升。

山东国术馆三届师范班毕业生除部分优秀学生留馆任教外，大部分被分派各县担任国术馆副馆长、教师，或就职于全国各地各级政府机关、军队担任国术教官，或担任学校国术教师，为社会输送了大批国术人才。

山东国术馆曾举办省内国术游艺大会及四届国术省考，选拔选手参加国术国考、全运会及华北运动会国术表演比赛，取得优异成绩。一系列省内外国术表演竞赛活动，与兄弟省市国术馆建立了良好的合作伙伴关系。学术研究取得丰硕成果。各县市国术组织相继建立，社会影响不断扩大。国术运动由城市逐步延伸至广大农村，社会国术活动和学校国术教育渐成规模。山东国术于全国名列前茅。

---

① 引自山东省档案馆馆藏档案，档案号：J101-15-0187-025，参见J101-15-0187-007；J101-15-0187-020；J101-15-0194-016.

第三章 全面抗战时期山东国术（1937—1945）

1937年，全民族抗战爆发，窦来庚率领山东国术馆师生及省内国术人员，义无反顾地投入抗日战争，大义殉国。山东国术蒙受重大损失而建立不朽功勋。抗战期间，山东省会区国术教育仍然延续。日伪政权实施愚民政策和奴化教育，国术活动陷落凋敝。战乱造成这一时期的国术活动奇少，而结之文字则少之又少。我们只能根据查获的有限资料概略叙述。

第一节 山东国术界抗战壮举

1937年，七七卢沟桥事变。山东国术馆副馆长窦来庚以民族战争必须全面动员，因亟举办国术人员登记，通饬所属各县市国术馆，凡娴习国术人员，18岁以上35岁以下者，一律登记具报。通告甫发，各县市国术人员蜂起登记者45000余人。方拟调济训练，集体参加抗战，军情急迫，济垣遽陷，计划未成，仅集合馆内及留济国术人员百余名，编组为“铁血武士队”，由窦副馆长带领出发。1938年1月，改队号为“国民军义勇队”，受命开往益都、寿光、临朐、昌乐四县游击作战。

省府驻曹县，选定鲁南山区为抗战根据地，特遣窦来庚部前往周边县区活动，屏蔽其后。既达之后，附令改编为“保安第十七旅”，窦来庚任旅长。各县娴习国术人员及青年志士群起追从。旬日之间，众至一二千人。3月2日兵锋初试，克复临朐县城。5月24日，敌以五六千人大举反攻，围城数匝。窦旅长督队短兵搏战，又予敌以沉重打击。

窦旅长深知，以上两役获胜皆因部众娴习国术。乃将所部团营连法定建制外，加派精娴国术人员一或二人为国术教官，专司国术、军事与政治三大训练科目。部队战斗力强劲，屹立于胶（济）路中段，为省会区（临朐南部）北面屏障。其后五年，凡历70余役，著绩尤多。

1942年8月30日，敌以十倍兵力围犯临朐福山第十七旅防地。第十七旅英勇抵抗，弹尽粮绝。窦旅长壮烈牺牲，部众伤亡略尽。此其损失不只山东一省，亦为全国国术之莫大损失。[①]

---

① 引自山东省档案馆馆藏档案，档案号：J101-15-0187-007；J101-15-0187-025.

全民族抗战爆发后，县市国术馆社停办，国术人员四散而各谋生计。

第二节 山东省会区国术教育

1942年，抗战处于战略相持阶段。12月17日，遵照教育部训令，山东教育厅向教育部呈报《山东省民国三十一年度国民体育实施计划》，拟于三十二年度（1943年）饬各县设立国术传习所。其中，第二条“设立国术传习所”：（一）省会区国术传习所，按照本年省会区国术传习所计划之规定，省教育厅设长于国术之社教辅导员，发动省会区所辖区乡（镇）设国术传习所，并须办理有关国民体育事项。其办理成绩优良者，由省发给补助费；（二）县国术传习所，各县民教馆须依照本年度，各县民教馆工作计划纲要设国术传习所，办理国术传习事宜，并须办理有关国民体育事项。[①] 12月21日，省教育厅呈教育部《山东省会区国术教育实施计划》，内容涉及分区传习、训练干部、辅导、竞赛四项。[②]

尽管教育厅拟定详细计划，但处于战乱时期的山东省会区，国术教育难以实施。这些方案和主张基本停留于纸面，正如台湾师范大学吴文忠教授所言：“徒以文字推行，而无实际有力的执行机构，居于领导地位者反不能领导，自难望其产生预期的效果”。[③]

第三节 日伪区国术活动

1937年12月，济南沦陷。日军扶植伪政权，实施文化侵略，对民众进行奴化教育。1938年，伪山东省警务厅为训练警官，7月设立警官训练所。该所开设课程中即包括武术。[④] 同月，伪省长马良发起筹设私立性质武术学校，筹划地址，募捐经费，拟招收学生专授新武术。[⑤] 然而此事并无下文。

1938年秋，马良倡议恢复省国术馆，设立筹备委员会。马良自任委员长，日本人西田为顾问，指定伪教育厅厅长郝书暄、红万字会会长张星

① 引自中国第二历史档案馆馆藏档案，全宗号：五，案卷：15096.

② 引自中国第二历史档案馆馆藏档案，全宗号：五，案卷：15096.

③ 吴文忠 . 体育史 [M]. 台北：台湾正中书局，1985：369.

④ 山东警官训练所开始招考学员 [N]. 晨报，1938-7-5（3）.

⑤ 鲁筹设武术学校 [N]. 庸报，1938-7-28（4）.

五，及潘鸿祥为常务委员。勘定南圩门外佛山小学为馆址，即于伪省公署备案，开始筹备。1939 年，马良调北平伪华北政务委员会任职，该筹委会即告无形停顿。①

1938 年 12 月 5 日，伪山东省公署教育厅通令，凡战前冠以“民众”教育机构一律改称“新民”。如“山东省立民众教育馆”改称“山东省立新民教育馆”。1939 年，伪《山东省公署教育厅三十七（1938）年工作报告》，社会教育以扩充省立新民体育场，将该场田赛部、径赛部、武术部布置完备，俾一般人民有练习之场所。因交通关系，赴场运动者不免困难，只得维持常态。上半年暂照原预算办理，拟组织体育研究委员会，5 月间举行各级学校春季运动会。下半年将该场已烧毁之办公室修理完整。10 月举行全省学校秋季运动会。②

2 月 9 日，伪省公署第四次省政会议通过《山东省立新民体育场组织暂行规则》。伪山东省立新民体育场直属伪山东省公署教育厅，暂设列田赛部、径赛部和国术部。令各市县设立新民体育场，隶属各市县公署，暂设田赛、径赛和国术三部。③伪省立新民体育场场长由伪教育厅厅长遴选合格人员，呈请伪省长委任。指导员、事务员由场长遴选合格人员，呈请伪教育厅厅长核委。④

1939 年，伪山东省公署颁布《新民教育馆组织暂行规定》，伪山东省立新民教育馆遂设国术训练所。1941 年 12 月初，伪山东省立新民教育馆向伪省公署教育厅厅长郝书暄呈报国术研究社学生名册及开学日期。⑤

1941 年，伪山东省公署又颁布《山东省立社会教育机关职员任免及待遇暂行规程》，规定伪省立新民体育场场长以具有以下资格之一者为合格：专门以上学校体育科毕业，曾任教育职务一年以上者；中等以上学校毕业，曾充体育教师四年以上者；曾任省市体育场重要职员三年以上，确有体育经验者；国术馆或武术传习所毕业，曾充体育教师三年以上，确有体育经验者。⑥是年，潘鸿祥任伪山东省立新民体育场场长，工作事项之

---

① 山东省社教机关工作概况 [J]. 伪山东文教，1944（8—9）：62.

② 伪山东省公署教育厅编 . 山东省公署教育厅三十七年工作报告 [M]. 济南：伪山东省公署教育厅，1939：112.

③ 山东省立新民体育场组织暂行规则 [N]. 鲁东日报，1939-4-13（2）.

④ 伪山东省公署编辑 . 山东省现行法规类编 [M]. 济南：伪山东省公署秘书处，1941：82.

⑤ 引自山东省档案馆馆藏档案，档案号：J101-15-0249-21.

⑥ 伪山东省公署编辑 . 山东省现行法规类编 [M]. 济南：伪山东省公署秘书处，1941：148—150.

一为辅导济南安乐、俊英、公园三处成立国术练习社（所）。[①] 冬月，受日军司令官启示，遂由伪山东省立新民体育场场长潘鸿祥呈具伪省公署恢复省立国术馆，馆址因无妥当场所，暂设于体育场内。馆长由潘鸿祥兼任。[②]

1942年6月7日，伪山东省立新民教育馆举行国术表演，该馆全体学生及福山新民教育馆车莪享（峨亭）等多人参加表演。[③] 民间“国术社”改称“训练所”，可在兵荒马乱的年代，民众无心习武。济南国术传习场所和学生人数锐减。有的中小学仍然开设国术课。

1943年3至6月份，伪教育厅拨发伪省立国术馆经费及开办临时费。[④] 该年度经费概算6492元。[⑤] 馆内事务由伪省立新民体育场职员兼办，对于指导、训练、经常办公均感困难。伪教育厅签奉伪省长批准，潘鸿祥专任伪省立国术馆馆长，伪省立新民体育场场长另委苗志善接充。[⑥] 伪省公署有见于国术馆逐渐发展，实有独立办公、增添职员、追加经费之必要。[⑦]

7月1日，伪山东省立国术馆成立。经费每月459元，开办临时费890元。[⑧] 8月18日，伪山东省公署教育厅厅长俞康德令苗志善将伪省立新民体育场附设国术馆部分经费、文卷、器具、物品等件移交伪省立国术馆接收。9月10日伪山东省立国术馆迁至后宰门武庙。10月24日上午10时，补行典礼，由该馆各训练所学生表演国术。[⑨]

《山东省立国术馆组织大纲及办事细则》规定，伪省立国术馆任用教师5人，省馆及4处训练所训练班，每处各设教师1人，承馆长及训练主任之指导，负责各处早晚训练班教授一切事宜；雇员2人，担任缮写记录全馆及各训练所一切；夫役5人，省馆及四处训练所各设1人，负责整理场所及收发、保管各种国术器械等项。第一训练所设于城内旧省府，第二

---

① 伪华北社教协进会编印 . 华北社会教育概览 [M]. 出版地不详：伪华北社教协进会，1941：227.

② 山东省社教机关工作概况 [J]. 伪山东文教，1944（8—9）：62.

③ 济南国术大会 [N]. 新天津，1942-6-12（2）.

④ 引自山东省档案馆馆藏档案，档案号：J101-16-0363-020.

⑤ 伪山东省公署财政厅 . 山东省地方民国三十二年度岁入岁出概算辑要 [M]. 济南：伪山东省公署财政厅，1943：21.

⑥ 引自山东省档案馆馆藏档案，档案号：J101-16-0360-019.

⑦ 山东省社教机关工作概况 [J]. 伪山东文教，1944（8—9）：62.

⑧ 引自山东省档案馆馆藏档案，档案号：J101-16-0360-019.

⑨ 引自山东省档案馆馆藏档案，档案号：J101-16-0345-025.

训练所设于南关离明街，第三训练所设于东关华美街，第四训练所设于商埠公园。

伪省立国术馆暂设11班，馆内附设太极（拳）、少林（拳）、特别研究3个班，四处训练所各设太极（拳）班和少林（拳）班。太极（拳）班以太极拳为主，教授单人及团体操练等；少林（拳）班以少林拳为主，教授单人及团体拳械、摔角等；特别研究班以个人擅长专攻为主科，其他为副科。各训练班学期定为一年，利用工余时间，以每日早晚授课，学生免收一切费用。先后受训者达千人以上。

《山东省立国术馆招考学员简章》规定，学生以小学毕业或同等学力，身体健全，无宿疾、无嗜好者为合格。少林（拳）班以12岁至25岁，太极（拳）班以25岁至50岁，特别研究班不限年龄。除技术教学外，少林（拳）班、太极（拳）班还开设精神训话、国术原理和生理卫生等课程。① 11月，伪省公署教育厅于该厅南院添设国术班，聘请潘雪峰担任教练。10日起，每日上午9时至9时半授课。②

12月12日，伪省立国术馆于皇亭体育场举行所谓第二届兴亚国术竞技大会，参加者200余人。个人项目单拳、对拳、单械、对械分别录取前三名。团体表演录取济南女中、济南商业学校、济南师范、济南女师、第二国术训练所等五名。③

1944年3月25日，王桐荫向伪教育厅递交《山东省立国术馆视察报告》称，该馆设馆长1员，教务员1员，事务员、教师4员。经费每月1000元，薪俸工资津贴815元，事务员185元。该馆及附设训练所房舍、器具尚称敷用，武术器械仍需酌情增添。馆长潘鸿祥经验及技能均优，对馆务整理则属热心，堪称胜任。教务员王昭麟任事勤勉，训练有方，颇得学生信任。各训练所日常课程尚能认真实施。第三训练所内受训人数过少，亟应添招，以资补充。馆内设有太极（拳）班、少林（拳）班、特别班3个训练班。太极（拳）班7人，练习时间早7时半至8时半；少林（拳）班64人，练习时间午后5时至7时；特别班教练器械，人数过少，练习时间午后6时半至7时半。馆外附设训练所4处，每处均有太极（拳）班、少林（拳）班。第一训练所教师陈德庆，学生54人；第二训练所教师常子文，学生36人；第三训练所教师胡明海，学生12人；第四训练所

① 山东省社教机关工作概况 [J]. 伪山东文教，1944（8—9）：62—63.

② 振奋服务精神鲁添设国术班 [N]. 蒙疆新报，1943-11-20（3）.

③ 济国术竞技大会 [N]. 青岛新民报，1943-12-15（2）.

教师刘凤辉，学生 59 人。各训练所与馆内规定训练时间相同。[①]

12 月 10 日，伪省立国术馆举行所谓山东省第三届兴亚国术竞技大会，5 日以竞技筹备会名义向社会征集奖品。[②] 参加表演者伪省立新民教育馆国术练习所 32 人、公园国术练习所 32 人、俊英国术练习所 32 人、安乐国术练习所 32 人，学校团体 100 人，计 228 人。表演节目为单拳、单械、对拳、对械和团体表演。[③]

《山东文教》1944 年第 8、9 期（合刊）刊载潘鸿祥《国术在体育上之价值》[④] 一文，不过泛泛而谈，了无新意，文末建议伪政权深加注意国术。如此无谓言辞、虚假宣传，连同伪省立国术馆举办的所谓三届兴亚国术竞技大会，不过是实施愚民政策和奴化教育的手段，借以粉饰太平的工具。

日伪区各县市国术馆几无再现，个别县市立伪新民教育馆附设国术研究社。1938 年 1 月，日军侵占青岛。青岛国术沦落凋敝。个别中小学虽开设国术课，但教学质量欠佳。1944 年 1 月，青岛成立伪健民社，伪市长姚作宾兼任社长，设址于天后宫。至 1945 年 5 月，伪健民社于市内各区设置直辖国术练习所 14 处。1938 年 2 月，日军侵占烟台。烟台国术馆自行解散。1942 年民间拳房仅有 10 余处。1943 年 2 月，伪新民教育馆增设国术社，馆长周保国兼任国术社长，各拳房为基本分社。个别市立、私立中小学开设国术课。伪市公署将春秋两季运动会改称所谓“兴亚运动会”。1939 年至 1943 年春运会、秋运会，1945 年春运会，设国术表演。1943 年 3 月 21 日，伪新民教育馆于丹桂戏院举行烟台市第一届国术表演大会[⑤]，徒支虚假宣传。

日伪时期陷落凋敝的国术活动，较之战前轰轰烈烈的国术运动，犹如天壤之别，岂可同日而语。

本章小结

七七事变，全民族抗战爆发。山东国术馆副馆长窦来庚组织馆内及留济国术人员组成队伍投入抗战。后改编为保安第十七旅，窦来庚任旅长。

---

① 引自山东省档案馆馆藏档案，档案号：J101-16-0025-009.

② 引自山东省档案馆馆藏档案，档案号：J115-03-0205-050.

③ 引自山东省档案馆馆藏档案，档案号：J105-04-0154-014.

④ 山东省社教机关工作概况 [J]. 伪山东文教，1944（8—9）：9—10.

⑤ 第一届国术表演会 [N]. 鲁东日报，1943-3-22（2）.

五年间凡历70余役，屡著战绩。1942年8月，第十七旅于临朐与围困之敌英勇作战，弹尽粮绝。窦来庚壮烈牺牲，部众伤亡略尽。山东国术界虽蒙受损失，但以实际行动履行了国术救国的诺言。

1942年，山东省会区遵照教育部训令，虽制订《山东省会区国术教育实施计划》，但处于战乱时期，国术教育难以实施。

1937年12月，济南沦陷。日伪政权实施愚民政策和奴化教育。1941年，潘鸿祥被委任伪山东省立新民体育场场长。1943年，该场附设国术馆。7月1日，改伪山东省立国术馆，潘鸿祥任馆长。馆内设备、器材简陋，人员无多。馆外附设训练所4处，学生共百余人。至1944年12月，举行三届所谓“山东省兴亚国术竞技大会”，以粉饰太平。日伪区国术活动依稀尚存，竟沦为反动宣传的工具。

第四章 抗战胜利后山东国术（1945—1948）

全民族抗战胜利后，何思源被任命山东省主席，省府机关各项工作逐步展开。1945年9月，省府派员接收伪山东省立国术馆后，于1946年7月1日改组为山东省国术馆。山东省（立）国术馆与山东省国术学友会两大国术团体间的对立与抗争，由掣肘效应产生负面影响。经省教育厅调解得以缓和。随着内战加剧，省府财政日益困窘。省国术馆员额经费缩减，工作捉襟见肘，计划被迫落空，日趋衰微。

第一节 接收伪山东省立国术馆

1945年8月，山东省府进驻济南，政务厅即按照国民政府《战区各省市教育复员紧急办法事项》，开始接收日伪文化教育机构，恢复各级教育行政机关。[①] 9月，政务厅委派社教工作队队长陈伟超，接收伪山东省立国术馆，兼代馆长职务。[②] 陈伟超奉令于30日开始工作，10月1日办理完竣。[③] 政务厅核发山东省立国术馆接收临时费1万元。[④] 省立国术馆临时借用城内后宰门街第一训练所办公。编制沿用旧制，内设教务、事务两处，设馆长1员，训练主任1员，教师5员，教务员1员，事务员1员，工役5员，其中专任职员9人，专任研究员5人。直属训练所4处。10至12月经费为20520元。[⑤]

山东省立国术馆所属4处训练所，第一训练所于后宰门街，第二训练所于南关火神庙内，第三训练所于黄亭体育场，第四训练所于商埠公园。各训练所少林（拳）班共4个班，学生数目多不足额，太极（拳）班尚未成立。11月1日，省立国术馆兼代馆长陈伟超制订《山东省立国术馆招收学员简章》，呈请招收新生8个班。政务厅核查认为，招收学生8个班，

---

① 引自山东省档案馆馆藏档案，档案号：J101-09-1200.

② 引自山东省档案馆馆藏档案，档案号：J100-01-131.

③ 引自山东省档案馆馆藏档案，档案号：J101-09-0793-006.

④ 引自山东省档案馆馆藏档案，档案号：J101-09-0524-001.

⑤ 引自山东省档案馆馆藏档案，档案号：J101-15-0164-035.

恐教师难于兼顾，准予暂设 4 个班。[①]

山东省立国术馆接收后，学生人数日增，教务纷繁。经政务厅核准，11 月增加教师李福德。[②] 23 日，第四训练所教师刘凤辉病故，陈伟超聘前警备四旅国术教官杨钧韶充任。[③] 同月，政务厅委派陈伟超接收伪新济南电影院，委任王龙翼为省立国术馆馆长。[④] 王龙翼奉令于 12 月 11 日正式到差，接钤视事。14 日与陈伟超完成交接手续。[⑤] 12 月中旬，事务员吕昶离职，遗缺由石云青接充。[⑥]

第二节 调查抗战期间人口伤亡及财产损失

1946 年 1 月 8 日，省主席何思源收到山东省国术学友会呈文，请示窦故馆长与国术界殉难人员遗族恤济办法。[⑦] 18 日，何思源批示，关于窦故馆长与国术界抗战殉难人员遗族恤济，可迳向本省抗战烈士抚恤委员会领表填报。山东省国术学友会即转知家属。[⑧]

3 月初，山东省立国术馆遵教育部令，向省府呈报山东省国术馆人口伤亡及抗战期间财产损失情况。[⑨]（表 4-2-1、表 4-2-2）因档案资料缺失，绝大部分伤亡无法核实，此表仅为个别人员伤亡情况。

表 4-2-1 人口伤亡调查表　　地点：临朐福山

姓　名	性别	职　业	年龄	最高学历	存或亡	葬埋费用
窦来庚	男	国术馆副馆长	42	山东武术传习所	亡	500 元
魏长贵	男	国术馆教授	35	山东国术馆毕业	亡	400 元
杨介山	男	国术馆学生	24	山东国术馆学生	亡	400 元
于竹亭	男	国术馆学生	25	山东国术馆学生	亡	400 元
崔警武	男	国术馆学生	24	山东国术馆学生	亡	400 元

① 引自山东省档案馆馆藏档案，档案号：J101-15-0146-002.
② 引自山东省档案馆馆藏档案，档案号：J100-01-131.
③ 引自山东省档案馆馆藏档案，档案号：J101-15-0146-002.
④ 引自山东省档案馆馆藏档案，档案号：J100-01-131.
⑤ 引自山东省档案馆馆藏档案，档案号：J101-15-0216-010.
⑥ 引自山东省档案馆馆藏档案，档案号：J100-01-0131-020.
⑦ 引自山东省档案馆馆藏档案，档案号：J101-15-0187-007.
⑧ 引自山东省档案馆馆藏档案，档案号：J101-15-0187-009.
⑨ 引自山东省档案馆馆藏档案，档案号：J101-09-0541-019.

表 4-2-2 抗战期间财产损失报告表 填报日期：1946 年 3 月 1 日

损失年月日	事件	地点	损失项目	购买年月	单位	数量	购买时价值	损失时价值
1937 年 12 月 22 日	敌犯	经四路小纬五路	家具	1930 年 1 月	6	269 件	870 元	1000 元
			保险柜	1930 年 6 月	1	2 件	170 元	200 元
			器械	1930 年 1 月	3	480 件	960 元	1000 元
			杂品	1930 年 1 月	5	67 件	134 元	200 元
			衣服	1930 年 6 月	6	85 件	700 元	950 元
			什物	1930 年 6 月	5	7 件	120 元	150 元
			卷宗	1930 年至 1937 年	7	全卷损毁	无法估计	

全民族抗战爆发前，山东省国术馆设址于济南市经四路小纬五路，馆内所有历史材料，统在日寇进攻济南时损失净尽。[①]日寇占领济南后，馆址被伪华北交通公司强占[②]，改为汽车站。抗战胜利后，由第十一战区副长官部接收，作为停放汽车场所。1945 年 12 月，山东省府致函第十一战区副长官部，呈请发还省立国术馆原址。[③]

1946 年 2 月，遵教育部令，省立国术馆于 12 日由后宰门街第一训练所临时办公处迁回原址。因与津浦区济南铁路局有产权及财务纠纷，后南北大部分场地、宿舍被工兵团及汽车连借用，至 1947 年 1 月尚候行政院及敌伪产业处解决处理。[④] 1948 年，约四分之三馆址房舍仍被军队占驻。[⑤]

第三节 甄审清理伪职人员

遵照国民政府指示，山东省府组织成立“甄审委员会”，对教育行政人员、学校教职员及社教人员进行“甄审”。在接收日伪社会教育机构同

① 引自山东省档案馆馆藏档案，档案号：J101-15-0187-044.
② 引自山东省档案馆馆藏档案，档案号：J101-15-0147-036.
③ 引自山东省档案馆馆藏档案，档案号：J101-15-0146-003.
④ 引自山东省档案馆馆藏档案，档案号：J101-15-0147-036.
⑤ 引自山东省档案馆馆藏档案，档案号：J101-15-0201-001.

时，制订了复员、整理社会教育计划。[①]

山东省立国术馆接收后，潘鸿祥被委任训练主任，对馆长一职仍有觊觎。1945 年 10 月 3 日，董永和（军政要员）致函政务厅厅长刘道元，证明曾派潘鸿祥到济购货，系为抗战同志。[②] 5 日，刘道元函复，“至于国术馆长潘鸿祥一事，该员身任伪职，能对抗日同志诸多帮助，殊堪嘉许。惟在本府无案可稽。馆长一职，碍难保留。仍令该员留馆任训练主任，以图报效可也”。[③]

省立国术馆训练主任潘鸿祥，教师王昭麟、常子文三人，均系前任陈伟超接收后留用人员。遵照教育厅训令，王龙翼通知该员撤职。[④] 潘鸿祥陈述，七七事变后，其任铁血武士队中校队副。1938 年 4 月，奉令潜入济南工作，5 月 4 日被日军总司令部逮捕入狱。6 月 8 日由坊联保出，继续工作。[⑤] 抗战期间，借伪国术馆掩护，均有证件。

王龙翼无从考察，未敢擅作留撤。1946 年 5 月 16 日，具文附件呈请教育厅厅长李泰华审核。如仍留用则转饬继续任职，倘应撤职则遗缺因训练工作不便空悬，拟予录用经省立国术馆选拔登记合格人员，战前省国术馆教授李向左代理训练主任，战前省国术馆教授孙慎修、吴法陶递补教师。[⑥]

24 日李泰华指令，该项证明书依法应以原派机关主管长官署名盖章，并加盖机关印信方能生效。遂将证明书发还，令王龙翼按规定办理。[⑦] 王龙翼遵令分饬潘鸿祥、王昭麟、常子文三人。该员复缴证明书，均以印信缴销为辞，据理力争。6 月 15 日，王龙翼只得有赍四件证明书，备文呈报教育厅厅长李泰华核夺。李泰华将此案交第四科办理。而该案非第四科经办，案情不详。19 日，第四科回复，“加盖机关印信方能生效”是参议会议决，附属机关公事公办。人事处规定附属机关所以催缴证件，系以此淘汰伪方人员。该员证件既无机关印信，当不生效。7 月 1 日，教育厅批令，该馆自 7 月 1 日起改为山东省国术馆，此案自行处理。

潘鸿祥、常子文、王昭麟呈文何思源，以服务国术界有年，忽被解

---

① 引自山东省档案馆馆藏档案，档案号：J101-09-1200.

② 引自山东省档案馆馆藏档案，档案号：J100-01-0131-020.

③ 引自山东省档案馆馆藏档案，档案号：J100-01-131.

④ 引自山东省档案馆馆藏档案，档案号：J101-15-0213-003.

⑤ 引自山东省档案馆馆藏档案，档案号：J100-09-0019-002.

⑥ 引自山东省档案馆馆藏档案，档案号：J101-15-0213-003.

⑦ 引自山东省档案馆馆藏档案，档案号：J101-15-0213-003.

职，恳请为国术前途计，注重人才，仍畀以重职，继续推行国术。何思源批示，碍难照办，俟将来遇机擢用。遂将此案交由教育厅办理。教育厅即书面通知潘鸿祥等。[①] 9月2日，何思源指令省国术馆，潘鸿祥等停止任用并依法通布。[②]

第四节 惩办汉奸

全民族抗战爆发前，马良曾经从事军政，位至将军，官封帮办。于山东为官多年，退休后寓居济南按察司街。家里布置非常清雅。每日练字打拳。他是清真教徒，对教规遵守严格。不良嗜好丝毫不沾。年过70，耳聪目明，牙齿一个未落。身体比平常人健壮。有人赞其有“清静”“寡欲”的摄生术。[③]

1937年12月，济南沦陷。本该安享晚年的马良投靠日军，当了汉奸。抗战胜利后，国民政府清剿敌伪人员。1945年12月29日，济南军警出动，马良等130余名汉奸被捕。[④]

被诉受审 1946年6月，巨奸马良被起诉。[⑤] 12月16日下午3时，马良案于山东省高院刑二厅公开审理，前往旁听者众多。马良因患病不能行走，卧于竹床，被抬入公厅，家属五人随同前往。

开审时，马良卧床不起，其妻马党氏、子马祚章分立两侧。厅长李法先问其姓名，马良故作聋哑之态，一语不发。其子马祚章乃谓愿作辅佐，代为回辩。检察官李焕庚起立控诉罪状：马良自济南沦陷后，首先发起组织维持会，自任会长，对敌人联络献媚。二十七（1938）年组织伪山东公署，自任省长兼伪华北政务委员会委员。二十八（1939）年辞去伪省长职，赴北平专任伪华北政务委员会委员。自抗战胜利前已离伪职。马良于伪职内建立傀儡政府，推行敌伪政令，实有利敌国，不利本国行为，请法厅依法讯辩。

李法先厅长依次细审，马祚章对法厅审讯罪条回答犹如公式一般。皆谓乃临时政府命令，日本顾问强迫等语。未由被告辩护律师侯汉卿为之辩

---

① 引自山东省档案馆馆藏档案，档案号：J101-15-0249-048.

② 引自山东省档案馆馆藏档案，档案号：J101-15-0249-050.

③ 驰名历下的三老人[N]. 中报，1937-6-1（4）.

④ 编辑委员会编. 民国山东通志（第一册）[M]. 台北：山东文献杂志社，2002：172.

⑤ 巨奸马良被起诉[N]. 中报，1946-6-25（1）.

护。历时 3 小时之久审毕。[①]

被判无期 21 日下午 2 时，高院刑二厅宣判。马良仍卧于竹榻，由家属七人抬入公庭，妻儿分立卧榻两侧。厅长李法先讯问姓名，马良不答，仍由其子马祚章代回。旋即宣读主文："马良通谋敌国，图谋反抗本国，处无期徒刑，剥夺公权终身，全部财产除酌留家属必需生活费外没收。"宣读完毕，李厅长即谓，按马良身居伪省长，案情重大，本应处死刑，惟因被告于抗战胜利前已离伪职，依法减至无期徒刑。如不服判，可书明理由，呈请最高法院复判。[②]

病死狱中 马良案审判后被押于第一监狱善字八号。入狱前即患心脏衰弱，年来医治罔效。其上诉最高法院，声请复判，尚未判回。1947 年 7 月 5 日晨 2 时，病死狱中。当日上午 9 时，高检处检察官吴庭献验尸后，即准其家属乃妻马党氏领尸出狱抬埋。马良是年 80 岁。[③]

第五节 复员山东省国术馆

1945 年 10 月 25 日，任新舫（社会要人）致函政务厅厅长刘道元，举荐泰安人王龙翼担任省立国术馆馆长，并附王龙翼履历。[④] 11 月 4 日，邓继禹（省府委员）亦致函刘道元，举荐王龙翼。王龙翼，字霄云，山东泰安人，擅祖传杨家枪法。李景林执掌山东国术馆时曾一度留任。李景林病逝后，王龙翼离馆赴天津。后于山东省府任国术教练，省国术馆选派其视察各县市国术馆社。于山东国术界有一定知名度。27 日，王龙翼向刘道元呈交"复员山东省立国术馆，以期国术发展，全民健康而强国本"信函，恳请转呈省主席何思源，申述复员山东省国术馆意愿，并附《山东省立国术馆复员工作计划纲要草稿》，1400 余字，涉及总则、复员程序、经费、工作、附则等项内容。[⑤]

抗战胜利，百废待兴。山东省府正待选贤任能之时，王龙翼毛遂自荐。以其个人年龄、资质、阅历及所呈之文，当为国术名流，又有政府要员举荐，就任国术馆长似为合适人选。于是，王龙翼奉委，于 12 月 11 日

---

① 公审马良 [N]. 中报，1946-12-17（4）记马良于抗战胜利前二年离伪职。

② 马良案宣判 [N]. 中报，1946-12-22（4）记马良于抗战胜利前三年离伪职。

③ 山东大汉奸马良病死狱中 [N]. 中报，1947-7-6（4）.

④ 引自山东省档案馆馆藏档案，档案号：J100-01-0131-025.

⑤ 引自山东省档案馆馆藏档案，档案号：J100-01-0131-027.

如愿以偿地接任山东省立国术馆馆长职务。[①]

王龙翼就任后积极开展工作，责成事务员负责办理会计手续。12 月份两赴馆属国术训练所视察教学概况，指示各所课业联络，学科划一，改进教学。举行馆务会议一次，决议案 12 件。举行教务会议一次，决议案 4 件。因奉第十一战区请求派员教授刺枪术，召集教师讨论国术刺枪教学标准。派往第十二军军部教师二员，每日早晚教习国术刺枪术。应邀派员担任警察训练所国术课程。省立国术馆民众训练班及各训练所均系早晚两班，分授少林拳与太极拳。着手制订本馆组织规程、1946 年工作计划、馆务及教务会议简则、教职员服务条例及夫役管理规则、各训练所学生奖惩办法，筹备 1946 年 1 月份国术人员登记事宜，计划各县国术馆复员人选甄别审核，研究 1946 年办理师资训练班课程及教学方针，调查济南市国术名流，聘为义务职员。[②]

12 月 19 日，山东省立国术馆为恢复战前法定“山东省国术馆”名义及人士编制，便于省府编造预算，拟订《山东省国术馆组织规程》《民国三十五（1946）年度省国术馆工作计划》，呈请省府签核。[③] 24 日，刘道元批示，该馆名称及组织应照中央规定办理。所呈各节候教育部令到厅，再行核夺。[④]

1946 年 1 月上旬，山东省立国术馆制妥铜制圆形证章，蓝底白字，中嵌白色“党徽”，上嵌“山东省国术馆”，两边分嵌“梅花”，下嵌“证章”等字。省府审核认为，该证章所嵌名称与原机关名称（山东省立国术馆）不符。本应发还另绘呈核，姑念该馆业将证章制妥，暂准佩戴。山东省立国术馆自 1 月 11 日分发佩戴。[⑤]

4 月上旬，省立国术馆呈请教育厅，省立国术馆自迁回原址，修整院落，改建门墙，初具规模。拟于 7 日（星期日）上午 9 时举行复员典礼，表演国术，以资庆祝；拟将“山东省立国术馆”之“立”字取消。[⑥] 11 日，教育厅厅长李泰华指令，该馆举行复员典礼应从缓办。至取消“立”字，候中央国术馆各项法规至厅再行核办。[⑦]

---

① 国术馆长王龙翼氏接任 [N]. 华北新闻，1945-12-16（4）.

② 引自山东省档案馆馆藏档案，档案号：J101-15-0146-005.

③ 引自山东省档案馆馆藏档案，档案号：J101-15-0187-003.

④ 引自山东省档案馆馆藏档案，档案号：J101-15-0187-001.

⑤ 引自山东省档案馆馆藏档案，档案号：J101-09-0524-006.

⑥ 引自山东省档案馆馆藏档案，档案号：J101-15-0187-014.

⑦ 引自山东省档案馆馆藏档案，档案号：J101-15-0187-012.

教育厅为省立国术馆恢复战前系统呈文省府。省国术馆于“七七事变”前原属省府秘书处，事变后伪省公署改为“省立国术馆”，隶属伪教育厅。抗战胜利后，由政务厅派员接收。省立国术馆呈请直属民政厅或秘书处[①]，教育厅建议改属省府秘书处。19日，何思源批示，仍属教育厅。[②]

正当省立国术馆紧锣密鼓筹办恢复战前系统时，1月8日战前省国术馆馆员以山东省国术学友会名义呈文省府请示省县国术馆复员。[③]18日，何思源批复，省县国术馆复员一案，业经专案请示。4月9日，省国术学友会会长徐振中再次咨呈。[④]11日，省国术学友会成员林秉礼（副会长）呈文何思源，“为恳抚念今昔之情使国术界同仁有所归宿”，并附个人经历。文中略陈自寿光寒桥中学拜别，数历艰险。抗战救国，离散逃亡。抗战胜利来济后，会晤国术界同志，愿为国术馆复员竭尽己能。恳请抚念今昔之情，使国术界同志有所归宿。[⑤]27日，省国术学友会呈文教育厅厅长李泰华，备述全面抗战前山东省国术馆办理经过与业绩，抗战奇勋，省国术学友会创建经历与抗战贡献及其现状，并就山东省国术馆复员工作，提出三点建议：主持馆政之副馆长应由抗战有功，声望素孚，为全省国术界信仰之人员充任；复馆后馆内教职员应由事变时担任省县馆职者尽优录用；凡曾在伪山东省立国术馆供职人员一律不用。[⑥]李泰华认为，省国术学友会建议各节当予采择施行。[⑦]

5月，省府通知林秉礼，省立国术馆已派员接收。关于该馆性质及组织，俟中央国术馆所订法令章则到府，再行办理。[⑧]省国术学友会窦耀山等呈文何思源，为恢复山东省国术馆，建议聘由徐振中为副馆长。[⑨]何思源批示，省国术馆前已派员接收，关于该馆性质及组织，应俟中央国术馆所订法令到府，再行参照办理。[⑩]

6月6日，教育厅呈文何思源，省立国术馆馆长王龙翼及省国术学友会会长徐振中先后互请恢复战前组织。5月上旬，教育厅拟订省国术馆调

---

① 引自山东省档案馆馆藏档案，档案号：J101-15-0187-010.

② 引自山东省档案馆馆藏档案，档案号：J101-15-0187-012.

③ 引自山东省档案馆馆藏档案，档案号：J101-15-0187-007.

④ 引自山东省档案馆馆藏档案，档案号：J101-15-0187-009.

⑤ 引自山东省档案馆馆藏档案，档案号：J101-15-0187-022.

⑥ 引自山东省档案馆馆藏档案，档案号：J101-15-0187-025.

⑦ 引自山东省档案馆馆藏档案，档案号：J101-15-0187-023.

⑧ 引自山东省档案馆馆藏档案，档案号：J101-15-0187-021.

⑨ 引自山东省档案馆馆藏档案，档案号：J101-15-0187-020.

⑩ 引自山东省档案馆馆藏档案，档案号：J101-15-0187-019.

整办法已签请核准。关于馆长一席，在中央国术馆所订法令未到厅前，若由教育厅厅长兼任似无所依据。由省主席兼任系战前成规。副馆长一职，似应由现任省立国术馆馆长王龙翼充任。省国术学友会呈请委派现任省教导总队队长徐振中充任。查副馆长应专任为原则，不宜兼任，以免贻误。徐总队长能否专任其事则未陈明。何思源批示，仍由王龙翼为副馆长。①

6月24日，省府下达训令，省国术馆前拟恢复战前组织一案，当以无案可稽。所有国术馆名称、隶属组织、经费等项无从核办。经先后电询教育部及中央国术馆，嗣教育部（3月上旬）代电，“国术馆并非公立，其组织章程应自行订定，呈请主管机关核备。”中央国术馆迄未回文。为利于推行国术，参照省国术学友会建议，及目前实际情形，拟定省国术馆调整办法，选派王龙翼充任副馆长。令迅速作出调整。

省府委令何思源兼省国术馆馆长，委派王龙翼为副馆长。馆址仍于济南市经四路小纬五路。省国术馆调整办法：一、将“山东省立国术馆”改为“山东省国术馆”；二、将已核定国术馆经费，改为省补助费（在本年度内仍维持已核定公粮名额、生补费及办公费）；三、依战前组织设馆长一人，由（省）主席兼任；副馆长一人，由省府选派。四、组织章程由该馆自行规定，呈报核备。五、该馆职员由副馆长商请馆长，尽先任用曾经参加抗战之国术界人员。附令省国术馆自1946年7月1日起实施调整。关于馆内行文签拟呈核及人事变更事项，由副馆长签请馆长核定。对外行文由兼任馆长署名。②（图4–5–1）

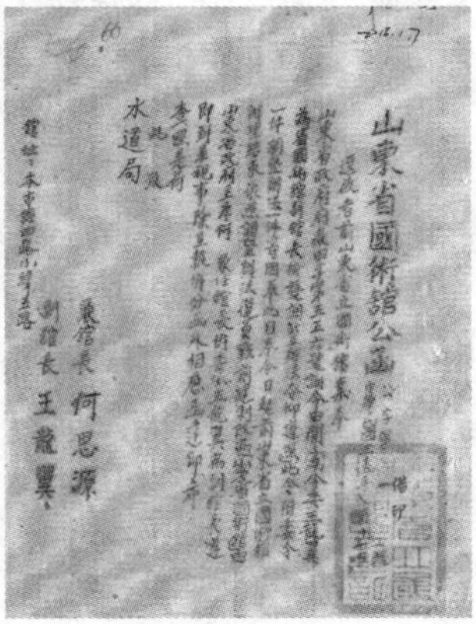
山東省國術館公函

水道局

兼館長 何思源
副館長 王龍翼

图4–5–1 山东省国术馆公函（济南市档案馆馆藏档案）

王龙翼奉令恢复战前组织，办理结束山东省立国术馆。山东省立国术馆训练事务，器械、家具、文具清册，移交山东省国术馆。前任职员役一律自7月15日离职，即日截止薪俸、生补费等。省国术馆人事依调整办法，于7月15日正式到差。7月中旬完成移交手续。③（教职员相关情况见表4–5–1、表4–5–2）

① 引自山东省档案馆馆藏档案，档案号：J101–15–0187–016；J101–15–0187–015.

② 引自山东省档案馆馆藏档案，档案号：J101–15–0187–008；J101–15–0187–026.

③ 引自山东省档案馆馆藏档案，档案号：J101–15–0187–028.

表 4-5-1 山东省立国术馆教职员一览表① 1946 年 7 月

姓名	性别	年龄	籍贯	职务	任职日期	月薪	略历	备注
柳德亮	男	38	山东宁阳	研究员	1945 年 12 月 13 日	义务	宁阳县国术馆教授 德县公安局主任	1946 年 5 月 15 日离职
宋干丞	男	48	山东泰安	研究员	1945 年 12 月 20 日	义务	滋阳县政府秘书 咸阳东北小学教务主任 国术研究会股主任	
吴法陶	男	35	济南市	研究员	1945 年 12 月 20 日	义务	省国术馆教授 山东保安第二团指导员	
赵培起	男	49	山东泰安	研究员	1945 年 12 月 20 日	义务	吉林省府武术队教官	
张万英	男	24	济南市	研究员	1945 年 12 月 13 日	义务	济南安乐国术社助教	
王龙翼	男	44	山东泰安	馆长	1945 年 12 月 11 日	120 元	山东省府国术视察员 山东省府交通处主任	
潘鸿祥	男	46	山东益都	主任	1945 年 10 月 1 日	100 元	省国术馆教务主任 第三路军国术教官	前任留用 1946 年 7 月 15 日离职
常子文	男	59	山东东平	教员	1945 年 10 月 1 日	100 元	山东省武术传习所教员 陆军第四十七旅国术教官	前任留用 1946 年 7 月 15 日离职
王昭麟	男	61	济南市	教员	1945 年 10 月 1 日	100 元	齐鲁大学国术教师 市立第五小学童子军服务员	前任留用 1946 年 7 月 15 日离职

① 引自山东省档案馆馆藏档案，档案号：J101-15-0164-035.

姓名	性别	年龄	籍贯	职务	任职日期	月薪	略历	备注
杨钧韶	男	60	山东阳谷	教员	1945年10月1日	100元	青岛国术馆教师 阳谷县国术馆副馆长	因工作不力1946年7月15日离职
姬庆昌	男	44	济南市	教员	1945年10月1日	100元	河南盐务局国术教官 第一战区监护团学兵连国术教官	
吴锦圜	男	23	山东无棣	教员	1945年11月1日	100元	无棣县国术馆馆长 保安第六旅国术教官	
李荫堂	男	56	山东阳谷	教务员	1945年11月1日	70元	山东第四师范国术教官 第十五团国术教官 政治学院国术教官	
石云青	男		山东肥城	事务员	1945年12月11日	70元	山东省府建设厅办事员	

表 4-5-2 山东省国术馆教职员一览表[①] 1946年8月

姓名	性别	年龄	籍贯	职务	任职日期	月薪	略历	备注
王龙翼	男	45	山东泰安	兼研究员	1946年7月16日	不支薪	山东省府国术视察员 山东省府交通处主任	支副馆长薪
宋干丞	男	49	山东泰安	兼研究员	1946年7月16日	不支薪	滋阳县政府秘书 咸阳东北小学教务主任 国术研究会股主任	支秘书薪

① 引自山东省档案馆馆藏档案，档案号：J101-15-0164-035.

姓名	性别	年龄	籍贯	职务	任职日期	月薪	略历	备注
吴锦園	男	24	山东无棣	兼研究员	1946年7月16日	不支薪	无棣县国术馆馆长 保安第六旅国术教官	支科员薪
姬庆昌	男	45	济南市	兼研究员	1946年7月16日	不支薪	河南盐务局国术教官 第一战区监护团学兵连国术教官	支科员薪
张万英	男	25	济南市	研究员	1946年7月16日	义务	济南安乐国术社助教	
赵培起	男	50	山东泰安	研究员	1946年7月16日	义务	吉林省府武术队教官	
李义三	男	44	山东长清	研究员	1946年7月16日	义务	青岛海军学校教官 河南国术人员训练班大队长	
王寅东	男	45	山东泰安	研究员	1946年7月16日	义务	济南纪氏宏道小学国术教师	
王龙翼				副馆长	1946年7月16日	280元	山东省府国术视察员 山东省府交通处主任	
宋干丞				秘书	1946年7月16日	180元	滋阳县政府秘书 咸阳东北小学教务主任 国术研究会股主任	
吴锦園				科员	1946年7月16日	140元	无棣县国术馆馆长 保安第六旅国术教官	
姬庆昌				科员	1946年7月16日	140元	河南盐务局国术教官 第一战区监护团学兵连国术教官	

姓名	性别	年龄	籍贯	职务	任职日期	月薪	略历	备注
宁志勤	男	59	山东宁阳	教授	1946年7月16日	100元	宁阳县国术馆副馆长 第一区专员公署参议	
吴法陶				教授	1946年7月16日	100元	省国术馆教授 山东保安第二团指导员	
李荫堂	男	57	山东阳谷	教授	1946年7月16日	100元	山东第四师范国术教官 第十五团国术教官 政治学院国术教官	
李维祺	男	33	山东惠民	教授	1946年7月16日	100元	山东保安第二团团长 张店临时中学国术教师	增加员额
李向左	男	55	河北清苑	助教	1946年7月16日	50元	省国术馆教授 第三路军总指挥部武术队教官	
翟友谦	男	36	山东泰安	助教	1946年7月16日	50元	山东省府交通处联络员	

山东省国术馆复员，组织结构分教务科、总务科、秘书室。编制员额兼馆长1员，副馆长兼科长1员，教授4员，助教2员，秘书1员，科员1员，工役3人。直属练习社4处，新拟成立者4处。专职职员6人，兼任4人。专职研究员4人，兼任4人。国术参考资料，限于交通、经济无从购备，仅由研究员、职员就自有者阅读研讨。器械仍为原数，年度经费300000元，已完成《步兵国术刺枪摘要》，正在编辑《国术月刊》，新研究项目为军队、学校教授国术课程训练标准。《山东省国术馆组织规程》已呈报中央国术馆批复。①

10月16日，宁志勤因病辞职，职务由助教李向左升充。所遗之缺，

① 引自山东省档案馆馆藏档案，档案号：J101-15-0164-035.

选拔白锦章递补继任，当日交接。[①]白锦章，山东滨县人，山东省立惠民乡村师范学校毕业、山东省地方行政干部训练团毕业。[②]

第六节 两大国术团体对立、抗争与调解

山东省国术馆复员过程，出现了以王龙翼为首的山东省立国术馆和以徐振中为首的山东省国术学友会两大国术团体。为争夺合理合法地位，两者间展开激烈的明争暗斗，相互攻讦，元气互伤而授人以柄。

一、两大国术团体

（一）山东省国术学友会

山东省国术学友会系于 1933 年 9 月，由省国术馆副馆长窦来庚发起，与林秉礼等人联合创办。初名为“山东志成国术研究社”，以众志成城，共谋国术研进与发展。[③] 1934 年 11 月出版之《勤奋体育月报》第 2 卷第 2 期记：山东志成国术研究社“已觅得社址，捐得巨款，着手建筑”。[④]嗣感范围狭隘，乃于 1936 年改为“山东省国术学友会”，窦来庚首任会长。总会设于济南，分会设各县，期望聚合全省国术人员力量，群策群力，企求国术加速普及。[⑤]

抗战胜利后，省国术学友会成员陆续集结省府济南。1945 年 12 月 30 日，召集所有前省国术馆在济学友开会讨论省县市国术馆如何复员，认为省主席系省国术馆法定馆长，应亟呈省主席核定办法，指示遵行，推由徐振中、姜修信、窦耀山、林信斋、潘承恩、王丹忱、秘道存、孙国干、刘宝林等九人代表声请。[⑥]

山东省国术学友会组织恢复董事会。董事长刘道元（字贯一，曹县人），董事徐振中（字憾民，益都人）、窦耀庚（字耀山，临朐人）、林秉礼（字经三，寿光人）、姜修信（字成之，昌邑人）、霍树生（字誉棠，寿光人）、林秉诚（字信斋，寿光人）、孙国干（字克立，潍县人）、王兆亭（字丹忱，济南人）、秘道存（河北故城人）、陈济生（河北滦县人）、潘

① 引自山东省档案馆馆藏档案，档案号：J101-15-0213-010.
② 引自山东省档案馆馆藏档案，档案号：J101-15-0213-010.
③ 引自山东省档案馆馆藏档案，档案号：J101-15-0194-016.
④ 教育部暑期体育班同学会消息 [J]. 勤奋体育月报，1934，2（2）：191.
⑤ 引自山东省档案馆馆藏档案，档案号：J101-15-0187-025.
⑥ 引自山东省档案馆馆藏档案，档案号：J101-15-0187-007.

承恩（长清人）、邹恩普（福山人）、李维贤（字宝斋，潍县人）、王玉章（字明甫，长山人）、麻均成（曹县人）、赵绪昌（字化南，长清人）、刘宝亭（济南人）、戴敬亭（平度人），共19人。[①] 省国术学友会设有会徽，标有双剑，上嵌“山东省国术学友会”字样。[②]（图4-6-1）

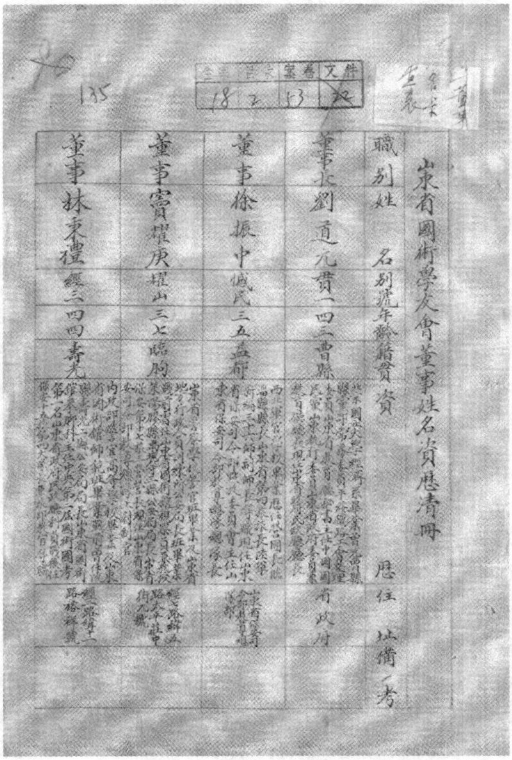
山東省國術學友會董事姓名資歷清冊

職別	姓名	別號	年齡	籍貫	資歷	住址	備考
董事長	劉道元	貫一	四三	曹縣	[illegible]	省政府	
董事	徐振中	慨民	三五	益都	[illegible]	[illegible]	
董事	竇耀庚	耀山	三七	臨朐	[illegible]	[illegible]	
董事	林秉禮	經三	四四	壽光	[illegible]	[illegible]	

图4-6-1 山东省国术学友会董事姓名资历清册节选（济南市档案馆馆藏档案）

① 引自济南市档案馆馆藏档案，档案号：J018-2-53.

② 济南市体委史志办公室编.济南体育志[M].济南：山东省出版局，1989：6.

徐振中[①]被省国术学友会推举为会长，自有用意。1945 年 8 月，徐振中率部由寿光护送省主席何思源前往济南。入济后，何思源即封徐振中为警备四旅旅长，后为新编三十六师副师长。不久，又被封为保安司令部教导总队长。

1946 年上半年，省国术学友会通过不同方式向省府缕陈复员山东省国术馆心意，未能遂愿。5 月 31 日，省国术学友会于公祥街 7 号茶会招待各报社记者，由该会总干事姜修信及前保安第十七旅秘书高卓凡，报告省国术学友会由窦来庚故馆长领导，改编为第十七旅从事抗战，窦故旅长殉国经过，及今后该会抱负，希望舆论界予以指导协助。[②] 9 月 20 日，省国术学友会制订《山东省国术学友会简章》。[③]

省国术学友会虽为战前山东省国术馆班底，大部分成员为窦来庚故副馆长生徒，但仅以学术团体名义争取社会地位，又缺乏权威性的政治人物为之代言，不得不临时将政务厅厅长刘道元、保安司令部教导总队队长徐

---

① 徐振中（1911–1949 年），益都县朱良村人，高小文化程度。1929 年北洋军伐孙殿英路过朱良，其投该部军官学校，一年后逃回。开“大中书店”兼营自行车行。一面经商，一面拜师学武，广交拳友，共习武艺，试图以武成名。1938 年春，日寇占领益都。徐振中关闭车行，纠合拳友 20 余人，投靠国民党益都县第一大队队长徐琳，任第一中队队长。不久，又投靠蒋系保安第十五旅旅长张景月，任五团一营营长。1938 年底，徐振中驻益都县臧台，兵力发展到 300 余人。1939 年春，鲁北八路军及人民政府，鉴于徐振中尚有抗战表现，遂对其进行策反工作。在即将改编的关键时刻，徐振中背信弃义。之后，其即扯下“抗日”伪装，公开干起“敌伪顽”合流勾当。10 月 21 日，八路军山东纵队三支队讨伐徐逆。臧台一战，徐振中仅率 20 余人逃出，与孟昭成部合并，流窜于益都北部和临淄东部。1941 年冬，被张景月升任二团团长兼临淄县长。1945 年 8 月，日军投降前夕，我八路军消灭了保三师张景月部，拔除了田柳庄据点。徐振中率部由寿光护送山东省政府主席何思源前往济南。入济后，何思源即封徐振中为警备四旅旅长，后为新编三十六师副师长。不久，李延年去济，安下第十一战区副司令长官部，第十二军进驻济南。徐振中这个副师长有名无权，又被何思源封为保安司令部教导总队长。徐振中收容残部，扩充实力。1946 年秋，徐振中率部东进，于 8 月 7 日占据临淄县城，再任临淄县长，兼“益（都）临（淄）广（饶）边区”警备司令。“莱芜战役”后，徐振中于 1947 年 2 月 24 日晚仓皇出逃，退驻昌乐。8 月，我华野主力挥戈南指，转战鲁西。徐振中卷土重来，又占据临淄县城。1948 年 3 月，我华野大军山东兵团打响“张（店）周（村）战役”。徐振中于 14 日再次弃城，逃往济南。5 月，王耀武封徐振中为山东省第十行政区专员兼保安六旅旅长，驻防章邱、历城一带。9 月，我华东野战军仅用 8 天时间，全歼驻济蒋军。移防东关的徐部，战役初期即被歼灭。徐振中被解放军生擒活捉。1949 年 8 月 2 日，人民政府在益都县召开万人公审大会，将徐振中枪决正法。

② 国术学友会昨招待记者 [N]. 山东民国日报，1946–6–1（3）.

③ 引自山东省档案馆馆藏档案，档案号：J100–01–0106.

振中列为董事长和董事，再加上徐振中与省主席何思源的私人关系，以博取复员山东省国术馆的领导权。而当省府派员接收伪山东省立国术馆，力图复员山东省国术馆之际，省国术学友会因反应和行动迟缓而落入被动。

（二）山东省（立）国术馆

1945 年 11 月 30 日，省府委任王龙翼为山东省立国术馆馆长。[①] 对于复员山东省国术馆，王龙翼捷足先登，占据主动。1946 年 5 月 9 日，山东省立国术馆向教育厅报告，公推李仙洲将军（济南第二绥靖区中将副司令官）担任山东省立国术馆董事长。李泰华批示，应候中央国术馆所订组织章则到厅，再行核办。[②]

21 日，省立国术馆以吴法陶、欧阳兴歧名义，为设立“山东省国术人员协会”呈文教育厅，并附《山东省国术人员协会组织大纲》《山东省国术人员协会章程》。[③] 教育厅分函山东省和济南市党部，核实“山东省国术人员协会”是否已经备案。[④] 6 月上旬，省党部、济南市党部分别复函，已准予备案，并饬令山东省国术人员协会依法向主管部门申请备案。[⑤] 6 月下旬，教育厅批准备案。[⑥] 1947 年 6 月 29 日上午，山东省国术人员协会于基督教青年会二楼礼堂举行会员大会。省府代表杨逢春，省党部代表秦丹庭，统一指挥部代表葛孚谦，绥区代表王子正，济南市党部代表王景云，济南市府代表纪盛魁等 20 余人到会。出席会员 200 余人，主席王龙翼致开会辞，报告开会宗旨。继由省府、绥区、统一指挥部、省市党部、市府代表分别致辞，选举理监事。[⑦] 选举结果，理事长王龙翼，常务理事王甸岑、王鑫白，理事李向左、吴锦園、欧阳兴歧、李静轩、白锦章、吴法陶，监事李海峰、李维祺、张汉庭。[⑧] 7 月 10 日上午，举行理监事宣誓就职典礼。教育厅社会处、省党部派员莅场监宣。[⑨]

省立国术馆设立山东省国术人员协会，自应团结全省国术人员力量，共谋国术发展大计。然而，省立国术馆拟推举李仙洲担任董事长、设立

---

① 引自山东省档案馆馆藏档案，档案号：J100-01-0131-020.

② 引自山东省档案馆馆藏档案，档案号：J101-15-0187-017.

③ 引自山东省档案馆馆藏档案，档案号：J101-15-0185-015.

④ 引自山东省档案馆馆藏档案，档案号：J101-15-0185-014.

⑤ 引自山东省档案馆馆藏档案，档案号：J101-15-0185-018；J101-15-0185-016.

⑥ 引自山东省档案馆馆藏档案，档案号：J101-15-0185-017.

⑦ 山东国术人员协会昨日召开会员大会 [N]. 大华日报，1947-6-30（3）.

⑧ 引自山东省档案馆馆藏档案，档案号：J101-15-0185-037.

⑨ 国术协会理监事今宣誓 [N]. 华光日报，1947-7-10（4）.

“山东省国术人员协会”的意图并不那么单纯。不排除谋求超越对等政治背景，加强和巩固王龙翼对国术馆的控制权，又似乎暗含以合理合法手段排除异己之意，而令“山东省国术学友会”更加被动。结果省国术学友会不仅不参与其组织的国术人员登记和国术团体登记，反而自立门户，另行一套。客观造成了省立国术馆与省国术学友会之间的矛盾日益加深。

二、两大国术团体之对立

1945 年 12 月 11 日，王龙翼奉委到任省立国术馆馆长，各报均刊此新闻。15 日，姜修信、麻均成等三人莅馆，以省国术馆复员须窦故馆长子侄生徒继承办理。要挟王龙翼须向各报更正，并非复员，否则另有对待。王龙翼据理斥退。本以为此三人仅系无理取闹，为国术界义气，予以宽容。22 日，王龙翼阅报发现刊有“山东省国术学友会”启事。

1946 年 2 月 2 日，麻均成至王龙翼宿舍滋事。25 日，姜修信、麻均成等莅馆，阻挠呈报国术馆抗战殉难事迹，妨碍办公。王龙翼呈报刘道元获批，如再无理取闹，即派警拿办押纠。

5 月 10 日，山东省立国术馆分别向何思源、李泰华报告，姜修信等擅设山东省国术学友会。王龙翼认为，省立国术馆系一省国术主管官署，曾分别呈请有关机关令饬国术团体向省立国术馆备案，以便审核。据奉山东省党部济民字第 34 号指令：“嗣后如有申请许可之国术团体，即令向该馆备案”；济南市府教二指字第 4 号公函：“还治后，尚无申请立案之国术团体，嗣后如有，自当转饬办理立案”，山东省国术学友会并未依法向党政机关呈请许可备案，显为不合法组织，理应取缔。

省立国术馆曾呈政务厅，复以训令，国术团体向省立国术馆备案一节，事关职权，候教育部令到厅时再夺。因未奉部令，省立国术馆难以监督，省国术学友会仍然活动，擅行设立分会。省国术学友会系姜修信担任总干事，麻均成、林信斋等人主办。因系窦故馆长生徒，视国术馆为私产，具继承野心，欺蒙同乡徐振中将军，推为该会会长，意图借势以军干政，以达诡计所谋。省立国术馆改隶教育厅后，姜修信等借保安第十七旅抗战名誉，声言由其复员“山东省国术馆”，王龙翼主持的是“山东省立国术馆”。意图推翻机关或造两歧并行机关。王龙翼于山东省立国术馆视事后，为恢复战前建制曾专呈有案，因复令须候部示再夺，仍沿用“省立”字样。同时呈请中央国术馆已准恢复战前名义，因教育厅尚未核示，以至迟延。4 月 3 日，王龙翼签请教育厅厅长，恳祈准予恢复建制，举行复员典礼，奉谕暂缓举行。省国术学友会因《青年日报》刊登山东省国术馆缓办复员典礼新闻，在公园各处扬言山东省立国术馆业已瓦解，由彼等成立“山东省国术馆”，已公推何主席为馆长，徐振中将军为副馆长。

王龙翼认为，省国术学友会系未经党政机关备案之违法组织，为三数人谋夺政权之工具。纵属合法，仅能视为学生联络感情，交换知识之团体，绝无干涉机关之权。依照学生团体组织法令，以不干涉行政为原则，无成立董事会条文。至推举副馆长更属越权。查中央国术馆组织条例，亦非学生会一类团体可擅行私选。并且，省国术学友会借词欺蒙徐振中将军，致以军干政之嫌，陷人不义。姜修信等人把持国术界人员，于省立国术馆一再滋闹，擅立会所，声言复员国术馆。不但破坏国术界团结，预谋干政夺权，是否有奸宄从中操纵利用，虽不敢断言，但觉可疑。若不予以制裁，则无以维事权及功令尊严。为此恳祈省府彻究，依法制裁。[①] 5月16日，何思源指令，候查明处理。[②]

战前省国术馆系统姜修信一干人等，于战后争取复员省立国术馆主导权，本在情理之中。由于施策后人一步而陷入被动，处事缺乏谋略又操之过急，未免言行失当。加之王龙翼蓄意曲解，声称其“预谋干政夺权”，致使行政主管部门对省国术学友会产生反感。

7月1日，“山东省立国术馆”遵省府指令改为“山东省国术馆”，王龙翼被委任为副馆长。15日，相应人事去留及移交手续办理完毕。姜修信等仍被排斥在外，岂肯善罢甘休。20日，山东省国术学友会副会长林秉礼不得已投书山东省临时参议会，简述省国术学友会与省立国术馆对立的经过及缘由，试图谋得一线生机。30日，省临时参议会致函省府，据林秉礼投书，省国术馆馆长王龙翼无资历成绩，品学技术均无，对抗战八年之国术同志一概排弃。请主持公道，另荐贤能。关于国术馆副馆长人选，建议以比赛方式确定为宜。教育厅8月1日收件后，即签转省国术馆。[③]

三、两大国术团体之抗争

1945年12月，省立国术馆呈请政务厅，拟于1946年1月11日至25日举办国术人员登记（住外县者展期一月），并登报通告。[④] 刘道元批示，

---

① 引自山东省档案馆馆藏档案，档案号：J101-15-0147-006.

② 引自山东省档案馆馆藏档案，档案号：J101-15-0147-005.

③ 引自山东省档案馆馆藏档案，档案号：J101-15-0213-002.

④ 引自山东省档案馆馆藏档案，档案号：J100-01-131.

所请举办国术人员登记应予照准。至各国术团体向该馆备案一节，事关职权问题，应候中央法令到厅再行核夺。[①] 1946 年 1 月 7 日，山东省立国术馆再次呈报国术人员登记日期，恳祈签核。省立国术馆举办国术人员登记是为筹划各县国术馆复员而甄别师资，经审查后即行选派各县国术馆或其他训练班担任教职。[②] 10 日，兼代教育厅厅长刘道元批示，准予备案。[③] 31 日，山东省立国术馆上报教育厅，济南市参与登记国术人员者 124 人。[④] 6 月 30 日，第二次上报参与登记者 29 人。[⑤] 经复审及格者共 89 人。[⑥]

山东省国术学友会成员无一参与山东省立国术馆主办的国术人员登记。2 月，其自行将在济学友施以登记，人数愈达 250 人。[⑦] 至 9 月中旬，省国术学友会会员已达 429 人。[⑧] 单纯从两大国术团体拥有的人力资源分析，省立国术馆并不占优。

5 月 21 日，省立国术馆向教育厅报告，山东公谊社与省体育场合办"山东省会胜利运动大会"，列有省立国术馆与省国术学友会国术表演节目。是日上午，王龙翼收到大会于 13 日签发信函，系推王龙翼为国术表演组副组长，着令赴会筹备。王龙翼接信后前往大会面洽，始知筹备工作均妥，正组长系省国术学友会姜修信担任，并聘妥评判员数人。表演评判记分，限省立国术馆于 23 日呈报节目单。这令王龙翼心情颇感不爽。王龙翼曾参加历届华北运动会、全国运动会国术比赛评判工作已非一次，凡国术比赛，事前由国术界全体筹备，公选评判均有成例。对于推选评判员尤须慎重，避免评判记分不公发生纠葛；绝不能由单方面不公开推举人员充任，以免偏袒是非。

王龙翼认为，既然大会将省立国术馆列入表演单位并未提前通知，致函迟达 9 日之久。着其参与筹备面洽又均议妥，不容置疑。而表演非比赛性质，聘妥评判多系省国术学友会成员未经公开。以姜修信担任国术表演组正组长，显系大会受省国术学友会欺蒙。省国术学友会欲借表演之机，利用评判不公记分彰显成绩，而陷省立国术馆成绩恶劣，而遂姜修信等攻

---

① 引自山东省档案馆馆藏档案，档案号：J101-15-0131-024.

② 省国术馆举办国术人员登记 [N]. 山东民国日报，1946-1-9（3）.

③ 引自山东省档案馆馆藏档案，档案号：J100-01-131.

④ 引自山东省档案馆馆藏档案，档案号：J101-15-0247-017.

⑤ 引自山东省档案馆馆藏档案，档案号：J101-15-0247-018.

⑥ 引自山东省档案馆馆藏档案，档案号：J101-15-0147-036.

⑦ 引自山东省档案馆馆藏档案，档案号：J101-15-0196-016.

⑧ 引自山东省档案馆馆藏档案，档案号：J100-01-0106.

击省立国术馆，以谋干政企图。省立国术馆由此声明，为保持立场与社会团体不同，不邀虚誉，唯求实际。届期参加国术表演不接受所有评判。倘大会表演时坚持记分，则为免纠纷只可停止表演，退出大会，借免省国术学友会诋毁名誉。[①]王龙翼对于此事的反应过于敏感，主观臆测的成分较大，并且暴露省立国术馆不愿与省国术学友会同台竞技，以免遭诋毁。

1947年4月14日，省国术馆分别呈报省府、中央国术馆，拟自5月1日起实施济南市国术团体登记工作计划，附呈《山东省国术馆举办济南市国术团体登记办法》及登记表各一份。[②]19日，中央国术馆发寄航递复文："举办济南市国术团体登记等情备悉，足见对国术事业积极推行，至堪嘉尚。"据此，省府核准省国术馆于5月份实施此项工作。[③]

遵照省府指令及中央国术馆复文，省国术馆自5月21日至6月20日，又展期10天，先后于《山东新报》刊登通告，实施济南市国术团体登记工作。至7月中旬，山东省国术学友会所属各分社未办理登记手续。省国术馆将此情呈报省府，"诚恐倘有奸宄利用团体名义，借作掩护，作为不合法之行动或有妨碍社会安全秩序之企图，不无隐忧堪虞。职责所在，不敢缄默"。[④]王龙翼对于省国术学友会不是施以团结的善意态度，共谋山东国术事业的未来发展，反而将其视为不合法，大有欲除之而后快的心理。

抗战胜利后，省府委派王龙翼主持省立国术馆。战前于省国术馆随窦来庚副馆长服务之林秉礼、姜修信等（省国术学友会重要负责人均系窦氏弟子）未被聘用，因而发生龃龉，相互攻击，以致与省立国术馆形成对立之势。5月间，省国术馆办理国术团体登记，规定逾期不登记者，即予取缔。省国术学友会呈请教育厅解释，省国术馆为国术团体主管官署，是否确有明文规定。教育厅社会处派相敏、王延琦负责调查，等候中央国术馆复函解释省国术馆本身性质及权限再行处理。[⑤]

7月，山东省府致函中央国术馆，请求解释《省市国术馆组织大纲》第二条丙项"管理全省国术事宜"之规定，"逾期不登记者，即分别呈电各上级官署及各机关，依法停止其活动，派员整理或予以解散，以维法令"一节，所称上级官署及各机关，未悉指何机关而言。设各国术团体曾

---

① 引自山东省档案馆馆藏档案，档案号：J101-15-0036-013.
② 引自山东省档案馆馆藏档案，档案号：J101-15-0247-004.
③ 引自山东省档案馆馆藏档案，档案号：J101-15-0247-004.
④ 引自山东省档案馆馆藏档案，档案号：J101-15-0247-011.
⑤ 引自山东省档案馆馆藏档案，档案号：J101-15-0247-010.

呈政府及当地市党部备案，而有不依限登记或竟不登记者，是否能认为不合法。如认为不合法则应由何上级机关取缔。省国术馆系学术机关与行政机关不同，对于国术团体及县国术馆有无管理辖属之权。[①]

8月，中央国术馆馆长张之江函复，国术馆本属学术团体，按行政系统言，县国术馆成立须呈报省国术馆备案。但省境内遇有自行组织国术团体，经当地党政机关备案者，亦当视为合法团体。倘未经党政机关备案，或借此团体名义招摇者，自应由当地政府纠正或取缔。所谓“管理全省国术事宜”，乃系对本省国术团体及县国术馆在教学方面，予以指导辅助之力而言。为普及提倡国术教育，凡经当地党政机关备案之国术团体，对之亦均具有监督辅导义务。至所谓登记者，系指调查统计省境内国术人数及国术发展状况而言，对经党政机关备案之合法国术团体，只宜善意辅导，促其履行登记。不得借口认为不合法而加以取缔解散。[②]王耀武（1946年10月，何思源调任北平市市长，王耀武接任省主席，兼省国术馆馆长）[③]就此批示，山东省国术学友会于三十五（1946）年5月17日，经府民五字第793号批示准予备案。山东省国术馆宜予善意辅导，促其履行登记。[④]

省国术学友会的合法地位得以确立，却在争夺省国术馆主导权上与王龙翼主导的省国术馆互不相让，争斗愈演愈烈，呈现白热化的程度。主管部门省教育厅不得不予以关注而采取必要措施，一边派员调查研究，一边向中央国术馆征询基层国术团体管理意见，力图化解双方矛盾，以谋求山东国术事业的发展。

四、第三股势力谏言与主张

正当山东省国术馆与山东省国术学友会争权夺利甚嚣尘上之时，济南国术界出现第三股势力。其中有袁仲云、张景宸、任盛堂、宋世泽、顾晓东、曹世海、王福堂、辛友三、艾雨三、孙东江、宋汝东、周岱峰、闫正茂、荆瑞先、葛郁芬、晁春霖、周显梓、孙建邦等人。[⑤]即使将前山东省国术馆教师赵雅斋计算在内，人数尚不足20人。这股中间势力不拘人少势弱，大胆向教育厅谏言陈情，表明自己的主张。

---

① 引自山东省档案馆馆藏档案，档案号：J101-15-0247-009.

② 引自山东省档案馆馆藏档案，档案号：J101-15-0247-007.

③ 编辑委员会编 . 民国山东通志（第一册）[M]. 台北：山东文献杂志社，2002：183—184.

④ 引自山东省档案馆馆藏档案，档案号：J101-15-0247-006.

⑤ 引自山东省档案馆馆藏档案，档案号：J101-15-0185-013.

1947年7月25日，赵雅斋函呈省主席王耀武，缕陈本省国术纠纷，提出国术行政改革意见。[①]王耀武函转教育厅。教育厅社会处王延琦与相敏正调查研究其症结所在。8月9日下午，召请赵雅斋来科一谈，以察究竟。赵雅斋来科陈述，国术馆副馆长应以学术、军事、道德兼优者充任，必须能综合各派系于一堂，殚心竭虑发扬国术，方为称职。战前李景林掌馆时曾组织董事会，关于副馆长推选任免由该会主持。现任王龙翼副馆长未能融洽各派系，对发展国术计划亦尚未闻；省国术学友会对省国术馆积不相能，有失和衷共济之大义。省国术学友会既欲发扬国术应多向政府贡献改革意见。王延琦、相敏综合赵雅斋所谈意见认为，山东省国术馆组织成立董事会的建议可予采纳。[②]

9月21日，山东省国术界代表袁仲云等18人联名函呈王耀武，建议山东国术馆实施人事调整，推举赵雅斋担任省国术馆副馆长。[③]第三股势力如此之举似有鹬蚌相争、渔翁得利之意而心存幻想，可惜他们的专业水准与业务能力未能得到执政者的赏识与器重。

五、两大国术团体之调解

8月6日，省国术学友会以会长徐振中名义，奉令向教育厅复陈改善本省国术教育意见：主持省馆馆政人选必须曾受高等教育，对于国术研究具有心得者；曾任国术教育行政职务三年以上，并曾领导国术人员参加抗战者；曾参加全国国术考试，被录为最优等或甲等，并负责推行国术教育职务者。[④]8月中旬，省国术馆以山东省国术人员协会名义函呈王耀武，状告省国术学友会干涉馆务，有谋夺省国术馆管理权野心。[⑤]两大国术团体之间的争斗日益激烈，大有水火不容、势不两立之势。

为彻底解决省国术馆与省国术学友会之间的纠纷，教育厅社会处王延琦、相敏分别与双方数度洽商。双方逐渐消解误会，愿共同合作。8月18日，王延琦、相敏与王龙翼约定，以私人名义于是日下午7时，约同省国术学友会林秉礼等，至中兴饭庄晤面商请解决办法。便餐费用（共六人）经与事务股商酌约需法币25万元，由教育厅负担。[⑥]

---

① 引自山东省档案馆馆藏档案，档案号：J101-15-0185-039.

② 引自山东省档案馆馆藏档案，档案号：J101-15-0185-038.

③ 引自山东省档案馆馆藏档案，档案号：J101-15-0185-013.

④ 引自山东省档案馆馆藏档案，档案号：J101-15-0185-036.

⑤ 引自山东省档案馆馆藏档案，档案号：J101-15-0185-037.

⑥ 引自山东省档案馆馆藏档案，档案号：J101-15-0185-004.

聚餐时，王延琦与相敏晓以大义，今后须共谋团结，以期全省国术赖以发展，指示成立“山东省国术馆董事会”，将预拟之组织规程交由王龙翼办理，并嘱该二团体负责人各提董事名单，以备政府圈定。两方均表示诚恳接受，愿从此化除私见，绝对团结，服从政府命令。20 日，王延琦书面如实向教育厅汇报。[①] 21 日，省国术馆奉教育厅令，依照中央国术馆《省市国术馆组织大纲》第五条规定，编制《山东省国术馆董事会组织规程》，呈请省府签核。[②] 省府秘书处法制室代为修正，省国术馆呈请省府备案。[③]

10 月 11 日，教育厅按《山东省国术馆董事会组织规程》，确定山东省国术馆董事会由 11 人组成。省主席王耀武、教育厅厅长李泰华、社会处处长王延琦为当然董事，其余聘任国术专家、体育专家及有关人士。指定省国术馆与省国术学友会二团体各推董事三人。省国术学友会推荐徐振中、林秉礼、孙进先三人，省国术馆推荐王龙翼、马伯声、赵明远三人。余二人聘请专家葛兰笙（省府顾问，长于太极拳）、苗志善（省体育场场长）充任。[④]

至此，两大国术团体间的对立与抗争似应稍歇，但省国术学友会谋求参与省国术馆内部行政和教学管理权的宿愿并未实现，心有不甘；省国术馆为此平添了一份束缚，亦觉不快。双方表面各自妥协，实则貌不合而神离。故而互不往来，各行其是。

第七节 山东省国术馆之发展

1946 年 2 月下旬，山东省立国术馆编制人员，馆长王龙翼，训练主任潘鸿祥，教务员李荫堂，事务员石云青，教师王昭麟、常子文、姬庆昌、杨钧韶、吴锦園，工役朱圣轩、雷子文、王振东、程有荣、赵永信。[⑤] 3 月，事务员石云青辞职，以柳德亮接充。[⑥] 5 月中旬，柳德亮撤职，以教师吴锦園调充。教师遗缺以宋干丞递补。[⑦]

---

① 引自山东省档案馆馆藏档案，档案号：J101-15-0185-003.

② 引自山东省档案馆馆藏档案，档案号：J101-15-0185-009.

③ 引自山东省档案馆馆藏档案，档案号：J101-15-0185-007.

④ 引自山东省档案馆馆藏档案，档案号：J101-15-0185-002.

⑤ 引自山东省档案馆馆藏档案，档案号：J101-09-0365-004.

⑥ 引自山东省档案馆馆藏档案，档案号：J101-15-0249-22.

⑦ 引自山东省档案馆馆藏档案，档案号：J101-15-0249-037.

7月1日，山东省国术馆奉令复员，7月中旬完成移送手续。16日，李维祺致函何思源，简述抗战经历，去年赴张店任专署太极拳教官，近日携眷至济，闻省国术馆复员，恳请录用。[①]何思源批示，由教育厅代办，交国术馆服务。[②]8月16日，省国术馆派用李维祺为教授，月定薪额100元。[③]

8月19日，省国术馆编制《山东省国术馆民国三十六（1947）年度工作计划》[④]，上报教育厅。9月5日起，省国术馆举办教务人员训练班，时间两个月。因系集合国术界同志于业余进行研究，未向省府另请经费。[⑤]

是年，省国术馆民众班每晨分授太极拳、形意拳等拳术，儿童班每日下午教授少林拳及器械，家庭班女生借用三育小学操场每日施教。自12月，民众班、儿童班、家庭班训练业务划归第四、第七、第十二练习社。第三、第五练习社均附设识字班，每日施教；派员担任省立第二临时中学、纪氏宏道小学、三育小学、省立医学专科学校、西辛庄小学及绥靖区谍报人员训练班、国民教育实验区小学国术课程；派员李凤梧教授第十二军刺枪术；教务人员训练班结业后，每周办理讲习会，作进修锻炼；共举行馆务会议21次，教务会议21次。视察各练习社16次，视察辅导三育小学等处14次。省国术馆学生曹乃勤、尚衔等、王泰祯成绩优良，于4月份提升为练习员。助教李向左勤奋工作，于10月16日升任教授。12月31日，姬庆昌被免职。[⑥]

1947年初，省国术馆制妥员生证章，于3月1日佩戴。[⑦]23日，王龙翼呈请王耀武，建议通令各县复员国术馆，办理人民自卫刺枪训练，附呈教本，祈请刊印以为教范。王龙翼因其家传宋代杨家奇枪，就应用技术研究编成“人民自卫刺枪教本”，方法简而易学，应用敏捷。经征求教育厅、财政厅、保安处意见，王耀武批示，刺枪术系劈刺技术之一，为军队必修课程。历来中央颁刊“劈刺教范”一再修正，成为最完善之定本。自卫团学习刺枪自应适用劈刺教范，以符功令。王副馆长所编刺枪术可自行

---

① 引自山东省档案馆馆藏档案，档案号：J101-15-0249-040.

② 引自山东省档案馆馆藏档案，档案号：J101-15-0249-039.

③ 引自山东省档案馆馆藏档案，档案号：J101-15-0249-047.

④ 引自山东省档案馆馆藏档案，档案号：J101-15-0147-022.

⑤ 引自山东省档案馆馆藏档案，档案号：J101-15-0147-025.

⑥ 引自山东省档案馆馆藏档案，档案号：J101-15-0147-036.

⑦ 引自山东省档案馆馆藏档案，档案号：J101-15-0187-036.

迳呈中央审定。遂将原件发还。[①]

4月26日，省国术馆拟举办“国术人员县级干部训练班”，毕业后分派各县充列（副）馆长，签请省府核准。财政厅签注，县级有无设置国术馆之规定，其编制及经费标准如何，本厅概不明了，但际此县级财政困难，正宜缩减机构，如非属必要，似以暂缓设置为宜。民政厅签注，简化机构，各县并无国术馆设置，本省经费拮据，此等机构似应暂缓设置。王耀武遂签发指令，本省为绥靖地区，县级机关亟应简化，各县经费艰窘，国术馆不得支用经费。所请举办县级干部训练班应暂缓。[②]

5月6日，中央国术馆馆长张之江致电各地国术组织，“历届全运会皆列有国术比赛，本届（第七届）大会不应将国术除外。各省市国术馆以正副馆长名义，一致电请教育部，建议将国术列入全运会竞赛项目。”11日，王龙翼拟就电文，“教育部暨全国运动大会，建议将国术列入全运会竞赛项目，以收群众观摩，对国术教学之重视而广倡导，借展工作”[③]，以作声援。山东省国术学友会联合济南俊英体育社、济南武学研究社等国术团体致电央馆表示响应，并致电向上海第七届全运会筹委会表示抗议。[④]

6月下旬，省国术馆向省府呈报修正之《山东省国术馆组织规程》《山东省国术馆办事细则》，经由中央国术馆核定备案，7月1日实施。[⑤]自1946年6月内战爆发，山东财政日见困窘，已无力挹注省国术馆。省国术馆复原后，省府将国术馆经费改为补助费。省国术馆不得不通过裁员维持生计。至1947年6月，省国术馆仅剩王龙翼、宋干丞、吴锦園、吴法陶、李向左、李维祺、白锦章、李文庚8人带薪留职，李向左、李维祺为教授，白锦章、李文庚为助教。因职员人手不足，经教育厅批准增加王心田为录事员，薪俸由结余动支。[⑥]（表4-7-1）7月，秘书宋干丞因贻误公务被撤职，遗缺由于卧波补充。[⑦]

---

① 引自山东省档案馆馆藏档案，档案号：J101-15-0188-023.

② 引自山东省档案馆馆藏档案，档案号：J101-15-0042-005.

③ 引自山东省档案馆馆藏档案，档案号：J101-15-0042-004.

④ 鲁国术界提出抗议 [N]. 大华日报，1947-6-3（2）.

⑤ 引自山东省档案馆馆藏档案，档案号：J101-15-0187-031.

⑥ 引自山东省档案馆馆藏档案，档案号：J101-15-0249-017.

⑦ 引自山东省档案馆馆藏档案，档案号：J101-15-0249-008.

表 4-7-1 山东省国术馆教职员一览表[①] 1947 年 6 月

等级	职称	姓名	号别	年龄	出身	简历	职掌	住址
派用	副馆长	王龙翼	霄云	46	陆军第五师讲武堂毕业	山东省府交通处主任 省立国术馆馆长	辅助馆长主管馆务兼办教务	五里沟东街 4 号
聘用	秘书	宋千丞		50	私立华北大学专科修业	省立国术馆教师	主办核阅文书	本馆宿舍
聘用	科长	吴锦園	绣华	25	省立第十五联合中学毕业	省立国术馆事务员	主办会计兼人事业务	省立济南中学
聘用	科员	吴法陶	育人	37	省立第一中学旧制二年	山东保安第二团指导员	主办庶务出纳	东杆面巷 34 号
聘用	教授	李向左		56	私塾四年	省国术馆教授	负责教授国术	三里庄东街 29 号
聘用	教授	李维祺	景福	34	惠民第四中学毕业	张店临时学国术教师	负责教授国术	南北钟楼寺街 29 号
雇员	助教	白锦章	斐青	34	惠民乡村师范毕业	山东滨县郎中镇小学校长	负责教授国术	私立三育小学
雇员	助教	李文庚		22	省国术馆教务人员研究班结业	省国术馆练习员	负责教授国术	本馆宿舍
额外雇员		王心田		22	省国术馆教务人员研究班结业	省国术馆练习员	负责担任录事	本馆宿舍

7 月 7 日，李泰华致函教育部部长朱家骅，本厅曾接收伪省立国术馆一所，于去年（1946 年）7 月改为省国术馆。该馆员额及经费沿由本厅拨给。该馆现就本厅附属机关，其本身身份亦不明确，故其与本厅关系模糊。关于该馆员额经费是否应由本厅拨给，业务联系应出以何种方式？目

① 引自山东省档案馆馆藏档案，档案号：J101-15-0249-016.

前本厅以经费拮据，所属学校机关员额不敷支配，拟将拨给之员额经费收回，是否可行？收回后，该馆经费应由何款拨给？[①]（图 4–7–1）

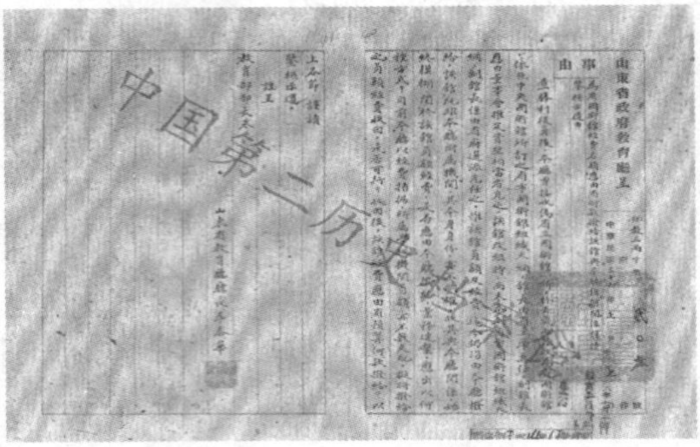

图 4–7–1 省教育厅向教育部请示国术馆隶属关系及经费管理办法（中国第二历史档案馆馆藏档案）

30 日，朱家骅复函：国术馆系人民团体，其经费应自行筹措。教育行政主管机关，得视其事业发展情形给予补助。省国术馆先由该厅拨给员额经费，予以收回势将无法维持，自应妥予设法。一面请由省府宽拨补助费，一面令该馆自行筹募基金。以后仍将该项补助费列入省教育文化预算。至厅馆关系，应参照部颁体育会组织办法之规定，由厅督导其工作。[②]

8 月 21 日，王耀武签发训令，省国术馆三十六（1947）年度经费确定暂不变化，三十七（1948）年度经费应归自筹。省府视业务发展情形予以补助。[③] 10 月 11 日，王龙翼呈请省府，省国术馆经费向由省府核发。在此各县相继复员国术，急待推展之际，本馆任务日渐繁多。现有人员已感人少事烦，不敷分配。为撙节国库开支，各职员勤奋从公，无薪兼职，幸无陨越。每月所需经费仅计 600 余万元，为数不巨，实不致影响省库。下距三十七（1948）年度仅有两个月，骤然改为自筹，时间迫促，实有筹措不及之虞。[④]

11 月 4 日，教育厅派万绍曾前往省国术馆调查现有人员工作情形。省国术馆本年度由教育厅拨给名额 8 员，实有 9 员，系添一额外雇员，由生补费余项下支给。省国术馆副馆长兼教务长一人，综理馆务事宜；编审

① 引自山东省档案馆馆藏档案，档案号：J101–09–0365–012.
② 引自山东省档案馆馆藏档案，档案号：J101–09–0365–012.
③ 引自山东省档案馆馆藏档案，档案号：J101–09–0365–012.
④ 引自山东省档案馆馆藏档案，档案号：J101–09–0365–012.

兼秘书一人，办理馆内文书事宜；事务主任兼视察员一人，办理会计事务兼视察各分社事宜；教授三人，办理馆内民教班、儿童班及第六分社教学事宜；事务员兼助教一人，办理馆内事务，兼办第十七分社教学事宜。雇员及额外雇员各一人，担任缮写事宜。工作分配尚属适当。5日，万绍曾报告建议，省国术馆既由本厅拨给名额，骤予收回，势必无法维持。为顾及该馆业务，如三十七（1948）年度必须收回名额，似不应超过3人。教育厅体恤省国术馆现实处境，决定三十七（1948）年度仍援用三十六（1947）年度办法，支5人生补费，由省国术馆统筹支配。省国术馆亦应自筹基金，以维永久。[①]

12月，省国术馆呈请省府，聘用王新治为教务长（教授）。1948年1月13日获准。[②] 王新治，40岁，济南市人，中央国术馆第六期师范教授班毕业。曾任陆军第八十师少校国术教官，中央国术馆旅行团队长，福建省警察训练所技术教官，福建省国术体育研究会主任。[③]

1948年1月3日，省国术馆上报教育厅《山东省国术馆概况报告表》。王龙翼副馆长兼教务长，吴锦園任事务主任兼事务长，于卧波任编审员兼秘书，视察业务暂由教务长及事务主任兼办。省国术馆之图书馆及国术教材编印设计，因限于经费无着，未能实施。仅有礼堂、办公室和练习场。省国术馆人员太少，工作分派更感困难。国术馆基金尚未筹措，馆内房舍多处损毁，无力修缮。馆址房舍，南北西三方面均被军队占驻，约计四分之三。筹设县级国术干部训练班之教室、宿舍等均无地设置，以致该班未能实现。各县国术馆复员事项，亦因各县经费无着，大受影响。[④] 国术馆馆务仅能勉强维持，工作计划大多落空。

2月，省国术馆仅有王龙翼、王新治、于卧波、吴锦園、李向左领取生活补助费。3月，李文庚接替吴锦園兼任会计。[⑤] 7月，王龙翼奉令调往中央国术馆。17日，向省府请辞，推荐王鑫白接任。8月，王耀武核准，令王鑫白暂代省国术馆副馆长，依法成立董事会。[⑥]（表4–7–2、表4–7–3）

---

① 引自山东省档案馆馆藏档案，档案号：J101–09–0365–012.
② 引自山东省档案馆馆藏档案，档案号：J101–15–0249–001.
③ 引自山东省档案馆馆藏档案，档案号：J101–15–0249–002.
④ 引自山东省档案馆馆藏档案，档案号：J101–15–0201–001.
⑤ 引自山东省档案馆馆藏档案，档案号：J101–02–0078–003.
⑥ 引自山东省档案馆馆藏档案，档案号：J101–15–0185–001.

表 4-7-2 抗战胜利后山东省（立）国术馆馆长一览表

名　称	职　务	姓　名	起止日期
山东省立国术馆	兼代馆长	陈伟超	1945 年 9 月至 1945 年 11 月
	馆　长	王龙翼	1945 年 12 月至 1946 年 6 月
山东省国术馆	兼馆长	何思源	1946 年 7 月至 1946 年 10 月
		王耀武	1946 年 11 月至 1948 年 9 月
	副馆长	王龙翼	1946 年 7 月至 1948 年 7 月
	代副馆长	王鑫白	1948 年 8 月至 1948 年 9 月

表 4-7-3 抗战胜利后山东省（立）国术馆历年经费一览表（单位：法币）

年　度	经　费	起止日期
1945 年	20520 元	1945 年 10 月至 1945 年 12 月
1946 年	1380000 元	1946 年 1 月至 1946 年 12 月
1947 年	6210000 元	1947 年 1 月至 1947 年 12 月
1948 年	省府支 5 人生补费 年度经费自筹基金	1948 年 1 月至 1948 年 9 月

第八节 济南国术社之发展

抗战胜利后，济南国术练习社逐步恢复建立，大致分属山东省国术馆、山东省国术学友会和山东回教协会三个团体。这三个国术团体分别独立，各谋自身发展。

山东省国术馆国术社 1945 年 9 月，陈伟超奉令接收伪省立国术馆，所属国术训练所 4 处。1946 年 7 月，省国术馆复员建制，国术训练所改称国术练习社。省国术馆派员担任教授，并依据组织规程广聘义务教职员，以期业务扩展。①

10 月 4 日，省国术馆签呈省府，为扩展教务，拟在南大槐树、二贤

① 引自山东省档案馆馆藏档案，档案号：J101-15-0147-036.

街、大公路、晋和街、富官街等处设立练习分社，选聘国术登记合格人员傅礼英、蒋荣芝、陈济生、白锦章、王寅东、李殿宽等为分社社长、教师，业余之暇担负义务训练之责，省国术馆随时派员视察辅导。[①] 12月，省国术馆共设立练习分社12处。每日下午教授国术，为民众业余锻炼场所。[②]

1947年2月，省国术馆所属练习社推进达15处。此时，县国术馆筹复，各区练习社亦亟需成立。为便利行文，开展工作，省国术馆拟颁发钤记或图记启用。经呈请省府，交法制室签复，钤记正方形，木质，纵横各五公分半，图记纵横各四公分半。[③]

7月24日，第十五练习社在省国术馆派员指导下正式成立。董事会推选朱润身任社长，张筱蓬任副社长，常炳炎任教务员，张方玫任事务员，均为义务职。共有男生31名，女生28名。社址设于济南市第四区三和街中心国民学校。省国术馆发给教职员4人聘书。[④]

7月底，省国术馆所属练习社正式办公者12社。第一练习社学生40名，第二练习社学生28名，第三练习社学生38名，第四练习社学生26名，第七练习社学生59名，第九练习社学生40名，第十一练习社学生47名，第十二练习社学生62名，第十三练习社学生19名，第十四练习社学生24名，第十五练习社学生61名，第十七练习社学生68名。以上12社，共有学生512名。[⑤] 省国术馆实际共有练习社17处，从第一至第四，4处为附属练习社。从第五至第十七，13处为直属练习社。第五、第八、第十，3处社址被军队驻扎，无地办公，有名册致未造送。第六社一时无人办公。[⑥]

8月上旬，西沙王庄第十七分社筹备成立，教职员5人，均系义务。按常规由省国术馆填发聘书。[⑦] 8月中旬，向由省国术馆辅导之经八路中心国民小学校长韩荣祺，向省国术馆呈请于本校设立国术分社。拟聘省国术馆白锦章兼任社长，教导主任刘占魁兼任副社长，训育主任赵润书兼任

---

① 引自山东省档案馆馆藏档案，档案号：J101-15-0248-019.
② 引自山东省档案馆馆藏档案，档案号：J101-15-0147-036.
③ 引自山东省档案馆馆藏档案，档案号：J101-15-0185-022.
④ 引自山东省档案馆馆藏档案，档案号：J101-15-0248-007.
⑤ 引自山东省档案馆馆藏档案，档案号：J101-15-0248-001.
⑥ 引自山东省档案馆馆藏档案，档案号：J101-15-0248-002.
⑦ 引自山东省档案馆馆藏档案，档案号：J101-15-0248-013.

教导主任，戴秉铎、王雨亭兼任教师，均为义务。[①] 11月2日，第十八练习社成立[②]，社务由吴法陶代为负责。12月上旬组织儿童两组，摔角一组，每晚5时开始训练，星期日长期训练。中学生参加踊跃，西关青年相继参加锻炼。[③]

1948年1月，省国术馆上报教育厅《山东省国术馆概况报告表》。省国术馆所属练习社已告成立者，自第一至第十八练习社。已完成筹备手续将告成立者，第十九至第二十九练习社，共11处。[④]

山东省国术学友会国术社 山东省国术学友会义务推行国术，设业余国术练习班。[⑤] 1946年6月16日，第十国术研究社于经五路纬十路社址举行成立仪式。学友会员及各社代表及该社社员共百数十人到会，该社社长杨级三报告筹备经过及今后进行方针。省国术学友会副会长林秉礼、济南市分会会长王丹忱相继致辞。之后进行观摩表演。[⑥] 9月中旬，省国术学友会会员已达429人。[⑦] 至1947年11月，省国术学友会设立国术练习分社17处。[⑧] 该会自迁至中山公园内办公，招有30余名学生，分早晚二组练习，科目为少林拳、太极拳。[⑨]

山东回教协会国术社 1948年6月22日，中国回教协会山东省分会决议成立国术社，检呈社章向省府备案。26日，省府复函通知，依据中央国术馆制定各级国术馆组织大纲第十五条规定，国术社之成立，将组织情形呈请所属市县国术馆核准备案。该会所在地属济南市区，在济南国术馆未成立前，应迳向济南市府备案。[⑩] 至9月，回教协会山东分会所属国术练习社扩充至15处。[⑪]

至1947年底，山东省国术馆和山东省国术学友分别设立的国术练习社数量上势均力敌，这种竞争的态势某种程度也促进了国术运动的发展。至1948年9月，济南拥有的国术练习社总数已超过战前状态。究其原因，

---

① 引自山东省档案馆馆藏档案，档案号：J101-15-0248-011.
② 鲁国术界积极发展 [N]. 大华日报，1947-11-3（3）.
③ 提倡国术参加踊跃 [N]. 正报，1947-12-8（2）.
④ 引自山东省档案馆馆藏档案，档案号：J101-15-0201-001.
⑤ 国术学友会设业余练习班 [N]. 山东新报，1947-9-22（2）.
⑥ 第十国术研究社昨日举行成立式 [N]. 山东民国日报，1946-6-17（3）.
⑦ 引自山东省档案馆馆藏档案，档案号：J100-01-0106.
⑧ 鲁国术界积极发展 [N]. 大华日报，1947-11-3（3）.
⑨ 省国术学友会练习班将结业 [N]. 大华日报，1947-11-20（3）.
⑩ 引自山东省档案馆馆藏档案，档案号：J101-15-0118-001.
⑪ 今天体育节 [N]. 济南中报，1948-9-9（4）.

一方面各练习社有力图复原战前旧观的愿望，故多自筹自办，教职员自任义务职；另一方面与省国术馆和省国术学友会之间的明争暗斗不无关系。因之，教学效果与办学质量未免差强人意。值此米珠薪桂、物价飞涨之际，这一表面现象不过是民国山东国术步入末路时的回光返照。

第九节 县市国术馆之发展

抗战胜利后，山东省各县市国术馆社作为社教机关，除济南市外大多停闭。[①] 1946 年 5 月，历城县国术馆呈请复员，聘该县县长岳伯芬为兼馆长，省国术馆选派登记合格人员张振卿充任副馆长。[②]

10 月 16 日，省国术馆副馆长王龙翼以各县复员在即，全省县市国术馆亟应恢复组织，以期推展工作，遂拟定《县国术馆组织规程》，附经常费支给标准表一份，备文呈请省府恳祈核准实施，并呈报中央国术馆备案。教育厅审核认为，其与 1928 年 6 月，中央国术馆颁布之《县国术馆组织规程》略有出入。1928 年迄今是否有新法令，无案可稽。决定函请中央国术馆将各级国术馆组织规程及新法令各寄一份，以作根据。[③] 28 日，中央国术馆复函，现在各省市县国术馆组织仍沿用抗战前所颁布之组织大纲办理。复员之后，尚无新条例颁布。兹将抗战前修正之各级国术馆组织大纲（《中央国术馆组织大纲》《省市国术馆组织大纲》《县国术馆组织大纲》《区国术馆组织大纲》《里国术馆组织大纲》）检奉一份。[④]

12 月 20 日，省国术馆签准博山县国术馆复员，并呈报中央国术馆备案。[⑤] 加聘县长梁汝为兼馆长，宋永泰充副馆长。郓城县府函请国术馆复员，经签准加聘县长黄贯一为兼馆长，毕崇德充副馆长。[⑥]

1947 年 1 月 17 日，王龙翼呈报王耀武，本省复员后，各县政府及机关相继复员开展工作，但各县国术馆仅郓城、博山两县复员，其他各县多未呈报县馆复员成立。省国术馆 1947 年度工作计划，推动各县国术馆复员系主要工作之一。国术训练关系全民健康，为自卫技术，实属当务之

---

① 山东省临时参议会第二届第一次大会会刊 [M]. 济南：山东省临时参议会秘书处，1946：115.

② 引自山东省档案馆馆藏档案，档案号：J101-15-0188-019.

③ 引自山东省档案馆馆藏档案，档案号：J101-15-0188-003.

④ 引自山东省档案馆馆藏档案，档案号：J101-15-0188-006.

⑤ 引自山东省档案馆馆藏档案，档案号：J101-15-0188-020.

⑥ 引自山东省档案馆馆藏档案，档案号：J101-15-0147-036.

急。教育部公布小中大学课程标准内，自卫课程即系国术。兼奉《山东省政府公报》第 31 期刊载府教四字第 88 号训令："奉令发国民参政会四届二次大会建议请宽列经费，积极提倡国术体育一案"，足见各县国术馆应积极复员之重要。为此呈请核准通令各县政府，积极推进国术馆复员，将经费列为县预算内，以期推展国术训练，增强保甲自卫力量。王耀武批示核办。教育厅将此案移交财政厅审核。18 日，财政厅回复，各县财力多属不足，国术馆有无设立之必要。如属必要，县国术馆编制预算标准应如何规定饬遵，事关贵厅主管，检还原案，移请查核办理。6 月 6 日，王耀武批示，国术为体育之一种，各县推行国术用费，应列入教育费之国民体育实施经费项目内。查经府教四字第 88 号训令，通饬在案。所请应勿庸议。①

曹县国术馆自 1936 年成立，七七事变后沦于敌手。副馆长麻均成赴省述职，遂留省方从事抗战至 1940 年。后返回地方，参与抗战剿匪五六年。抗战胜利后，曹县各机关均已复员。1947 年 1 月，麻均成呈请复员曹县国术馆。曹县县长赵志青恳祈山东省第十一区行政督察专员兼保安司令公署孙惟斋，为曹县国术馆复员转请省主席王耀武签核。2 月 7 日，王耀武批示，国术馆补助费应由国民体育经费项下动支。该县三十六（1947）年度预算如经编列，足敷开支时应遵照《县国术馆组织大纲》，迳报省国术馆恢复可也。②

2 月中旬，益都县国术馆呈请复员，省国术馆聘该县县长赵子贞为兼馆长，李富德为副馆长，并呈报中央国术馆备案。③ 4 月，泰安、齐河两县国术馆呈请复员，各聘该县县长李光村、李连祥为兼馆长，聘教务人员研究班结业学生李昌忍充泰安县副馆长，李成三充齐河县副馆长，于省国术馆备案。④

此时，国共内战正酣，国民党控制区日益缩小，省县财政困难加剧。4 月，省国术馆呈报王耀武，东阿县国术馆呈请复员，聘该县县长滕梅五为兼馆长，以张殿安充任副馆长。王耀武批示，应暂缓办。⑤ 5 月，长清县国术馆呈请复员，聘该县县长支剑光为兼馆长，省国术馆派张殿安调充副馆长，并呈中央国术馆备案。王耀武批示，本省全境尽属绥靖地区，所

---

① 引自山东省档案馆馆藏档案，档案号：J101-15-0188-018.

② 引自山东省档案馆馆藏档案，档案号：J101-15-0188-021.

③ 引自山东省档案馆馆藏档案，档案号：J101-15-0188-022.

④ 引自山东省档案馆馆藏档案，档案号：J101-15-0188-026.

⑤ 引自山东省档案馆馆藏档案，档案号：J101-15-0188-024；J101-15-0188-010.

有收复县份设施，自应分别缓急。嗣后，关于县国术馆恢复，应先由各县府同意，再行办理。[①]同月，肥城县国术馆呈请复员，聘县长朱中心为兼馆长，省国术馆拟派前第八军军事教导团国术教官董化鹏充副馆长。教育厅厅长李泰华签署意见，该县财力、物力有无困难均不甚悉。省国术馆应先向该县洽得同意，再行办理。[②]

9月，东阿县国术馆再次呈请复员。省国术馆请示王耀武，拟派于教务人员研究班结业，曾充阳谷县国术馆教师，原籍东阿县之36岁的程有荣充任副馆长。王耀武批示，本年4月该馆呈请复员曾有批示，"应暂缓办"。兹值减缩县级机构之际，县府应有科室尚需裁并，以节开支。各县国术馆如不能自筹经费，须待政府补助时，则须一律缓办。[③]

1947年下半年，齐河县财政困难。9月，县长冷玉璞呈请省府迅赐指令，县国术馆应否存在，经费由何项动支。王耀武批示，县国术馆经费应由县教育经费内之国民体育费项下拨给。国术为提倡体育之一种，县国术馆自应成立。该县国术馆存在问题，视地方经费，酌情办理。[④]

10月初，王龙翼呈报省府，滋阳县国术馆呈请复员，省国术馆拟派和维周充任副馆长。李泰华签署意见，县份复员设施，须视地方财力，分别缓急办理。县国术馆能否复员，须先由省馆向各县洽商同意，再着手办理，以免进行困难。[⑤]27日，财政厅签署意见，本省各县市情势尚不十分稳定，拟暂缓设置。[⑥]

1948年1月，省国术馆上报教育厅《山东省国术馆概况报告表》，县国术馆已复员者有益都、博山、长清、齐河、泰安5县。省国术馆呈请省府通令各县，在情况许可下，积极促成各县国术馆复员。在各县国术馆经费基金尚未筹集妥就时，仍由县府核发，以资维持，并规定核发数目与期限。假以时日，俾使自筹基金，以维永久。督促各县国术馆复员，筹设县级国术干部训练班，普及国术训练。[⑦]省国术馆仍努力复员县级国术馆。

4月，烟台市市长丁綍庭为复员市立国术馆电请省府签核。财政厅首签否定意见。王耀武批示，本年度为节省开支，县市国术馆并未规定县级

---

① 引自山东省档案馆馆藏档案，档案号：J101-15-0188-013.
② 引自山东省档案馆馆藏档案，档案号：J101-15-0188-025.
③ 引自山东省档案馆馆藏档案，档案号：J101-15-0188-009.
④ 引自山东省档案馆馆藏档案，档案号：J101-15-0188-014.
⑤ 引自山东省档案馆馆藏档案，档案号：J101-15-0188-012.
⑥ 引自山东省档案馆馆藏档案，档案号：J101-15-0188-011.
⑦ 引自山东省档案馆馆藏档案，档案号：J101-15-0201-001.

机构简化方案内。所请专设经费编入市总预算，自难照准。[①] 烟台市国术馆因以未能复员。

内战之中的山东各县市财政已无力支撑国术事业的发展，勉强复员的县级国术馆因陷于资金困难也无法继续维持下去。山东各县市国术馆就此没落。

第十节 国术表演与竞赛

山东省（立）国术馆与省国术学友会为争取复员省国术馆执导权势不两立、形同水火。虽经教育厅调解，由政府机关人员参与组成省国术馆董事会，二者之间的矛盾得以缓解，但省国术学友会并未达到掌控省国术馆的愿望，甚至没有参与馆务和教学工作的机会。因之彼此独立，分道扬镳。双方从未同台竞技或联合表演。国术表演是展示教学成果的最佳方式，也是社会宣传的有利途径。省国术馆和省国术学友会分别举行表演均有相应的目的性，各自也采取了不同的行事方略。

山东省国术馆国术表演 王龙翼接任山东省立国术馆后，一度热衷于举行国术表演，借以扩大宣传，营造社会影响力。1946 年，山东省立国术馆遵照省府命令，为庆祝胜利后首次上元节，2 月 17 日午后 1 时于黄亭体育场[②] 举行国术表演大会。民政厅厅长刘道元，财政厅厅长赵季勋，第十二军黄参谋与会，各机关代表、各界来宾，观众万余人。大会由刘道元主持并致辞，各界来宾致辞，遂即开始表演。各项节目表演精彩，尤以 8 龄童路继成、9 龄童王立祥之炮拳、红拳，83 岁老叟王振邦表演气功技艺，博得观众彩声。6 时余，国术表演于热烈掌声中结束。[③] 此次表演共开支奖金 4 万元。[④]

4 月 16 日，省立国术馆于济南市立体育场举行国术表演。[⑤] 5 月 12 日上午，省立国术馆于本馆内组织了一次国术表演，邀请李仙洲将军及刘大同先生莅馆参观。[⑥] 李仙洲将军、刘大同先生、李郁庭委员、郭歧凤将军莅场先后致辞，并观看国术表演。各训练所及研究社学生团体操、叠罗汉

---

① 引自山东省档案馆馆藏档案，档案号：J101-15-0811-007.

② 胜利春节国术表演 [N]. 中报，1946-2-16（4）.

③ 国术表演昨热烈举行 [N]. 中报，1946-2-18（4）.

④ 引自山东省档案馆馆藏档案，档案号：J101-09-0557-056.

⑤ 山东省政府行政报告（1-6 月份）[M]. 济南：山东省政府，1946：145.

⑥ 省立国术馆定明日表演 [N]. 山东民国日报，1946-5-11（3）.

表演及民众班太极拳表演。数十节目中尤以7龄幼童彭凤庆埋伏拳，女童徐素君查拳，王淑平梅花刀，刘娥亭乾坤圈，王立忠春秋刀，王新泉、黑广荣铲进枪，曹乃勤、尚延等白手夺刀，张万英、景德才朴刀枪，王龙翼馆长与友人太极拳散手最为精彩。郭歧凤将军亦登台舞剑，博得好评。演毕，众人合摄一影。[①] 省立国术馆组织此次馆内表演的目的在于推举李仙洲担任山东省立国术馆董事长。

5月，山东省公谊社与省体育场合办"山东省会胜利运动大会"，邀请省立国术馆与省国术学友会表演国术。王龙翼因怀疑并慑于省国术学友会事先预谋，以比赛代替表演，借用评判记分不公，陷省立国术馆成绩恶劣而遂攻击之愿，以谋干政夺权企图。借故不愿与省国术学友会同台竞艺，以免遭诋毁，保护省立国术馆名誉。最终，省立国术馆还是参与了大会表演。6月1日上午，山东省会胜利第一届运动大会于千佛山下省立体育场开幕。大会第一日（6月1日），国术表演由省立国术馆出演，表演分拳术、器械、摔角等九项一百数十个节目。由于筹备仓促，致表演节目未及于大会秩序册刊印。[②] 省国术学友会是否参与大会表演未见报道。

10月6日上午11时，为庆祝国庆及复员建制，省国术馆于黄亭体育场举行秋季国术表演大会。党政军各机关代表，各学校、民众团体24单位与会。台上陈设善救分署所赠银盾一座，第四兵站监部陈宝仓将军及抚委会各赠锦标一面。青年团臧元骏主任主席并致辞，继由济南市党部于佐周、民政厅韩钦三、省府人事处黄振西先后致辞，王龙翼致答辞。辞毕开始表演。省国术馆所属12个练习社参加团体表演，演员500余人。女子班表演子午剑，8龄童毕永生表演少林策，苗俭正等8员表演剑戟刀枪各种器械均甚精湛。省国术馆工友程有荣、雷子文对演地趟拳，身体灵便，精彩异常，观众掌声如雷。王龙翼同来宾孙慎修对扎杨家枪，手眼身步，敏捷轻便，技术惊人。蒋荣芝等表演举重、摔角，及各种气功。观众万余人，莫不称羡。至下午4时散会。[③]

1947年8月下旬，济南市府函呈省府核准，本年九九体育节于黄亭体育场举行纪念大会，特请省国术馆参加国术表演。省国术馆奉令当即开始筹备，分别函知馆属各练习社及省国术学友会，28日于省国术馆召开联席筹备会议。连经三次函邀，省国术学友会终未参加会议与表演。筹备

---

① 省国术馆表演李仙洲氏致训 [N]. 山东民国日报，1946-5-13（3）.

② 胜利首届运动大会今日正式开幕国术馆亦参加表演 [N]. 山东民国日报，1946-6-1（3）.

③ 国术馆昨假黄亭举行秋季国术表演 [N]. 山东公报，1946-10-7（3）.

会议决定进行大会宣传工作，张贴标语，发表论文《九九体育节与国术》。参加表演各团体所需之茶点、宣传用品、办公费、器械搬运费、救护药费等费用，为撙节国库开支，概归省国术馆与各分社自行筹措。31日于黎明学校体育场举行预演。[①] 省国术馆所属17个练习社闻讯，自动前往登记，要求参加表演甚为踊跃。省国术馆教务处拟定表演项目，计有团体表演、单拳、单械、对拳、对械、搏击、击剑、自卫刺枪、举重、摔角等。国术名宿王子章、周汉民亦将参加表演。[②]

9月9日上午8时，国术表演于黄亭体育场举行。王耀武代表牟副司令官、徐秘书，王崇五（济南）市长及各机关学校，不下5000余人。王崇五市长、牟副司令官、马干庭议长分别致辞。省国术馆所辖17个分社联袂表演。[③] 团体节目每每有一个六七岁的小孩子加入表演，他的身量和手中的一把单刀高不了多少，舞起来沉稳熟练；尚衍等醉拳反扑跌倒；于桐林猴拳，闪赚腾挪，玲巧灵便。真刀真枪的对械，三节棍进枪惊心动魄，白手夺枪令人屏息以观。[④] 表演至12时结束。[⑤]

1946年8月，省国术馆上报教育厅1947年度工作计划时，既已提出不做无意义表演，而侧重于教学与研究及有关行政事项。省国术馆此举一方面为了节约经费，一方面于调整教师队伍后集中精力改进和提高教学质量。1947年11月8日下午，省国术馆召集所属十余分社于第一临时中学操场先行预演，准备为纪念国父（孙中山）诞辰（11月12日）举行扩大表演。[⑥] 此后，省国术馆再未举行国术表演。

山东省国术学友会国术表演　省国术学友会则比较注重且频繁举行表演活动，一方面为了引起政府重视，一方面为了吸引民众关注。以此谋求生存与发展空间。自1946年1月，省国术学友会筹复以来，积极恢复国术社。2月13日，省国术学友会以主任委员徐振中名义呈请教育厅，拟于16日17日上午12时，于中山公园表演国术。15日，教育厅兼代厅长刘道元指令：准予如期举行。[⑦] 24日上午11时，第二国术社社长潘承恩邀集各社会员于菜市庄举行国术表演，观众数千人。济南国术界名宿到

---

① 引自山东省档案馆馆藏档案，档案号：J101-15-0035-011.
② 体育节国术馆决定参加表演 [N]. 大华日报，1947-9-7（3）.
③ 济各界昨庆体育节 [N]. 中报，1947-9-10（4）.
④ 体育界在成长着 [N]. 山东新报，1947-9-10（3）.
⑤ 济各界昨庆体育节 [N]. 中报，1947-9-10（4）.
⑥ 纪念国父诞辰 [N]. 大华日报，1947-11-8（3）.
⑦ 引自山东省档案馆馆藏档案，档案号：J101-15-0194-016.

场表演。73岁老翁王丹忱表演形门刀，年近古稀之赵化南、张元斋表演对扎大枪，难能可贵；刘宝亭表演大枪；十二三岁幼童林树圣、林树贤等5人表演对打醉猴拳，伶俐活泼，博得观众好评。至下午3时结束。①

5月4日，省国术学友会林秉礼呈请教育厅指导，并介绍参加公益团体表演，以借资观摩。② 此后，省国术学友会经常利用节假日组织国术表演，不断扩大社会影响。12日，于中山公园举行盛大表演。该会及所属各研究社会员、社员等400余人，各界来宾20余人，观众人山人海，约万余人。表演项目有摔角、单拳、单械、对拳、对械等160余项，刀枪剑戟闪光如电，令人赞叹不止。尤以10余龄童子林树贤、张志虎、张绪志、赛振生等所表演之猴拳、八极拳、大洪拳，柴效坤形意八式，刘宝亭、赛振山对打埋伏拳，麻均成、姜言宗大刀进枪，及赵秀兰、潘中秀、林素慧、林素敏四女子刀剑，赢得观众如雷掌声。表演过程自上午10时持续至午后3时。③

省国术学友会总结前期经验教训，采取不与省国术馆发生冲突亦不合作的策略，转向通过国术表演扩大自身声誉。《大华日报》《山东公报》《山东新报》《中报》《正报》等一众本地媒体对省国术学友会国术表演连续跟踪报道，令其社会声望持续上升。

下半年，省国术学友会设立分会数处。9月15日下午3时于中山公园，各分会联合表演。参加表演的团体代表及会员百余人，观众人山人海，拥挤不透。表演项目精彩。尤以李赞臣三节棍、七节鞭引人注目。数位幼童以七八岁稚龄，表演十分熟练，博得观众喝彩，掌声雷动。至6时许表演完毕。④ 10月10日双十节，省国术学友会于五三公园举行庆祝大会，表演国术颇为精彩。该会所属13个单位，各机关代表来宾参与活动。⑤

1947年8月，在教育厅社会处努力调解之下，省国术馆与省国术学友会之间再未相互攻击或发生冲突，却也不愿合作共事。九九体育节，省国术馆邀请省国术学友会召开联席筹备会议，拟联袂组织国术表演。省国术学友会置若罔闻，独立制定宣传周要目，开展各项活动，分饬所属16个国术社及3个练习班作普遍宣传。9月9日上午12时，于商埠中山公

① 第二国术社昨在菜市庄表演 [N]. 中报，1946-2-25（4）.

② 引自山东省档案馆馆藏档案，档案号：J101-15-0185-030.

③ 国术学友昨在公园表演 [N]. 山东民国日报，1946-5-13（3）.

④ 武术学友会昨在公园表演 [N]. 山东公报，1946-9-16（3）.

⑤ 国术表演昨假公园举行 [N]. 中报，1946-10-11（4）.

园作集体表演，项目繁多。[①] 省国术学友会第十五分社设址于济南市官扎营中街，负任人赵绪昌、张济堂等邀集第一、二、三、四、五、七、八、十七等分社，10 月 19 日上午 10 时作友谊竞赛，借资观摩研进，至下午 2 时许结束，秩序井然。[②] 11 月 2 日应济南市成通纱厂之邀，选派精干员生 60 余人前往该厂作宣传表演，技术精彩。[③] 为响应社教扩大运动，省国术学友会于 11 月 16 日上午 12 时，于中山公园举行表演，以宣扬社教意义，提倡国民体育。[④] 山东国术学友会既已获得合法地位，通过各练习社联合表演大张旗鼓地自我宣传，一再博取社会声誉。

1948 年元旦上午 12 时，省国术学友会于中山公园举行集体表演，至下午 2 时半结束。观众络绎，聚集环培。[⑤] 表演项目分单拳、单械、对拳、对械，团体拳术、团体器械、摔角、散拳（散打）。[⑥] 表演选手 400 余人，技术熟练，而以林素慧少林拳，刘宝廷、赛振山对打拳，崔云鹤埋伏拳，孙业成、刘纪善拐子进枪，杨法成滚鞘刀等最为精彩。[⑦]

2 月 24 日下午，省国术学友会于中山公园举行集体表演，庆祝上元节。该会为甄拔杰出人才，以备参加第七届全国运动会，于是日同时试行分期预选，表演项目比历次表演繁多而精彩。[⑧] 某师参谋鄢绍雄表演八卦掌，尤为名贵。观众约 3000 人。[⑨]

1948 年九九体育节，省国术学友会召集全体干部会议，决定张贴漫画标语，参加市府主办的庆祝会，邀集国术界名人及全体生员参加表演。[⑩] 教育厅为扩大宣传，9 月 9 日上午 9 时，于济南市府大礼堂举行体育节座谈会，由 85 岁老人王振邦讲解“返老还童”练习方法及心得。下午 3 时，省国术学友会于中山公园集体表演国术，邀请王振邦参加表演。

山东回教协会国术表演 1948 年九九体育节，9 日下午 4 时回教协会山东分会所属 15 个国术社，于第一中正小学表演国术。[⑪]

---

① 国术学友会庆祝体育节 [N]. 正报，1947–9–8（2）.
② 国术学友会昨举行友谊赛 [N]. 正报，1947–10–20（2）.
③ 鲁国术界积极发展 [N]. 大华日报，1947–11–3（3）.
④ 国术学友会明日举行表演 [N]. 济南中报，1947–11–15（4）.
⑤ 各界热烈庆新年国术学友会集体表演 [N]. 山东新报，1948–1–3（3）.
⑥ 元旦佳节表演国术 [N]. 正报，1947–12–31（2）.
⑦ 各界热烈庆新年国术学友会集体表演 [N]. 山东新报，1948–1–3（3）.
⑧ 国术学友会今日集体表演预选全运选手 [N]. 济南中报，1948–2–24（4）.
⑨ 文化短波 [N]. 济南中报，1948–2–25（4）.
⑩ 庆祝九九体育节国术学友会将表演国术 [N]. 正报，1948–9–8（2）.
⑪ 今天体育节 [N]. 济南中报，1948–9–9（4）.

山东国术省考未能举办 依照中央国术馆颁布之《省市国术馆组织大纲》《国术考试条例》，战前旧例山东每年4至5月间举行国术省考，以各县为参加单位。抗战胜利后，省国术馆1947年度工作计划及1947年6月制订之《山东省国术馆组织规程》，每年应举行全省国术考试一次。但因斯时国民党于山东控制区缩小，县国术馆仅复员二处，召集国术人员参加实多困难，又兼省考所需经费衡以物价，仅服装膳食就需开支6千万至7千万元。有限于时局环境及节省国币，1947年2月省国术馆呈准省府，是年不举办全省国术考试。①

第七届全运会国术表演比赛 1948年，山东参加第七届全运会，省府以时局关系又顾及经费等问题，决定选拔25人组成体育代表团。更以时间紧迫及交通不便，决定照省运会成绩，就省会区范围内办理代表队选手选拔。选拔项目分男女田径、男子篮球5人、男子游泳2人、女子垒球9人、拳术表演2人。选拔办法、选拔标准、训练办法、报名须知3月底通知省会区各机关团体学校。31日教育厅选拔委员会主持办理选拔事宜。4月7日至9日报名，14日至15日两日选拔，由各团体按程序自行选拔合格者。国术表演于省国术馆报名，于省立体育场进行选拔。②4月上旬，教育厅决定国术选拔增加摔角2人，选拔办法由省国术馆规定。③

10日，报名参加摔角选拔者共12名。④15日，教育厅选拔委员会初步选拔完毕，签请省主席王耀武最后决定。山东参加第七届全运会项目为径赛、垒球、游泳、拳术、摔角，全体男女选手共26人。男子拳术表演选手秘导厚（道存）、马金堂，摔角选手马清淙（宗）、谭树森。⑤

5月5日至16日，第七届全国运动会于上海举行。国术比赛设拳术、器械、摔角和射箭（射远和射准）。国术“表演成绩以姿势、动作及运动三种为标准，每种均以100分计算，再以三种之总分平均之，即为应得之分数”。摔角男子设七个级别。比赛结果，秘道存获男子拳术第3名和器械（太乙猴棍）第2名⑥；谭树森、马清宗参加中丙级摔角比

① 引自山东省档案馆馆藏档案，档案号：J101-15-0149-003.
② 参加七届全运会决定选拔代表队 [N]. 大华日报，1948-4-1（3）.
③ 参加全运男子游泳选手选拔标准提高 [N]. 大华日报，1948-4-7（3）.
④ 摔角手八名参加全运会 [N]. 大华日报，1948-4-11（3）.
⑤ 参加全运会选手初步决定呈请王主席核夺 [N]. 大华日报，1948-4-16（3）.
⑥ 参加全运会项目和选手的人数 [N]. 济南中报，1948-4-9（4）.

赛[①]，谭树森获第 3 名。[②]山东宿将张孝才代表上海参加重量级比赛[③]，获得第 3 名。[④]

抗战胜利后，山东省国术馆复员相对较早。但因办公经费捉襟见肘、日趋短缺，师资力量不足与流失，与省国术学友会之间的矛盾纠葛，以及行政范围逐渐萎缩等多重因素的制约与局限，从技术教学，学术研究，到基层组织建设，及行政管理等方面，远未恢复至战前状态而每况愈下。至 1948 年，山东国术已日薄西山，衰落尤甚。9 月，在苦于权利的纷争中，伴随着解放大军的隆隆炮声，民国山东国术徐徐落下帷幕。

24 日，济南解放。山东武术由此开启了新的篇章。

本章小结

抗战胜利后，省府于 1945 年 9 月派员接收山东省立国术馆，1946 年 7 月复员山东省国术馆。此间，伪职人员被清理，巨奸马良被惩办。由于山东省府选人用人上的轻信与失策，客观上造成山东省国术馆复员过程中的掣肘效应。山东省（立）国术馆与省国术学友会之间的对立与抗争，迟滞了国术事业的恢复与发展。虽经教育厅采纳社会建议，几经调解，双方同意组建山东省国术馆董事会。但貌不合而神离，仍各自为政。

由于内战而致物价飞涨，省国术馆经费、人员编制一再缩减，工作计划大多落空。省国术馆所属国术社、县级国术馆，以及省国术学友会和回教协会山东分会所属国术社，虽数量上时有增加，但教学效果、办学质量与社会效益远逊于战前。民国山东国术于哀叹声中落下帷幕。

---

① 第七届全国运动会秩序册 [M]. 上海：新闻报社，1948：108.

② 山东省地方志编纂委员会 . 山东省志 · 体育志 [M]. 济南：山东人民出版社，1993：38、298—299.

③ 第七届全国运动会秩序册 [M]. 上海：新闻报社，1948：108.

④ 王振亚 . 旧中国体育见闻 [M]. 北京：人民体育出版社，1987：182.

第五章 社会精英对山东国术的贡献

社会精英具有强烈的社会责任感和活动能力，对社会的发展起到推动作用。省府要员及省国术馆教职员利用各种大型集会场合，或发文于期刊报端，阐发论述提倡国术的主张见解，言语中肯，甚至于亲身参与国术活动，身体力行。由于时代的限制，个人思想的局限，其能力的发挥及其产生的社会效益不免大打折扣。其积极性的方面于当今武术运动发展或有借鉴意义。

第一节 韩复榘与山东国术

韩复榘 （1890—1938 年），河北霸县人。原系西北军冯玉祥旧部，1928 年任 20 师师长，河南省主席。1929 年，背叛冯玉祥投靠蒋介石，被委任第三路军总指挥。自 1930 年 9 月至 1937 年 12 月，兼任山东省主席，集军政大权于一身。其作为民国时期在位时间最长的省务最高行政长官，对山东国术的发展影响也最大。

1930 年 9 月，韩复榘到任山东当月，山东省国术馆宣告正式成立，即兼任馆长职务。因与李景林都是行伍出身，彼此心心相印。韩复榘军政要务繁忙，国术馆事务全权交由李景林负责。凡国术馆办学经费物资等项开支，韩复榘尽量满足。李景林原系中央国术馆副馆长，凭借其声望和社会影响力，吸引了一批武林高手前来任教。山东国术馆大有独占鳌头之势。1932 年 6 月，山东国术馆改组，韩复榘继续兼任馆长职务，对国术馆的发展尽心尽力。

韩复榘曾自述："我年轻的时候就喜欢练拳，我练的是戚家门。"[①] 1930 年，韩复榘得了慢性病，医疗效果不佳，李景林便推荐于化行教其杨式太极拳。经过锻炼，他的病情好转，尝到了练习太极拳的好处，就把于化行安排在省府当参议，并拨出 3000 元供其编印《武当真传太极拳全书》。1935 年 2 月该书出版后，韩复榘命令民政、财政、建设、教育四大厅所属机关职员都要学练太极拳，省国术馆派兼课教师到各单位授课。这远远

① 丕侠 . 青岛国术市考观光记 [J]. 求是月刊，1935，1（7）：143.

满足不了需要，于是由于化行开办了一期太极拳教师培训班。[①]

韩复榘酷爱太极拳，也带动家人习练国术。高、纪二位夫人艺从山东武坛女将杨素清。嗣夔、嗣燠二公子亦从师习武。受冯玉祥将军影响，韩复榘注重军队、公务员体育锻炼，对民众体育也颇为提倡。1932 年 6 月，韩复榘倡导拟定“国术教育实施程序十二条”，要求民众、军队、公务员一律练习国术，以期强种强国。[②] 通令各县成立国术馆，由县长兼任馆长，副馆长由精于武术者充任，并拨发津贴资助。

韩复榘对所部训练严格认真。除战术上各项演习勤加训练外，还成立了足球队、篮球队、国术队，大力提倡体育活动，习成风尚，社会因受良好影响。1933 年元旦，各方多放假休息，安享逸乐。韩复榘是日率总部各处处长，各部队足篮球队，在省立体育场表演，兴致甚豪。

2 月 9 日上元节，韩复榘率总部各部队国术队，及省国术馆学生表演国术，以为佳节点缀。千佛山下刀光剑影，甚为热闹。此次表演在省立民众体育场田赛场举行。9 日上午，体育场场长尚树梅妥为布置，井然有序。各部队国术队及国术馆学生先后结队到场，个个熊腰虎背，精神抖擞，按预定位置坐定，参观民众数千人。主席台在北面，东面自北而南，手枪旅、钢甲车队、二十师迫击炮团；南面自东而西，国术馆、二十二师炮兵团；西面由南而北，六十四旅、六十六旅。

韩复榘因事未到，民政厅厅长李树春、二十二师师长谷良民、总部参谋处处长张国选、手枪旅旅长吴化文、手枪旅第一团团长贾本甲、第二团团长张德荪、六十四旅旅长宁纯孝、国术馆副馆长窦来庚与会。窦来庚任会场主席。适有日军舰长一行十数人由青来济，谒见韩复榘，要求参观军旅操练。韩复榘即请其一同到场观看国术表演。

上午 11 时，按照预定秩序，手枪旅、国术馆、二十二师炮兵团、六十四旅、国术馆、六十六旅、六十四旅、国术馆、六十六旅、国术馆、二十师炮兵团、铁道炮队、国术馆、手枪旅，依次表演。表演分为徒手、器械两种，包括单练与对练。参演官兵、学生精神奋发，技术娴熟，甚为精彩。参观之日本人无不叹服，下午 3 时完毕。

表演结束后，李树春代表韩复榘致辞，国术进步重在练习与观摩。一连如此，一营如此，推至全军亦如此。素日勤加练习，对外作战亦有准备。今日表演成绩甚多，外宾参观亦多赞美。盼望诸位勤加练习，多作表

---

① 马鸿志 . 山东国术馆杂忆 [J]. 山东体育史料，1985（6）：17.

② 韩复榘提倡国术 [N]. 申报，1932-7-3（8）.

演。训话毕，全体官兵、学生结队经中山门至进德会进餐。先唱吃饭歌，每人牛肉白菜粉条菜汤一大碗，佐以馒头。风卷残云，片刻而尽。各队健儿在夕阳下整队归去。韩复榘对参加表演的500名武术队员，每人奖给裤褂一套，以资鼓励。①

韩复榘为策进驻济部队学术两科成绩，1934年6月28日至30日于侯家大院，举行暑期拳术、学科、体操三大考试。遴选突出人才予以奖励。驻济八十一师、二十二师、五十九旅、手枪旅团体表演，参加者500余人。下午各部队单人表演，参加者60余人。表演者技艺纯熟，精神活泼，韩复榘甚为赞赏。②

第三路军各部队，平日对拳术及篮球、足球普遍练习。1933年、1934年山东国术省考，及各次运动会篮球足球比赛，莫不有此辈足迹。1934年12月，韩复榘定于14日、15日、17日总部及手枪旅少尉至上校官佐年终考试太极拳，并备奖金万元购买物品，分奖成绩最优者。③14日李树春于民政厅召开考务会。因考务委员不敷分配，又聘潘雪峰、田镇峰等襄助。④韩复榘令驻济部队举行年终考试。除军事学科外，对拳术及篮球足球亦行考试。准备奖金3000元。20日上午10时，拳术考试于辛庄操场举行，由窦来庚率员担任考试委员。应试团体为手枪旅两营、二十九师直属两营、八十五旅两营、八十六旅两营、八十七旅两营、二十师炮兵团、二十二师炮兵营钢甲车营；应试单人者为各旅武术队士兵。团体选前3名，单人选前50名，发给奖金，以资鼓励。⑤

韩复榘以各机关职员必须身体强壮，始能克尽职责。是谓："闻鸡起舞，识者知其将兴；运甓习勤，昔贤不敢自逸"。1934年初，韩复榘规定每星期一三五举行纪念周勉励会，严令省内外各机关遵照办理，以提倡朝气。而每次抽点各机关员司，仍有无故不到情事。3月3日，韩复榘通令各机关严厉令饬，以除恶习。各公务员务须早作夜息，屏除无益酬酢，爱惜可贵光阴，遵照时间一律到会。除经核准或有特殊情形不在此限外，其余人员由本年1月1日至6月30日，朝会两次不到者，即予撤职，从严惩办。⑥

---

① 昨日省立民众体育场内五百健儿表演国术 [N]. 山东民国日报，1933-2-10（5）.

② 鲁省驻济部队举行国术表演赛 [N]. 新闻报，1934-6-30（18）.

③ 总部及手枪旅定期举行考试 [N]. 山东民国日报，1934-12-8（5）.

④ 总部官佐年终考试加聘国术考委 [N]. 山东民国日报，1934-12-15（6）.

⑤ 驻济部队考试拳术 [N]. 华北新闻，1934-12-20（6）.

⑥ 韩主席提倡朝气强国必先强身 [N]. 山东民国日报，1934-3-4（5）.

韩复榘于公余之暇，逐日练习太极拳，确知太极拳体用兼备。无论年龄老幼，身体强弱，如恒心练习，有百利而无一弊，并有转弱为强之效。通饬第三路军各部队，一律加练太极拳。委本省擅长太极拳之教授王子章、路文瑞、赵汝清、谌祖安等为总部国术教官，分发各部队专门教授太极拳。1934 年 10 月 1 日奉委分别到差任事。①

1935 年 5 月 4 日，实施“运动大检阅”，韩复榘亲自检阅。省会济南军政党教法各机关职员集中于东鲁中学操场。分篮球组、网球组、台球组、地球组、乒乓球组、足球组、高尔夫球组、骑术组、器械运动组、排球组、（羽）毛球组、柔软体操（徒手操）组、军事操组、田径运动组、拳术组。15 组总计 3674 人，拳术组竟占 1568 人。

人数差不多到齐时，省府秘书长张绍堂手里拿着很多名册，指导各组检阅员向指定地点实行检阅。因为人数太多，足足有一二小时才把各组分布完毕，最后是拳术组，检阅地址在省国术馆。拳术组到达省国术馆后，即由检阅员指挥检阅。除建设、教育两厅间有太极（拳）、少林（拳）外，其他机关统统为太极拳。在这国术最发展的区域——山东济南，太极拳大交旺运！

检阅方法是团体练习，每一机关练习完毕后皆给以团体分。检阅完毕，仍回到原地点集合。韩复榘训话专对拳术组一顿苦训，训得一般职员实在难堪！一方面因为有些人违反了新生活运动，一方面因为有些机关的拳术成绩太坏。有几位拳术指导员尚差强人意，但多数总脱不掉老习气。主聘机关碍于情面不得不敷衍。结果苦了一般爱好拳术的同胞，摧残了拳术的价值，也使得韩复榘生气。②

嗣因各项运动科目过多，检阅时颇感困难。为了促进各单位锻炼身体的劲头，韩复榘规定柔软（徒手）体操、太极拳、少林拳三项运动随意选习，可聘请专员指导。练习地点与时间各机关自行酌定，必须全体参加。除各机关聘任专家为指导员积极进行外，韩复榘派省府参议陈维新为柔软（徒手）体操总指导员，省府太极拳教官于化行为太极拳总指导员，编辑课本，规定进度表。分发各机关遵照办理，以期动作划一，而收美满效果。“运动大检阅”自 5 月间实施后，迄 6 月底已将近两月。韩复榘定于 6 月 29 日上午，于南圩门外民众体育场举行总检阅，借睹进度，同时

---

① 韩主席提倡太极拳 [J]. 求是季刊，1935，1（2）：11.

② 生面别开的运动大检阅 [J]. 求是月刊，1935，2（1）：24—25.

举行6月份月终点名。28日，传知各机关转饬遵照。[①]

29日晨，省府各机关公务员在省立民众体育场集合。第三路军总指挥部各处职员练习太极拳者亦到场参加。省主席韩复榘、省党部委员李文斋、财政厅厅长王向荣、建设厅厅长张鸿烈、教育厅厅长何思源、省府秘书长张绍堂、高等法院院长吴贞缵、河防局局长张连甲、省府顾问韩多峰、国术馆副馆长窦来庚、省府参议兼柔软操总指导员陈维新、太极拳总指导员于化行等均如时到场。场内由手枪旅、公安局派遣军警维持秩序。先举行点名，旋即开始检阅。

5时30分开始仍依前例点名，分组由各机关长官交换点验完竣后，齐集司令台前，由王向荣讲话。之后，全体公务员解散稍息，听候运动检阅。6时40分奏乐集合，由各总指导员负责分组，按柔软（徒手）体操、太极拳、少林拳三组站队。参加者30余单位5000余人。全场气氛严肃，秩序井然。检阅开始，韩复榘在场地南端调遣。各指导员发令，每一机关所有参加项目同时登场操演。韩多峰、陈维新评判柔软（徒手）体操，窦来庚评判少林拳，于化行评判太极拳。按成绩优劣，分别评定分数。省府秘书处人员首先登场，分两组同时操演太极拳和柔软（徒手）体操。继由民财建教四厅、总指挥部、高等法院、市府等机关依次进行，或专练太极拳，或专练柔软（徒手）体操。韩复榘对各组操演甚为注意，遇有错误者当场指正。公务员精神百倍，动作整齐，颇为精彩。至8时许检阅完毕，齐集东看台下。

韩复榘训话，国家用人当选精明强干的。在场的人都是社会上有力量的。国家凡百设施都为民众谋幸福。凡是选出来的公务员都是精干而来负责办事。所谓精明强干者，首先要论知识，没有知识不能做事。所谓强健分子，不仅是有学问，还要有强健的体力。学问是由研究来的，体力要锻炼才成。否则学问虽好而无体力，等于一个话匣子无电线机，能说不能动。中国历来就坏在“尚空谈而无补实事”。本省举行勉励会等等，不外乎为锻炼个人身体。公务员练习运动是为人民为社会练的，要你身体强壮，好研究学问，为人民为社会服务。往小处说，是为个人练的。公务员都身体强壮，脑筋灵敏，必能多做事，就可多为民众社会谋福利。希望各位须要各自勤勉，不要把从前的官僚思想搁在现代，要有体力才行。[②]

韩复榘主导的“运动大检阅”别开生面。马鸿志回忆：检阅前，韩复

---

① 公务员练习运动今晨举行总检阅[N].华北新闻，1935-6-29（2）.

② 各机关公务员昨举行运动大检阅[N].华北新闻，1935-6-30（2）.

渠和四位厅长先打一遍太极拳，然后开始检阅。打太极拳时，有两个科级以上职员忘记动作，韩复榘命令这两个人在众人面前罚跪。由于采用了行政手段，促使太极拳运动在山东蓬勃开展。就连日本、美国等领事馆也要求学习太极拳。国术馆教师除完成馆内教课任务，都到各机关兼课。如王玉章兼教省法院，马鸿志教省工业试验所系统及烟酒税局系统，姜修信教美国领事馆等。教师出外教课，收入全归个人所得。[①]

韩复榘视察文化教育，主要检查各地学校及文化活动情况。凡有练武之地，他必视察。1934 年 8 月 22 日，韩复榘赴聊城，以聊城为国术之乡，乃令 20 余人操练少林拳、单刀、双刀及枪剑等。观其武艺精湛，遂赠 400 元，以资鼓励。[②]

韩复榘提倡国术，1933 年至 1936 年例行举办国术省考，颁给奖品，以示鼓励。[③] 1935 年 4 月 10 日出版之《山西国术体育旬刊》第 1 卷第 22 期首页，刊登“提倡国术最努力之山东省主席韩复榘氏之肖像”，赞曰：“武为国家之干城，文为人民之表率。文则朴实光华，消除酸气，力戒萎靡。武则慷慨伏义，谢绝暴横，怯于私斗。于国术则认真考选，设馆招贤。斯人也低首，崇仰为民族光。”对韩复榘大加褒扬。

第二节 李景林之国术言论

自 1930 年 3 月李景林来济筹建山东省国术馆，9 月正式成立，至 1931 年 12 月病逝，前后不足两年。他尽己所能倡办山东国术，励精图治，精神可嘉。从节选的几则讲话中能够领略到他的雄心壮志。1930 年 10 月 23 日，李景林于山东国术馆训话：

> 诸位！这几年我所以东奔西走，大声疾呼的提倡国术，固然是为了保存国粹；尤其是观察到我民族的衰弱，如其不提倡武艺将体格强健起来，又怎能谈到勇敢精神，和自卫卫国的技能呢？诸位，你们想，你们仔细地想：民众的精神这样萎靡不振，自卫与卫国的技能又很欠缺，处在这帝国主义张牙舞爪的要想瓜分我国的时代，谁还敢担保我们五千年光荣历史，和三千四百四十余万方里的土地，不被他们

---

① 马鸿志 . 山东国术馆杂忆 [J]. 山东体育史料，1985（6）：17.

② 菁逸，萧岳 . 韩复榘这个人 [M]. 上海：上海人民出版社，1998：262.

③ 罗腾霄 . 济南大观 [M].1934 //济南市图书馆整理 . 济南：齐鲁书社，2011：151.

吞噬净尽呢？所以我为救济民族的衰弱起见，设立国术馆。这并不是无故消耗政府的钱财，实在是希望达到强种救国，奋扬民志的鹄的。因为国术与中华民族之存亡是有密切关系的。

但是希望此后加入我们这个团体的国术同志，首先要革命化，那一切不良的旧习气、旧观念——如穿着18世纪服装的土把势们，开口便骂，举手就打，并且心存着门户宗派之见，互相妒嫉，彼此不和，种种的恶习，决不是进化到20世纪的人所应有的。那是江湖卖艺者流，或是专给人家看门守户的所谓保镖的流氓师傅的本色。我们当拿科学的方面去探讨国术的精华；发明正确的理论，编著有价值的国术书籍。庶不遭绅士先生们毁谤，为草野下贱之徒。至于我们所锻炼的拳艺，决不宜专练一技之长，或只练一掌一腿之硬。总该取其可以使身体获得平均的发育。那不合生理卫生的锻炼方法，更是我们应改良的！

我最后对于诸位的希望，也可说对于全国国术同志的希望，就是养成军队纪律化。一举一动，都要有尚武的精神，而显出活泼敏捷及勇敢无畏的气概。那弯腰曲背垂头萎靡的模样及随地吐痰、打呵欠、抽烟喝酒嫖妓，种种的坏习惯恶嗜好，自然是我们所要积极铲除的。我们的建设，便是我们个人的武功、武德和学识；我们的使命，就是要求整个的民众国术化；共同起来，洗去东亚病夫的耻辱，恢复固有的锦绣河山，造成独立的中华大国。①

这篇文稿是在李景林去世三年后，由济南健康实验学社《求是月刊》披露的。编者附志：这篇记录稿是编者从旧书篋里找了出来，立刻就觉得如获至宝一般，我们追念起来李芳宸（景林）先生为国术牺牲精神，实在钦佩得五体投地！如其不信，请你看看现在哪还有自掏腰包的人来补助国术馆呢？我们于感佩之余，将这积存数年的稿子披诸于此，以示不忘。

李景林曾去德州宣传国术，他说："都说三民主义是救国主义，我以为这话说得大有毛病。光'民族''民权''民生'哪会强国呢？至少也该谋一'民强'，成为四民主义。'民强'的方法就是人人都该会上几套拳，人人都该天天练上几次拳，练得身体强健了才能做事，能做事才能救国"。②

以其言论不乏治国理念，更能从中领悟到他对国术事业的真诚与

① 李芳宸先生在山东省国术馆之训话 [J]. 求是月刊，1935，1（3）：119.

② 镇峰 . 拉杂谈 [J]. 求是月刊，1936，2（10）：344.

挚爱，追求与期许，以及为山东国术乃至对全国国术事业付出的努力与贡献。

第三节 社会精英的国术理念

民国时期的山东武术雄踞全国前列。这与山东武术文化底蕴丰厚，历来武术人才辈出，见贤思齐、敢为人先的精神有关，更与社会精英的引导鼓励密不可分。他们于多种公开场合，通过开会致辞、演讲、刊文等不同形式，大力倡导和宣传“国术救国”。从不同层面操纵和影响了山东国术的进步与发展。

一、倡导德智体三育并重

民国初年，国民政府既已确立德智体全面发展的教育理念，逐步将武术纳入体育教育内容。创办于 1917 年 2 月的山东武术传习所，其办学宗旨：

> 以提倡体育，发扬国技，养成健全师资，以应社会之急需；虽重视体育，而于德育、智育亦特加注重。故教授科目，以关于体育各科为主要，以关于德育、智育为辅助科。①

这一教育理念于 30 与 40 年代不断得以强化。1936 年 4 月山东第四届国术省考，省主席韩复榘致开幕辞：

> 人生处世有三大要素，即德育、智育、体育。国术界人士要特别注重德育，要知练国术以强国、强身、强种为目的，必须以道德为规范。要能吃亏，勿逞粗暴，方为练国术者应有之美德。其次，智育亦关重要，“逢强智取”“四两拨千斤”，非有知识不能。此外，更应该时常练习，勿稍懈怠，是所谓“功夫”。总之，练国术诸君应首重个人道德品行修养，与不忽略知识运用，再加不间断练习，方有成功希望。②

1947 年 9 月 9 日，时任山东国术馆副馆长王龙翼发表《九九体育节

---

① 山东武术传习所一览 [A]. 济南：山东武术传习所，1925.

② 国术省考开幕详情 [N]. 华北新闻，1936-4-26（2）.

与国术》演讲：

体育和智育、德育为我国教育三大原则。所以政府在各学校里，在各训练机构里，都有了教授体育人选的设置，和体育课程的实施。在学校求学的学生，和各训练机构的人员，对于讲求体育学理，和练习体育动作的时间与机会是很多很便利的。可是大多数民众，对于讲求体育学理，练习体育技术的机会是很难得到的。所以，中央国民参政会第四届第二次大会向政府建议宽列经费，积极提倡国术，推行国民体育。可见，国术是与大多数民众生活上最适宜的体育方式。所以，政府上自中央，下至各县市，均有国术馆之设立与组织。①

二、主张和平奋斗非争胜负

竞赛活动是国术发展的重要标志。1932 年至 1936 年，省国术馆连续举办山东国术游艺大会和四届国术省考，是国术竞赛活动最为活跃，也是山东国术迅猛发展的时期。应当如何看待竞赛之胜负与名利，社会精英提出了他们的见解与主张。

1932 年 10 月山东国术游艺大会，民政厅厅长李树春致开幕辞：

此次表演是友谊比赛，没有强弱胜负之分。至于奖品锦标，并不是表彰个人技能好良，而是提倡尚武精神。②

1934 年 4 月山东第二届和 1935 年 4 月山东第三届国术省考，省主席韩复榘致开幕辞反复强调：

功夫在素常，不在一时侥幸。比赛胜负无足介意。比赛是要提倡全省人民注意国术，负者勿得记以耻辱。③即便自己争得胜利，但是个人的道德却失去，结果形式上成功，精神上失败。④

① 九九体育节与国术 [N]. 大华日报，1947-9-9（4）.

② 国术游艺会之第一日 [N]. 山东民国日报，1932-10-23（5）.

③ 本省第二届国术考试昨日开幕 [N]. 山东民国日报，1934-4-16（5）.

④ 第三届国术省考特刊 [N]. 山东民国日报，1935-4-21（1）.

1934年4月山东第二届国术省考，省党部委员张苇村于开幕式致辞：

提倡国术为复兴民族体魄之（唯一）良法。民族体魄既强，再以礼义廉耻规范其衣食住行，民族自可复兴。以强健之身体，作礼让之比赛，只求合理，勿计胜负。[①]

其于闭幕式致辞：

国术省考没有名利问题，是借此启发人民之国术兴趣，鼓舞一般国术练习者之竞进心理。如人人都以习练国术而身体强健起来，则社会上一切事业易于推进，国家亦必能因而强盛，民族因而复兴。[②]

1935年4月山东第三届国术省考，《山东民国日报》21日第2版刊载省国术馆职员吕岩岑《向国术应试员进一言》一文：

上台比试的时候，无论对方的技能优劣，用任何方式交手，我们要时时存着一念“仁爱”心。打到对方身上，只是点到为止。输赢胜败不要看得太重。万不要存着一种狠毒心，看见对方就想一拳把他打坏，一足将他踢伤。否则就失掉提倡国术的意义及“和平奋斗”精神。[③]

青岛市市长沈鸿烈于山东第三届国术省考开幕式致辞：

国术是我们民族前辈费不少心血研究出来的，尤其山东是国术人才额外发达的地方。参加省考大会应不以比较胜负为根本原则。[④]

胶济路委员长葛光庭致辞：

提倡国术非只仅在争胜负。若斤斤计较于此，未免气量狭小。须以关系民众为最要意义，民族振兴亦正端赖于此。与试员更须扩大

---

① 本省第二届国术考试昨日开幕 [N]. 山东民国日报，1934-4-16（5）.

② 第二届国术考试昨闭幕 [N]. 山东民国日报，1934-4-21（5）.

③ 向国术应试员进一言 [N]. 山东民国日报，1935-4-21（2）.

④ 第三届国术省考特刊 [N]. 山东民国日报，1935-4-21（1）.

国术宣传，力行强健民众。勿为狭义之争执，致贻意识偏浅之讥。[①]

1936年4月山东第四届国术省考决赛前，窦来庚强调：

参加考试虽各有胜负，但须心存和睦之意。即如古人决射，所谓“揖让而升，下而饮。”不可竞争过激，致伤和气。[②]

马良的主张似与他人言论相左，其于山东第三届国术省考开幕时演讲：

中国缺乏牺牲精神，国术比赛为的就是牺牲精神。如果中国男女老少都有牺牲精神，国家何能不强。这次比赛大家要狠打，要拼命地打，越打得狠才越显得我们牺牲的精神。[③]

马良主张国术比赛为培养民族牺牲精神，是强调重过程而非重结果。山东第四届国术省考，赛场内外悬挂四条标语：

国术省考是选拔捍卫国家真材的良法；国术考试场所才是我们研究国术者的经验区；参加省考的同志们为研究国术的精粹不可论成败；参加国术考试的同志们吾们目的是为研究国术虽败犹荣。

即已言明省考之目的与意义，教导劝喻应试员树立正确的竞赛观，是以合作交流，加强宣传，选拔人才，促进国术发展，而非以争取胜利博得名利。

三、力图国术普遍化

1936年4月山东第四届国术省考，省党部执委李文斋于开幕式致辞：

近来，国术经当局力倡，各县均有国术馆之设。各派门户之见可渐打破。虽谓练国术难敌枪炮，要知体力不足，虽有枪炮亦属无用。

---

① 第三届国术省考特刊[N]. 山东民国日报，1935-4-21（1）.

② 国术省考第四日[N]. 济南日报，1936-4-29（4）.

③ 第三届国术省考特刊[N]. 山东民国日报，1935-4-21（1）.

反之，若能注重国术强健体格，则我兵器虽不如人，亦不畏强国欺凌。现值当局努力提倡国术之际，诸君当乘此良机广为传授，使国术普遍化，则于国家民族功莫大焉。①

然而，欲要实现国术普遍化绝非轻而易举，社会精英对此进言献策。这既需要社会各界齐心协力，更需要国术界人士孜孜以求，久久为功。

国术发展首重宣传 1932 年 10 月山东国术游艺大会，民政厅厅长李树春致开幕辞：

国术游艺会的意义有两种，一要社会上知道国术的重要，个人练习，社会不能知道，所以要开会表演；二是要提倡国术，领导社会一般人去研究、去练习，养成全国尚武精神。②

省党部委员张苇村致开幕辞：

20 世纪，科学逐渐昌明，战器随之进步。无论国际战争，以及私人生命保障，国术几全失其效用。然目前国民政府对此积极提倡，本省举行国术大会，其故在于国术之功用，不仅武力自卫而已，尚有其更重要意义与价值。其一，提倡正当娱乐。各界人士每感工余闲暇，缺乏正当娱乐，以为精神上之调剂，体力上之锻炼。而国术练习，正足以补此缺憾。无论个人或团体，随时操演，逐渐练习。既可以健壮体力，充足精神，复可以避去耗金费时之无谓娱乐；其二，保存固有国粹。国术在中国已有数千年历史，为我国先哲刻苦研究、锐意锻炼所发明之一种强身养气方法。我们对此不但应负保存责任，且宜利用科学方法，更求继续发明，以图促进国术发展。其三，讲求体育，修养精神。使一般国人都知国术重要，切实练习，则将来国民体力固能由此增健，而救国图强基础亦树立于此。③

张苇村致闭幕辞：

---

① 国术省考开幕详情 [N]. 华北新闻，1936-4-26（2）.

② 国术游艺会之第一日 [N]. 山东民国日报，1932-10-23（5）.

③ 国术游艺会之第一日 [N]. 山东民国日报，1932-10-23（5）.

游艺员应继续努力，精益求精。要经常举行表演，以唤起社会对国术之兴趣。其于心身大有利益，个人身体强健，保存先贤所传艺术，社会确能大得好处，更影响到国家强健。①

1932年10月23日，《山东民国日报》第5版以“发扬民族精神，非争一日长短”为题，报道本次国术游艺会，其目的即为加大宣传力度，引起社会关注。1935年山东第三届国术省考，省国术馆职员吕岩岑发文《向国术应试员进一言》：

鲁省举办国术考试是通过国术普遍化，实现国术救国。参加省考不是专为得两座银盾，取一个甲等，实负强种救国的重大使命。我们把国术提倡起来，推行到民间去，要教我们个人的亲戚朋友、兄弟姐妹们都来锻炼国术，教他们每个人都有健全的身体，都有御侮的能力，那才能称为“强种救国”。②

提倡国术提升人格 1935年4月山东第三届国术省考开幕式，杨松山代表中央国术馆致辞：

国术自经政府提倡，有了好现象，人格上更应该高尚。但近代的表现，多半似有退步。技术方面保守秘密，故步自封，不肯公开研究，这本身是退步。总理谓：民族兴衰视道德为转移。同志应当讲道德，提高自己的人格。我国术同志以往颇讲私德，礼义廉耻，特别注重“揖让而升”，很讲礼节。现在却忽略了“礼”字，往往因为比赛，竟视作仇家。其实，行侠作义才是国术精神。所以，讲求国术应当以侠义出之，轻财仗义。不欺人不愧英雄本色，也是国术界以往的模范。既负民族复兴重责，更要提倡礼义廉耻。现在实行新生活运动，应当在衣食住行上注意礼义廉耻。会场上一切比赛，全要注意礼义廉耻。不可因为争执，而有野蛮举动。应力求强健民族，勿忘国耻。③

改良国术铲除派别 1933年5月山东第一届国术省考开幕式，姜容

① 国术游艺会闭幕[N].山东民国日报，1932-10-24（5）.
② 向国术应试员进一言[N].山东民国日报，1935-4-21（2）.
③ 第三届国术省考特刊[N].山东民国日报，1935-4-21（1）.

樵代表中央国术馆致辞：

我们国术家最大的缺憾便是门户之见，几千年来不可破。甲说他的拳是祖传，乙说他的掌是神授。甚至于师弟排斥，同门互攻。这样一天一天闹下来，贱受了社会的轻视，为文人墨客所不齿。这些不合法的批评，全是我们国术同志招出来。所以，还得我们国术同志彻底觉悟，才可达到高尚的地位，挽回以往的失败。

说到祖传神授那更是笑话，现在科学昌明的时代，不管你祖传神授，哪怕你说是轩辕大帝亲传也不必辩论。但问你自己的艺术真不真，好不好。如果真好，就是贩夫走卒所授，我也要学习学习；倘是不好，任凭你怎样胡吹，终究是站不住。

如今全国所存的各类拳械，我相信全是顶好的艺术，有价值有法理的。不然，传授不到今人。我们明白这一点，凡是我们老祖宗留下来的宝贝，我们都要研究研究。久而久之，也就把派别门户无形中铲除了。①

团结起来一齐对外 姜容樵又云：

我们要认清（竞技）打败了的，是我们中华民族的同胞；打胜了的，也是黄帝子孙的骨肉，横竖不是输给外国人，那么又有什么呢？我们自己弟兄再来阋墙，那就更谈不到御倭了。

由这一层来看，我们一方面要锻炼，一方面要修炼。修是修品格，修养道德。埋头工作，把自争的精神，团结起来，一齐对外。哪怕倭醜多量的快枪利炮，也不过替我们送些礼品来罢了。话虽然是这么说，倘若我们徒唱高调，不去实做；既不练，且不修，那么只好听凭人家来宰割了。②

1935 年 4 月山东第三届国术省考，吕岩岑发文《向国术应试员进一言》亦云：

我们所练的技能，不是专来打我们同胞的，是预备对外的，是预

① 姜容樵. 山东省国术考试始末记（续四）[J]. 国术周刊，1934（105）：6—7.
② 姜容樵. 山东省国术考试始末记（续四）[J]. 国术周刊，1934（105）：6—7.

备抵抗压迫我们民族的帝国主义的。我们的土地已被敌人夺取数省，仍有许多列强虎视眈眈、秣马厉兵，预备灭我中华民族。太平洋风云一天一天紧张起来。世界二次大战危机，大有一触即发之势。我们国术同志，不要仇视，不要嫉妒，要赶快联合起来，站到一条线上，负起强种救国的工作，使全国同胞都要国术化、军事化，都要有杀敌御侮的技能，都要有自卫卫人的本领。国家一旦有事，我们都是政府的预备军，都是国家的后援队。我们中华民族才能永久生存，我们才不负当局提倡的热心及考试的意义。①

国术进步重在自身 1935年4月山东第三届国术省考开幕式，青岛市市长沈鸿烈致辞，对于国术发展提出三点意见：

练国术的人不仅要对那一门尽量练习，对旁的门类也要研究，对体育也要研究，并且要明白它的原理。个人研究外，还要共同研究。集合各门所长，才能发扬光大国术。要打破门户派别的意见。不只爱自己，也要爱他人，要有爱群观念；现代的飞机大炮自然不能用刀矛去抵挡，但是用飞机大炮也须有健全的身体。因此要用国术锻炼身体，保卫个人，保卫国家；近年政府虽然提倡国术，还不彻底。各学校都要练习国术，多设立民众练习所。不只限于城市，乡村镇集也要普遍设立。机关服务人员也要有练习国术的组织。大家要利用国术保护国家，光大民族。②

1936年4月山东第四届国术省考开幕式，建设厅厅长张鸿烈致辞主张，允文允武卫国家：

我国有两种东西，非他国能及，一是文学，一是武术。武术虽近代外国介绍来的很多，但国术是根据几千年历史而创成的一种特殊而系统的东西。“不学无术”是说武人的一种短处。20世纪的中国人，文人应习武术技能，学武术的亦应有文的技术。须要“上马杀贼，下

① 向国术应试员进一言[N]. 山东民国日报，1935-4-21（2）.

② 第三届国术省考特刊[N]. 山东民国日报，1935-4-21（1）.

马草露布”[①]，方能保家卫国。[②]

省府秘书长张绍堂认为，诚实二字是奇宝：

“诚实”二字，时时处处都需要。武术教师传授徒弟技术，向来都要留一手，便把武术精华一点一点磨灭了。这是不诚实的害处。国术欲求进步须“推诚相与”。[③]

历任山东国术省考总裁判长的省府顾问姚以价将军于闭幕式致辞：

习武者功夫要大，脾气要小。各应试员将来是国术指导者，没有功夫不能教人，脾气若大尤不能约束于人。必须两者具备方为良好师资，才能充任首领，使国术一天一天促进发达。[④]

1947 年 9 月 9 日，山东国术馆副馆长王龙翼于体育节演讲：

国术界同志们要把今天对国术表现的热烈情绪永久保持下去，精益求精，日新月异，不要再受外人五分钟热心的讥诮；要把以前所有不团结、不一致，各树一帜、各守门户，勇于私斗、怯于公敌的种种积陋恶习，痛加改正，努力刷新，以期道德精神，学理技术，日有进步；要努力讲求与练习，以身作则来提倡国术，推展国术。使我国国民健康蒸蒸日上，以期达到强种强国的伟大目的。一雪东亚病夫的奇耻大辱，一变而为康乐富强、强大国家健全的现代国民。[⑤]

社会精英的世界观、人生观、价值观，对山东国术发展起到积极的推动作用。他们把提倡国术、改造国术同国家民族的利益与命运联系起来，号召民众以练习国术实现强种救国。在他们的大肆宣教和引导之下，20 世纪 30 年代山东国术发展呈现高峰。至 1937 年，县级国术馆遍及全

① 指倚靠战马起草文件。草即草拟军报。露布是一种写有文字并用以通报四方的帛制旗子，多用来传递军事捷报。
② 国术省考开幕详情 [N]. 华北新闻，1936-4-26（2）.
③ 国术省考开幕详情 [N]. 华北新闻，1936-4-26（2）.
④ 国术省考昨日已圆满闭幕 [N]. 济南日报，1936-4-30（4）.
⑤ 九九体育节与国术 [N]. 大华日报，1947-9-9（4）.

省，各地国术活动丰富多彩，也为全民族抗战集聚了人才。

本章小结

韩复榘主鲁倡办山东国术馆，期许国术普及化；治军提倡体育与国术，力图提高军旅战斗力；执政主张公务员亦文亦武，以纪律化提升工作效率，全省党政军学各界普遍开展国术运动，社会风气为之焕然一新。李景林主导山东国术馆发挥所长，履职尽责，而宏愿未能尽现。山东国术的进步与发展，更得益于社会精英的因势利导和推波助澜。在号召强国强种、提振民族精神、改善工作作风等诸多方面身体力行，为社会表率。他们在历届省内大型国术活动中的演讲、报告、报载、文章，引领社会时尚，倡导国术迈向现代化。某些言行因受时代局限，未免失当或有所偏颇，然其积极性的一面可资借鉴。

第六章 山东武术英才录

受儒家思想和孙子兵法滋养发展起来的齐鲁武术文化，从军旅武技到民间武术，保持着仁勇兼备、宽厚包容的品格，并紧随社会形势的发展而进取，使其于近现代武术居于领先地位，不断推动山东武术向更高层次继续迈进。

民国时期，山东武术界以开放包容、兼收并蓄的姿态，集聚了大批省内外武术精英，为武术运动取得进步奠定了雄厚的人力资源。不限于此，山东国术家还应聘从教于国术最高学府——中央国术馆，与其他省份国术家一同切磋交流、传授技艺，为国术运动向更加广阔的领域发展做出贡献。

第一节 本省土著武术家

民国时期，先后执教于山东军士武术传习所、山东武术传习所、山东国术馆的本省籍土著武术家不下数十位。尤其山东国术馆的创办，不仅将齐鲁武术带上一个高峰，而且于中国武术史扮演着重要角色。本省武术家发挥专长，各显己能，通力协作，使之成为国术教育的摇篮。

杨鸿修 （1864—1944），字奉真，山东冠县人。幼从洪占元、马老为学查拳拳械。擅查拳摔打技法，以“大枪杨鸿修”“快拳杨”而闻名。曾执教于山东军士武术传习所，除教授弹腿和查拳外，还协助马良编修和推广《中华新武术》。1919 年被聘至上海中华武术会任教。终生研习查拳，逐渐形成舒展大方、势正招圆的特点及风格。武术名家王子平、马金镖（标）、何振江、马裕甫等都是其门徒。[①] 晚年归隐山东莘县。[②]

程文翰 （1877— ？），字墨斋，山东临朐人。曾任山东武术传习所内堂教务主任兼教师。后于山东国术馆任事务主任，兼授国文课程。1936 年辞职，丁忧回家守孝。

张沐远 （1885— ？），字恩泉，山东东平人。曾任山东武术传习所学

---

① 昌沧，周荔裳 . 中国武术人名辞典 [M]. 北京：人民体育出版社，1994：353.

② 中国武术大辞典编辑委员会 . 中国武术大辞典 [M]. 北京：人民体育出版社，1990：477.

监。后于山东国术馆任编审员。

图 6-1-1 常秉章先生(采自《山东省国术馆附设师范班第一期同学录》)

图 6-1-2 胡明海先生(采自《山东省国术馆附设师范班第一期同学录》)

图 6-1-3 于化行先生

常秉章（图 6–1–1）（1888— ？），字子文，山东东平人。曾任教于山东武术传习所，后任教于山东国术馆，教授拳械套路。日伪时期任教于山东省立国术馆。抗战胜利后一度留任，1946 年 7 月山东省国术馆改组后被清退。

高作霖（1890— ？），山东淄川人。1914 年从杨廷岳习弹腿。1915 年从常秉义、常秉章学埋伏拳、少林拳。同年入山东（军士）武术传习所。1919 至 1928 年又从杨明斋习孙膑拳。1929 年任教于青岛国术馆。1930 年应聘任教于山东国术馆。同年受省馆委派任教于临清国术馆。1937 年回青岛国术馆。[①]

胡明海（图 6–1–2）（1891— ？），字秀山，山东东平人。精研少林拳，曾任教于山东武术传习所，后任教于山东国术馆，擅长埋伏拳与护手钩。1932 年以山东国术馆名誉教授名义，任教于山东省立民众教育馆国术研究会。10 月代表山东国术馆参加山东国术游艺大会，获得单拳第 1 名，单器械第 3 名。日伪时期任教于山东省立国术馆第三训练所。

于化行（图 6–1–3）（1891— ？），字鹏九，山东昌邑人。直隶军官团毕业，曾充任排连长、技术军官、营团长等职。1928 年 7 月被江苏国术馆聘为一等教习[②]，擅长太极拳。1930 年随李景林任教于山东国术馆，

---

① 昌沧，周荔裳 . 中国武术人名辞典 [M]. 北京：人民体育出版社，1994：69.

② 江苏省国术馆年刊 [M]. 南京：江苏省国术馆宣传科，1929：132.

后任省府国术教官、第三路军总部国术教官、省府国术视察员。

李培义（图 6–1–4）（1897— ？），字信卿，山东宁阳人。陆军讲武堂第二期毕业。曾任教于山东武术传习所，后任教于山东国术馆，教授摔角兼授军训。第二届国术国考山东省国术队领队。

图 6–1–4 李培义先生（采自《山东省县国术馆副馆长训练班第二期同学齿录》）

潘鸿祥（1899— ？），字雪峰，山东益都人。1917 年考入山东武术传习所，为第一届学生，1918 年 5 月毕业。曾任山东国术馆教务主任，兼授中华新武术和生理卫生学。曾任第三路军总部国术教官。抗战初期任铁血武士队中校副官，至河南舞阳县奉令入鲁纠合国术同志，发扬国术以做抗战基础。[①] 日伪时期先后任伪山东省立新民体育场场长、伪山东省立国术馆馆长。抗战胜利后一度留任山东省立国术馆，1946 年 7 月改组山东省国术馆后被清退。

窦来庚（1900—1942），字凤山（峰山），山东临朐人。1918 年 9 月考入山东武术传习所，为第二届学生，1920 年 12 月毕业。1928 年参加第一届国术国考名列最优等。曾任职于国民政府保健司，后于大中学任国术教师。1932 年 6 月任山东国术馆副馆长。期间组织志成国术研究社。1937 年日寇入侵，率山东国术馆馆员及留济国术人员组成铁血武士队参加抗战。1938 年 1 月，改为国民军义勇队，后改编为省保安第十七旅，任旅长。在蒙阴山区临朐一带坚持抗战。1942 年 8 月 30 日，率部与敌作战身负重伤，所部弹尽粮绝，遂杀身殉国。1988 年山东省人民政府追认为烈士。

王龙翼（1901— ？），字霄云，山东泰安人。山东陆军第五师讲武堂出身，擅长祖传杨家奇枪。1925 年，任直隶督办公署武术大队教官。1931 年，曾任山东国术馆教授。1936 年任省府国术视察员。1938 年任省府交通处主任。[②] 1945 年 12 月，接任山东省立国术馆馆长。1946 年 7 月改组山东省国术馆任副馆长，至 1948 年 7 月。

林秉礼（图 6–1–5）（1903—1964），字经三，山东寿光人。自幼体魄矫健，酷爱武术。就读益都（青州）一中，擅长多项体育项目。内政部

---

① 引自山东省档案馆馆藏档案，档案号：J101–15–0247–017.

② 引自山东省档案馆馆藏档案，档案号：J100–01–131.

警官高等学校毕业，山东国术馆师范班毕业。先后拜高凤岭、窦来庚为师，习练各种拳械，精于散打，技艺超群，备受恩师宠爱。曾任陵县、寿光公安局局长，山东省民政厅科员。1933 年山东国术省考获拳脚、短兵甲等，同年 10 月第二届国术国考获拳术（散打）甲等第 1 名。后任山东国术馆拳脚科主任兼教授。1933 年 9 月协助窦来庚创办山东志成国术研究社，1936 年改为山东省国术学友会。抗战时期任山东保安第十五旅第四大队队长兼旅部国术教官。1945 年为山东省国术学友会董事、副会长。

图 6-1-5 林秉礼先生(采自《山东省国术馆附设师范班第一期同学录》)

图 6-1-6 魏长贵先生(采自《山东省县国术馆副馆长训练班第二期同学齿录》)

图 6-1-7 姜修信先生（采自《山东省国术馆附设师范班第一期同学录》）

魏长贵（图 6-1-6）（1907—1942），字得忱，山东临朐人。自幼习武，精于长兵。1934 年，山东第二届国术省考获长兵甲等，山东国术馆毕业后留馆任教。1937 年，随窦来庚投入抗战。1942 年 8 月在鲁中山区作战中英勇牺牲。

姜修信（图 6-1-7）（1909— ？），字成之，山东昌邑人。济南市第一中学毕业，基督教青年会国术训练班毕业。1930 年从王兆亭习武，1933 年又随窦来庚深造。1933 年 10 月第五届全运会国术表演比赛，获轻量级剑术第 1 名。1934 年第二届山东国术省考获拳脚、短兵甲等，总分第 1 名。后任山东国术馆短兵科主任。抗战时期任铁血武士队中尉队员，国民军义勇队联络员，山东保安第十七旅参谋。1945 年，山东省国术学友会总干事。新中国成立后回乡务农，从事业余武术教学活动。[①]

① 昌沧，周荔裳 . 中国武术人名辞典 [M]. 北京：人民体育出版社，1994：116.

马鸿志（图 6–1–8）（1912—？），字广华，回族，山东济南人。1922 年于济南俊英体育社习武。1932 年毕业于山东国术馆，留馆任教至 1937 年。擅长查拳、八极拳、太极拳、形意拳及摔角。1935 年于上海第六届全运会，代表山东省参赛获单拳第 6 名。第十六、十七、十八届华北运动会国术表演比赛均取得优异成绩。1943 年至 1944 年任桂林市警察总局国术教练。后定居昆明，将查拳技艺传至云南。

图 6–1–8 马鸿志先生（采自《山东省县国术馆副馆长训练班第二期同学齿录》）

图 6–1–9 王玉章先生（采自《山东省县国术馆副馆长训练班第二期同学齿录》）

王玉章（图 6–1–9）（1913—？），字明甫，山东历城人。1926 年从宛长胜习武。[①] 后师从窦来庚，擅金刚拳、查拳、八极拳、太乙拳、太极拳等拳械。中央国术馆第三期毕业，于济南普利小学任教，后任教于山东国术馆。1933 年参加南京第二届国术国考。抗战时期任保安第十七旅一连连长，少校国术教官。抗战胜利后曾任警备第四旅国术教官，新编三十六师司令部教导总队国术教官。1945 年为山东省国术学友会董事。[②] 新中国成立后定居山东青州，从事业余武术教学活动。

山东武术精英为社会造就了大批武术人才。以上部分本省土著武术家仅为其代表性人物。他们为山东武术教育的进步与发展贡献了自己的力量。

---

① 昌沧，周荔裳 . 中国武术人名辞典 [M]. 北京：人民体育出版社，1994：295.

② 引自济南市档案馆馆藏档案，档案号：J18–2–53.

第二节 他省客籍武术家

齐鲁遗风，重文尚武。山东人豁达大度、韧忍宽厚，富有包容心态和求真意识，向以能者为师，见贤思齐。山东武术与周边省份保持着密切交流与合作。民国时期，山东军士武术传习所、山东武术传习所、山东国术馆集聚了大批他省客籍武术家。他们与本省土著武术家团结协作，互通有无，彼此切磋交流，同舟共济，共谋大计，为山东武术事业的发展做出了贡献。其中，河北武术家功不可没。

马良（1867—1947），字子贞，河北清苑人，幼从家学，后从平敬一学艺，擅长率角。从军后屡获擢升。1911 年，任陆军第九协协统驻扎山东潍县（今潍坊），广招武林俊杰选编武术教材，定名《中华新武术》。1914 年，任陆军第四十七旅旅长兼济南卫戍司令部（1916 年改为镇守使署）司令，组编军士武术传习所（技术队），推广新武术。1917 年，倡办山东武术传习所。也曾于天津、北平创设武术传习所。[1] 1923 年于上海组织中华全国武术运动大会。对山东及全国武术运动的广泛开展起到推动作用。日伪时期沦为汉奸。抗战胜利后被镇压，死于狱中。

高凤岭（图 6-2-1）（1868—1944），字云峰，河北故城人。自幼习武，擅醉拳、猴拳等拳械，是太乙拳、金刚拳在山东的传人。1916 年到济南，曾任山东军士武术传习所教习，山东武术教育讲习所所长，济南商业专门学校武术教师。20 世纪 20 年代中期赴青岛。青岛国术馆成立后任教务科科长。

图 6-2-1 高凤岭先生

韩慨生（1869—1926），字星五，河北沧州人。自幼习武，擅长拳、形意拳、戚门十三剑、六合刀等。1912 年到济南授徒。1916 至 1920 年任陆军第九师、济南第二师武术教官，及山东军士武术传习所教习、山东武术传习所教师。协助马良编修和推广《中华新武术》。山东军士武术传习所解体后赴青岛，创办“国技学社”。1926 年

① 二十二年全国运动大会筹备委员会 . 二十二年全国运动大会总报告 [M]. 上海：中华书局，1934：120.

病逝于青岛。[①] 其子冠洲曾任青岛国术馆教务长。其子冠英亦为青岛国术名将。

马庆云 （1874— ？），字蔚然，河北清苑人。从平敬一习少林拳和率角。精四步长拳。随马良推行武术教育，历年最久，门墙最众。曾执教于山东军士武术传习所，协助马良编修和推广《中华新武术》。后任山东武术传习所学监（稽查员）。1923 年上海中华全国武术运动大会入选十八技击（武术）专家。

王子平（图 6–2–2）（1881—1973），河北沧州人。生于武术世家。自幼习武，早年随祖辈习家传武艺，擅多种拳械。因被诬陷为义和团“拳匪”，躲往山东，于济南结识查拳名师杨鸿修，遂拜为师。其于山东奇遇，留下许多传奇故事。因膂力非凡，被誉为“神力千斤王”。曾任教于山东军士武术传习所。20 世纪 20 年代初，于青岛成立“中华武术会”。

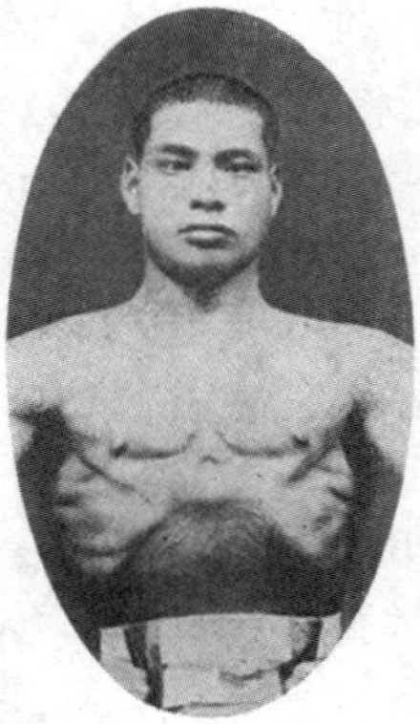

图6–2–2 王子平先生（采自《接收青岛纪念写真》1924）

图6–2–3 李应埙先生（采自《山东省县国术馆副馆长训练班第二期同学齿录》）

王振山 （1983—1968），河北沧州人。王子平叔父（叔小侄大），擅长率角。1929 年，徐哲东《国技论略》“摔角”称，近世保阳马良颇提倡此术，方其为济南镇守使时，部下摔角人才闻有王振山，尤为其中巨擘。

李应埙（图 6–2–3）（1884— ？），字向左，河北安国人。擅形意拳。20 世纪 30 年代，曾任教于山东国术馆。第三路军总指挥部武术队教官。抗战胜利后又任教于山东国术馆。

---

① 昌沧，周荔裳 . 中国武术人名辞典 [M]. 北京：人民体育出版社，1994：85.

李景林 （1885—1931），字芳宸，河北枣强人。出生武术世家，自幼习武，后习太极拳、八卦掌，尤精剑术，被誉为“神剑手”。从军后屡获擢迁，为奉系军中高级将领。1927 年脱离军界，与张之江等创建中央国术馆。1930 年，应邀赴济南创办山东国术馆。1931 年 12 月，患病身亡。

图 6–2–4 李天骥先生（采自《山东省县国术馆副馆长训练班第二期同学齿录》）

图 6–2–5 王子章先生

李玉琳 （1885—1965），字润如，河北任邱人。自幼好武，初拜郝恩光为师学习少林拳、形意拳和八卦掌。后为孙禄堂赏识，收为弟子。1930 年受聘山东国术馆教务主任，兼授太极拳、形意拳、八卦掌。1932 年离任。其子李天骥（图 6–2–4）（1914—1996），自幼随父习武。曾受孙禄堂、李景林指导。精太极拳、形意拳、八卦掌及武当剑等。曾就学任教于山东国术馆，1932 年夏离任。1936 年，任山东陵县国术馆副馆长。

李庆兰 （1901—1931），字瑞亭，河北人。1928 年 4 月，被江苏国术馆聘为教习。[①] 1930 年，随李景林任教于山东国术馆，教授劈挂拳。

王子章（图 6–2–5） （1901—1977），河北霸县人。习得家传，擅长多种拳械。1933 年代表山东省参加第十七届华北运动会、第五届全运会、第二届国术国考，1934 年第十八届华北运动会，1935 年第六届全运会，历次国术表演比赛均取得优异成绩。曾任第三路军手枪旅国术教官。

田镇峰 （1902— ？），字丕侠，河北清苑人。先后任山东国术馆编辑、教务长，兼授太极拳和太极拳推手。1934 年，组织济南健康实验学社，创刊《求是月刊》，多有著述。

---

① 江苏省国术馆年刊 [M]. 南京：江苏省国术馆宣传科，1929：133.

杨奎山 （1903—1977），字林甫，河北霸县人。1909 年从康直学六合拳。1920 年在天津获河北省武术教习招考第 1 名，被主考人李景林收为弟子兼贴身副官，并从孙禄堂、许兰洲、李书文、蒋馨山等习武。对武当剑、太极拳、八极拳和太极拳推手诸技造诣颇深。1929 年于浙江国术游艺大会表演六合八卦刀，被大会会刊称为“名贵绝技”。1930 年任山东国术馆一等教习[①]，传授少林拳、太极剑。

马礼堂 （1903—1989），原名马步周，河北河间人。自幼习武，师从多人。13 岁从张占魁习形意拳、八卦掌。1934 年化名马志然，于济南健康实验学社助编《求是月刊》[②]，兼教国术。

李萼堂 （1904—1972），又名庭芳，河北沧州人。幼时随父李书文习武。曾任山东国术馆助教，教授八极拳。[③]后离馆另谋他职。

郝家骏 （1908—1988），河北安新人。幼时随父郝恩光学长拳、形意拳、八卦掌。后从李景林学太极拳、太极拳推手和武当剑。从孙禄堂学形意拳、八卦掌。从黄伯年学八卦掌、长拳。向杨澄甫学太极拳。1930 年，随李景林任教于山东国术馆[④]，主授太极拳和太极拳推手。1932 年离任。

张广聚 （1913— ？），又名张宽，河北深县人。自幼从于墨林习金刚拳。1931 年入学山东国术馆，1932 年秋毕业留馆任教。1933 年第十七届华北运动会国术表演比赛获其他器械第 3 名。同年被派往第三路军二十师任教官。新中国成立后于 1958 年曾被济南部队聘为拳击、摔跤教练。[⑤]

杨素清 （1917— ？），河北盐山人。1934 年山东第二届国术省考获女子拳脚、长兵、短兵第 2 名。济南基督教女青年会聘请其为国术教授，每周五午后 3 时半授课。[⑥]1935 年，山东第三届国术省考获女子拳脚、长兵、短兵第 1 名。时任第三路军总部军医处看护训练班国术教官，省国术馆助教，又教授韩复榘夫人学国术。[⑦]1935 年 10 月上海第六届全运会国术表演比赛作为山东省唯一国术女选手，荣获拳术（少林拳）第 1 名，器械（六合刀）第 5 名。1936 年山东第四届国术省考，因赛前手上受伤未能参赛，于会上表演了少林拳和六合刀。1935 年山东第三届国术省考后，

---

① 昌沧，周荔裳 . 中国武术人名辞典 [M]. 北京：人民体育出版社，1994：355.
② 昌沧，周荔裳 . 中国武术人名辞典 [M]. 北京：人民体育出版社，1994：204.
③ 昌沧，周荔裳 . 中国武术人名辞典 [M]. 北京：人民体育出版社，1994：145.
④ 昌沧，周荔裳 . 中国武术人名辞典 [M]. 北京：人民体育出版社，1994：88.
⑤ 昌沧，周荔裳 . 中国武术人名辞典 [M]. 北京：人民体育出版社，1994：399.
⑥ 女青年会聘国术教授 [N]. 山东民国日报，1934-10-24（5）.
⑦ 孙锡昆 . 鲁第三届国术省考记详 [J]. 国术月刊（天津），1935（8、9、10）：22.

其仿效青岛栾秀云，呈请省国术馆设立女子国术社获准[①]，1936年11月于济南组织志成女子国术社，以提倡女子健康。[②]

民国时期，任教于山东军士武术传习所、山东武术传习所、山东国术馆，以及山东各县市国术馆社的客籍拳师不胜枚举，尤以河北人士居多。山东民间流行的拳种多与河北武术关系密切。究其原因，除山东武术传习所和山东国术馆倡办人或执掌者马良和李景林为河北籍人士之外，另有两方面因素。一方面，地理上山东与河北毗邻，两大武术集团之间的交流由来已久，彼此切磨，互相促进；另一方面，山东武术界人士思想开放，谦逊好学。正是具备了这种海纳百川的精神，使得山东武术羽翼逐渐丰满，不断发展壮大。

第三节 中央国术馆中的山东国术家

1928年3月24日，"国术研究馆"于南京正式成立。6月，改称"中央国术馆"。张之江任馆长，李景林任副馆长。中央国术馆是全国最高级别、最有影响力的国术行政管理机关，学术研究机构，和师资培训学校。对国术的传播与发展起到了推动作用。

中央国术馆初设少林、武当两个门派，后取消两门制，采用"一会三处"建制，即理事会；教务处、编审处、总务处。中央国术馆师资来源，北方以河北、山东居多。山东国术能手执教或学习于此，使山东国术与他省一炉共治，相互促进而发扬光大。

为引进师资，国民政府通电各省，在省内选推国术能手并执省主席手谕抵首都集中。各省先后均用自报自荐与公推公选的方式挑选出数十名行家里手，经过考核，保送至央馆供职。来自国内32个省、特别市57名年龄不等，且差距甚大的国术人员集聚南京。央馆将其组成"教授班"，其中山东籍有张英振、杨松山、马金标、杨法武、徐宝林、史布清等。

中央国术馆为第二期学生设定的教学内容，包括发源于山东的弹腿和四路查拳。四路查拳由首期教授班山东籍学生张本源提供。吴志青供职编审处期间，先后参与编撰近30种教科书，其中《国术教范查拳》由上海大东书局发行，作为央馆选修教材。于振声亲自演练，对《五路查拳》作了详尽的技术插图绘制与术语文字注释，以供拍照，编撰讲义。书成之

---

① 杨素卿（清）倡办女国术社[N].申报，1935-6-26（6）.

② 本市志成女子国术社[N].济南日报，1936-11-24（4）.

后，他为第二期学生作讲解和示范。

于振声（1871—1958），号万升，山东济南人。幼从赛鹤鸿、白致俊习武。后从杨鸿修、张学生研练查拳，兼习太极拳、形意拳、八卦掌等拳械。1914年于马良军士武术传习所任武术教官，协助编撰《中华新武术》。1915年受聘江苏教育会，充任江苏省体育传习所武术教习，继任南京国立师范武术教习。中央国术馆创办后，被聘为顾问、国术教授。1928年受中央国术馆派遣，任职于中央军校，后兼任多所高校国术教授。

图6-3-1 马金标先生（采自《浙江国术游艺大会汇刊》）

图6-3-2 张英振先生（采自《中央第二届国术国考专刊》）

马金标（图6-3-1）（1881—1973），山东济南人。师承白子敬、杨鸿修、沙正清等，擅长洪拳、查拳等。曾充马良部教官。中央国术馆创办后，被聘为顾问、国术教授。1928年受中央国术馆派遣，任职于中央军校，后兼任多所高校国术教授。

张英振（图6-3-2）（1896—1977），山东冠县人，承传家学，后师从查拳名师张其维，擅长铁砂掌、查拳等。1928年参加第一届国术国考获最优等。同年于中央国术馆教授班学习，后被聘为教授。1930年受中央国术馆派遣，任职于军需学校、财政部；1931年，任职于中央军校。

张本源（1899—1970），山东济南人。承传家学，擅长六路短打、四路查拳等。1928年入学央馆首期教授班，毕业后曾任教于中央国术馆。

马裕甫（1901—1969），山东济南人。幼从王兆亭习武，后从杨鸿修习查拳、滑拳，从张凤岩习率角。1928年参加第一届国术国考获最优等，后任教于中央国术馆。

杨法武（1901—1969），山东济南人。幼师从王兆亭、王兆林习查拳，后从张凤岩习率角。曾任教于山东武术传习所。1928 年第一届国术国考获最优等。后入中央国术馆教授班深造，毕业后赴山东国术馆任教，继被中央国术馆聘为一级教授。①

张孝才（图 6–3–3）（1905—1972），祖籍山东泰安，生于济南。少年时从马金标、王兆林习武，擅多种拳械。后又从王振山专攻率角。1928 年被中央国术馆录取为第一期教授班学生，以优异成绩毕业。1929 年杭州浙江国术游艺大会获最优等。先后任教于中央国术馆、山东国术馆、青岛国术馆及上海等地。

图 6–3–3 张孝才先生（采自《浙江国术游艺大会汇刊》）

图 6–3–4 杨松山先生（采自《中央第二届国术国考专刊》）

杨松山（图 6–3–4）（1906—1985），山东济南人。幼从王兆亭、王兆林等习武。1928 年参加第一届南京国术国考名列最优等。1929 年任中央国术馆教授，曾任教务处副处长。1931 年受中央国术馆派遣，任职于中央军校。1936 年随中央国术馆和国立体专组成的南洋旅行团，赴新加坡、马来西亚巡回表演。

张登奎（魁，1911—1987），山东济南人。少从法瀛习六路短拳、率角。1933 年先后参加山东第一届国术省考摔角比赛获最优等，代表山东参加青岛第十七届华北运动会国术摔角比赛获第 2 名，参加南京第五届全运会国术摔角比赛，第二届国术国考获摔角甲等第 2 名，被选入中央国术馆深造。毕业后留校任教于央馆附设之国术体育专科学校。1936 年春，随央馆“南洋旅行团”赴东南亚各国巡回表演。全民族抗战爆发后，一路

① 庞玉森 . 中央国术馆史 [M]. 合肥：黄山书社，1996：50.

追随中央国术馆。新中国成立后，任广州体育学院体育系主任，1980 年晋升为教授。被国家体委授予摔跤、武术、举重三项国家级裁判。1956 年，当选为中国武术（摔跤）协会副主席，广东省武术协会副主席，广州市武术协会主席。

程临祥 （1893— ？），山东乐陵人，京师武术传习所毕业，曾任教于中央国术馆。

史布清 （1899—1958），山东济南人。师承于振声等，擅长查拳及伤科诊疗，曾任教于中央国术馆。

徐宝林 （1901—1977），山东青岛人。师承家传，擅长查拳、三义刀等，曾任教于中央国术馆。

姚功绪 （1905— ？），山东曹州人，中央国术馆毕业后留馆任教。

孙如兰 （1905— ？），中央国术馆毕业后留馆任教，系央馆女性教师之一。

至全民族抗战爆发前，中央国术馆共招生五期，培养了大批国术俊杰。中央国术馆不仅有多位齐鲁国术高手充任教师，更有众多山东籍学子深造于此，术德并重，文武兼修，成为日后中国武术界的中坚力量。

本章小结

民国时期，山东武术的进步与发展与山东武术传习所和山东国术馆倡办人或执掌者马良和李景林关系密切。在其带动和影响下，大批河北武术人才献艺于山东；山东本省籍土著武术精英与他省客籍武术家集聚一堂，共同开创兴办武术事业。他们团结协作，互通有无，逐步将齐鲁武术带上一个高峰，于中国武术史扮演着重要角色。既体现了山东人开放包容、见贤思齐的心态和意识，又体现出与客籍武术家切磨交流、同舟共济的思想与作风，展现出“天下武林是一家”的风范气度，共同为山东武术事业的发展做出了贡献。中央国术馆成立后，山东国术能手执教于此。发源于山东的弹腿和查拳成为央馆主要教材之一，使山东国术与他省一炉共冶，相互促进而发扬光大。更有众多山东籍学子深造于此，术德并重，文武兼修，成为日后中国武术界的中坚力量。

第七章 山东武术对外交流与传播

山东乃驰名中外的武术大省，拥有雄厚的武术文化资源。齐鲁武术文化的发展始终以对外开放的姿态，与兄弟省份保持着密切联系，相互促进，彼此融汇。山东武术对外传播由来已久，由于社会的发展、教育的进步，经商和人口迁徙，以及受政治、经济、军事等多重因素的促使和影响，近现代山东武术对外交流的频率明显加快。1948 年至 1949 年，民国山东武术徐徐落下帷幕。一部分国术界人士随军赴台，将技艺带至台湾。不仅丰富了台湾武术，而且增加了继续外传的渠道。

第一节 山东武术对外交流与传播

发源于山东的两个特色拳种——查拳和螳螂拳，对外交流与传播最具代表性。查拳发源于聊城冠县，自清朝中叶渐成体系。清末，其传承严格地限制于回族群落，因有“回回拳”“教门拳”之称。传播范围仅局限于冠县及冀鲁豫交界的有限地域内。

民国时期，这一传承模式发生变化。近代新式体育兴起，查拳传人顺应形势发展，开始走出寺坊，积极融入新式武术组织和体育机构，参加国术竞赛活动，更加富有生命力。社会地位得以攀升，影响遍及全国，传承延至海外。

1909 年，上海创办“精武体操会”，1910 年改名“精武体育会”。济宁人氏查拳拳师李恩聚应聘任教。李恩聚堂侄李瑞彪于上海精武体育会习武，经伯父精心培养，学成留会任教；其子李龙彪亦于上海精武体育会习武，16 岁毕业，1921 年于上海总会和武汉、长沙、广州等地分会任教，1935 至 1947 年被聘为部队国术教官，1947 年回到上海精武会任教。

1919 年 8 月，吴志青等人发起成立“上海中华武术会”，会馆设在上海英租界望平街，杨鸿修应聘任教。同期任教者有于振声、王子平等。1947 年夏秋之际，马金标与拳友沙某操办上海群英武术社。

中央国术馆成立后，于振声被聘为顾问兼任教授。山东多位查拳能手执教于此，如马金标、马裕甫、杨松山、张英振、杨法武、张本源等，使查拳与其他拳种得以交流。于振声、马金标分别于多所高校任教。张英振、张英健、张锡太分别于军中任教。

1928年10月，第一次国术国考，马裕甫、张英振、杨法武、杨松山获最优等。于振声表演的“五路查拳”博得全场喝彩。1929年11月杭州浙江国术游艺大会，马金标及其弟子宛长胜、张孝才、张孝田参加了此次比赛。马金标获得中等，张孝田获得优等，宛长胜、张孝才获得最优等。查拳声威，名扬天下。

清末，查拳传至河南、北京等地，继续向更大范围传播。北京早有查拳流传。东临清刘家庄刘昆，曾任北营（右营）武术教头，兼教四王爷，后在东直门北小街清真寺教授武术。新中国成立后，在日坛西门立场授拳，所授弟子众多。20世纪20年代，冠县张尹庄张凤岭传艺于开封。1928年，冠县常振芳于开封传授查拳，开封遂有“查拳第二故乡”之称。1956年，常振芳赴北京传授查拳，传人有董世明、刘鸿池等。查拳也传至甘肃平凉，河北临榆，辽宁沈阳等地。

1937年全民族抗战爆发，马鸿志携家南下广西，任教于桂林国立成达师范学校。1943年任桂林市警察局国术教官兼分队队长。后举家迁至云南，定居昆明。新中国成立后，马鸿志业余时间在文化宫公开传授查拳，兼任云南大学武术教师。云南查拳由何福生、马鸿志传入。20世纪40年代末，马裕甫移居广州，传拳授艺。新中国成立后，他经常到光塔寺传授武术和摔角，所传四路查拳对拆、滑拳，深受青少年武术爱好者欢迎。1949年，张英健随军赴台，将查拳技艺传至台湾。

民国时期，查拳成为上海精武体育会和中央国术馆主要教材之一，得以广泛传播。由此传至海外，发扬光大。

螳螂拳发源于莱阳。首传者李秉霄乃乾嘉年间人氏，授徒人数不多，传播范围仅限于莱阳、海阳交界处。李秉霄传赵起禄，赵起禄传梁学香。梁学香之子梁敬川进京做丝绸生意，于北京传授螳螂拳。

清末民初，姜化龙、黄永凯、宋子德、闫学信、袁子、崔寿山、季春亭、郝恒禄、肖树斌、王传义、胡永福、郝斌、邹良等一大批螳螂拳拳师先后赴东北三省，将螳螂拳艺传至辽宁省大连、沈阳、丹东、本溪，吉林省长春、四平，黑龙江省哈尔滨、牡丹江等地。李之箭也曾由烟台到奉天（今沈阳）、关内传授过螳螂拳。螳螂拳艺也传至天津等地。

1913年，蓬莱人罗光玉受聘于上海精武体育会，1932年赴香港精武体育分会任教，并任励存国术社、陶淑女中、中南英文书院等处教习；还曾传艺于佛山精武会，其螳螂拳技传至粤港及南洋诸地。烟台人杨维新，20世纪20年代赴上海山东同乡会传授拳艺，1925年任教于上海精武会第一分会，1929 年 10 月上海螳螂拳研究会特邀杨维新讲解螳螂拳。王传义、郝恒禄、纪忠德也曾于上海授拳。1928 年 3 月，中央国术馆正式成立，螳螂拳被纳入中央国术馆课程教学体系，成为其常设的教学内容。

20 世纪 20 至 30 年代，螳螂拳传至香港、澳门、广州一带。主要有罗光玉所传七星螳螂拳一支，莱州人赵竹溪所传梅花螳螂拳一支，烟台人鲍光英所传一支，螳螂拳由此逐步传至东南亚。同期，螳螂拳相继传入青岛，主要有王玉山所传梅花螳螂拳一支，郝恒禄、郝斌所传梅花螳螂拳一支，胡永福大连弟子李占元所传七星螳螂拳一支，毛丽泉所传鸳鸯螳螂拳一支。螳螂拳也传至江苏淮阴，后又传至河北。河北沧州与胶东一直保持着人员往来与技术交流，姜化龙及其结义弟兄李丹白就曾多次去过沧州。

20 世纪 40 年代末，卫笑堂、李昆山、刘竹园、张详三等将技艺带至台湾，螳螂拳技由此增加了外传的渠道。李昆山传艺于李鸿杰、其子李登五，李登五传施弘一。施弘一又将拳艺传至美国。黄汉勋弟子黎达冲旅居美国，将螳螂拳技远播欧美。台湾除了盛行七星螳螂拳和梅花螳螂拳外，八步螳螂拳、秘门螳螂拳、长拳螳螂拳、六合螳螂拳等也有传承。华侨迁徙，螳螂拳随之带至欧美诸国。全民族抗战爆发后，赵竹溪又到越南西贡发扬螳螂拳技。民国时期通商的缘故，烟台、大连等地的一些拳师将螳螂拳传至韩国。

如今，无论在亚洲的日本、韩国、菲律宾，北欧的俄罗斯，还是欧美、澳洲诸国都能遇到螳螂拳传承者。海内外的传承者定期不定期地回到螳螂拳发祥地——烟台，参加各种比赛和学术活动。在美国，螳螂拳已经成为颇具影响力的武术拳种之一。

第二节 旅居台湾的山东国术家

宝岛台湾，除山地原住民外，以来自福建及广东最多。明末清初，大批军民渡海赴台。台湾武术也传承了闽粤二省之门派，如白鹤拳、金鹰拳、太祖拳、少林拳、罗汉拳、永春拳、龙形拳、白眉拳等等，均甚流行。清朝曾管制人民与台湾往来，两岸武术交流远不及货物贸易。所以，台湾本地武术相当程度地保存了明代风格，具有研究价值。

20 世纪 40 年代末，因为内战，军民渡海赴台，许多北方武术家随之迁居台湾，以河南、河北、山东最多。三省之中，又以山东居首。他们带来了大量拳种，诸如长拳、螳螂拳、查拳、华拳、洪拳、炮拳、太极拳、孙膑拳、地功拳、六合拳、八卦掌、形意拳、通臂拳、劈挂拳、八极拳、燕青拳等等，传播于全岛各地，丰富了台湾武术。[①]

李昆山（1890—1982），山东莱阳人。原随父习长拳、三合功，后从姜化龙习练螳螂拳。曾任莱阳国术馆副馆长。1933年代表山东参加第五届全运会国术表演比赛和第二届国术国考，因长兵较技荣膺榜首，受赐银盾一方，上书“一支干戈震东洋，半世英雄传天下”。全民族抗战爆发后莱阳国术馆解散。赴台后于基隆传道。

吴体胖（1891—1964），山东曹州人。自幼学武，习梅花拳，精通多种器械。1928年首届国术国考名列中等。曾任教于曹州国术馆。赴台后传道于台北。

王松亭（1893—1964），山东荣成人。擅螳螂拳、通臂拳、太祖长拳。曾于青岛开设国术练习所。赴台后，在北部传道。其螳螂拳技术中兼有长拳之技，逐渐形成“长拳螳螂”支派。

韩庆堂（1900—1976），山东即墨人。师从姜本河、孙茂林、常秉章，擅梅花拳、查拳、青萍剑等。1928年考入南京中央国术馆，为第一期毕业生。1929年杭州浙江国术游艺大会获最优胜等，曾任教于杭州警校。赴台后设帐警校，直至退休。私人课徒亦造就人才。又在台湾大学、建国中学创立国术社。其子树英、树美能传其术，其女玲玲在美国弘道。

张详三（1901—1982），山东黄县（今龙口）人，师从丁子成，擅六合螳螂拳。1923年随师在黄县课徒，代师传艺。赴台后私人课徒于台北新公园，三十余载如一日。参加国术组织，任理监事、代理理事长。举办赛会曾任裁判、裁判长。课徒之余，致力著述。

卫笑堂（1901—1984），山东栖霞人。师从冯环义，擅螳螂拳。曾任军旅教官，受上海山东同乡会之聘教授螳螂拳。自韩国赴台后，私人课徒于台北植物园。

李荫堂（1901—1993），山东莱阳人。师从姜化龙，擅螳螂拳。赴台后传道于台北一带。

张峻峰（1902—1974），山东邹平人。师从李存义、张兆东、高义盛、郝恩光，擅形意拳、八卦掌、太极拳。曾任上海国术学会编审处主任。赴台后传道于台北一带。

宫宝斋（1905—2000），山东牟平人。师从宫宝田，擅八卦掌。赴台后传道于台北一带。

苏克纲（1909— ？），山东青岛人，青岛国术馆出身，师从刘希伟，

① 徐纪．手熟余谈：中国武术论丛二集[M]．台北：五洲出版有限公司，2002：253—256.

擅长拳、地功拳、孙膑拳。赴台后在台中一带传道。

范之孝 （1911—1991），山东潍县（今潍坊）人。幼从家学，擅查拳、华拳、洪拳、炮拳、青萍剑、梅花刀。毕业于中央国术馆第四期。赴台后曾任教于文化大学。

王子和 （1911—2003），山东济南人。师从吕殿臣，擅杨式太极拳。传道于台北，曾先后于军队、银行、烟厂、酒厂等地教拳，后受聘于台湾师范大学体育系，教授太极拳。

王旭东 （1912— ？），山东青州人。青岛国术馆出身，擅太极拳、形意拳、长拳等。曾任教于海军教导中队。赴台后传道于彰化，奔走于台北、南投、台中、云林等地，以拳会友。

张英健 （1913—1988），山东冠县人。师从张其维，擅查拳。1928年赴南京中央国术馆深造。1933年第二届国术国考获拳术（散打）甲等第二名，同年任部队手枪旅国术教官。赴台后传授查拳。1951年台湾公开擂台赛中勇夺冠军。亦曾任教于屏东空军幼校。毕生致力于查拳的研究与推广。

高芳先 （1914—1970），山东即墨人。师从王永彬、李义三（传忠）、常秉毅、杨明斋，擅长拳、查拳、地功拳、孙膑拳、摔角。曾参加第六届全运会国术摔角、测力、射箭比赛。抗战胜利后任青岛国术馆副馆长。赴台后在台中体育专科学校任教，并担任国术组织的理监事，举办国术比赛表演不遗余力。

刘维中 （1917—2008），山东章邱人。1937年毕业于山东国术馆师范班，擅太极拳、八极拳。赴台后传道于高雄。

孙绍棠 （1919—1998），山东青岛人。青岛国术馆出身，师从杨明斋，擅查拳、孙膑拳。赴台后在军中及私人课徒。后在文化大学体育系国术组任教。

由青岛入台的武术人士还有尹千合、林善民、王挺先、武绍林、高纶士等，将长拳、地功拳、孙膑拳传入台湾。由烟台地区入台的武术人士还有傅嘉宾（招远人）、刘竹园（莱阳人）、张德奎（莱阳人）、林九州（烟台人）、李性和（烟台人）、王明炬（烟台人）等，将螳螂拳、八卦掌传入台湾。

几十年过去，弹指一挥间，数十位旅居台湾的山东武术家已然仙逝，惟其精神与技艺长存。以上择要作述，以彰其功，亦可窥见山东武术的发展脉络。齐鲁健儿为中华武术的播种与弘扬做出贡献。如今，他们的第二代乃至第三、四代活跃于国际武坛，诚属山东之荣光。山东武术早已跨越国界而传遍全球。

本章小结

山东武术与中华武术一脉相承，息息相关，始终与兄弟省份保持着密切联系。山东最具代表性的两个特色拳种——查拳和螳螂拳，清朝中叶发源于鲁西冠县和胶东莱阳，渐成体系。初始阶段，传播范围局限于当地，逐渐波及周边地区。随着社会形势的发展，查拳和螳螂拳成为精武会和央馆的常设教材，使其社会声誉得以提升，逐步流传全国，乃至海外。20 世纪 40 年代末，赴台旅居的山东武术家将所擅技艺带至台湾，不仅丰富了当地武术，也增加了外传的渠道。研究其发展与传播过程，将为中华武术的发扬光大探索出新路径。

附 录

一、山东武术大事记

1911 年　马良担任陆军第九协协统，驻扎山东潍县，广招武士编练武术队。将所编教材定名为“中华新武术”。

1913 年　潍县商学各界创立体育社，各学校添授“中华新武术”。

1914 年　马良调任陆军第四十七旅旅长兼济南卫戍司令。修订《中华新武术》，设立军士武术传习所（技术队）。

1916 年　《中华新武术》各科上课相继脱稿付梓。至 1920 年《率角科》《拳脚科》《棍术科》《剑术科》上编相继问世。

1917 年　2 月，山东武术传习所于济南成立。

1920 年　7 月，马良通电下野。

同月，高凤岭创建山东武术教育讲习所，并任所长。设址于济南大明湖畔汇泉寺。

11 月，马良移寓青岛，军士武术传习所（技术队）解体，部分教官随之赴青。

1923 年　4 月，山东武术传习所师生参加上海中华全国武术运动大会。

1924 年　5 月，山东武术传习所师生参加开封第十一届华北运动会表演中华新武术。

1925 年　4 月，山东武术传习所师生参加济南第十二届华北运动会表演中华新武术。

同月，所长陈栋作《山东武术传习所一览》。

5 月，山东武术传习所因战乱停办。

1928 年　10 月，山东省组队参加南京第一届国术国考。

1929 年　2 月，山东省教育厅拟设山东省国术馆。

4 月，中央国术馆案准山东省主席孙良诚为省国术馆馆长，韩镜蓤为副馆长。

5 月中旬，孙良诚调离山东，陈调元接任省主席，兼省国术馆馆长。

11 月，教育厅、民政厅组队参加杭州浙江国术游艺大会。

1930 年 3 月，李景林赴济南筹设山东省国术馆。

5 月，赵宝箴任山东省国术馆筹备处主任。

9 月，陈调元调离山东，韩复榘接任省主席，兼省国术馆馆长，李景林代行馆长职务。山东省国术馆正式成立。设址于经四路小纬五路。

1931 年 12 月，李景林去世。

1932 年 3 月，韩镜蓤接任省国术馆副馆长。

4 月，山东省国术馆停办。

6 月，山东省国术馆改组，韩复榘兼任馆长，窦来庚任副馆长。

10 月，山东省国术馆组队参加开封第十六届华北运动会国术表演。

同月，山东省国术馆举行山东国术游艺大会。

1933 年 5 月，山东省国术馆举行山东第一届国术省考。

7 月，参加青岛第十七届华北运动会国术表演比赛。

10 月，参加南京第五届全国运动会国术表演比赛。

同月，参加南京第二届国术国考。

1934 年 4 月，山东省国术馆举行山东第二届国术省考。

10 月，参加天津第十八届华北运动会国术表演比赛。

1935 年 4 月，山东省国术馆举行山东第三届国术省考。

6 月，组团参与青岛第三届国术市考表演。

10 月，参加上海第六届全国运动会国术表演比赛。

1936 年 4 月，山东省国术馆举行山东第四届国术考省。

12 月，山东省国术馆举办第一期各县国术馆副馆长训练班。

1937 年 2 月，山东省国术馆举办第二期各县国术馆副馆长训练班。

7 月，七七事变后，山东省国术人员编成“铁血武士队”。

1938 年 1 月，“铁血武士队”改队号为“国民军义勇队”，后改编为“保安第十七旅”，参与抗战。

1942 年 8 月，保安第十七旅于临朐对敌作战，旅长窦来庚壮烈牺牲，部众伤亡略尽。

1943 年 7 月，日伪政权建立伪山东省立国术馆，馆长潘鸿祥。

9 月，迁至后宰门武庙。

1945 年 9 月，陈伟超负责接收伪山东省立国术馆，兼代馆长职务。

12 月，王龙翼接任山东省立国术馆馆长。

1946 年 2 月，山东省立国术馆由后宰门街临时办公处迁回经四路小纬五路原址。

7 月，复员山东省国术馆，省主席何思源兼馆长，王龙翼为副馆长。馆址仍于济南市经四路小纬五路。

10 月，何思源调任北平市市长，王耀武接任省主席，兼任省国术馆馆长。

1947 年 10 月，组建山东省国术馆董事会。

1948 年 5 月，教育厅组队参加上海第七届全国运动会国术表演比赛。

7月，王龙翼调往中央国术馆，王鑫白代任山东省国术馆副馆长。

二、山东省国术馆管理文件

（一）《山东省各县国术馆组织大纲》

第一条 县国术馆以提倡国术，增进民众健康为宗旨。

第二条 县国术馆得延聘国术专家、体育专家及其他专门学者担任研究教授，并管理全县国术事宜。但教授国术应遵照中央国术馆审定或颁发之教程。

第三条 县国术馆设于各该县政府所在地。

第四条 县国术馆经费由各该县政府拨给之。

第五条 县国术馆设董事会，以县长、党务指导委员、公安局长、教育局长、高级小学校长、体育场长、图书馆长为当然董事。另由当然董事推举本地于国术素有研究者若干人为董事。

第六条 董事会之职掌如左（下）：

一、推举副馆长。

二、议决县馆预算及决算。

三、议决其他经馆长交议事项。

第七条 县国术馆置馆长一人，总理馆务；副馆长一人，辅助馆长处理馆务。

第八条 县国术馆馆长由县长兼充，副馆长由董事会推定，并呈报省国术馆加以聘任，转报中央国术馆备案。

第九条 县国术馆置教务主任、事务主任各一人，教习、事务员各若干人，其职员额数由馆长按照地方情形酌量规定之。

第十条 教习以本县人担任为原则，于必要时得延聘客籍者，但均须送由省国术馆考验训练，或呈经省馆指派之。

第十一条 教习俸给不得超过当地小学校教员之薪金。

第十二条 县国术馆每年冬季依照国术考试条例，集合全境区村里国术人员考试一次，并呈请省馆派员监考。

第十三条 县国术馆办事细则由馆长另定之。

第十四条 县国术馆成立后，以本地各机关人员、学校职教员，及学生为基本学习员。民众志愿研习国术者，须由董事保送之。

第十五条 县国术馆成立后，应将组织情形呈请县政府转呈请省政府核准，并迳呈省国术馆备案。[①]

（二）《山东省国术馆暂行组织大纲》

第一条 本馆以提倡国术，增进民众健康为宗旨。

第二条 本馆设馆长一人，由省政府主席兼任之；副馆长一人，由省政府聘任之。

第三条 本馆设教务、事务二处，教务处设教务长一人，编审员一人，教务员二人，一二三等教授各若干人；事务处设事务主任一人，事务员一人，均由馆长、副馆长选任之。

第四条 本馆设视察员二人，由馆长、副馆长选任之。

第五条 本馆因事务之必要，得酌用雇员。

第六条 本馆各项章则，另定之。

第七条 本大纲如有未尽事宜，得随时修正，并呈报省政府备案。

第八条 本大纲自呈准公布之日施行。

（三）《山东省国术馆会议暂行规程》

第一条 本规程依据《山东省国术馆暂行组织大纲》第六条订定之。

第二条 本馆会议分列三种：

一、馆务会议；

二、教务会议；

三、事务会议。

第三条 馆务会议由馆长召集。于开会时，以馆长为主席，如馆长因事不能召集，由副馆长代理。教务会议由教务长召集，事务会议由事务主任召集，并于开会时各充任主席。

---

① 山东省秘书处编 . 山东省现行法规类编 [M]. 济南：山东省秘书处，1935：55—57.

第四条 各会议每月举行一次，但遇有特别事故，得召集临时会议。

第五条 馆务会议定于每月 15 日举行，教务会议、事务会议定于每月 5 日、25 日分别举行。但遇星期或例假日，得移于次日或前一日举行。

第六条 馆务会议由馆长、副馆长、教务长、事务主任、视察员及一二等教授组织之，教务会议由教务长、编审员、各教授组织之，事务会议由事务处各职员组织之。

第七条 教务会议、事务会议举行时，须先期报请馆长、副馆长列席，但不参与表决。

第八条 教务会议、事务会议之决议案，须送请馆长、副馆长核示实行。

第九条 本规程如有未尽事宜，得随时修正，并呈报省政府备案。

第十条 本规程自呈准公布之日施行。

（四）《山东省国术馆暂行章程》

第一条 本章程依据《山东省国术馆暂行组织大纲》第六条订定之。

第二条 本馆长总理全馆事务，副馆长襄助馆长掌理全馆事务。

第三条 本馆教授暂不分组，得视将来情形，分担馆内馆外教授及指导事宜。

第四条 本馆遇必要时，得由正副馆长延聘各国术专门人员为名誉教授。

第五条 本馆每年依照国术考试条例举行全省国术人员考试一次，于每年春季举行之。

第六条 本馆应倡导各县市设立国术馆，并应受本馆之监督与指导。

第七条 本章程如有未尽事宜，得随时修正，并呈报省政府备案。

第八条 本章程自呈准公布之日施行。

（五）《山东省国术馆暂行办事细则》

第一条 本细则依据《山东省国术馆暂行组织大纲》第六条订定之。

第二条 教务处之职掌如左（下）：

一、关于编辑国术教材事项；

二、关于编辑国术报纸杂志事项；

三、关于审核国术教材、国术图书、插画及术语名词事项；

四、关于其他属于编审事项；

五、关于国术训育事项；

六、关于国术研究事项；

七、关于国术考试事项；

八、关于国术比赛表演事项；

九、关于教务表册事项；

十、关于其他之教务事项。

第三条 事务处之职掌如左（下）：

一、关于文书事项；

二、关于收发文件及保管卷宗事项；

三、关于典守印信事项；

四、关于刊发关防及办理聘任书状事项；

五、关于职教人员进退登记事项；

六、关于造报预算计算事项；

七、关于请领经费事项；

八、关于发放薪工事项；

九、关于购置及修葺事项；

十、关于其他之事务事项。

第四条 视察员之职掌如左（下）：

一、关于各县市国术馆之筹设及指导进行事项；

二、关于调查民众训练场之进行状况事项；

三、关于各县市国术馆之纠纷调解事项；

四、关于统计及编报练习国术人员表册事项；

五、关于其他之视察事项。

第五条 教务长、事务主任承馆长、副馆长之命办理关于一切事宜。

第六条 视察员承馆长、副馆长之命办理关于一切视察事宜。

第七条 教务处各职员、各教授之职务，由教务长指派之；事务处人员之职务，由事务主任指派之。

第八条 各处应掌事项须随到随办，不得延搁。

第九条 各处事件如有相互关系者，须协商办理，不得推诿。

第十条 各处应办事项由各承办员拟办，呈由教务长、事务主任审核，转呈馆长、副馆长核判施行。

第十一条 凡对外文件，概由馆长、副馆长署名，或以本馆名义行之。

第十二条 凡对外文件，由承办人员缮就后，须详细校对，摘由登簿盖印，分发。

第十三条 外来文件须由承办人摘由编号，登入收文簿，送呈馆长、副馆长核阅，分发各处办理。

第十四条 职员、教授如因重要事故，不能服务时，须遵照请假规则先行请假，并请他人暂为代理。请假规则另定之。

第十五条 星期及例假日，每处轮派一人值日。

第十六条 本馆起居、办公、授课及休息时间，均有一定。各职员、教授须一律遵守。

第十七条 本细则如有未尽事宜，得随时修正，并呈报省政府备案。

第十八条 本细则自呈准之日施行。[①]

三、山东国术省考条例

（一）第一届山东省国术考试简章

第一、宗旨 以选拔国术人材，以备参加中央国术考试，暨各级运动会之比赛选手，借以比较观摩，提高国术程度，并革除国术界向来妄自尊大之积习为宗旨。

第二、与试团体单位 以本省市县政府，县国术馆，县公安局，省会公安局，各路民团指挥部，省陆军各营营部，省国术馆，及本省立案之各国术团体为与试之团体单位。

第三、每单位选送与试员数目 每市县政府、县国术馆选送 3 至 5 人，县公安局各选送 1 人，省会公安局选送 10 人，民团指挥部各选送 5 人，省属军队各营营部各选送 1 人，省国术馆选送 20 人，各立案国术团体各选送 3 至 5 人，为与试员。不拘宗派，不论年龄，不分性别。

第四、各单位与试员报到期限 各单位务于 5 月 5 日前，将应送考试员数目、姓名，备具清册，送交考试委员会报名。与试员须于 5 月 10 日前赴会报到。

第五、与试员旅费 与试员往返川资，由原保送团体负担。试期内膳宿，由考试委员会担负。章程另定之。

第六、考试日期 定于 5 月 14 日至 18 日为考试日期。

第七、考试项目 定拳脚、摔角、短兵、长兵四项，其考试均按国术馆所颁布之规则为标准。

---

① 山东省秘书处编 . 山东省现行法规类编 [M]. 济南：山东省秘书处，1935：57—63.

第八、考试次序　分一二两试。第一试为预试，将应考项目，用表演方式举行之。第一试不及格者，不得与第二试。第二试分初试、复试、决试三场。第一日考试拳脚，第二日考试短兵，第三日考试长兵，第四日考试摔角。

第九、考取人数　每项约选最优等 1 至 3 人，优等 4 至 6 人，中等 1 至 12 人，皆由省考委员会发给省考证书，并从优给奖。

第十、试场地址　在济南南圩门外省体育场。

第十一、报名地址　山东省国术馆。①

（二）第一届山东省国术考试比赛规则

第一、本规则依照考试简章计分四项：

一、拳脚；

二、摔角；

三、短兵（剑术对击）；

四、长兵（枪术对刺）。

第二、应试员应遵守左（下）列之事项：

一、应试员应于比赛前 20 分钟，照所指定地点集合，听候编组；

二、应试员应遵守评判员之指导；

三、应试员不得任意离场；

四、应试员须受检查员之检查后，方得与试；

五、应试员须用试场准备之护具及器械。

第三、应试员与试之仪式：

一、应试员依评判员之指导，二人同时登台，向总理遗像行一鞠躬礼，并相向行鞠躬礼；

二、应试员试毕后，仍向总理遗像行一鞠躬礼，并相向行一鞠躬礼。依次退下。

第四、应试员犯左（下）列情形之一者，即丧失其应试资格：

一、应试员不服从评判员之指导，或评判员之裁判者；

二、应试时有不正当之行为者；

三、逾规定之时间不到场者；

四、有故意犯规之行为者。

---

① 山东省国术考试简章 [N]. 东海日报，1933–5–1（3）.

第五、拳脚比赛时应依照左（下）列之规定：

一、拳脚比赛以三回决胜负。如不能分胜负时，得增加比赛一回；

二、每回比赛之时间，规定为2分钟，比赛后休息1分钟，即继续次回比赛；

三、以得点较多者为胜；得点相同时，则以常出攻击，而占优势者为胜；

四、丧失斗志，或逃避于规定范围之外者，即认为对方得点[①]；

五、将对方踢来之腿擒住，而使之倒地，或拳击腿踢而使之倒地者，得点；

六、以脚踢对方之手臂，不得为得点；以手击对方腿足及臂部，亦不得为得点；

七、明确加击对方时，认为得点，脚踢对方之腿部，亦为得点；

八、仅处于被攻击地位者，即认为负；较对方技术有显著之低劣，与以怠惰之状态，空费比赛之时间者，亦认为负；个人自动倒地，虽施行攻击，亦认为负；

九、违犯以下各条即为犯规：

（一）用足端踢对方腹以上行为；

（二）对手方跌倒未起时，有加击或踹踢之行为；

（三）用摔角方法使对方倒地之行为；

（四）对对手方之太阳穴和肾脏部，不得有拳击脚踢之行为；

（五）以拇指戳入对方口眼鼻之行为。

犯以上各条者，即取消其比赛权。

十、禁着厚皮底之竞技靴，并鞋底附有金属物品者。

第六、摔角比赛时应依照左（下）列之规定：

一、摔角比赛以三回决胜负。如不能分胜负时，得增加比赛一回。一方被摔倒时，即为一回。每回完了后，即续行次回比赛；

二、摔倒对方两回者胜。两方同时倒地者，以不分胜负论；

三、以怠惰之态度，希图相持不决，空费比赛之时间，超过2分钟者，双方即认为负；

四、摔角衣内，不得再着内衣；

---

① 山东省国术考试比赛规则 [N]. 东海日报，1933-5-2（3）.

五、禁用厚皮底之竞技靴，及鞋底附着金属物品者；

六、有暗伤对方之行为者，以及用拳脚方法，加击对方者，即取消其比赛权。

第七、短兵比赛时应依照左（下）列之规定：

一、短兵比赛以三回决胜负。如不能分胜负时，得增加比赛一回。以击中三次为一回。每回完了后，再续行次回比赛；

二、击中对方两次以上者为胜一回。胜两回者，即认为全胜；

三、以得点较多者为胜。得点相同时，则以常出攻击，而占优势者为胜；

四、因对方猛烈之施击，丧失斗志，或逃避于规定范围之外者，即认为对方得点；

五、所持之器械如被击落时，即为对方之得点；

六、双方先后击中或刺中者，以先中者为得点；

七、明确击中或刺中对方之任何部位均为得点；

八、违犯以下各条者即为犯规：

（一）以摔角和拳脚之方法，加于对方者；

（二）击刺对方耳部或腹部者；

（三）击刺对方之肾脏部；

（四）对方所持之械击落后，仍加迫击者；

（五）击中或被击中后，不听评判员之停止口令，仍对于对方施行击刺者；将剑出手击人者。

凡犯以上各条者，取消其比赛权。

第八、长兵比赛时应依照左（下）列之规定：

一、长兵比赛以三回决胜负。如不能分胜负时，得增加一回。以刺中或击中三次为一回。每一回完了后，再续行次回比赛；

二、刺中或击中对方两次以上者为胜一回。胜两回者，即认为全胜；

三、以得点较多者为胜。得点相同时，则以常出攻击，而占优势者为胜；

四、双方先后刺中或击中，以先击中或刺中者为得点；

五、所持之器械，如被缠拿落地，或被击落地，即为对方之得点；

六、因对方施行猛烈之击刺，丧失斗志，或逃避于规定范围之外，无恢复攻击之能力者，即为对方之得点；

七、明确刺中或击中对方之任何部位，均为得点；

八、违犯下列各条者即为犯规：

（一）对方之械被击落后，仍有刺击之行为者；

（二）刺击进行中，单手捉对方之械者；

（三）刺击用不正当之方法，不听评判员之停止口令，仍刺击对方之行为者。

犯以上各条者，取消其比赛权。[①]

① 山东省国术考试比赛规则 [N]. 东海日报，1933-5-3（3）.

参考文献

一、书籍

1. 叶春墀 . 济南指南 [M]. 济南：新华印字馆，1919：33.

2. 马良 . 中华新武术 · 棍术科 [M]. 上海：商务印书馆，1919：1—6.

3. 马良 . 中华新武术 · 剑术科 [M]. 上海：商务印书馆，1921：3.

4. 山东省教育厅 . 山东教育厅第一届报告 [M]. 济南：山东省教育厅，1920：180—181.

5. 向恺然等 . 国技大观 [M]. 上海：振民编辑社，1923：175、181—184.

6. 体育丛刊 [M]. 北京：体育研究社，1924：1、21—22、359—360.

7. 山东武术传习所一览 [A]. 济南：山东武术传习所，1925.

8. 第一次国考特刊 [M]. 上海：中国书局，1928：32—34、48、51—57.

9. 江苏省国术馆年刊 [M]. 南京：江苏省国术馆宣传科，1929：132、133.

10. 浙江国术游艺大会汇刊 [M]. 杭州：浙江国术游艺大会，1930：212—243、297—301.

11. 山东省政府工作报告 · 四月份 [M]. 济南：山东省政府，1930：10.

12. 山东省政府十九年度行政报告 · 五月份 [M]. 济南：山东省政府，1930：5.

13. 山东省政府工作报告 · 九月份 [M]. 济南：山东省政府，1930：8.

14. 山东省政府十九年行政报告 · 十月份 [M]. 济南：山东省政府，1930：5.

15. 山东省政府教育厅第二次工作报告 [M]. 济南：山东省教育厅，1932：185—186.

16. 山东省政府教育厅 . 山东省政府教育厅第一次工作报告 [M]. 济南：山东省政府教育厅，1929：27.

17. 山东省政府教育厅编 . 山东省各县市二十年度教育年报 [M]. 济南：山东省政府教育厅，1934：19.

18. 山东省政府财政厅 . 山东省地方民国十八年度预算 [M]. 济南：山东省政府财政厅，1929：1318—1321.

19. 山东济南私立齐鲁大学文理两学院一览 [M]. 济南：私立齐鲁大学，1931：127.

20. 山东省地方民国十九年度预算册 [M]. 济南：山东省政府财政厅，1931：247.

21. 山东省地方民国二十年度预算书 [M]. 济南：山东省政府财政厅，1932：191—194.

22. 中华民国二十一年度山东省地方概算（第一册）[M]. 济南：山东省政府财政厅，1932：251—255.

23. 中华民国二十二年度山东省地方概算（第一册）[M]. 济南：山东省政府财政厅，1933：421—424.

24. 中华民国二十三年度山东省地方概算（第三册）[M]. 济南：山东省政府财政厅，1934：399—401.

25. 中华民国二十五年度山东省地方普通概算 [M]. 济南：山东省政府财政厅，1936：439—443.

26. 山东省秘书处编 . 山东省现行法规类编 [M]. 济南：山东省秘书处，1935：55—63.

27. 第十六届华北运动会筹委会编 . 第十六届华北运动会总报告 [M]. 上海：大东书局，1932：71、100.

28. 山东省立高级中学同学录 [M]. 济南：山东省立高级中学，1933：2.

29. 山东省立民众教育实验区概况 [M]. 济南：山东省立民众教育馆研究实验部，1933：20、72.

30. 全国运动大会总报告 // 民国史料丛刊 [M]. 郑州：大象出版社，2009，1125：128.

31. 山东省立民众教育馆编 . 山东省立民众教育馆设施概览 [M]. 济南：山东省立民众教育馆，1933：46.

32. 山东省立民众教育实验区第二年工作报告 [M]. 济南：山东省立民众教育实验区，1934：151、160、163、183、183、184.

33. 一年来之济南高中 [M]. 济南：山东省立济南高级中学，1934：42.

34. 二十二年全国运动大会筹备委员会 . 二十二年全国运动大会总报告 [M]. 上海：中华书局，1934：120、124.

35. 中央第二届国术国考专刊 [M]. 南京：中央国术馆，1934：215、

216、171—175、222、227、234—242.

36. 华北运动会筹备委员会编 . 第十七届华北运动会总报告 [M]. 出版地不详：华北体育联合会，1934：19、299—300、411—415.

37. 第十八届华北运动会筹备委员会编 . 第十八届华北运动会秩序册 [M]. 上海：商业储蓄银行，1934：11.

38. 山东省第二民众教育辅导区概况 [M]. 济南：山东省第二民众教育辅导区，1936：10、13、14、15、17、18、19、22、23、25、27、30、31、33、37、43、46、47、51、52、53、55、57、67、71.

39. 山东省会警察概况 [M]. 济南：山东省会警察局，1937：383、388、391、402.

40. 第六届全国运动大会报告 [M]. 上海：第六届全国运动大会筹备委员会，1937：7、19、21、157.

41. 山东省国术馆师范班第一期同学录 [M]. 济南：山东省国术馆，1937：1—12.

42. 伪山东省公署教育厅编 . 山东省公署教育厅三十七年工作报告 [M]. 济南：伪山东省公署教育厅，1939：112.

43. 伪山东省公署编辑 . 山东省现行法规类编 [M]. 济南：伪山东省公署秘书处，1941：82、148—150.

44. 伪华北社教协进会编印 . 华北社会教育概览 [M]. 出版地不详：伪华北社教协进会，1941：227.

45. 伪山东省公署财政厅 . 山东省地方民国三十二年度岁入岁出概算辑要 [M]. 济南：伪山东省公署财政厅，1943：21.

46. 山东省政府行政报告（1-6 月份）[M]. 济南：山东省政府，1946：145.

47. 山东省临时参议会第二届第一次大会会刊 [M]. 济南：山东省临时参议会秘书处，1946：115.

48. 第七届全国运动会秩序册 [M]. 上海：新闻报社，1948：115、108.

49. 中国人民政治协商会议山东省临朐县委员会 . 临朐文史资料选辑第 4 辑 [M]. 出版地不详：出版者不详，1985：68—69.

50. 吴文忠 . 体育史 [M]. 台北：台湾正中书局，1985：369.

51. 王振亚 . 旧中国体育见闻 [M]. 北京：人民体育出版社，1987：182.

52. 成都体育学院体育史研究所 . 中国近代体育史资料 [M]. 成都：四川教育出版社，1988：568.

53. 济南市体委史志办公室编 . 济南体育志 [M]. 济南：山东省出版局，

1989：6.

54. 中国人民政治协商会议山东省委员会文史资料委员会 . 山东文史资料选辑第 29 辑 [M]. 济南：山东人民出版社，1990：226.

55. 中国武术大辞典编辑委员会 . 中国武术大辞典 [M]. 北京：人民体育出版社，1990：477.

56. 国家体委体育文史工作委员会，全国体总文史资料编审委员会编 . 体育史料第 14 辑 [M]. 北京：人民体育出版社，1989：47.

57. 国家体委体育文史工作委员会，全国体总文史资料编审委员会编 . 体育史料第 15 辑 [M]. 北京：人民体育出版社，1990：84、224—225.

58. 国家体委体育文史工作委员会，全国体总文史资料编审委员会编 . 体育史料第 16 辑 [M]. 北京：人民体育出版社，1991：9、18—19、22—23.

59. 山东省地方志编纂委员会 . 山东省志 · 体育志 [M]. 济南：山东人民出版社，1993：38、298—299.

60. 中国第二历史档案馆编 . 中华民国史档案资料汇编 · 教育 [M]. 南京：江苏古籍出版社，1994：865—870.

61. 昌沧，周荔裳 . 中国武术人名辞典 [M]. 北京：人民体育出版社，1994：69、85、88、116、145、204、295、353、355、399.

62. 吕伟俊 . 民国山东史 [M]. 济南：山东人民出版社，1995：335.

63. 庞玉森 . 中央国术馆史 [M]. 合肥：黄山书社，1996：50.

64. 张健 . 齐鲁武术史话 [M]. 济南：齐鲁书社，1997：142.

65. 菁逸，萧岳 . 韩复榘这个人 [M]. 上海：上海人民出版社，1998：262.

66. 郝心莲，王国辉主编 . 中华武林著名人物传 [M]. 南昌：百花洲文艺出版社，1998：678—681.

67. 金恩忠 . 国术名人录 [M]. 太原：山西科学技术出版社，2000：31.

68. 鲁迅全集 · 集外集拾遗补编 [M]. 北京：中国致公出版社，2001：287.

69. 徐纪 . 手熟余谈：中国武术论丛二集 [M]. 台北：五洲出版有限公司，2002：253—256.

70. 编辑委员会编 . 民国山东通志（第一册）[M]. 台北：山东文献杂志社，2002：97—98、172、183—184、359、413.

71. 罗时铭主编 . 中国体育通史（第三卷）[M]. 北京：人民体育出版社，2008：234—235.

72. 周继厚 . 中外体育徽章图志 [M]. 济南：山东画报出版社，2009：180.

73. 申国卿 . 武当文化武当拳 [M]. 北京：人民体育出版社，2009：275.

74. 张华松，王铁军，董建霞 . 济南历史大事记 [M]. 济南：济南出版社，2010：119.

75. 杨祥全 . 中国武术思想史纲要 [M]. 台北：逸文武术文化有限公司，2010：215.

76. 石评梅散文选 [M]. 北京：中国三峡出版社，2010：306.

77. 罗腾霄 . 济南大观 [M].1934 // 济南市图书馆整理 . 济南：齐鲁书社，2011：151.

78. 童旭东 . 中国武学之道 [M]. 北京：中国文联出版社，2012：162—163、531.

二、期刊

1. 山东省立第一中学 [J]. 京师教育报，1916（35）：3.

2. 调查济南新武术报告书 [J]. 京师教育报，1916（35）：167—168.

3. 陈独秀 . 克林德碑 [J]. 新青年，1918，5（5）：456.

4. 国内大事记 [J]. 来复，1919（58）：31.

5. 全国武术大会技击（武术）专家 [J]. 时报图画周刊，1923（146）：1.

6. 山东武术会之谢函 [J]. 中央杂志，1923（24）：45.

7. 马良 . 保阳马子贞氏振兴武术体育之经过纪略 [J]. 体育与卫生，1924，3（3）：7—9.

8. 国术国考开幕纪盛 [J]. 广西教育，1928，1（4）：40.

9. 提倡体育之全国国术考试 [J]. 河南教育，1928，1（7）：8.

10. 褚民谊 . 全运会中之国术比赛 [J]. 时事月报，1933，9（5）：337.

11. 全国体育会议提案汇志国术提议案 [J]. 体育，1932，1（9）：71.

12. 参加世运会国术各省市简闻 [J]. 体育，1936，4（4）：27.

13. 运动界纪事 [J]. 体育周报，1933，2（4）：23、26.

14. 华北运动会国术规则 [J]. 体育周报，1933，2（16）：2.

15. 华北运动会国术表演比赛 [J]. 体育周报，1933，2（25）：41—42.

16. 王健吾 . 华北之体育 [J]. 体育季刊，1935，1（2）：222.

17. 济南小学运动会 [J]. 勤奋体育月报，1933，1（3）：57、59.

18. 国术表演与比赛 [J]. 勤奋体育月报，1934，2（2）：171.

19. 教育部暑期体育班同学会消息 [J]. 勤奋体育月报，1934，2（2）：191.

20. 山东第三届国考志略 [J]. 勤奋体育月报，1936，2（9）：344—345.

21. 尚树梅 . 山东省体育概况 [J]. 勤奋体育月报，1935，3（1）：48.

22. 第六届全运大会十日纪 [J]. 体育月刊，1935（9）：12—44.

23. 考试录 [J]. 中央国术旬刊，1928（1）：118—124.

24. 山东省府举行国术考试 [J]. 中央国术旬刊，1929（3）：19—20.

25. 山东省国术考试之结果 [J]. 中央国术旬刊，1929（5）：18.

26. 姜容樵 . 山东省国术考试始末记 [J]. 国术周刊，1934（101）：2.

27. 姜容樵 . 山东省国术考试始末记（续一）[J]. 国术周刊，1934（102）：3.

28. 姜容樵 . 山东省国术考试始末记（续二）[J]. 国术周刊，1934（103）：7.

29. 姜容樵 . 山东省国术考试始末记（续三）[J]. 国术周刊，1934（104）：6.

30. 山东省国术馆报告十二月份工作呈文 [J]. 国术周刊，1934（110）：2—3.

31. 山东省国术馆呈文 [J]. 国术周刊，1934（113）：7—8.

32. 山东省国术馆暨县馆各分社概况表 [J]. 国术周刊，1934（129）：6.

33. 全国国术概况调查 [J]. 国术周刊，1934（129）：8.

34. 山东省国术馆所属各县国术馆一览表 [J]. 国术周刊，1935（136、137）：13—14.

35. 山东省国术馆所属济南市各分社一览表 [J]. 国术周刊，1935（136、137）：13—14.

36. 山东省国术馆二十四年度概况一览表 [J]. 国术周刊，1935（136、137）：23—24.

37. 新武术考证 [J]. 国术周刊，1935（146、147）：7.

38. 韩复榘 . 青岛市第三届国术市考名誉委员长致开会辞 [J]. 国术周刊，1935（150、151）：4—5.

39. 沈鸿烈 . 青岛市第三届国术考试委员长致闭幕辞 [J]. 国术周刊，1935（150、151）：5—6.

40. 窦峰山 . 青岛市第三届国术市考总裁判长致闭幕辞 [J]. 国术周刊，1935（150、151）：6.

41. 潘雪峰 . 中央国术馆八周年纪念 [J]. 国术周刊，1936（158、159、

160）：6.

42. 山东省男女国术选手调查表 [J]. 国术声，1935，3（9）：6—7.

43. 蒋馨山 . 宋代杨家奇枪考 [J]. 国术统一月刊，1935（5、6）：7—8.

44. 藤牌队十阵 [J]. 国术统一月刊，1935（7—8）：71.

45. 山东国术馆省考纪事 [J]. 国术统一月刊，1935（7、8）：88—89.

46. 十八届华北运动会国术场记实 [J]. 国术周刊（天津），1935（1）：6—11.

47. 鲁第三届国术省考筹委会成立 [J]. 国术周刊，1935（3）：8—9.

48. 鲁国术省考童子表演 [J]. 国术周刊（天津），1935（4）：8.

49. 孙锡昆 . 鲁第三届国术省考记详 [J]. 国术周刊（天津），1935（8、9、10）：16—25.

50. 呈为拟设立国术馆并造送预算书请鉴核示遵由 [J]. 山东教育行政周报，1929（35）：12—13.

51. 呈为前准设立之国术馆拟改名为国术传习所请鉴核备案由 [J]. 山东教育行政周报，1929（35）：13.

52. 考选国术人才纪要 [J]. 山东教育行政周报，1929（65）：17—19.

53. 选送赴浙国术人员之荣誉 [J]. 山东教育行政周报，1929（70）：1.

54. 省督学王普报告视察省立第一中学情形 [J]. 山东教育行政周报，1930（102）：45.

55. 山东省十八年度社会教育经常费支配表 [J]. 山东教育月刊，1930，1（3）：68.

56. 第三届国术省考参加人员姓名册 [J]. 山东省政府公报，1935（334）：75.

57. 济南市小学秋季联合运动会参加各校国术个人表演成绩表 [J]. 济南市市政月刊，1931，4（5）：51.

58. 农民健康与武术 [J]. 民众周刊，1932，4（5）：7—8.

59. 炎热中本馆举行国术表演大会 [J]. 山东民众教育月刊，1932，3（7）：180—182.

60. 本馆国术研究会近况 [J]. 山东民众教育月刊，1932，3（11）：132.

61. 刘石岩 . 小规模的武术团 [J]. 山东民众教育月刊，1935，6（8）：167—169.

62. 于鹤年 . 第十八届华北运动会纪要（续）[J]. 河北月刊，1934，2（12）：15—16.

63. 教育 [J]. 山东省政府行政报告，1932（10）：6.

64. 省政府委员会决议事项摘要 [J]. 山东省政府行政报告，1936（4）：10.

65. 青岛市政府函第 2705 号 [J]. 市政公报，1935（68）：7.

66. 训令各分局为山东省国术馆奉谕暂停所有发给之徽章符号一律作废由 [J]. 公安月刊，1932，2（12）：49—50.

67. 呈省政府为呈复点交国术馆器具等项办理情形由 [J]. 公安月刊，1932，3（2）：98—99.

68. 山东省国术馆副馆长视事日期 [J]. 胶济日刊，1932（441）：3.

69. 山东省政府第九十次委员会议决案 [J]. 山东财政公报，1930，1（12）：300.

70. 山东省国术馆咨请追加预算并发给民众训练场筹备费六百元案 [J]. 山东财政公报，1930，2（1）：55—56.

71. 呈为奉令移拨国术馆本年四五月份经费六千元案 [J]. 山东财政公报，1932，3（11）：39.

72. 呈为奉核国术馆举行国术游艺大会用款预算请公决案 [J]. 山东财政公报，1932，4（1）：40.

73. 呈省政府遵核国术馆二十二年度教职员司组织表核拟办法尚属可行呈复鉴核备案饬令祇遵由 [J]. 山东财政公报，1933，4（10）：151—152.

74. 省国术馆举行省考预算共洋三千九百四十六元公决案 [J]. 山东财政公报，1933，4（7）：78—79.

75. 呈为奉核山东省国术馆举行第二届国考费用预算公决案 [J]. 山东财政公报，1934，5（7）：38—39.

76. 呈为奉拨省国术馆第三届国术省考用费请公决案 [J]. 山东财政公报，1935（1）：60—61.

77. 呈为历城等六十六县国术分馆拟给补助费请公决案 [J]. 山东财政公报，1935（5）：62—70.

78. 呈为奉核曲阜博平两县国术馆请补助经费请公决案 [J]. 山东财政公报，1935（7）：76.

79. 本厅聘请国术专家指导厅员练习国术 [J]. 财政旬刊，1933，8（8）：7.

80. 程墨斋 . 太极拳的鼓儿词 [J]. 进德月刊，1935，1（1）：17.

81. 马子孚 . 从国术源流说到山东队参加第六届全国运动会 [J]. 进德月刊，1935，1（4）：20—21.

82. 马子孚 . 从练习国术谈及孔子之道 [J]. 进德月刊，1936，1（7）：

42—43.

83. 程俊民 . 由中国拳术说到本省第四届国术考试及世界运动会 [J]. 进德月刊，1936，1（8）：35—36.

84. 韩主席提倡太极拳 [J]. 求是季刊，1935，1（2）：11.

85. 山东省第三届国术省考之我见 [J]. 求是月刊，1935，1（2）：23—24.

86. 赵云亭升官 [J]. 求是月刊，1935，1（3）：102.

87. 李芳宸先生在山东省国术馆之训话 [J]. 求是月刊，1935，1（3）：119.

88. 孔见先生函 [J]. 求是月刊，1935，1（4）：158—159.

89. 三个月的国术教员生活 [J]. 求是月刊，1935，1（5）：278.

90. 山东省第三届国术省考之片片 [J]. 求是月刊，1935，1（6）：245—247.

91. 丕侠 . 青岛国术市考观光记 [J]. 求是月刊，1935，1（7）：142—143.

92. 生面别开的运动大检阅 [J]. 求是月刊，1935，2（1）：24—25.

93. 省考纠纷之解剖 [J]. 求是月刊，1936，2（9）：302.

94. 镇峰 . 拉杂谈 [J]. 求是月刊，1936，2（10）：344.

95. 山东省国术概况 [J]. 侠魂，1936，3（1）：49—53.

96. 山东省县国术馆副馆长训练班举行开学典礼志盛 [J]. 侠魂，1937，3（4—5）：217.

97. 山东省社教机关工作概况 [J]. 伪山东文教，1944（8—9）：9—10、62—63.

98. 高作霖口述，范春和整理 . 我在山东的武术经历 [J]. 山东体育史料，1983（1）：31.

99. 姜修信、王明甫、王世富供稿，范春和整理 . 旧山东国术馆回忆片断 [J]. 山东体育史料，1983（1）：32.

100. 李天骥 . 我对山东国术馆的回忆 [J]. 山东体育史料，1984（1）：22—23.

101. 陈若萍 . 韩复榘对山东武术的“德政”[J]. 山东体育史料，1985（1）：18—19.

102. 马鸿志 . 山东国术馆杂忆 [J]. 山东体育史料，1985（6）：15—18.

103. 张育恺 . 忆民初国术教育之摇篮——山东国术馆 [J]. 台湾武林，2004（17）：4—11.

三、报纸

1. 译电 [N]. 时报，1915–6–22（3）.
2. 山东武术之特色 [N]. 时报，1917–4–3（5）.
3. 济南饬各县提倡武术 [N]. 申报，1918–6–7（7）.
4. 全国教育会联合会第七日开会记 [N]. 申报，1918–10–18（10）.
5. 全国中校长 19 日会议 [N]. 申报，1918–10–23（6）.
6. 武术传习所消息 [N]. 申报，1919–6–29（10）.
7. 研究国技者注意 [N]. 申报，1919–7–19（11）.
8. 保阳子贞马良赈灾武术团宣言书 [N]. 申报，1921–4–23（11）.
9. 马良宴请报界记 [N]. 申报，1921–4–24（10）.
10. 赈灾武术团全部到沪 [N]. 申报，1921–4–28（11）.
11. 赈灾武术团假座筹赈灾黎 [N]. 申报，1921–5–6（5）.
12. 中华新武术 [N]. 申报，1921–5–6（5）.
13. 赈灾武术团表演纪 [N]. 申报，1921–5–10（11）.
14. 赈灾武术团总主任保阳子贞马良谢启 [N]. 申报，1921–5–17（1）.
15. 马良昨日抵沪 [N]. 申报，1922–10–12（15）.
16. 发起全国武术运动会之宴 [N]. 申报，1922–12–3（15）.
17. 全国武术大会开幕前之琐讯 [N]. 申报，1923–4–11（15）.
18. 全国武术运动大会开幕 [N]. 申报，1923–4–15（13）.
19. 武术运动会昨日继续开会 [N]. 申报，1923–4–23（11）.
20. 中央国术考试之第一日 [N]. 申报，1928–10–17（8）.
21. 鲁省筹备国术分馆 [N]. 申报，1929–4–6（7）.
22. 山东清理财政委员 [N]. 申报，1929–6–1（10）.
23. 青岛近闻 [N]. 申报，1929–7–9（8）.
24. 青济杂讯 [N]. 申报，1930–3–24（7）.
25. 鲁昨日预选 [N]. 申报，1930–3–24（10）.
26. 李景林启事 [N]. 申报，1930–8–30（3）.
27. 李景林在济表演国术 [N]. 申报，1930–10–6（6）.
28. 太极名家武汇川莅沪 [N]. 申报，1930–12–8（11）.
29. 韩复榘昨宴选手 [N]. 申报，1931–5–27（8）.
30. 济市国术比赛 [N]. 申报，1931–9–13（8）.
31. 李景林在济寓病卒 [N]. 申报，1931–12–5（9）.

32. 韩复榘提倡国术 [N]. 申报，1932–7–3（8）.
33. 济南国术表演并将办大刀训练班 [N]. 申报，1933–2–10（16）.
34. 山东全省国术考试 [N]. 申报，1933–4–5（15）.
35. 鲁省征求飞檐走壁人物 [N]. 申报，1933–4–20（8）.
36. 天方 . 为鲁主席进一解 [N]. 申报，1933–4–24（1）.
37. 醉痴生 . 飞檐走壁的人物 [N]. 申报，1933–5–19（13）.
38. 鲁国术省考继续考试 [N]. 申报，1933–5–17（7）.
39. 鲁省国术考试决赛 [N]. 申报，1933–5–19（14）.
40. 鲁国术省考开（闭）幕 [N]. 申报，1933–5–19（8）.
41. 国术选手晕倒 [N]. 申报，1933–7–13（15）.
42. 华北运动会花花絮絮录 [N]. 申报，1933–7–17（14）.
43. 国术选手已选定 [N]. 申报，1933–9–17（16）.
44. 沈鸿烈返青 [N]. 申报，1935–4–24（8）.
45. 韩复榘奖励国术演员 [N]. 申报，1935–4–28（16）.
46. 中华体育会敦请国术名流表演 [N]. 申报，1935–5–13（12）.
47. 韩复榘抵青岛 [N]. 申报，1935–6–14（3）.
48. 青岛国术市考闭幕 [N]. 申报，1935–6–17（12）.
49. 杨素卿（清）倡办女国术社 [N]. 申报，1935–6–26（6）.
50. 鲁省乡村教育实验情形 [N]. 申报，1935–12–25（12）.
51. 鲁省第四届国术省考 [N]. 申报，1936–2–27（4）.
52. 参加世运国术预选简单修改 [N]. 申报，1936–2–27（14）.
53. 鲁省国术考试消息 [N]. 新闻报，1933–5–10（7）.
54. 鲁省国术考试韩赠大批宝刀 [N]. 新闻报，1934–4–4（14）.
55. 鲁省驻济部队举行国术表演赛 [N]. 新闻报，1934–6–30（18）.
56. 鲁省国术普遍发展 [N]. 新闻报，1935–6–27（14）.
57. 鲁三届国术考试之盛况 [N]. 上海报，1935–4–25（3）.
58. 山东国术省考的文字纠纷 [N]. 世界晨报，1936–5–6（2）.
59. 山东创设武术教育讲习所 [N]. 天津益世报，1920–7–18（3）.
60. 山东武术教育所演技助赈 [N]. 天津益世报，1920–10–30（3）.
61. 鲁省国术考试开幕 [N]. 天津益世报，1933–5–15（1）.
62. 鲁省国术考试开幕 [N]. 天津益世报，1933–5–16（4）.
63. 鲁省国术考试开幕 [N]. 天津益世报，1933–5–17（4）.
64. 鲁省国术考试第二日志盛 [N]. 天津益世报，1933–5–17（4）.
65. 鲁国术考试闭幕 [N]. 天津益世报，1933–5–21（4）.

66. 韩复榘欢宴应试员 [N]. 天津益世报，1933–5–21（4）.
67. 韩复榘欢宴应试员盛况 [N]. 天津益世报，1933–5–21（4）.
68. 鲁国考第三日男女武士打擂台 [N]. 天津益世报，1934–4–19（4）.
69. 李景林在济南 [N]. 新天津，1930–10–10（3）.
70. 李景林抵德盛况 [N]. 新天津，1931–5–6（9）.
71. 李景林逝世详志 [N]. 新天津，1931–12–23（3）.
72. 鲁国术大会盛况 [N]. 新天津，1932–10–25（2）.
73. 济南国术大会 [N]. 新天津，1942–6–12（2）.
74. 鲁国术考试 [N]. 大公报（天津），1933–4–18（10）.
75. 鲁国术考试 [N]. 大公报（天津），1933–5–18（10）.
76. 鲁选拔华北国术代表 [N]. 大公报（天津），1933–6–6（10）.
77. 山东省立一中定期举行拳术比赛 [N]. 大公报（天津），1933–12–28（6）.
78. 鲁省一中比赛拳术 [N]. 大公报（天津），1934–1–6（6）.
79. 山东邹平县九乡乡农运动会 [N]. 大公报（天津），1935–1–7（8）.
80. 山东国术省考济代表选拔竣事 [N]. 大公报（天津），1935–4–10（8）.
81. 鲁国术检阅 [N]. 大公报（天津），1935–9–10（8）.
82. 鲁国术大检阅 [N]. 大公报（天津），1935–9–21（8）.
83. 鲁分期调训各县国术馆副馆长 [N]. 大公报（天津），1936–12–21（8）.
84. 中央国术馆将举行国考 [N]. 中央日报，1928–9–30（6）.
85. 天下健儿多出齐鲁 [N]. 北京益世报，1932–10–24（3）.
86. 考试国术选手定明日举行 [N]. 山东民国日报，1929–10–31（5）.
87. 考试国术选手今日举行 [N]. 山东民国日报，1929–11–1（6）.
88. 运动会特刊发刋词 [N]. 山东民国日报，1929–11–10（9）.
89. 山东省城中小学秋季联合运动会简章 [N]. 山东民国日报，1929–11–10（9）.
90. 团体运动 [N]. 山东民国日报，1929–11–11（6）.
91. 国术馆演国术 [N]. 山东民国日报，1930–10–4（5）.
92. 公安看守国术馆器具 [N]. 山东民国日报，1932–4–9（8）.
93. 本省国术馆改组窦来庚任副馆长 [N]. 山东民国日报，1932–6–3（5）.
94. 本省国术馆改组完竣 [N]. 山东民国日报，1932–6–7（5）.

95. 国术馆副馆长窦来庚召集职员训话 [N]. 山东民国日报，1932-6-9（5）.

96. 韩主席注重国术 [N]. 山东民国日报，1932-9-15（5）.

97. 省国术馆筹备举行国术游艺大会 [N]. 山东民国日报，1932-9-28（5）.

98. 华北运动会增添国术比赛 [N]. 山东民国日报，1932-9-28（5）.

99. 国术比赛会今在黄亭体育场开幕 [N]. 山东民国日报，1932-10-22（5）.

100. 国术游艺会之第一日 [N]. 山东民国日报，1932-10-23（5）.

101. 国术游艺会闭幕 [N]. 山东民国日报，1932-10-24（5）.

102. 国术馆筹设师范班 [N]. 山东民国日报，1932-11-21（5）.

103. 建国中学法重国术 [N]. 山东民国日报，1932-12-8（6）.

104. 民教馆定于新年分三处开游艺大会 [N]. 山东民国日报，1932-12-26（5）.

105. 昨日省立民众体育场内五百健儿表演国术 [N]. 山东民国日报，1933-2-10（5）.

106. 国术馆开办大刀训练班 [N]. 山东民国日报，1933-2-11（5）.

107. 国术考试定期举行 [N]. 山东民国日报，1933-2-14（5）.

108. 参加全运会国术选手以参加华北者为限 [N]. 山东民国日报，1933-8-26（5）.

109. 国术馆令各县遴拔选手参加国术省考 [N]. 山东民国日报，1934-3-3（5）.

110. 韩主席提倡朝气强国必先强身 [N]. 山东民国日报，1934-3-4（5）.

111. 国术馆聘各地国术专家 [N]. 山东民国日报，1934-3-6（5）.

112. 高密驻军加紧训练举行阅兵考试武术 [N]. 山东民国日报，1934-3-6（10）.

113. 窦来庚谈国术省考筹备情形 [N]. 山东民国日报，1934-3-7（5）.

114. 老英雄邓寰瀛逝世 [N]. 山东民国日报，1934-3-7（5）.

115. 国术馆函各机关征求奖品 [N]. 山东民国日报，1934-3-8（5）.

116. 昨日国术馆里二百小英雄比武 [N]. 山东民国日报，1934-3-11（5）.

117. 青津晋国术家愿在本省国术省考担任裁判 [N]. 山东民国日报，1934-3-11（5）.

118. 二届国术省考预算确定 [N]. 山东民国日报，1934–3–14（5）.
119. 国术省考筹备忙 [N]. 山东民国日报，1934–3–19（5）.
120. 全省国术考试各方捐送奖品甚多 [N]. 山东民国日报，1934–4–2（5）.
121. 全省国术考试报名展期五日 [N]. 山东民国日报，1934–4–6（5）.
122. 国术考试将届教厅令各校前往参观 [N]. 山东民国日报，1934–4–10（5）.
123. 全省第二届国术考试报名截止 [N]. 山东民国日报，1934–4–11（5）.
124. 十分春色似花锦千佛山下看英雄 [N]. 山东民国日报，1934–4–15（5）.
125. 本省第二届国术考试昨日开幕 [N]. 山东民国日报，1934–4–16（5）.
126. 柳丝花片 [N]. 山东民国日报，1934–4–16（5）.
127. 国术考试第二日 [N]. 山东民国日报，1934–4–17（5）.
128. 寿光国术比赛成绩甚佳 [N]. 山东民国日报，1934–4–17（10）.
129. 国术考试循序进行 [N]. 山东民国日报，1934–4–18（5）.
130. 二届国术考试今日完全决赛 [N]. 山东民国日报，1934–4–19（5）.
131. 龙虎榜上题英雄 [N]. 山东民国日报，1934–4–20（5）.
132. 廿二县国术分馆呈请韩主席酌发经费 [N]. 山东民国日报，1934–4–20（5）.
133. 第二届国术考试昨闭幕 [N]. 山东民国日报，1934–4–21（5）.
134. 本省国术考试十三条好汉略历 [N]. 山东民国日报，1934–4–21（5）.
135. 昨晚进德会群英集会 [N]. 山东民国日报，1934–4–21（5）.
136. 禹城民教馆定期举行国术运动大会 [N]. 山东民国日报，1934–4–21（10）.
137. 田镇峰潘雪峰谈禹城国术游艺会 [N]. 山东民国日报，1934–5–1（5）.
138. 禹城四百健儿角逐体育场上 [N]. 山东民国日报，1934–5–2（10）.
139. 齐鲁大学院际比赛 [N]. 山东民国日报，1934–5–6（4）.
140. 各县国术分馆设立廿九县 [N]. 山东民国日报，1934–5–11（5）.
141. 国术馆复将开办 [N]. 山东民国日报，1934–5–14（10）.
142. 章邱举行国术比赛会 [N]. 山东民国日报，1934–5–17（10）.

143. 国术渐趋普遍化 [N]. 山东民国日报，1934–5–22（9）.
144. 临沂国术馆发生纠纷 [N]. 山东民国日报，1934–5–24（5）.
145. 东鲁春运会 [N]. 山东民国日报，1934–5–27（5）.
146. 青年会举行体育表演会 [N]. 山东民国日报，1934–6–19（5）.
147. 韩主席提倡国术力谋普遍 [N]. 山东民国日报，1934–8–6（9）.
148. 窦来庚对记者谈国术馆添设弓箭科 [N]. 山东民国日报，1934–8–13（9）.
149. 民教实验区提倡国术 [N]. 山东民国日报，1934–8–19（10）.
150. 国术馆副馆长派员考察国术分社成绩 [N]. 山东民国日报，1934–8–24（9）.
151. 民教馆明日举行国术考试 [N]. 山东民国日报，1934–8–25（5）.
152. 国术馆募捐准备秋季开赛会 [N]. 山东民国日报，1934–9–4（10）.
153. 华北预选会昨日开始报名 [N]. 山东民国日报，1934–9–7（5）.
154. 聊城民教馆附设国术社 [N]. 山东民国日报，1934–10–16（10）.
155. 阳谷国术馆开成立会 [N]. 山东民国日报，1934–10–18（10）.
156. 阳谷国术馆募捐 [N]. 山东民国日报，1934–11–20（10）.
157. 女青年会聘国术教授 [N]. 山东民国日报，1934–10–24（5）.
158. 掖县民教馆新辟体育场并举行联合运动会 [N]. 山东民国日报，1934–11–20（10）.
159. 益都民教馆举行国术表演大会 [N]. 山东民国日报，1934–11–23（10）.
160. 总部及手枪旅定期举行考试 [N]. 山东民国日报，1934–12–8（5）.
161. 省国术分社革新名称引用街巷为名 [N]. 山东民国日报，1934–12–8（9）.
162. 滕县民教馆筹备游艺会 [N]. 山东民国日报，1934–12–14（10）.
163. 总部官佐年终考试加聘国术考委 [N]. 山东民国日报，1934–12–15（6）.
164. 求是季刊出世 [N]. 山东民国日报，1934–12–25（5）.
165. 第三届国术省考特刊 [N]. 山东民国日报，1935–4–21（1）.
166. 第三届国术省考特刊 [N]. 山东民国日报，1935–4–21（2）.
167. 向国术应试员进一言 [N]. 山东民国日报，1935–4–21（2）.
168. 女子长兵决赛 [N]. 山东民国日报，1935–4–25（1）.
169. 选拔参加全运选手 [N]. 山东民国日报，1935–4–25（1）.
170. 第三届国术省考各项比赛均结束 [N]. 山东民国日报，1935–4–

25（1）.

171. 高唐县长推行国术 [N]. 山东民国日报，1937–6–1（5）.
172. 国术学友会昨招待记者 [N]. 山东民国日报，1946–6–1（3）.
173. 韩主席定期检阅历届国术甲等 [N]. 山东日报，1936–8–17（5）.
174. 中央国术旅行团日内来济表演 [N]. 山东日报，1936–9–14（5）.
175. 韩主席派员调查国术社状况 [N]. 山东日报，1936–9–20（5）.
176. 鲁省官民一律国术化 [N]. 华北日报，1932–7–5（5）.
177. 驻济部队考试拳术 [N]. 华北新闻，1934–12–20（6）.
178. 参加三届省考男女童选手会 [N]. 华北新闻，1935–3–18（3）.
179. 鲁国术考试即将开幕 [N]. 华北新闻，1935–4–8（2）.
180. 沂水国术赛会盛况 [N]. 华北新闻，1935–4–17（3）.
181. 省国考昨预试 [N]. 华北新闻，1935–4–19（2）.
182. 本省三届国考即将举行 [N]. 华北新闻，1935–4–20（2）.
183. 国考今开幕 [N]. 华北新闻，1935–4–20（2）.
184. 青岛团各逞其能 [N]. 华北新闻，1935–4–22（2）.
185. 老将争献奇技 [N]. 华北新闻，1935–4–22（2）.
186. 公务员练习运动今晨举行总检阅 [N]. 华北新闻，1935–6–29（2）.
187. 各机关公务员昨举行运动大检阅 [N]. 华北新闻，1935–6–30（2）.
188. 国术选手测选竣事 [N]. 华北新闻，1935–9–12（2）.
189. 国术省考报名应考甚踊跃 [N]. 华北新闻，1936–4–16（5）.
190. 申有敬概话生平 [N]. 华北新闻，1936–4–18（5）.
191. 申有敬概话生平 [N]. 华北新闻，1936–4–19（5）.
192. 申有敬概话生平 [N]. 华北新闻，1936–4–20（5）.
193. 国术省考报名额满 [N]. 华北新闻，1936–4–21（2）.
194. 馆陶举行国术考试 [N]. 华北新闻，1936–4–24（3）.
195. 老幼八人昨到省府表演 [N]. 华北新闻，1936–4–25（2）.
196. 四届国术省考今开幕 [N]. 华北新闻，1936–4–25（2）.
197. 国术省考开幕详情 [N]. 华北新闻，1936–4–26（2）.
198. 国术省考试场花絮 [N]. 华北新闻，1936–4–26（3）.
199. 国术省考第二日大会盛况 [N]. 华北新闻，1936–4–27（2）.
200. 国术省考第三日 [N]. 华北新闻，1936–4–28（2）.
201. 国术省考圆满闭幕 [N]. 华北新闻，1936–4–30（2）.
202. 残废大力士史延文 [N]. 华北新闻，1936–5–30（7）.
203. 史延文成立举重学社 [N]. 华北新闻，1936–6–4（5）.

204. 分期调训各县国术馆副馆长 [N]. 华北新闻，1936–12–13（2）.
205. 县国术馆长二期调训来济 [N]. 华北新闻，1937–2–23（5）.
206. 第五届国术省考改于本年九月九日举行 [N]. 华北新闻，1937–3–18（2）.
207. 国术比赛平度举行两天 [N]. 华北新闻，1937–4–13（3）.
208. 选拔全运选手 [N]. 华北新闻，1937–6–20（2）.
209. 国术馆长王龙翼氏接任 [N]. 华北新闻，1945–12–16（4）.
210. 国术馆定期召开职员会议以便分配省考工作 [N]. 济南日报，1936–4–14（4）.
211. 本省参加世运预选 [N]. 济南日报，1936–4–19（4）.
212. 本省选拔参加世运国术选手昨晨举行 [N]. 济南日报，1936–4–20（4）.
213. 国考应试员发给制服 [N]. 济南日报，1936–4–23（4）.
214. 四届国术省考昨晨举行开幕礼 [N]. 济南日报，1936–4–26（2）.
215. 场中花絮 [N]. 济南日报，1936–4–26（2）.
216. 国术考试会场花絮 [N]. 济南日报，1936–4–27（2）.
217. 国术考试会场花絮 [N]. 济南日报，1936–4–28（2）.
218. 国术省考第四日 [N]. 济南日报，1936–4–29（2）.
219. 国考场中拉杂记 [N]. 济南日报，1936–4–29（2）.
220. 国术省考第五日场中见闻 [N]. 济南日报，1936–4–30（2）.
221. 国术省考昨日已圆满闭幕 [N]. 济南日报，1936–4–30（2）.
222. 各县国术馆副馆长公推代表向省府请加经费 [N]. 济南日报，1936–5–21（4）.
223. 青年会体育部各项活动开始 [N]. 济南日报，1936–9–9（4）.
224. 省府派员视察各县国术馆 [N]. 济南日报，1936–10–18（4）.
225. 于鹏九视察各县国术完毕 [N]. 济南日报，1936–11–6（4）.
226. 本市志成女子国术社 [N]. 济南日报，1936–11–24（4）.
227. 中央国术馆来济招生 [N]. 济南日报，1936–12–24（4）.
228. 省国术馆调训县国术馆长 [N]. 济南日报，1936–12–27（4）.
229. 王向荣向受训国术馆长训话 [N]. 济南日报，1937–1–20（4）.
230. 韩向受训人训话 [N]. 济南日报，1937–2–4（4）.
231. 李树春昨日向受训各县国术副馆长训话 [N]. 济南日报，1937–3–21（4）.
232. 国术馆第二期受训副馆长 [N]. 济南日报，1937–4–1（4）.

233. 邹县成立国术分馆 [N]. 济南日报，1937–4–30（4）.

234. 省国术馆智体育兼施令各分社成立识字班 [N]. 济南日报，1937–5–5（4）.

235. 全市小学联合运动会明日在省体育场举行 [N]. 济南日报，1937–5–13（4）.

236. 济女中运动会 [N]. 济南日报，1937–5–17（4）.

237. 国术馆昨日会议学生停课备考 [N]. 济南日报，1937–6–18（4）.

238. 国术馆商请教厅承办全运会国选预选 [N]. 济南日报，1937–6–18（4）.

239. 鲁韩拨款助国术考 [N]. 民报，1935–3–6（4）.

240. 鲁三届国术省考 [N]. 民报，1935–4–22（4）.

241. 鲁省第四届国术省考开幕 [N]. 民报，1936–4–29（5）.

242. 鲁国术比试第三日 [N]. 庸报，1933–5–18（6）.

243. 鲁筹设武术学校 [N]. 庸报，1938–7–28（4）.

244. 驰名历下的三老人 [N]. 中报，1937–6–1（4）.

245. 国术省考大力士 [N]. 中报，1937–6–4（4）.

246. 国术暑期班招考暑训班 [N]. 中报，1937–7–1（4）.

247. 胜利春节国术表演 [N]. 中报，1946–2–16（4）.

248. 国术表演昨热烈举行 [N]. 中报，1946–2–18（4）.

249. 第二国术社昨在菜市庄表演 [N]. 中报，1946–2–25（4）.

250. 巨奸马良被起诉 [N]. 中报，1946–6–25（1）.

251. 国术表演昨假公园举行 [N]. 中报，1946–10–11（4）.

252. 公审马良 [N]. 中报，1946–12–17（4）.

253. 马良案宣判 [N]. 中报，1946–12–22（4）.

254. 山东大汉奸马良病死狱中 [N]. 中报，1947–7–6（4）.

255. 济各界昨庆体育节 [N]. 中报，1947–9–10（4）.

256. 山东警官训练所开始招考学员 [N]. 晨报，1938–7–5（3）.

257. 鲁国术界提出抗议 [N]. 大华日报，1947–6–3（2）.

258. 山东国术人员协会昨日召开会员大会 [N]. 大华日报，1947–6–30（3）.

259. 体育节国术馆决定参加表演 [N]. 大华日报，1947–9–7（3）.

260. 九九体育节与国术 [N]. 大华日报，1947–9–9（3）.

261. 鲁国术界积极发展 [N]. 大华日报，1947–11–3（3）.

262. 纪念国父诞辰 [N]. 大华日报，1947–11–8（3）.

263. 省国术学友会练习班将结业 [N]. 大华日报，1947-11-20（3）.
264. 参加七届全运会决定选拔代表队 [N]. 大华日报，1948-4-1（3）.
265. 参加全运男子游泳选手选拔标准提高 [N]. 大华日报，1948-4-7（3）.
266. 摔角手八名参加全运会 [N]. 大华日报，1948-4-11（3）.
267. 参加全运会选手初步决定呈请王主席核夺 [N]. 大华日报，1948-4-16（3）.
268. 国术协会理监事今宣誓 [N]. 华光日报，1947-7-10（4）.
269. 体育界在成长着 [N]. 山东新报，1947-9-10（3）.
270. 国术学友会设业余练习班 [N]. 山东新报，1947-9-22（2）.
271. 各界热烈庆新年国术学友会集体表演 [N]. 山东新报，1948-1-3（3）.
272. 武术学友会昨在公园表演 [N]. 山东公报，1946-9-16（3）.
273. 国术馆昨假黄亭举行秋季国术表演 [N]. 山东公报，1946-10-7（3）.
274. 国术学友会明日举行表演 [N]. 济南中报，1947-11-15（4）.
275. 今天体育节 [N]. 济南中报，1948-9-9（4）.
276. 国术学友会今日集体表演预选全运选手 [N]. 济南中报，1948-2-24（4）.
277. 文化短波 [N]. 济南中报，1948-2-25（4）.
278. 参加全运会项目和选手的人数 [N]. 济南中报，1948-4-9（4）.
279. 今天体育节 [N]. 济南中报，1948-9-9（4）.
280. 国术学友会庆祝体育节 [N]. 正报，1947-9-8（2）.
281. 国术学友会昨举行友谊赛 [N]. 正报，1947-10-20（2）.
282. 提倡国术参加踊跃 [N]. 正报，1947-12-8（2）.
283. 元旦佳节表演国术 [N]. 正报，1947-12-31（2）.
284. 庆祝九九体育节国术学友会将表演国术 [N]. 正报，1948-9-8（2）.
285. 山东举行国术考试函本市国术馆聘请评判 [N]. 青岛时报，1933-4-26（6）.
286. 向禹九赴济参加国术考试 [N]. 青岛民报，1933-5-14（6）.
287. 鲁国考第五日各项比赛圆满结束 [N]. 青岛时报，1935-4-26（7）.
288. 济国术竞技大会 [N]. 青岛新民报，1943-12-15（2）.
289. 国术考试定期举行 [N]. 东海日报，1933-4-18（7）.

290. 山东省国术考试简章 [N]. 东海日报，1933–5–1（3）.

291. 山东省国术考试比赛规则 [N]. 东海日报，1933–5–2（3）.

292. 三届国术省考大会各项精彩表演 [N]. 东海日报，1935–4–26（6）.

293. 国术省考之第四日 [N]. 东海日报，1936–5–1（3）.

294. 省府派员视察国术 [N]. 东海日报，1936–10–20（3）.

295. 国术考试虎榜题名录 [N]. 之罘日报，1936–5–2（3）.

296. 山东省立新民体育场组织暂行规则 [N]. 鲁东日报，1939–4–13（2）.

297. 第一届国术表演会 [N]. 鲁东日报，1943–3–22（2）.

298. 国术省考骑射比（赛）各方纷赠奖品一览（续）[N]. 河南民报，1934–9–20（7）.

299. 刘丕显返汴谈鲁省提倡国术情形 [N]. 豫北日报，1935–5–8（3）.

300. 参加七届运会国术选拔办法拟定 [N]. 铎报，1937–6–27（4）.

301. 振奋服务精神鲁添设国术班 [N]. 蒙疆新报，1943–11–20（3）.

四、档案

1. 中国第二历史档案馆馆藏档案，全宗号：五，案卷：15096.

2. 山东省档案馆馆藏档案，档案号：J100–01–0106.

3. 山东省档案馆馆藏档案，档案号：J100–01–131.

4. 山东省档案馆馆藏档案，档案号：J100–01–0131–020.

5. 山东省档案馆馆藏档案，档案号：J100–01–0131–025.

6. 山东省档案馆馆藏档案，档案号：J100–01–0131–027.

7. 山东省档案馆馆藏档案，档案号：J100–09–0019–002.

8. 山东省档案馆馆藏档案，档案号：J101–02–0078–003.

9. 山东省档案馆馆藏档案，档案号：J101–09–0365–004.

10. 山东省档案馆馆藏档案，档案号：J101–09–0365–012.

11. 山东省档案馆馆藏档案，档案号：J101–09–0524–001.

12. 山东省档案馆馆藏档案，档案号：J101–09–0524–006.

13. 山东省档案馆馆藏档案，档案号：J101–09–0541–019.

14. 山东省档案馆馆藏档案，档案号：J101–09–0557–056.

15. 山东省档案馆馆藏档案，档案号：J101–09–0793–006.

16. 山东省档案馆馆藏档案，档案号：J101–09–1200.

17. 山东省档案馆馆藏档案，档案号：J101–15–0035–011.

18. 山东省档案馆馆藏档案，档案号：J101-15-0036-013.
19. 山东省档案馆馆藏档案，档案号：J101-15-0042-004.
20. 山东省档案馆馆藏档案，档案号：J101-15-0042-005.
21. 山东省档案馆馆藏档案，档案号：J101-15-0118-001.
22. 山东省档案馆馆藏档案，档案号：J101-15-0131-024.
23. 山东省档案馆馆藏档案，档案号：J101-15-0146-002.
24. 山东省档案馆馆藏档案，档案号：J101-15-0146-003.
25. 山东省档案馆馆藏档案，档案号：J101-15-0146-005.
26. 山东省档案馆馆藏档案，档案号：J101-15-0147-005.
27. 山东省档案馆馆藏档案，档案号：J101-15-0147-006.
28. 山东省档案馆馆藏档案，档案号：J101-15-0147-022.
29. 山东省档案馆馆藏档案，档案号：J101-15-0147-025.
30. 山东省档案馆馆藏档案，档案号：J101-15-0147-036.
31. 山东省档案馆馆藏档案，档案号：J101-15-0149-003.
32. 山东省档案馆馆藏档案，档案号：J101-15-0164-035.
33. 山东省档案馆馆藏档案，档案号：J101-15-0185-001.
34. 山东省档案馆馆藏档案，档案号：J101-15-0185-002.
35. 山东省档案馆馆藏档案，档案号：J101-15-0185-003.
36. 山东省档案馆馆藏档案，档案号：J101-15-0185-004.
37. 山东省档案馆馆藏档案，档案号：J101-15-0185-007.
38. 山东省档案馆馆藏档案，档案号：J101-15-0185-009.
39. 山东省档案馆馆藏档案，档案号：J101-15-0185-013.
40. 山东省档案馆馆藏档案，档案号：J101-15-0185-014.
41. 山东省档案馆馆藏档案，档案号：J101-15-0185-015.
42. 山东省档案馆馆藏档案，档案号：J101-15-0185-016.
43. 山东省档案馆馆藏档案，档案号：J101-15-0185-017.
44. 山东省档案馆馆藏档案，档案号：J101-15-0185-018.
45. 山东省档案馆馆藏档案，档案号：J101-15-0185-022.
46. 山东省档案馆馆藏档案，档案号：J101-15-0185-030.
47. 山东省档案馆馆藏档案，档案号：J101-15-0185-036.
48. 山东省档案馆馆藏档案，档案号：J101-15-0185-037.
49. 山东省档案馆馆藏档案，档案号：J101-15-0185-038.
50. 山东省档案馆馆藏档案，档案号：J101-15-0185-039.
51. 山东省档案馆馆藏档案，档案号：J101-15-0187-001.

52. 山东省档案馆馆藏档案，档案号：J101-15-0187-003.
53. 山东省档案馆馆藏档案，档案号：J101-15-0187-007.
54. 山东省档案馆馆藏档案，档案号：J101-15-0187-008.
55. 山东省档案馆馆藏档案，档案号：J101-15-0187-009.
56. 山东省档案馆馆藏档案，档案号：J101-15-0187-010.
57. 山东省档案馆馆藏档案，档案号：J101-15-0187-012.
58. 山东省档案馆馆藏档案，档案号：J101-15-0187-014.
59. 山东省档案馆馆藏档案，档案号：J101-15-0187-015.
60. 山东省档案馆馆藏档案，档案号：J101-15-0187-016.
61. 山东省档案馆馆藏档案，档案号：J101-15-0187-017.
62. 山东省档案馆馆藏档案，档案号：J101-15-0187-019.
63. 山东省档案馆馆藏档案，档案号：J101-15-0187-020.
64. 山东省档案馆馆藏档案，档案号：J101-15-0187-022.
65. 山东省档案馆馆藏档案，档案号：J101-15-0187-021.
66. 山东省档案馆馆藏档案，档案号：J101-15-0187-023.
67. 山东省档案馆馆藏档案，档案号：J101-15-0187-025.
68. 山东省档案馆馆藏档案，档案号：J101-15-0187-026.
69. 山东省档案馆馆藏档案，档案号：J101-15-0187-028.
70. 山东省档案馆馆藏档案，档案号：J101-15-0187-031.
71. 山东省档案馆馆藏档案，档案号：J101-15-0187-036.
72. 山东省档案馆馆藏档案，档案号：J101-15-0187-044.
73. 山东省档案馆馆藏档案，档案号：J101-15-0188-003.
74. 山东省档案馆馆藏档案，档案号：J101-15-0188-006.
75. 山东省档案馆馆藏档案，档案号：J101-15-0188-009.
76. 山东省档案馆馆藏档案，档案号：J101-15-0188-010.
77. 山东省档案馆馆藏档案，档案号：J101-15-0188-011.
78. 山东省档案馆馆藏档案，档案号：J101-15-0188-012.
79. 山东省档案馆馆藏档案，档案号：J101-15-0188-013.
80. 山东省档案馆馆藏档案，档案号：J101-15-0188-014.
81. 山东省档案馆馆藏档案，档案号：J101-15-0188-018.
82. 山东省档案馆馆藏档案，档案号：J101-15-0188-019.
83. 山东省档案馆馆藏档案，档案号：J101-15-0188-020.
84. 山东省档案馆馆藏档案，档案号：J101-15-0188-021.
85. 山东省档案馆馆藏档案，档案号：J101-15-0188-022.

86. 山东省档案馆馆藏档案，档案号：J101-15-0188-023.
87. 山东省档案馆馆藏档案，档案号：J101-15-0188-024.
88. 山东省档案馆馆藏档案，档案号：J101-15-0188-025.
89. 山东省档案馆馆藏档案，档案号：J101-15-0188-026.
90. 山东省档案馆馆藏档案，档案号：J101-15-0194-016.
91. 山东省档案馆馆藏档案，档案号：J101-15-0196-016.
92. 山东省档案馆馆藏档案，档案号：J101-15-0201-001.
93. 山东省档案馆馆藏档案，档案号：J101-15-0213-002.
94. 山东省档案馆馆藏档案，档案号：J101-15-0213-003.
95. 山东省档案馆馆藏档案，档案号：J101-15-0213-010.
96. 山东省档案馆馆藏档案，档案号：J101-15-0216-010.
97. 山东省档案馆馆藏档案，档案号：J101-15-0247-004.
98. 山东省档案馆馆藏档案，档案号：J101-15-0247-006.
99. 山东省档案馆馆藏档案，档案号：J101-15-0247-007.
100. 山东省档案馆馆藏档案，档案号：J101-15-0247-009.
101. 山东省档案馆馆藏档案，档案号：J101-15-0247-010.
102. 山东省档案馆馆藏档案，档案号：J101-15-0247-011.
103. 山东省档案馆馆藏档案，档案号：J101-15-0247-017.
104. 山东省档案馆馆藏档案，档案号：J101-15-0247-018.
105. 山东省档案馆馆藏档案，档案号：J101-15-0248-001.
106. 山东省档案馆馆藏档案，档案号：J101-15-0248-002.
107. 山东省档案馆馆藏档案，档案号：J101-15-0248-007.
108. 山东省档案馆馆藏档案，档案号：J101-15-0248-011.
109. 山东省档案馆馆藏档案，档案号：J101-15-0248-013.
110. 山东省档案馆馆藏档案，档案号：J101-15-0248-019.
111. 山东省档案馆馆藏档案，档案号：J101-15-0249-001.
112. 山东省档案馆馆藏档案，档案号：J101-15-0249-002.
113. 山东省档案馆馆藏档案，档案号：J101-15-0249-008.
114. 山东省档案馆馆藏档案，档案号：J101-15-0249-016.
115. 山东省档案馆馆藏档案，档案号：J101-15-0249-017.
116. 山东省档案馆馆藏档案，档案号：J101-15-0249-21.
117. 山东省档案馆馆藏档案，档案号：J101-15-0249-22.
118. 山东省档案馆馆藏档案，档案号：J101-15-0249-037.
119. 山东省档案馆馆藏档案，档案号：J101-15-0249-039.

120. 山东省档案馆馆藏档案，档案号：J101-15-0249-040.
121. 山东省档案馆馆藏档案，档案号：J101-15-0249-047.
122. 山东省档案馆馆藏档案，档案号：J101-15-0249-048.
123. 山东省档案馆馆藏档案，档案号：J101-15-0249-050.
124. 山东省档案馆馆藏档案，档案号：J101-15-0811-007.
125. 山东省档案馆馆藏档案，档案号：J101-16-0025-009.
126. 山东省档案馆馆藏档案，档案号：J101-16-0345-025.
127. 山东省档案馆馆藏档案，档案号：J101-16-0360-019.
128. 山东省档案馆馆藏档案，档案号：J101-16-0363-020.
129. 山东省档案馆馆藏档案，档案号：J105-04-0154-014.
130. 山东省档案馆馆藏档案，档案号：J115-03-0205-050.
131. 济南市档案馆馆藏档案，档案号：J018-2-53.
132. 济南市档案馆馆藏档案，档案号：J77-12-12-14.